Kulturen, Religionen und Identitäten aushandeln

Interreligiöse und Interkulturelle Bildung im Kindesalter

herausgegeben von

Albert Biesinger
Anke Edelbrock
Helga Kohler-Spiegel
Friedrich Schweitzer

Band 9

Bettina Brandstetter

Kulturen, Religionen und Identitäten aushandeln

Elementarpädagogik zwischen Homogenisierung und Pluralisierung

Waxmann 2020
Münster · New York

Die Open Access-Veröffentlichung wurde gefördert durch den Open Access-Publikationsfonds der Universität Salzburg.

Bibliografische Information der Deutschen Nationalbibliothek
Die Deutsche Nationalbibliothek verzeichnet diese Publikation in der Deutschen Nationalbibliografie; detaillierte bibliografische Daten sind im Internet über http://dnb.dnb.de abrufbar.

Interreligiöse und Interkulturelle Bildung im Kindesalter, Bd. 9
ISSN 2191-2114
Print-ISBN 978-3-8309-4139-2
E-Book-ISBN 978-3-8309-9139-7
DOI https://doi.org/10.31244/9783830991397

© Waxmann Verlag GmbH, 2020
Steinfurter Straße 555, 48159 Münster

www.waxmann.com
info@waxmann.com

Umschlaggestaltung: Christian Averbeck, Münster
Umschlagabbildung: Fotolia, Marco2811
Satz: satz&sonders GmbH, Dülmen

Gedruckt auf alterungsbeständigem Papier gemäß ISO 9706

Printed in Germany

Alle Rechte vorbehalten. Nachdruck, auch auszugsweise, verboten. Kein Teil dieses Werkes darf ohne schriftliche Genehmigung des Verlages in irgendeiner Form reproduziert oder unter Verwendung elektronischer Systeme verarbeitet, vervielfältigt oder verbreitet werden.

Für Eva.
Ohne es zu ahnen,
hat sie hier ein pädagogisches Erbe
hinterlassen.

Inhalt

Vorwort 11

1. **Einleitung** 13
   1.1 Der Kindergarten – ein gesellschaftlicher Ort 13
   1.2 Forschungsinteresse 14
   1.3 Unausweichliche Heterogenitätserfahrungen 16
   1.4 Der Kindergarten – eine »kleine, heile Welt« 16
   1.5 »Heile Welt«-Utopien und ihre Brüche 18
   1.6 Utopien und ihre Ordnungen 19
   1.7 Homogenisierung und Pluralisierung als Handlungsstrategien . 20
   1.8 Der Kindergarten als diskursiver Ort 21
   1.9 Verortung im Fach Theologie Interkulturell 22
   1.10 Aufbau der Arbeit 24

I. Theoretische Verortung

2. **Von der Notwendigkeit einer kritischen Diskursanalyse am Ort Kindergarten** 27
   2.1 Der Raum als Träger von Diskursen 27
   2.2 Räume als soziale Bedeutungsträger 28
   2.3 Drei Raumebenen und ihre Wechselwirkung 28
   2.4 Was ist ein Diskurs? 29
   2.5 Wissensfluss durch die Zeit 30
   2.6 Diskurs und Macht 31
   2.7 Macht versus Herrschaft 33
   2.8 Macht- und Herrschaftsverhältnisse in pädagogischen Kontexten 33
   2.9 Kritische Diskursanalyse 35
   2.10 Das interventionistische Potential Kritischer Diskursanalyse .. 37

3. **Von der Notwendigkeit einer postkolonialen Perspektive am Ort Kindergarten** 38
   3.1 Was sind Postkoloniale Theorien? 38
   3.2 Was ist unter postkolonialem Erbe zu verstehen? 39
   3.3 Orientalismus oder die Produktion der Anderen (Edward W. Said) 39
   3.4 Können Subalterne sprechen? (Gayatri Chakravorty Spivak) .. 41
   3.5 Hybridität, Mimikry, Zwischenraum (Homi K. Bhabha) 42
   3.6 Postkoloniale Theologien 44

4. **Homogenisierung und Pluralisierung – ein Diskursgeflecht und sein Zwischenraum** 48
   4.1 Der Kindergarten im Kontext gesellschaftlicher Diskurse und Ordnungen 48
   4.2 Die Homogenisierungsstrategie und ihre Diskurse 49
   4.3 Homogenisierung und Pluralisierung in ihrer Wechselwirkung 56
   4.4 Pluralisierung und ihre Diskurselemente, Mechanismen und Praktiken 58
   4.5 Zwischen Homogenisierung und Pluralisierung – Identitätsverhandlungen im Zwischenraum 69

II. Empirische Untersuchung

5. **Forschungszugang und Methodenwahl** 74
   5.1 Qualitative Sozialforschung 74
   5.2 Forschungshaltung: Grounded Theory 75
   5.3 Exploration: Teilnehmende Beobachtung 78
   5.4 Datenerhebungsmethode: Leitfadeninterview 79
   5.5 Strukturierungsmethode: Inhaltsanalyse 80
   5.6 Interpretationsmethode: Postkolonial informierte Diskursanalyse 83

6. **Eigene Vorgehensweise** 84
   6.1 Exploration: Teilnehmende Beobachtung 84
   6.2 Leitfadeninterviews 84
   6.3 Postkolonial informierte Diskursanalyse 88

III. Erzählungen aus der Praxis

7. **Interviews mit Elementarpädagoginnen** 89
   7.1 Der Ort von Anna 89
   7.2 Der Ort von Britta 102
   7.3 Der Ort von Christa 120
   7.4 Der Ort von Daniela 136
   7.5 Die Orte von Franziska 152
   7.6 Die Orte von Helena 168

IV. Der Kindergarten als locus theologicus alienus

8. **Der Kindergarten als Fundstelle für Theologie** 187
   8.1 Die Komplexität kultureller Diversität und religiöser Pluralität im Kindergarten 187

Inhalt

    8.2   Die Lehre der *loci theologici* 189
    8.3   Zeichen der Zeit 191

9. Diskussion der Ergebnisse vor dem Hintergrund interkultureller Theologien 193
    9.1   Annas Kindergarten: eine kleine, christliche, heile Welt mit Blick in die ferne Fremde 193
    9.2   Brittas Kindergarten: christlich selbstbestimmt und definitionsmächtig 195
    9.3   Christas Kindergarten: kunterbunt, unkonventionell und (weitgehend) religionsneutral 198
    9.4   Danielas Kindergarten: von der Sicherheit durch Traditionen zur Öffnung für Diversität 200
    9.5   Franziskas Kindergarten: von multikulturell zu christlich monoreligiös 203
    9.6   Helenas Kindergärten: vormodern, homogen, eng versus plural, zeitgemäß und perfekt 206

10. Ansprüche aus dem Kindergarten 211
    10.1   Der Anspruch durch die Anderen 211
    10.2   Prekäre Identitätskonstruktionen 212
    10.3   Verhältnis der Religionen im Kindergarten 213
    10.4   Anfragen an die Religionspädagogik 213

V.   Der Kindergarten im Spiegel interkultureller Theologien

11. Validierung der Ergebnisse entlang interkultureller Theologien der Salzburger Forschungsplattform 215
    11.1   Beanspruchung durch die Welt – »Welt-Theologie« als Antwort (Franz Gmainer-Pranzl) 217
    11.2   Behauptung abgrenzbarer Identitäten – Alterität als Antwort (Sigrid Rettenbacher) 227
    11.3   Sehnsucht nach homogener Identität – Interkulturalität als Antwort (Judith Gruber) 230
    11.4   Der Anspruch des Fremden – Responsive Theologie als Antwort (Franz Gmainer-Pranzl) 235
    11.5   Religionsplurale Begegnung – Komparative Theologie als Antwort (Ulrich Winkler) 242
    11.6   Zusammenfassung der Validierung der Interviewergebnisse an ausgewählten Salzburger Theologien .. 245

12. Anfragen an eine pluralitätssensible Religionspädagogik 247
    12.1   Interreligiöses Lernen als Begegnung homogener, geschlossener Religionen (Stephan Leimgruber) 248

12.2 Interreligiöse Bildung als Dialog zwischen sich
orientierenden Identitäten (Friedrich Schweitzer) 252
12.3 Fixe versus pluriforme Identitäten – eine Gegenüberstellung .. 254

13. Zusammenführung – eine Kompetenz des Zwischenraums 257

Literatur 262

Vorwort

Mitten in den Vorbereitungen zum Nikolausfest überraschte mich der Vater eines meiner Kindergartenkinder, der mit seiner Familie aus dem ehemaligen Jugoslawien nach Österreich geflüchtet war. Er stand plötzlich in der Tür und bat mich darum, die Nikolausmütze für seinen Sohn, der meine Gruppe besuchte, nicht mit einem Kreuz zu bedrucken. Ich war überrascht – hatte ich bislang nicht wahrgenommen, dass die Familie offensichtlich nicht christlich, sondern muslimisch war. Ich nahm diese Bitte zur Kenntnis, führte aber über die Bedeutung, die die Familie der religiösen Zugehörigkeit ihres Kindes gegeben hatte, keinen weiteren Diskurs. Schließlich befand ich mich in einem von der Caritas getragenen Landkindergarten, in dem eine einheitliche, christlich-religiöse Erziehung die Normalität und eine unhinterfragte Selbstverständlichkeit war. Das war vor 25 Jahren.

Konnte man zu dieser Zeit meiner Berufsjahre als Kindergartenpädagogin religiöse Pluralität noch ungehindert ausblenden und kulturelle Diversität in punktuellen Aktivitäten thematisieren, so geht dies angesichts gegenwärtiger gesellschaftlicher und (bildungs-)politischer Aufmerksamkeit auf den Kindergarten und der darin auftretenden kulturellen wie religiösen Spannungen nicht mehr. Und das ist auch gut so, weil die Ausblendung von Lebensrealitäten bestimmte Menschen und deren Bezugsgruppen in marginalisierte Positionen drängt, von denen aus sie um die Anerkennung ihrer Würde durch andere ringen müssen. Schließlich geht es hier nicht bloß um religiöse Pluralität im Sinne einer Diversität, sondern um die Aushandlung von Kulturen, Religionen und Identitäten und ein Ringen um gesellschaftliche Positionen, Partizipationsmöglichkeiten und Aufstiegschancen.

Nun möchte ich heute als Theologin und Wissenschafterin nicht meine damalige Praxis oder jene von anderen schlecht reden, sondern deutlich machen, wie notwendig es ist, solchen blinden Flecken am Ort Kindergarten und ihrem Widerhall in der Diskursivierung pädagogischer Praktiken nachzugehen. Es interessiert mich, inwiefern sich gesellschaftliche Ordnungen und Normalitätsvorstellungen in diesen Bildungsraum einschreiben, welche Wirkungen sie dort zeigen und wie sich Elementarpädagog_innen in ihren Erzählungen dazu unvermeidlich verhalten. Da einem_r die eigene Verstrickung in machtvolle Ordnungen oftmals nicht bewusst ist, kann sich bei der Lektüre der Analyse elementarpädagogischer Praktiken punktuell das Gefühl einstellen, sich in eigenen Denk- und Handlungsmustern ertappt zu fühlen. Aber niemand soll hier ertappt werden, wohl aber bin ich bestrebt, die Ordnung des Diskurses zu erfassen, durch die sich ein Gefühl, ertappt zu werden, überhaupt erst einstellt. Ziel dieser Arbeit ist daher nicht, aus dem universitären Theorieraum eine Kritik an individuellen Denkweisen und normalen elementarpädagogischen Praktiken zu üben, sondern *gesellschaftliche* Strukturen und Machtverhältnisse und deren Wirkung in diesen Denkweisen und Praktiken offen zu legen, um die Ordnung dieser Diskursivierung anschließend einer *theologischen*

Bearbeitung zuzuführen. Davon verspreche ich mir wechselseitige Lernimpulse, da ja beide Orte – die Theologie und elementarpädagogische Bildungsräume – sich der komplexen gesellschaftlichen Lage durch religiöse Pluralität und kulturelle Diversität und deren Diskursivierung stellen müssen.

Die Komplexität meines interdisziplinär angelegten Dissertationsprojektes hat für mich selbst ein Spannungsfeld voller Gravitationspunkte erzeugt, in dem ich von miteinander schier unvereinbaren Ansprüchen hin und her gezogen wurde: Das Dilemma, mit einer machtkritischen Analyse den subjektiven Theorien und Kompetenzen der Interviewpartnerinnen nicht gerecht werden zu können, weil sie zugunsten der Offenlegung prekärer gesellschaftlicher Verhältnisse in den Hintergrund rücken, hat mich bis zuletzt bewegt. Der Anspruch nach Differenzierung wurde durch meine eigene Verstrickung in etablierte Ordnungen, welche mir erst während des Forschungsprozesses mehr und mehr bewusst wurde, konterkariert. Die empirische Forschung erfährt durch eine unvermeidliche Partikularität, Perspektivität, Historizität und Unabgeschlossenheit Relativierung. Inhaltlich musste die Gewichtung von bildungswissenschaftlichen, kulturwissenschaftlichen, sozialwissenschaftlichen und theologischen Beiträgen entschieden werden. Die Studie sollte in ihrem weiteren Verlauf mit einer kulturwissenschaftlichen Reflexion über die Erschließungskraft postkolonialer Hermeneutiken verknüpft und die Erkenntnisse interkultureller Theologien zumindest exemplarisch durch religionspädagogische Expertise ergänzt werden. Nicht alle Gravitationspunkte wurden im Rahmen dieser Arbeit erschöpfend bedient, der *Zwischenraum* als tragende Kategorie der Analysen dieser Publikation bleibt auch hier aufrecht für offene Fragen, fortführende Reflexionen und weitere Forschungsprojekte.

Viele Menschen haben dieses Gravitationsfeld und seine Spannungen mitgestaltet und inspiriert. Bei ihnen möchte ich mich bedanken: an erster Stelle bei Prof. DDr. Franz Gmainer-Pranzl für die zahlreichen wertvollen Impulse und seine durchgängig ermutigende Haltung. Prof. Dr. Anton Bucher hat mich als Zweitbetreuer vor allem im Vorfeld der Datenerhebung beraten. Den Kolleg_innen am Fachbereich Systematische Theologie der Theologischen Fakultät der Universität Salzburg sei für die anregenden Gespräche während meines Arbeitsprozesses gedankt. Bei Mag.ª Cornelia Brunnauer und Dr.^{in} Gabriele Hörl bedanke ich mich für den gemeinsamen Prozess der Validierung meiner Interviewanalysen und das Lektorat, bei Prof.^{in} Dr.^{in} Anne Koch für das Zweitgutachten. Vor allem aber gilt mein Dank den Interviewpartnerinnen für die offenen und gehaltvollen Gespräche und die Bereitschaft, ihre Erzählungen einer wissenschaftlichen Analyse zur Verfügung zu stellen. Zuletzt möchte ich mich bei den Herausgeber_innen der Reihe *Interreligiöse und Interkulturelle Bildung im Kindesalter* für die Aufnahme der vorliegenden Publikation bedanken und bei Melissa Hauschild M.A. vom Waxmann Verlag für die kompetente Arbeit an der Veröffentlichung. Die Kosten des *open access* wurden von der Universität Salzburg getragen – besten Dank dafür.

Salzburg, November 2019   *Bettina Brandstetter*

1. Einleitung

1.1 Der Kindergarten – ein gesellschaftlicher Ort

Der Kindergarten[1] ist gegenwärtig ein medial und öffentlich hoch diskursivierter Ort[2]. Aktuelle (bildungs-)politische Diskussionen über ein Bundesrahmengesetz für österreichische elementarpädagogische Bildungseinrichtungen, die Frage nach verpflichtenden Kindergartenjahren, die Erstellung eines Religionen-Leitfadens[3] bis hin zur schon über Jahre andauernden Forderung nach einer Tertiärisierung der Ausbildung zur Elementarpädagogin bzw. zum Elementarpädagogen in Österreich sind nicht bloß als elementarpädagogische Auseinandersetzungen zu begreifen, sondern als Antwort auf tiefgreifende gesellschaftliche Transformationsprozesse und damit einhergehende Ansprüche an Bildungseinrichtungen.[4] Die Pluralisierung von Familien- und Lebensformen, kulturellen Traditionen, religiösen Zugehörigkeiten und Weltanschauungen sowie die »Herausforderungen durch Migration«[5] machen vor dem Kindergarten nicht halt, sondern schreiben sich mit den Kindern, Eltern, Pädagog_innen[6], aber auch den

---

1 Im Folgenden werden unter »Kindergarten« alle Bildungseinrichtungen und institutionellen Gelegenheiten verstanden, die speziell für Kinder vor Eintritt der Schule vorgesehen sind und die Begleitung durch einschlägig qualifizierte Fachkräfte garantieren. Hierzu sind also auch Kinderkrippen, Kinderhäuser, Tagesbetreuungseinrichtungen, Kindertagesstätten, Eltern-Kind-Zentren u. a. zu rechnen. »Kindergarten« steht hier zudem für die mit diesem »Ort der Kinder« landläufig verbundenen Vorstellungen, Diskurse und Utopien.
2 »Ort« ist hier stets im diskursiven bzw. topologischen Sinn gemeint, also als Fundstelle für Argumente, an der sich bestimmte Ordnungen und gesellschaftlich vorhandene Epistemologien lokalisieren lassen.
3 Mit dem geplanten »Religionen-Leitfaden« soll eine Handreichung für den Umgang mit Religionspluralität in der Elementarpädagogik entstehen, der schließlich als Grundlage für gesetzliche Bestimmungen gelten soll.
4 Ich beziehe mich hier weitgehend auf den österreichischen Kontext im Jahr 2017. Zur internationalen Erschließung der geführten Interviews und der darin hergestellten Bezüge wären die Einbindung vor allem iranischer bzw. irakischer, türkischer, bosnischer, peruanischer und sudanesischer Ansichten und Erkenntnisse über Erziehung und Gesellschaft bedeutsam, was aber im Rahmen dieser Arbeit nicht geleistet werden kann.
5 Migration wird häufig als »Herausforderung« angesehen und diskursiviert. Hier wird die Ansicht vertreten, dass nicht »die Migrant_innen« diese Herausforderungen verursachen, sondern der Diskurs, der um sie geführt wird. Vgl. Castro Varela, Migration als Chance, 659.
6 Für das Fachpersonal im Kindergarten verwende ich alternierend die Bezeichnungen Elementarpädagog_in, Pädagog_in, Kindergartenpädagog_in, Erzieher_in oder Professionelle. Die Schreibweise mit dem Unterstrich entlehne ich den *queer studies*, die auf die Leerstelle geschlechtlicher Deutungsansprüche und die Vielfältigkeit geschlechtlicher Seinsweisen jenseits der binären Normalitätsvorstellung aufmerksam machen.

öffentlichen Diskursen unweigerlich in den Kindergarten ein. Sie erhöhen die Komplexität an diesem Ort und lassen nach der Rolle des Kindergartens und dem Platz der Elementarpädagog_innen inmitten der gesellschaftlichen Heterogenität fragen. Dieser Frage kann man im Kindergarten nicht ausweichen. Die Erfahrungen gesellschaftlicher Umbrüche und Widersprüchlichkeiten verdichten sich an diesem Ort vielmehr, weil in seinen begrenzten Räumen unterschiedlich geprägte Menschen unweigerlich miteinander konfrontiert sind und interagieren müssen. Heterogene Erfahrungen im Sinne von Widersprüchlichkeit durch radikale Pluralisierung greifen im Kindergarten zudem oft sehr spontan Raum. Sie entstehen in »Tür- und Angelgesprächen« zwischen Eltern und Pädagog_in, durch unvermittelt auftretende Irritationen im gemeinsamen Spiel und durch überraschende existenzielle Fragen von Kindern, die Elementarpädagog_innen mit den Grenzen ihrer pädagogischen Handlungsmöglichkeiten konfrontieren.

1.2 Forschungsinteresse[7]

Hier setzt meine Arbeit an.[8] Ich gehe jenen Konfrontationen und Komplexitäten nach, die im Kindergarten vorrangig im Zusammenhang mit *kultureller Diver-*

---

7 Mein Interesse für die Auseinandersetzung mit Heterogenität am Ort *Kindergarten* gründet in meinen vielfältigen Erfahrungen in diesem Feld. Ich bin ausgebildete Elementarpädagogin mit sechs Jahren Berufspraxis in Österreich und Italien, habe die Ausbildung zur Sonderkindergartenpädagogin und Frühförderin absolviert und bin seit vielen Jahren in der Fort- und Weiterbildung von Elementarpädagog_innen tätig. In den letzten acht Jahren habe ich Schüler_innen der BAfEP Salzburg in katholischer Religion, Didaktik und Praxis der Kindergartenpädagogik sowie der Frühförderung ausgebildet und bei ihren Praxiserfahrungen begleitet. Bei den Besuchen in verschiedenen elementarpädagogischen Bildungseinrichtungen habe ich viele Möglichkeiten der Gestaltung von Räumen und Interaktionen kennengelernt und meinen Blick für Fragen kultureller Diversität und religiöser Pluralität geschärft. Die durch die Lektüre elementarpädagogischer Fachliteratur gewonnenen Einsichten konnte ich über einen Zeitraum von mehr als zehn Jahren kontinuierlich in meinen Fort- und Weiterbildungsseminaren erproben, modifizieren und erweitern. Mit der Kenntnis postkolonialer Theorien wurde ich zunehmend auf die soziale und diskursive Eingebundenheit des Kindergartens und der Einflussnahme gesellschaftlicher Ordnungen und Machtverhältnisse auf darin stattfindende Interaktionen aufmerksam. Daher ist es mir ein Anliegen, den Kindergarten nun unter dieser Wissenschaftsperspektive zu erschließen und Erkenntnisse sowie Anfragen aus meiner Forschung an interkulturelle Theologien heran zu tragen.
8 Die vorliegende Publikation entspricht weitgehend der Dissertation, die ich im Juli 2017 eingereicht habe. Sie wurde sprachlich überarbeitet, nicht aber inhaltlich aktualisiert. In den letzten beiden Jahren haben sich sowohl meine theoretischen als auch empirischen Kenntnisse und Zugänge erweitert und ausdifferenziert. Anstatt einer gänzlichen Überarbeitung der Dissertation habe ich mich dafür entschieden, die neuen Erkenntnisse in ein künftiges Forschungsprojekt einfließen zu lassen.

sität und *religiöser Pluralität* auftreten (bzw. mit ihnen in Verbindung gebracht werden) und vor allem die *Elementarpädagog_innen* erfassen. Die Festlegung und Benennung dieser Forschungsperspektive grenzt den Forschungsgegenstand im Kontext Kindergarten zunächst ein, verdichtet ihn in der Beschreibung wiederum, weil interkulturelle Begegnung und religiöse Fremdheit Querschnittsdiskurse darstellen und auf alle Handlungsebenen zugreifen. An ihnen werden Identitäten ausgehandelt, die sich auf alle Bereiche des Kindergartens beziehen. Daher ist die interkulturelle und religiös-plurale Herausforderung keine abgrenzbare Problemlage für die Pädagog_innen, sondern verkompliziert die pädagogischen Anliegen in besonderer Weise. Deshalb stehen für mich die pädagogischen und religionspädagogischen Fragestellungen nicht im Vordergrund, wohl aber im Anwendungsbereich der Diskurse, die auf die Pädagog_innen zugreifen. Mein Interesse gilt der *interkulturellen Querschnittsaufgabe*[9], die der Kindergarten mit interkulturellen Theologien[10] teilt. Diesbezüglich gilt es herauszufinden, ob diese beiden Orte – wenn sie miteinander vermittelt werden – füreinander Erkenntnisse erschließen können, die sich aus der jeweiligen Innensicht nicht finden lassen. Der interkulturellen Problemlage möchte ich mich über die Diskurse nähern, die sich in die Räume und Interaktionen des Kindergartens einlagern, weil sie die komplexen Herausforderungen an die Elementarpädagog_innen beschreibbar machen. Daher werden die Pädagog_innen ausführlich zu Wort kommen. Ich habe im Rahmen dieses Forschungsprojektes Interviews geführt, um deren Analyse diese Arbeit aufgebaut ist. Sie sind der Spiegel der Konfrontationen, denen im Kindergarten als gesellschaftlichem Ort nicht auszuweichen ist. Zugleich rücken die Pädagog_innen als Subjekte in den Hintergrund, weil es um die *Diskurse* geht, welche auf das Handeln im Kindergarten einwirken. Sie sollen offen gelegt werden, um gesellschaftliche Ordnungen und Epistemologien (exemplarisch am Ort Kindergarten) sichtbar – und damit bearbeitbar zu machen. Die Arbeit verfolgt also ein *topologisches* Interesse, nämlich das Aufzeigen gesellschaftlicher Logiken am Bildungsort Kindergarten sowie deren Wirkung auf die darin stattfindenden Interaktionen. Die leitende Frage lautet daher nicht: Warum spricht und handelt die befragte Pädagogin hier so, sondern: Was geschieht hier eigentlich und was sagt das über unser Denken und Zusammenleben in modernen Gesellschaften aus?

---

9 Damit meine ich die Auseinandersetzung mit der zwangsläufig (inter-)kulturellen Verfassheit aller Lebensbereiche und Identitäten, die sich in der aktuellen gesellschaftlichen Heterogenität als unhintergehbar zeigen und sowohl an Praxisorten (wie dem Kindergarten) als auch an wissenschaftlich-theoretischen Orten (wie interkulturellen Theologien) stattfinden muss. Vgl. dazu die Ausführungen von Gruber, Theologie nach dem Cultural Turn.

10 »Interkulturell« in seiner adverbialen Bezeichnung (klein geschrieben) meint die Verfasstheit jeglicher Theologie als interkulturell im Sinne oben genannter Querschnittsaufgabe, während »Theologie Interkulturell« das Fach innerhalb der Disziplin Theologie bezeichnet.

1.3 Unausweichliche Heterogenitätserfahrungen

Die Auseinandersetzung mit widersprüchlichen Erfahrungen, Lebenskontexten, Perspektiven und Interpretationshorizonten kann wegen der Identitätsfragen im Kindergartenalltag nicht aufgeschoben oder auf einen späteren Zeitpunkt vertagt werden, sondern bedarf zumeist unmittelbarer Klärungen und Handlungen durch die Professionellen. Der Ort der Professionalität, der Kindergarten, verlangt daher nach einer Kombination aus theoretischer Reflexion, die seine komplexe Realität aufzuschließen vermag, und einer Beobachtung der tatsächlichen Praktiken, denen er Raum gibt. Schließlich geht es im Kindergarten immer auch um *Handlungen*, für die Professionalität – im Sinne einer Bereitschaft sowie Fähigkeit, angesichts der vorhandenen Ungewissheitsstrukturen verantwortlich zu agieren – erforderlich ist.[11] Professionalität meint hier, gerade in hoch komplexen, überraschenden Situationen vorhandene Handlungsstrategien zu reflektieren (*reflection in action*), situativ-spontan einzusetzen und bedeutsam an diesem Ort einzubringen. Welche Handlungsstrategien aber stehen im Kindergarten zur Verfügung und welchen Ordnungen unterliegen die interagierenden Elementarpädagog_innen in ihrem Handlungsfeld?

1.4 Der Kindergarten – eine »kleine, heile Welt«

Ich beginne mit einer Ordnung, die mit dem Kindergarten häufig verbunden wird und dort im Raum steht. Es ist die Vorstellung vom Kindergarten als einer »kleinen, heilen Welt«, die gesellschaftlich, aber auch in institutionalisierten Bildungsvorstellungen weit verbreitet ist.[12] Sie speist sich aus einer romantischen Vorstellung von Kindheit als »Moratorium«, als Schonraum[13] einerseits, verbunden mit der »Figur vom reinen und unschuldigen Kind«[14], das für die negativen Einflüsse seiner sozialen Umwelt unerreichbar, aber durch Erziehung in jungen Jahren besonders ansprechbar und formbar sei. Hinsichtlich dieser Kombination von »Unschuldshypothese« und der Annahme einer »Frühen Prägung«[15] werden insbesondere in Bezug auf interkulturelle und interreligiöse Bildung hochtrabende Erwartungen und Vorstellungen an den Kindergarten heran getragen, die hier beispielhaft erläutert werden: (1) an der Hoffnung auf gleiche Bildungschancen für alle Kinder, (2) an der Postulierung von Diversität als Chance und

---

11 Vgl. Rabe-Kleberg, Professionalität, 295.
12 Vgl. Diehm/Kuhn, (Sozial-)Pädagogische Konstruktion.
13 Vgl. Kränzl-Nagl/Mierendorff, Kindheit im Wandel, 7.
14 Diehm/Kuhn, (Sozial-)Pädagogische Konstruktion, 142.
15 Diehm/Kuhn, (Sozial-)Pädagogische Konstruktion, 143. Die Annahme einer »Frühen Prägungsphase« besagt, dass junge Kinder besonders empfänglich und aufnahmebereit für pädagogische Interventionen seien, wobei man sich zusätzlich einen anhaltenden Lerneffekt verspricht.

1. Einleitung

Ressource sowie (3) an der Grundlegung religiöser Toleranz durch eine Stärkung der jeweiligen religiösen Identität. (1) So gilt im Bundesländerübergreifenden BildungsRahmenPlan für elementare Bildungseinrichtungen in Österreich der Kindergarten als Garant für gleiche Bildungschancen für alle Kinder, unabhängig von ihrer Herkunft.[16] Durch die Verpflichtung zum Kindergartenbesuch und Sprachförderungsmaßnahmen soll der nachgewiesenen Bildungsbenachteiligung von Kindern mit Migrationshintergrund entgegen gewirkt werden.[17] Diversität wird im österreichischen BildungsRahmenPlan »als positiver Wert« angesehen. Dort heißt es: »Dies[e individuellen Unterschiede] erfahren Kinder insbesondere in interkulturellen Begegnungen. Diversität wird für das Zusammenleben genutzt, um vielfältige Lerngelegenheiten für Kinder zu schaffen.«[18] (2) Im Religionspädagogischen BildungsRahmenPlan wird ein ähnlich bewertungsfreier Umgang der Kinder mit Heterogenität angenommen, wenn davon ausgegangen wird, dass Kinder »zunächst unbefangen und ohne Vorbehalte auf andere zu[gehen]. Die Begegnung mit Fremden oder fremden Vorstellungen weckt ihre Neugier und fördert die Bereitschaft, das Unbekannte kennen- und verstehen zu lernen.«[19] (3) In der Begegnung mit anderen Religionen werden sich Kinder »ihrer eigenen religiösen Tradition bewusst und entwickeln ihre eigene Religiosität weiter.«[20] Solche Idealvorstellungen vom Kindergarten und der sich darin einstellenden Diversität finden sich in vielen anderen Beispielen wieder.[21] Zweifelsohne bewirkt dieses positive, zuversichtliche Bild vom Kindergarten als eine »kleine, heile Welt« eine Reihe von Initiativen für ein faires Miteinander, das Einüben demokratischer Prinzipien von Beginn an und ein hohes Engagement bei Pädagog_innen, sich für die Anerkennung besonders von gesellschaftlich benachteiligten Kindern einzusetzen und diskriminierenden bzw. rassistischen Bewertungen sowie unzeitgemäßen Normalitätsvorstellungen entgegen zu treten. Und doch scheitern »Heile Welt«-Vorstellungen an der Realität vor Ort, weil sich dort diskursive Notwendigkeiten und gesellschaftliche Zugriffe einstellen, die mit idealisierten Vorstellungen nicht zu bewältigen sind.

---

16 Der Kindergarten wird im BildungsRahmenPlan als Eingangstor zur Partizipation am Bildungskapital der hiesigen Gesellschaft wahrgenommen. Die Forderung, »Allen Kindern die gleichen Chancen [zu] geben«, bzw. nach »Chancengleichheit« wird bereits in den Vorwörtern der damals amtierenden Politiker_innen mehrfach niedergeschrieben. Dörfler, Gerhard sowie Grossman, Elisabeth, zit. in: Hartmann u. a., Bundesländerübergreifender BildungsRahmenPlan, Vorwort.
17 Vgl. Gomolla, Fördern und Fordern.
18 Hartmann u. a., Bundesländerübergreifender BildungsRahmenPlan, 12.
19 Frick, Religionspädagogischer BildungsRahmenPlan, 41.
20 Frick, Religionspädagogischer BildungsRahmenPlan, 41.
21 Helena Stockinger etwa konstruiert den Kindergarten als einen möglichen *safe space*, als einen Raum, der durch Vertrauen, Respekt *ohne Wertung* sowie durch die Anerkennung von Differenz charakterisiert wird und gemeinsames Lernen entlang von Differenzen ermöglichen soll. Vgl. Stockinger, Religiöse Differenz.

1.5 »Heile Welt«-Utopien und ihre Brüche

(1) Isabell Diehm, Melanie Kuhn und Claudia Machold weisen darauf hin, dass der Kindergarten in ein diskursives Netz eingebettet ist. Die machtvollen Unterscheidungen (etwa nach nationaler Zugehörigkeit), die im Kindergartenalltag auf der Basis des diskursiven Kontextes konstruiert werden, seien den Pädagog_innen oftmals nicht bewusst.[22] Mechthild Gomolla konstatiert, dass im Kindergarten, obwohl er ein idealer Ort wäre, um Aspekte der Differenz und Heterogenität aufzugreifen, gesellschaftliche Verhältnisse der Ungleichheit und Partizipation reproduziert werden. Sie stellt fest, dass »der Zugang und die Chancen, von Bildungsangeboten der Kitas profitieren zu können, entlang sozialer Trennlinien unterschiedlich verteilt« sind.[23] Als Ursachen nennt sie etwa sozioökonomische Schranken, den überwiegend monolingualen Habitus im Kindergartenalltag, unreflektierte Stereotypisierung und Diskriminierung von Kindern und Eltern durch Pädagog_innen, das Fehlen diskriminierungskritischer und differenzsensibler pädagogischer Konzepte sowie die mangelnde Qualifikation der Professionellen.[24] Diese Diagnose irritiert »Heile Welt«-Utopien vom Kindergarten. Gomolla schreibt diesem Ort machtvolle und diskriminierende Strukturen und Handlungen zu – Charakteristika, die man landläufig mit dem Kindergarten ungern verbindet. (2) Eine ähnliche Desillusionierung legen empirische Befunde über Vorurteile und Bewertungen von Differenzen durch Kinder vor. Entgegen der Vorstellung, Kinder hätten keine Vorurteile und würden mit Verschiedenheit ganz unbefangen umgehen, zeigen ethnographische Studien, »dass bereits Vorschulkinder ethnische Differenz sozial und situativ sehr virtuos einzusetzen wissen. In die alltäglichen Interaktionen der Kinder fließen ethnische Unterscheidungen ein und werden von ihnen als manipulative *tools* genutzt. Je nach sozialer Situation dienen sie den Kindern sowohl in spielerischer wie in verletzender Absicht zum Ein- als auch zum Ausschluss ihrer selbst oder anderer Kinder.«[25] Auch Petra Wagner konstatiert, dass Kinder aufgrund ihrer Neugierde und ihrem Interesse an Unterschieden gesellschaftliche Diskurse über Differenzen und damit verbundene Bewertungen sensibel wahrnehmen.[26] Sie kritisieren ein bestimmtes Aussehen oder abweichendes Verhalten anderer Kinder als unangemessen und reagieren mit Unbehagen auf bestimmte »Besonderheiten«. Wagner problematisiert in Anlehnung an Louise Derman Sparks die »institutionelle Diskriminierung«, die im Kindergarten reproduziert wird, wenn Vorurteile keine Problematisierung und Korrektur erfahren.[27] Die gängige Annahme vom vorurteilsfreien, »unschuldigen« bzw. »farbenblinden« Kind kann also aufgrund

---

22 Vgl. Diehm/Kuhn/Machold, Ethnomethodologie und Ungleichheit.
23 Gomolla, Barrieren auflösen, 67.
24 Vgl. Gomolla, Barrieren auflösen, 67.
25 Diehm/Kuhn, (Sozial-)Pädagogische Konstruktion, 146. Hervorhebung im Original.
26 Vgl. Wagner, Anti-Bias-Arbeit, 39.
27 Vgl. Wagner, Anti-Bias-Arbeit, 39.

empirischer Nachweise nicht aufrechterhalten werden. (3) Auch die Forderung nach der Stärkung der jeweiligen religiösen Identität der Kinder scheint laut Tübinger Forschungsprojekt *Interkulturelle und interreligiöse Bildung in Kindertagesstätten* eine Überforderung des Kindergartens darzustellen. Die Autor_innen Friedrich Schweitzer, Anke Edelbrock und Albert Biesinger stellen in ihrer Repräsentativbefragung fest, dass zwar laut Schätzungen der Erzieher_innen jedes zehnte Kind in deutschen Kindertagesstätten dem Islam angehört, aber nur in ca. 3 % der Einrichtungen diese Religion inhaltlich aufgegriffen wird, während zwei Drittel der Befragten eine christliche Erziehung befürworten.[28] Die Stärkung der eigenen religiösen Identität bleibt also weitgehend (und auch nicht lückenlos) auf christliche Kinder beschränkt. Offen bleibt außerdem die Frage nach einer adäquaten Begleitung von Kindern ohne religiöse Zugehörigkeit. Nur wenige Pädagog_innen fühlen sich zudem für die kulturell und religiös plurale Situation im Kindergarten entsprechend ausgebildet.[29] Auch in der Studie über *Sinn, Werte und Religion in der Elementarpädagogik* von Lisa Lischka-Eisinger artikulieren viele Erzieher_innen, dass sie sich für die Auseinandersetzung mit religiöser Vielfalt nicht als kompetente Ansprechpartner_innen verstehen.[30] Die Wunschvorstellung nach einer kompetenten interreligiösen Begleitung und Bildung wird also laut Selbsteinschätzungen von Elementarpädagog_innen in der Praxis bislang weitgehend nicht eingelöst.

1.6 Utopien und ihre Ordnungen

Die Vorstellung vom Kindergarten als »kleine, heile Welt« entpuppt sich also, bei all den Hoffnungen, Visionen und Bemühungen, die damit verbunden sind, als eine Utopie. Utopien, mit Michel Foucault verstanden, haben aber immer auch ihre nachhaltigen Wirkungen auf die Handlungen an dem Ort, mit dem sie verknüpft werden. »Utopien sind Orte ohne realen Ort. Es sind Orte, die in einem allgemeinen, direkten oder entgegengesetzten Analogieverhältnis zum realen Raum der Gesellschaft stehen. Sie sind entweder das vollkommene Bild oder das Gegenbild der Gesellschaft, aber in jedem Fall sind Utopien ihrem Wesen nach zutiefst irreale Räume.«[31] Obwohl Utopien keine realen Orte sind, geben sie dennoch die Ordnung vor. Sie disziplinieren die Individuen, die sich ihnen gegenüber verpflichtet fühlen. Die »Heile Welt«-Ordnung greift am stärksten auf die Elementarpädagog_innen zu, weil sie den Anspruch wahrnehmen, diese Ordnung zu garantieren und zugleich mit den Widersprüchen und Brüchen konfron-

---

28 Vgl. Schweitzer/Edelbrock/Biesinger, Interreligiöse und Interkulturelle Bildung, 179 u. 183.
29 Vgl. Schweitzer/Edelbrock/Biesinger, Interreligiöse und Interkulturelle Bildung, 219.
30 Vgl. Lischke-Eisinger, Sinn, Werte und Religion, 377.
31 Foucault, Schriften 4, 935.

tiert sind, die sie als utopisch identifizieren. Wenn aber Elementarpädagog_innen einer »Heilen Welt«-Vorstellung über ihren Berufsort unterliegen, so werden sie versuchen, diesen Ort entsprechend zu gestalten. »Heile Welt«-Utopien sind normativ, sie geben vor, was in der »Kultur« des Kindergartens als erstrebenswert gilt und was hingegen verschwiegen, unterdrückt oder exkludiert werden muss.

1.7 Homogenisierung und Pluralisierung als Handlungsstrategien

Kulturelle Diversität und religiöse Pluralität sowie damit einhergehende widersprüchliche, heterogene Erfahrungen durchkreuzen solche utopischen Vorstellungen vom Kindergarten. Sie bringen Selbstverständlichkeiten durcheinander und konfrontieren mit Fremdheitserfahrungen. Um die Komplexität in ihrem Berufsfeld zu reduzieren, greifen Elementarpädagog_innen auf etablierte Handlungsstrategien zurück, die eine Bewältigung heterogener Erfahrungen versprechen. *Homogenisierung* ermöglicht, Gewohntes als »Normalität« zu konstruieren und setzt ein Bemühen in Gang, alle Kinder gleich zu behandeln und eine Einheit in der Kindergruppe herzustellen. *Pluralisierung* wiederum äußert sich im Versuch, die Vielfalt in der Gruppe wert zu schätzen und Besonderheiten einzelner Kinder sichtbar zu machen. Abweichungen werden dabei entlang gesellschaftlicher Normen und Werte definiert, auch die Zuordnung einzelner Kinder zu der Gruppe der »Hiesigen« oder der »Fremden« passiert analog zu gesellschaftlichen Diskursen, die sich zu einem unhinterfragten »Alltagswissen«[32] über Vertrautes und Fremdes formieren.[33] Diesen beiden machtvollen Handlungsstrategien gilt die Aufmerksamkeit in meiner Arbeit.[34] Welche Diskurse liegen ihnen zugrunde? Welche Sprachregelungen festigen diese Positionen und

---

32 Alltagswissen und landläufige Ansichten sind für diese Arbeit von hoher Bedeutung, weil sie gesellschaftliche Diskurse und Ordnungen repräsentieren und daher für die Dekonstruktion derselben hilfreich sind.

33 Bereits in meinen ersten Praxisjahren im Kindergarten hatte ich den Eindruck, dass durch enge Normalitätsvorstellungen »verhaltensgestörte Kinder«, wie man damals Kinder bezeichnete, deren Verhalten als unangemessen eingestuft wurde, *produziert* werden. Ich hatte die Vorstellung von einem Bilderrahmen, den man über die Kindergruppe spannt. Ist der Rahmen eng, so fallen einige Kinder aus dem Bild, die dann eben als abweichend markiert und damit stigmatisiert werden. Heute denke ich, dass dieses Bild den diskursiven Rahmen der Normalitätsvorstellung oder »heilen Welt« recht gut getroffen hat. Ähnliche Markierungen und Bewertungen werden nach wie vor – in Bezug auf jegliche Differenz, die nicht der konstruierten bzw. ersehnten Homogenität der Gruppe entspricht, vorgenommen. Die Bezeichnung »Kind mit Migrationshintergrund« ist vielleicht die gegenwärtig am häufigsten verwendete Markierung für Kinder, die nicht in den Rahmen der Normalitätsvorstellung passen.

34 Die Wahrnehmung und Festlegung dieser beiden Handlungsstrategien basiert auf meinen langjährigen Erfahrungen und Kontakten mit diesem Berufsfeld. Den Anfangspunkt mei-

vor allem: Sind sie in Erzählungen aus der Praxis auffindbar? Und werden sie dort unangefochten übernommen oder irritiert und bearbeitet?

1.8 Der Kindergarten als diskursiver Ort

Die beiden Strategien der Homogenisierung und Pluralisierung spiegeln den gesellschaftlichen Umgang mit Heterogenität wider. Sie reichen über den Kindergarten hinaus, weil sich in ihnen gesellschaftliche Sehnsüchte und sogar politische Absichten niederschlagen. Es sind nicht nur die Pädagog_innen, sondern insbesondere gesellschaftliche Kräfte, die der kulturellen Diversität mit Homogenisierung oder Pluralisierung begegnen wollen. Im Kindergarten als gesellschaftlichem Ort formen sie sich in den Handlungsstrategien der Pädagog_innen aus. Er ist daher kein machtfreier Raum und kann es auch nicht sein, weil in ihm unvermeidlich öffentliche Diskurse mit ihren Ordnungen sowie Macht- und Herrschaftsverhältnissen eingeschrieben sind, die auf die darin handelnden Personen und Interaktionen zugreifen.[35] In meiner Arbeit fokussiere ich diese *diskursive Problemlage*, wodurch es unweigerlich zu einer Gewichtung der Aufmerksamkeit auf die den Erzählungen eingelagerten Ungleichheitsverhältnissen kommt, während diesbezüglich unauffällige, aber dennoch wertvolle Beiträge aus der alltäglichen Praxis Vernachlässigung erfahren. Es ist also *weder* Anliegen dieser Forschungsarbeit, die zweifelsohne wertvolle Arbeit, die von Elementarpädagog_innen in Kindertageseinrichtungen tagtäglich geleistet wird, in Abrede zu stellen *noch* sie zu bestätigen. Vielmehr geht es darum, die Wechselwirkungen zwischen gesellschaftlichen Diskursen, Repräsentationen und Ungleichheitsverhältnissen und diesem Bildungsraum aufzuzeigen und an gängigen Handlungsstrategien zu problematisieren. Die Entscheidung für eine diskurskritische Analyse impliziert eine *kritische Beschreibung* des Handlungsfeldes Kindergarten, die durch eine *problematisierende* und somit durchaus *irritierende Logik* charakterisiert ist, zudem sie einen landläufig als »Heile Welt« wahrgenommen Ort empfindlich antastet.[36] Mein besonderes Interesse gilt jenen Räumen, in denen Homogenisierungs- und Pluralisierungsstrategien und deren zugrunde liegende Ordnungen durch Kinder, Eltern oder Pädagog_innen irritiert, verschoben oder kreativ bearbeitet werden. Von solchen *Zwischenräumen* verspreche ich mir ein Innovationspotential, das ich als Erkenntnisressource für die Weiterentwicklung interkultureller wissenschaftlicher Theoreme erschließen möchte. Gerade in den Brüchen und Verschiebungen gängiger Handlungsstrategien und deren Interpre-

---

ner wissenschaftlichen Auseinandersetzung mit diesen Strategien markiert mein Beitrag: Brandstetter, Zwischen Homogenisierung und Pluralisierung.
35 Vgl. Diehm/Kuhn/Machold, Ethnomethodologie und Ungleichheit.
36 Einen ähnlich kritischen Zugang leistet die sozialwissenschaftliche Kindheitsforschung, wie sie Diehm, Kuhn, Machold, Andresen, Emmerich, Hormel u. a. betreiben.

tation könnten sich *loci theologici,* Fundstellen für interkulturelle Theologien verbergen, weil in ihnen Identitätsverhandlungen geführt werden. Hier ringen Menschen darum, in ihrer Würde gesellschaftlich beachtet zu werden. Dieses Ringen ist für eine vernunftbasierte Rede von Gott, also Theologie, einschlägig, weil es ihr einen Zugang zu kultureller und religiöser Diversität eröffnet.

1.9 Verortung im Fach Theologie Interkulturell

Das, was im Kindergarten geschieht – die Begegnung von Menschen unterschiedlicher kultureller und religiöser Prägungen, ist auch Thema interkultureller Theologien. Die Katholische Kirche hat sich im Zweiten Vatikanischen Konzil die Frage nach ihrer Verortung in der Welt von heute gestellt und die Hoffnungen, Freuden, Sorgen und Ängste aller Menschen zu ihrem zentralen Anliegen erklärt. Sie vollzieht damit eine Hinwendung zur Welt und zu den darin lokalisierbaren *Zeichen der Zeit.* Zudem ist sie angesichts der Pluralität von Religionen unweigerlich mit der Frage nach ihrem Verhältnis zu den nichtchristlichen Religionen konfrontiert.[37] Sie steht also selbst mit ihren für sie konstitutiven Fragen im Spannungsfeld von Kulturen, Religionen und Identitäten, in dem sich der Kindergarten als gesellschaftlicher Ort befindet. Von daher interessiert, welche theologischen Fragen sich am Kindergarten stellen und was wiederum der Kindergarten der Theologie zu denken gibt.

Globalisierungsdynamiken, Säkularisierungs- und Autonomiebestrebungen, die kulturelle und religiöse Diversifizierung der Gesellschaft und damit verbundene tief greifende Transformation des sozialen und kulturellen Gefüges fordern die theologische Forschung in besonderer Weise heraus und verlangen ihr einen qualifizierten, (selbst-)kritischen und pluralitätsfähigen Ansatz in ihrer Reflexion ab. Die Theologische Fakultät Salzburg fokussiert mit ihrer Forschungsplattform insbesondere die *Spannungsfelder und Wechselwirkungen von Kulturen, Religionen und Identitäten* in ihrer wissenschaftlich-theologischen Auseinandersetzung. Gerade weil in früheren Epochen solche gesellschaftlichen Spannungsfelder übersehen, verdeckt oder auch unterdrückt wurden, ist Theologie »für soziale, kulturelle, politische und religiöse Virulenzen der Gesellschaft sensibilisiert«.[38] Meine Arbeit ist innerhalb dieser Forschungsplattform zu verorten.

Die Auseinandersetzung mit kultureller und religiöser Heterogenität und den damit verbundenen gesellschaftlichen Spannungsfeldern ist als Aufgabe der Theologie insgesamt zu verstehen und betrifft im speziellen das Fach *Theologie Interkulturell und Studium der Religionen.* Dieses Teilgebiet der Theologie wurde und wird unter anderem angestoßen durch die gesellschaftlichen Umbrüche und Globalisierungsdynamiken, neue politische Theologien

---

37 Vgl. Rahner/Vorgrimler, Konzil.
38 Forschungsplattform der Theologischen Fakultät der Universität Salzburg.

1. Einleitung

und die Auseinandersetzung mit (neo-)kolonialen Hegemonien.[39] Diese junge Disziplin innerhalb der Katholischen Theologie spürt die Zeichen der Zeit, die von kultureller Diversität und religiöser Pluralität geprägt sind, auf, benennt Orte, »an denen Menschen um die Anerkennung ihrer Würde und ihrer Achtung durch andere ringen«[40] und stellt sich einer analytischen, interdisziplinären und problembewussten Auseinandersetzung mit diesen Themen. Daraus ergibt sich der Auftrag: »(1) die Zumutung des kulturell und religiös Fremden theologisch zu erschießen, (2) die Differenz der Kulturen und Religionen für die Innovation des eigenen Diskurses valent zu machen und (3) einen problemorientierten Fokus zu wählen.«[41] Die Bearbeitung dieser Aufgaben ist ohne interdisziplinären Zugang nicht möglich, weshalb sich Interkulturelle Theologie durch eine Verschränkung mit unterschiedlichen Problemstellungen und Forschungsfeldern auszeichnet. So steht sie einerseits den Fächern der Religionswissenschaft und der Religionsphilosophie nahe, bedient sich unter anderem aber auch der Expertise der Kultur- und Sozialwissenschaften, der postkolonialen Theorie/Theologie[42] sowie der Migrationsforschung.[43] Gmainer-Pranzl hält fest, dass es »eines komplexen Problembewusstseins, interdisziplinär ausgerichteter Methoden und einer vielseitigen, (selbst-)kritischen Reflexionsfähigkeit in der Theologie [bedarf], um die kulturellen/religiösen Verhältnisse bzw. die interkulturellen/ interreligiösen Bezüge und Konflikte der Gegenwart angemessen analysieren zu können.«[44] Er schlägt eine Kategorisierung der Diskurse und Teilbereiche Interkultureller Theologie in vier Arbeitsschwerpunkte vor, wobei er betont, dass diese ineinander greifen und nicht strikt voneinander zu trennen sind: Liegt die Leitperspektive der Bearbeitung vorrangig auf (1) »Kultur«, so lassen sich einerseits (1.1) *kontextuelle Theologien* mit dem Blick auf konkrete Entwicklungen und Begegnungen (etwa Theologien in Afrika, Lateinamerika etc.) von (1.2) *interkultureller Theologien* (im spezifischen Sinn) unterscheiden, die sich erkenntnistheoretisch etwa mit der Relation von Kultur und Religion, mit Theorien der inter- oder transkulturellen Vermittlung oder mit unterschiedlichen Kulturtheorien etc. auseinandersetzen. Unter der Leitperspektive der (2) »Religion« unterscheidet Gmainer-Pranzl den Arbeitsbereich der (2.1) *komparativen Theologie*, der einen wechselseitigen Entdeckungs- und Lernprozess durch möglichst offene Vergleiche zwischen verschiedenen religiösen Traditionen anstrebt, von der (2.2) *Religionstheologie*, der es um die grundsätzliche Herausforderung durch Wahrheits- und Heilsansprüche fremder Religionen geht.

---

39 Vgl. Küster, Einführung in die Interkulturelle Theologie; Hock, Einführung in die Interkulturelle Theologie; Sundermeier, Interkulturelle Theologie im Kontext der Globalisierung; Gmainer-Pranzl, »Logos christlicher Hoffnung«.
40 Winkler, Zentrum Theologie Interkulturell, 58.
41 Winkler, Zentrum Theologie Interkulturell, 58.
42 Vgl. Nausner, Postkoloniale Theologie, 131.
43 Vgl. Gmainer-Pranzl, Logos christlicher Hoffnung.
44 Gmainer-Pranzl, Logos christlicher Hoffnung, 137.

Schematisch ordnet Gmainer-Pranzl die vier Arbeitsbereiche Interkultureller Theologie wie in Tabelle 1 dargestellt.

	Konkrete Vermittlung	Erkenntnistheologische Systematik
1. Leitperspektive »Kultur«	1.1 kontextuelle Theologie	1.2 interkulturelle Theologie
2. Leitperspektive »Religion«	2.1 komparative Theologie	2.2 Religionstheologie

Tabelle 1: Arbeitsbereiche Interkultureller Theologie[45]

Mein Forschungsprojekt verbindet sich mit allen genannten Arbeitsbereichen Interkultureller Theologie. Sie lässt sich im Bereich der (1.2) »interkulturellen Theologie« in ihrem spezifischen Sinn verorten, da sie das Anliegen verfolgt, den Kindergarten als einen Ort zu identifizieren, in den sich Zeichen der Zeit einschreiben, insofern dort Spannungen und Wechselwirkungen von Kulturen, Religionen und Identitäten ausgehandelt werden. Der Kindergarten wird als ein Ort wahrgenommen, an dem »Menschen um die Anerkennung ihrer Würde und ihrer Achtung durch andere ringen.«[46] Diese Dynamiken sollen offen gelegt und theologisch erschlossen werden. Dabei werden sich auch Fragen aus der (2.2) »Religionstheologie« stellen, weil im Kindergarten Menschen mit unterschiedlichen Religionen und Weltanschauungen aufeinander treffen und sich daher unweigerlich die Frage nach dem Verhältnis derselben zueinander aufdrängt. Im Kindergarten geht es immer um konkrete Vermittlungsprozesse an einem spezifischen Ort, an einem Ort unterschiedlich geprägter Kinder und ihrer Familien, die sich dort begegnen und einander nicht ausweichen können. Theologie bedarf dort daher einer (1.1) »kontextuellen« Übersetzung in die je spezifische Alltagssituation hinein. An diesem Ort finden Aushandlungsprozesse statt, in denen religiöse Traditionen miteinander verglichen und interreligiöse Bildungsprozesse angeregt werden. Insofern kann er als konkreter Ort (2.1.) »komparativer Theologie« angesehen werden.

1.10 Aufbau der Arbeit

Vor dem Hintergrund dieser Arbeitsbereiche und Aufgaben ergibt sich folgender Aufbau der Arbeit:

I. Theoretische Verortung

Um die Diskurse, die dem Kindergarten, den Räumen und den Interaktionen bzw. Handlungsstrategien eingelagert sind, offen legen zu können, orientiere

---

45 Darstellung nach Gmainer-Pranzl, Logos christlicher Hoffnung, 138.
46 Winkler, Zentrum Theologie Interkulturell, 58.

1. Einleitung

ich mich an der *Diskurstheorie* nach Michel Foucault und an der *kritischen Diskursanalyse*, wie Siegfried Jäger sie vorschlägt. Gemäß dem Anspruch, nicht nur die im Kindergarten eingelagerten Macht- und Herrschaftsverhältnisse offen zu legen, sondern auch *prekäre Identitätskonstruktionen* im Zusammenhang mit »Kultur« und »Religion« zu dekonstruieren sowie alternative Denkformen, Erzählungen und Widersprüche herauszuarbeiten, verorte ich mich in der Tradition der *Postkolonialen Theorien*, die das Verschwiegene und Nicht-Gesagte beachten und ein Instrumentarium zum Aufspüren von Brüchen, Widerständen und Irritationen vorlegen. Vor dem Hintergrund dieser Theoriekombination skizziere ich anschließend im Detail das *diskursive Netz*, in das *Homogenisierungs- und Pluralisierungsstrategien* eingewoben sind, wobei ich hier vor allem die Ausarbeitungen von Safiye Yildiz einbeziehe.[47] Diese beiden Handlungsformen sind mit landläufigen Vorannahmen und »Selbstverständlichkeiten« verbunden, die ebenfalls beschrieben werden sollen. Das skizzierte Diskursgeflecht bildet sodann die Hintergrundfolie zur Analyse der Interviews.

II. Empirische Untersuchung

Im zweiten Teil der Arbeit stelle ich meinen Forschungszugang und die Wahl der Methoden vor. Der Forschungsprozess erstreckte sich über einen Zeitraum von mehreren Jahren und basierte auf der Forschungshaltung der *Grounded Theory*. Durch einen Wechsel zwischen Erhebungen im Feld und Auseinandersetzung mit Theorien sowie Methodologien ist die Arbeit kontinuierlich gewachsen, wobei unterschiedliche Methoden zur Anwendung kamen. Im vorliegenden Teil der Arbeit sind *qualitativ geführte Interviews* abgebildet, die inhaltlich strukturiert und paraphrasiert – methodisch der Inhaltsanalyse nach Mayring folgend – und sodann einer *postkolonial informierten Diskursanalyse* unterzogen wurden. Die Entscheidung für *mixed methods* machte es schließlich möglich, die Komplexität des Kindergartens hinsichtlich kultureller Diversität und religiöser Pluralität anhand exemplarischer Erzählungen dicht zu beschreiben und tiefgreifend zu analysieren.

III. Erzählungen aus der Praxis

Das Zentrum meiner Arbeit bilden die Interviews mit Elementarpädagog_innen, in der sie von ihrer Wahrnehmung und ihren Erfahrungen mit kultureller Diversität und religiöser Pluralität im Kindergartenalltag erzählen. Mittels einer *postkolonial informierten Diskursanalyse* war es möglich, Ordnungen und Diskurse, auf deren Basis die Praktikerinnen ihre pädagogischen Handlungsstrategien praktizieren, zu dekonstruieren und offen zu legen. Mit der Sensibilität postkolonialer Theorien konnten auch Textpassagen und damit Logiken gehoben

---

47 Vgl. Yildiz, Interkulturelle Erziehung und Pädagogik.

werden, die von den Interviewpartnerinnen *nicht* bewusst intendiert waren und im Widerspruch zur sonstigen Argumentation stehen. Vor allem aber war es möglich, *Zwischenräume* als Aushandlungsräume von Diskursen und Identitäten aufzuspüren und kreatives Handlungspotential von Kindern, Eltern und Pädagog_innen sichtbar zu machen.

IV. Der Kindergarten als locus theologicus alienus

Im vierten Kapitel werden anhand des Materials generierte Fundstellen für interkulturelle Theologien benannt und zugleich Ansprüche an dieselben aus der Kindergartenpraxis heraus formuliert. Dazu verorte ich dieses Praxisfeld zunächst in den Ansprüchen des *zweiten Vatikanischen Konzils*, bestimme den Kindergarten mit Bezugnahme auf die Loci-Lehre von Melchior Cano als *locus theologicus alienus* und erläutere, warum sich dort *Zeichen der Zeit* ereignen. Die Erzählungen der Interviewpartnerinnen werfen Fragen nach einem verantwortlichen Umgang mit dem Anderen ebenso auf wie nach religionstheologischen Positionierungen und nach angemessenen religionspädagogischen Konzepten für die alltägliche Praxis in der vorhandenen Pluralität von Religionen.

V. Der Kindergarten im Spiegel interkultureller Theologien

Im letzten Teil der Arbeit werden die Ergebnisse der Interviewanalyse in Bezug zu ausgewählten *interkulturellen Theologien* gesetzt. Ich frage danach, was die Theoreme dieser Theologien für den Kindergarten und seine Fragen hinsichtlich kultureller und religiöser Heterogenität bereithalten. Umgekehrt muss sich der Kindergarten als realer Ort in der Welt permanent bewähren und verantworten und hat daher gegenüber wissenschaftstheoretischen Überlegungen stets einen handlungspraktischen Vorsprung im Umgang mit der interkulturellen Problemlage. Der Blick auf diese sich ständig weiterentwickelnde Praxis eröffnet nicht nur einen Reflexions- sondern vor allem einen Erkenntnisraum für Theologien, die sich als responsiv gegenüber den Ansprüchen der Welt verstehen. Diese Erkenntnisse zu benennen, die sich aus dem Kindergarten als einem *locus theologicus* aufdrängen, ist der theologische Anspruch meiner Arbeit.

I. Theoretische Verortung

2. Von der Notwendigkeit einer kritischen Diskursanalyse am Ort Kindergarten

2.1 Der Raum als Träger von Diskursen

Der Kindergarten ist ein Spiegel der Gesellschaft und als solcher von den Diskursen derselben durchzogen – so die Grundannahme der vorliegenden Arbeit. Diese diskursiven Ordnungen des öffentlichen Raumes prägen die Räume des Kindergartens und damit die darin stattfindenden alltäglichen Interaktionen. Wenn man einen Kindergarten betritt, so kann man an seiner Gestaltung, manchmal schon am Eingang und den Fenstern ablesen, welche Ordnung sich darin durchsetzt. Die Fenster sind oft bunt gestaltet, mit Kinderarbeiten beklebt, bemalt oder bedruckt. Ein zweiter Blick kann bereits erschließen, welche Diskurse sich darin verbergen. Wie sehen diese Kinderarbeiten aus? Sind sie von Kinderhand gestaltet oder von Erwachsenen angeleitet, begrenzt und perfektioniert worden? Lassen sich unterschiedliche Maltalente ablesen, gibt es Kritzeleien, kreative Farbmischungen und ungerade Linien? Oder sieht ein Element aus wie das andere? Wie wird mit kindlicher Individualität im kreativen Ausdruck umgegangen? Wird sie gerahmt und zurechtgestutzt oder darf sie das ästhetische Empfinden erwachsener Betrachter_innen herausfordern? Welche Motive, Ornamente, welche Farben werden verwendet? Findet die Pluralität der Kindergruppe darin ihren Ausdruck? Sind hier die einzelnen Kinder repräsentiert oder ist das Produkt ein harmonisches, sorgfältig angeordnetes Ensemble? Welche Ordnung kommt darin zum Ausdruck? Was darf hier sein und was darf nicht sein? Ein dritter Blick fängt die Interaktionen in den Räumen des Kindergartens ein. Welche Ordnung bestimmt das Zusammenleben? Welche Disziplinierungen beherrschen den Raum? Wer darf seine Stimme erheben und wer wird hier nicht gehört? Welche Orte werden den Kindern zugewiesen, welche sozialen Positionen nehmen sie ein? Wer darf hier über Spielprozesse bestimmen, wer nimmt die Rolle der Mitspielerin bzw. des Mitspielers ein? Wo werden die räumlichen Ordnungen durch fremde Diskurse verstört? Wo treten Überraschungen auf und wie wird mit ihnen umgegangen?

2.2 Räume als soziale Bedeutungsträger

Räume sind in den letzten Jahrzehnten verstärkt als *soziale Bedeutungsräume* in die Aufmerksamkeit der Forschung gerückt. Sie gelten nicht einfach als Container, in denen sich Leben abspielt, sondern sind Träger von Diskursen, sozialen Ordnungen und gesellschaftlichen Machtverhältnissen. So konstatiert Foucault schon 1967, dass wir »nicht in einem homogenen und leeren Raum leben, sondern in einem Raum, der mit Qualitäten aufgeladen ist, der vielleicht auch von Phantasmen bevölkert ist.«[48] Mit seinem Konzept der Heterotopien prägt er in Folge eine ganze Debatte um die Machtproblematik von Räumen. Seit dem *spatial turn* gilt der Raum als sozial produziert und seine Wirksamkeit als hergestellt.[49] In ihn werden symbolische Bedeutungen eingeschrieben, die mittels Sozialisation erlernt und angeeignet werden. Räume sind die Träger kultureller Bedeutungssysteme. Sie sind das Medium, in dem sich kulturelle und religiöse Identitäten und Gemeinschaften ausbilden und mit anderen ihren Platz aushandeln. Räume haben daher enorme Bedeutung »als Bedingung, Repräsentationsform wie als Vollzugsweise für diese Aushandlungen.«[50]

In der vorliegenden Arbeit werden verschiedene Raumvorstellungen miteinander verschränkt: Zunächst ermöglicht die Dreiteilung durch Lefebvre die Wahrnehmung und Verortung von Diskursen und ihren Wirkungen auf verschiedenen Raumebenen. Mit Foucault können *Utopien* entlarvt und machtvolle Ordnungen offengelegt werden, die auf alltägliche Interaktionen im Kindergarten einwirken. Aufgrund seiner unausweichlichen Konfrontation mit gesellschaftlich relevanten Diskursen ist zu fragen, ob der Kindergarten im Sinne Foucaults als ein *Heterotopos* bestimmt werden kann. Bhabha bietet schließlich mit seinem Konzept des *Thirdspace* – hier als »Zwischenraum« übersetzt – eine Möglichkeit, das subversive Potential innerhalb machtvoller Strukturen und der darin stattfindenden Aushandlungsprozesse verorten zu können. Eine Sicht auf den Raum und die mit ihm einhergehende diskursive Ordnung im Kindergarten macht die Analyse von pädagogischen Handlungsstrategien und subjektiven Theorien komplexer, sie anerkennt aber die Komplexität des menschlichen Lebens, das den Räumen, in denen sich Leben abspielt, nicht ausweichen kann.

2.3 Drei Raumebenen und ihre Wechselwirkung

Mit Lefebvre lassen sich drei Raumdimensionen unterscheiden, denen in unterschiedlicher Weise Diskurse anhaften:[51] Die erste Ebene des Raums (*espace*

---

48 Foucault, zit. in: Koch, Jüngste religionswissenschaftliche Debatten zu Raum, 2.
49 Vgl. Bachmann-Medick, Cultural Turns.
50 Koch, Jüngste religionswissenschaftliche Debatten zu Raum, 7.
51 Vgl. Schmid, Raum und Gesellschaft, 210ff.

perçu) ist jene, die erfahren werden kann – ein konkreter Ort wie der Kindergarten. In der zweiten Raumebene (*espace conçu*) werden Diskurse verkörpert, sie »sprechen« die Sprache der Ordnungen, die den Raum beherrschen – wie die gestalteten Fenster im Kindergarten. Die dritte Ebene (*espace vécu*) ist als sozial produzierter Raum zu verstehen, der durch die Interaktionen im Raum konstituiert wird. Er ist Ausdruck der spannungsgeladenen Wechselwirkung der Diskurse, die im Raum stehen, etwa wenn Kinder um ihre Rollen oder Identitäten im sozialen Raum ringen, die immer wieder neu ausgehandelt werden müssen. Alle drei Raumebenen bedingen sich wechselseitig und stehen in einem diskursiven Spannungsverhältnis zueinander. Die Interaktionen im Kindergarten finden immer in der diskursiven Ordnung dieses Ortes statt. Es gibt kein Handeln jenseits von Diskursen.[52] Will man also verstehen, warum und wie sich im Kindergarten Handlungsstrategien in Bezug auf kulturelle und religiöse Heterogenität ausprägen, so muss man die Diskurse an diesem Ort, in seinen Räumen und Interaktionen, offenlegen.

2.4 Was ist ein Diskurs?

Alltagssprachlich wird »Diskurs« oftmals mit »Diskussion« gleichgesetzt und ausschließlich auf sprachliche Elemente begrenzt.[53] Ich beziehe mich in meinen Ausführungen auf die Diskurstheorie Foucaults, der Diskurse nicht auf Texte, Sätze und sprachliche Äußerungen reduziert, sondern als Praktiken versteht, »die systematisch die Gegenstände bilden, von denen sie sprechen«.[54] Nicht die Sprache an sich bringt Wirklichkeit hervor, sondern die Ordnung der Praxis des Sprechens. Foucault definiert sie als eine diskursive Praxis mit eigenen Regeln, die Wahrheit und Wissen konstituiert.[55] Diskurse erzeugen also eine Wirklichkeit, indem durch sie bestimmtes Wissen angehäuft und geordnet wird, während anderes Wissen (sprachliches wie Alltagswissen) unbeachtet bleibt oder Unterdrückung erfährt. Dabei werden verschiedene Diskursstränge miteinander verwoben, welche die Ordnung des angesammelten Wissens formieren und verfestigen.[56] Diskurse bestimmen, was zu einer gewissen Zeit an gewissen Orten

---

52 Vgl. Foucault, Die Ordnung des Diskurses.
53 Auch Habermas meint laut Köhnen mit »Diskurs« eher »Diskussion«, mit der sich Menschen über die Gültigkeit von Normen o. ä. verständigen, um über den Austausch von Argumenten einen erträglichen Konsens zu erreichen. Vgl. Habermas zit. in: Köhnen, Diskursanalyse, 416.
54 Foucault, Archäologie des Wissens, 74. Vgl. Langer/Wrana, Diskursforschung.
55 Vgl. Foucault, Archäologie des Wissens, 74.
56 So zeigt Jäger beispielsweise, dass für den Einwanderungsdiskurs eine problembehaftete Thematisierung typisch ist. Mit der Anwesenheit von Einwander_innen und Flüchtlingen werden häufig soziale und ökonomische Probleme in Verbindung gebracht. Solche Auffassungen beschränken sich laut Jäger keineswegs auf rechtspopulistische Redeweisen,

sagbar oder angesagt ist, und was nicht. Mit ihnen werden bestimmte gesellschaftliche Redeweisen etabliert, institutionalisiert und disziplinierenden Regeln unterworfen. In modernen Gesellschaften wird durch Selektieren, Sortieren oder Ordnen von Diskursen spezifisches Wissen entfaltet, Wissensbestände werden verknappt, gebändigt und kontrolliert. Dadurch wird jeweils ein spezifisches Wissen favorisiert, das zugleich andere Wissensformen ausschließt.[57] Diskurse besitzen daher Machtwirkungen, weil sie mit etablierten Wissensbeständen das Denken und Handeln von Menschen bestimmen.[58] In ihnen verdichtet sich nicht nur Wissen, sie wirken zudem normativ, indem sie vorgeben, ob Aussagen oder Denkweisen wahr sind und welchen Dingen oder Handlungen Bedeutung zukommt. Gesellschaftliche Ereignisse und politische Geschehnisse bis hin zu Existenz- und Lebensweisen werden unter dem Fokus dominanter Diskurse gedeutet und bewertet. Diskurse produzieren die Gültigkeit, die das formierte Wissen in einem bestimmten Kontext hat. Jäger drückt das Konstitutionspotential von Diskursen mit Verweis auf Foucault wie folgt aus: »Diskurse formieren das Bewusstsein der Subjekte und [...] können daher als transsubjektive Produzenten gesellschaftlicher Wirklichkeit und sozio-kultureller Deutungsmuster aufgefasst werden.«[59]

2.5 Wissensfluss durch die Zeit

Die bisherige Skizzierung von »Diskursen« erweckt den Anschein, als wären sie selbstständige Größen, die ihr »Wissen« durchsetzen und dabei jedes Subjekt und seine Realität determinieren. Tatsächlich schreibt ihnen Jäger, auf dessen Entwurf einer *Kritischen Diskursanalyse*[60] ich mich hier vorrangig beziehe, eine Art »Eigenleben« zu, weil sie die Wirklichkeit, die sie transportieren, zugleich hervorbringen und konstituieren. Dies können sie aber »natürlich immer nur vermittelt über die Subjekte in ihren gesellschaftlich-diskursiven Kontexten als Co-Produzenten und Mit-Agenten der Diskurse und der Veränderung von Wirklichkeit.«[61] Diskurse werden von Individuen (re-)produziert und verbreitet. Die fortdauernde Rekurrenz von Symbolen, Inhalten und Strategien führt im Laufe der Zeit zur Herausbildung und Verfestigung von bestimmtem Wissen, wodurch Diskurse ihre nachhaltige Wirkung erlangen. Bei jedem Sprechen und Handeln geschieht dies, denn »es gibt kein Handeln ohne Wissen, und sei dieses

---

sondern sind durchgängig zu finden, sowohl im politischen als auch im medialen, aber auch im Alltagsdiskurs. Vgl. Jäger, Kritische Diskursanalyse, 166.
57 Vgl. Foucault, Die Ordnung des Diskurses, 11.
58 Vgl. Jäger, Kritische Diskursanalyse, 170.
59 Jäger, Kritische Diskursanalyse, 27.
60 Jäger, Kritische Diskursanalyse.
61 Jäger, Kritische Diskursanalyse, 35.

Wissen noch so rudimentär.«⁶² Subjekte sprechen und handeln *immer* aus einem Diskurs heraus und einem Diskurs zu, wobei dieses Sprechen und Handeln in institutionell strukturierten Kontexten geschieht.[63] Diskurse sind zur Entfaltung und Verfestigung von Wissen daher auf Institutionen angewiesen, weshalb auch dem Bildungssystem bei der (Re-)Produktion von Diskursen enorme Bedeutung zukommt. Diskursive Ordnungen werden durch die Wiederholung von Bedeutungszuschreibungen und Argumentationen in Fluss gehalten.[64] Zugleich gestalten Subjekte die soziale Wirklichkeit mit, indem sie denkend-handelnd mit ihrem erworbenen und vorhandenen Wissen Diskurse (re-)produzieren, verschränken und auch umgestalten.[65] Wissen ist zwar allem Sprechen und Denken, allem Tun vorausgesetzt, es ändert und entwickelt sich aber, indem etwa Elemente von Wissen miteinander verknüpft, angereichert oder reduziert werden. Diskurse werden also von Menschen gestaltet und formiert. Weil Diskurse solchen Bewegungen unterliegen, sind sie stets als vielschichtig, heterogen und veränderlich zu begreifen. Jäger definiert Diskurse deshalb als »Fluss von Wissen bzw. sozialen Wissensvorräten durch die Zeit«.[66] Diskurse sind nicht statisch und universal, sondern kontextabhängig und historisch. Ihre Ordnungen können sich entsprechend ihrer sozialen, politischen oder historischen Umgebung flexibel verändern. Sie sind als relational, geschichtlich bedingt und damit als kontingent zu bestimmen. Das heißt zugleich, dass sie nicht als gegeben hingenommen und rezipiert werden müssen, sondern kritisiert, verändert und umgestaltet werden können. Da sich Diskurse nicht nur in sprachlichen Aussagen ereignen, sondern auch in habituell geprägten Wahrnehmungs- und Handlungsweisen offenbaren, sind sie vielschichtig aufspürbar. Sie bilden sich in Interaktionen oder institutionellen Zusammenhängen ebenso ab wie in der Architektur und in Raumstrukturen.[67] Die eingangs angefragte Gestaltung des Kindergartenraumes und die oben erwähnte Fenstergestaltung zeigen, wie unterschiedlich Diskurse spezifische Ordnungen und Wirklichkeiten materialisieren können.

2.6 Diskurs und Macht

Nicht alle Diskurse setzen sich in gleicher Weise durch. Subjekte sprechen und handeln von ihren sozialen Orten aus, die jeweils durch spezifische Wissensrepertoires charakterisiert sind. Sie beziehen sich auf Diskurspositionen, die mit bestimmten politischen Einstellungen und Weltanschauungen verbunden

---

62 Jäger, Kritische Diskursanalyse, 37.
63 Vgl. Yildiz, Interkulturelle Erziehung und Pädagogik, 33.
64 Vgl. Jäger, Kritische Diskursanalyse, 37.
65 Vgl. Jäger, Kritische Diskursanalyse, 144.
66 Jäger, Kritische Diskursanalyse, 26.
67 Vgl. Foucault, Schriften 3, 164.

sind. Es gibt kein Denken und Handeln außerhalb von diskursiven Kontexten, alle Menschen haben einen »ideologischen Ort«, von dem aus sie sprechen, denken und handeln sowie sich Diskurse aneignen oder solche produzieren.[68] Freilich sind diese sozialen Orte der Subjekte nicht als apriorische Einheiten zu verstehen, sie überschneiden sich und wirken wechselseitig aufeinander ein. Jäger unterscheidet verschiedene »Diskursebenen« wie Wissenschaft, Alltag, Politik, Medien, Erziehung etc.[69] Sie favorisieren jeweils ein bestimmtes Wissen, während anderes unbeachtet bleibt. Dadurch konstituieren sich herrschende Diskurse, die gesellschaftlich relevant werden und das Alltagsdenken durchdringen, während andere Diskurse keine Öffentlichkeit erreichen, weil sie von hegemonialen Diskursen inhaltlich marginalisiert oder gar verdrängt werden, oder weil sie schlichtweg nicht die Mittel zur Popularisierung ihres favorisierten Wissens haben.[70] Von herrschenden Diskursen ist laut Jäger dann auszugehen, wenn sie für eine bestimmte Zeit »richtiges Wissen« als gültiges, hegemoniales Wissen durchsetzen und (sukzessive) eine dominierende Stellung in wissenschaftlichen Diskursen wie auch in Alltagsgesprächen einnehmen.[71] Solche temporären, hegemonialen Diskurse entfalten bestimmte »Wahrheiten« und Bedeutungen, welche wiederum durch Subjekte angeeignet und reproduziert werden. Sie formen Individuen und erzeugen diskursiv Subjektpositionen, welche die hegemonialen Diskurse stabilisieren, während sie andere Diskurse unterminieren oder in Abrede stellen. Yildiz beobachtet, dass für die Wirkung von hegemonialen Diskursen eine weitgehend homogene Diskursposition charakteristisch ist. Diese konstituiert sich, indem die Akteur_innen der einzelnen sozialen Orte verstreut vorkommende Inhalte und Kategorien zu einer einheitlichen Bedeutung verbinden.[72] Die Verknüpfung verschiedener Diskursstränge formt eine spezifische Strukturierung von Wissen, die wiederum der Herstellung und Stabilisierung von Macht und Herrschaftsverhältnissen dient. Mit Jäger zusammengefasst üben Diskurse »als *›Träger‹ von (historisch und räumlich jeweils gültigem) ›Wissen‹* [sic.] Macht aus; sie sind selbst ein Machtfaktor, indem sie geeignet sind, Verhalten und (andere) Diskurse zu induzieren. Sie tragen damit zur Strukturierung von Macht- und Herrschaftsverhältnissen in den jeweiligen Gesellschaften bei.«[73]

---

68 Vgl. Jäger, Kritische Diskursanalyse, 85.
69 Vgl. Jäger, Kritische Diskursanalyse, 83.
70 Vgl. Yildiz, Interkulturelle Erziehung, 34.
71 Jäger zit. in: Yildiz, Interkulturelle Erziehung, 34.
72 Vgl. Yildiz, Interkulturelle Erziehung, 34.
73 Jäger, Kritische Diskursanalyse, 38. Hervorhebung im Original.

2.7 Macht versus Herrschaft

Foucault begreift Macht zunächst nicht als repressiv, sondern als kreativ und produktiv. Sie ist immer mit Zielen und Absichten verbunden und wird diskursiv transportiert und durchgesetzt.[74] Macht erweist sich als konstitutiv für die Subjektbildung: Individualität und Selbstbezug werden erst in Machtverhältnissen möglich.[75] Macht versteht Foucault als ein produktives Netz, das den ganzen sozialen Körper überzieht, sodass alle Akteur_innen einer Gesellschaft über Macht verfügen. Wo sich Macht ereignet, gibt es auch Widerstand. In dieser Dynamik bilden und formen sich Subjekte. Sie werden durch die Diskurse sowie die Macht- und Herrschaftsverhältnisse konstituiert, in die sie verstrickt sind und die sie auch selbst mitgestalten, konstruieren und bearbeiten.[76] Die Subjekte sind also stets involviert in die Realisierung von Machtbeziehungen, zugleich müssen sie auch um ihren Ort in der Gesellschaft ringen. Foucault unterscheidet Macht von Herrschaft. Letztere beginnt dort, wo es Individuen oder gesellschaftlichen Gruppen gelingt, »ein Feld von Machtbeziehungen zu blockieren, sie unbeweglich und starr zu machen und jede Umkehrung der Bewegung zu verhindern.«[77] Herrschaft setzt sich durch, wo Menschen aufgrund der ungleichen Verteilung von Macht über andere Menschen bestimmen, sie ausgrenzen oder ausbeuten können.[78] Machtverhältnisse sind also nicht in jedem Fall akzeptabel. Deshalb bedarf es laut Jäger einer *kritischen* Analyse ihrer Entstehungsgeschichte. »Um zu sehen, was sie [die Machtverhältnisse] akzeptabel gemacht hat und macht und wann und wodurch sie aufhören, akzeptabel zu sein, ist die *Genealogie* dieser Macht-Wissen-Wirkungen zu untersuchen. Denn diese Wirkungen lassen sich nicht kausal erklären, sondern sie sind Resultate langwieriger, aber ganz konkreter historischer Prozesse, vielfältiger Verschränkungen von Diskursen und diskursiver Kämpfe und Brüche und von deren Effekten, die im Detail zu untersuchen wären.«[79]

2.8 Macht- und Herrschaftsverhältnisse in pädagogischen Kontexten

In Bildungssituationen wirken sich Macht- und Herrschaftsverhältnisse besonders prekär aus, weil in ihnen Identitäten konstruiert sowie soziale Positionen bestimmt werden, die über Bildungs- und Aufstiegschancen entscheiden. Ka-

---

74 Vgl. Foucault zit. in: Jäger, Kritische Diskursanalyse, 43.
75 Vgl. Fegter, Erziehungswissenschaftliche Diskursforschung, 20.
76 Vgl. Jäger, Kritische Diskursanalyse, 44.
77 Foucault zit. in: Jäger, Kritische Diskursanalyse, 47.
78 Vgl. Jäger, Kritische Diskursanalyse, 47.
79 Jäger, Kritische Diskursanalyse, 45. (Hervorhebung im Original)

tegorien, denen Menschen und Gruppen zugewiesen werden, entscheiden über Partizipationsmöglichkeiten, weil entlang dieser Zuschreibungen die Teilhabe an Bildung oder der Ausschluss davon politisch organisiert und legitimiert wird.[80] Im Kindergarten geschieht dies etwa durch die Separation der Kinder in Lerngruppen, die sich am Alter, Geschlecht, an einer Beeinträchtigung, mangelnden Deutschkenntnissen o. ä. orientieren. Sie gehen einher mit Sonderbehandlungen, spezifischen Lern- oder Förderprogrammen und mit Zugang zu oder Ausschluss von bestimmten Wissensbeständen. Solche Kategorisierungen sind mit pädagogischen Praktiken als Behandlungsweisen verbunden. Sie schreiben – oftmals bei bester Absicht – die Zuordnung betroffener Subjekte fort und den ihnen zugewiesenen gesellschaftlichen Ort fest. Die Subjekte werden ihrerseits dazu aufgefordert, die Ordnung des Diskurses, von der her die Zuordnung bzw. »Anrufung«[81] erfolgt, anzuerkennen. Sie unterwerfen sich in der Regel auch den ihnen zugeschriebenen Subjektpositionen, weil ihnen mit der Anerkennung der vorgesetzten Ordnung zugleich Anerkennung als Subjekt in derselben versprochen wird.[82] Der Diskurs über die Bildungschancen im Kindergarten organisiert dadurch nicht nur gesellschaftliche Zuschreibungen und Behandlungsweisen, sondern beeinflusst auch Bewusstseinsprozesse, wirkt also direkt auf die Subjekte ein. »Wer eine Subjektposition einnimmt und aus dieser Position spricht, subjektiviert sich im Vollzug dieser Artikulation tendenziell anhand der im Diskurs gegebenen Subjektposition.«[83] Subjektivierung führt also zu einer Unterwerfungspraxis, die durch diskursive Strategien erzeugt und erhalten wird.[84] Pädagogische Konzepte, die sich der Beachtung kultureller Diversität verschreiben, sind paradoxerweise besonders gefährdet, die hegemoniale Ordnung zu stabilisieren. Sie bieten Differenzierungsraster für die Identifikation von Personen an, die meist die von ihnen selbst kritisierten Essentialisierungen reproduzieren. Yildiz kommt zu dem Befund, dass etwa das »ausländische Kind« in interkulturellen Konzepten in seiner Subjektivität als denkendtätige/r Akteur_in ausgelassen wird. Vielmehr wird unter der Kategorie von »kultureller Vielfalt« eine Einheitserzählung fortgesetzt, die zur Steigerung der Macht über Migrant_innen beiträgt, und zwar in zweifachem Sinne: »einerseits dadurch, dass MigrantInnen durch ihre Konstruktion als hybride Subjekte zur neoliberalen Verwertung diskursiv hergestellt werden, andererseits durch die gleichzeitige Förderung der Bewahrung der national-kul-

---

80 Vgl. Fegter, Erziehungswissenschaftliche Diskursforschung, 21.
81 Althusser bezeichnet diesen diskursiven Effekt als »Anrufung«. Vgl. Fegter, Erziehungswissenschaftliche Diskursforschung, 25.
82 Gramsci schreibt den Unterdrückten (Subalternen) ein doppeltes Bewusstsein zu, eines, das sich dem Willen der Machthaber_innen unterwirft und sich mit ihnen identifiziert, sowie ein anderes, das fähig ist, sich dem Machtzugriff zu widersetzen und Widerstand zu entwickeln. Vgl. Nehring/Tielesch, Theologie und Postkolonialismus, 20.
83 Fegter, Erziehungswissenschaftliche Diskursforschung, 24.
84 Vgl. Nehring/Tielesch, Theologie und Postkolonialismus, 25.

turellen Identität«.[85] Kulturalisierungen, Nationalisierungen, Normalisierungen und Naturalisierungen wirken hier ineinander und führen in pädagogischen Einrichtungen – trotz eines vermeintlich reflektierten Zuganges – ein epistemisch-diskursives Herrschaftsverhältnis fort und stabilisieren damit systemimmanente Ungleichheiten. Mit solchen (Re-)Produktionen und entsprechenden Repräsentationen setzen sich insbesondere postkoloniale Theoretiker_innen auseinander, weshalb ihr kritisches Potential in die vorliegende Arbeit aufgenommen werden soll. Zunächst aber wird jener Zugang beschrieben, den Jäger für eine *Kritische Diskursanalyse* vorschlägt.

2.9 Kritische Diskursanalyse[86]

Jäger versteht Diskursanalyse als ein politisches Projekt. Durch die Darstellung von Diskursen können Interessen offengelegt, Widersprüche sichtbar gemacht und Mystifizierungen aufgedeckt werden. Damit ist die Diskursanalyse bereits in ihrer analytischen und darstellenden Funktion als *kritisch* zu benennen, weil sie offenlegt, wie durch die Verwobenheit von Diskursen bzw. Diskurssträngen hegemoniale Wissensbestände hervorgebracht und dadurch hierarchische Verhältnisse zwischen sozialen Gruppen produziert, gerechtfertigt und stabilisiert werden. Dabei kommen besonders jene gesellschaftlichen Orte in den Blick, die systemimmanente Ungleichheiten (re-)produzieren und festigen. Wissenssoziologische Diskursanalyse zielt darauf, »Prozesse der sozialen Konstruktion von Deutungs- und Handlungsstrukturen auf der Ebene von Institutionen, Organisationen bzw. kollektiven Akteuren zu erforschen und deren gesellschaftliche Wirkungen offen zu legen.«[87] Die *Kritische Diskursanalyse* wird vornehmlich für gesellschaftlich brisante Themen herangezogen und weist laut Jäger bereits durch die Auswahl ihrer Themen bzw. der analysierten Diskurse ein kritisches Moment auf, weil die Bearbeitung derselben eine kritische Haltung erfordert.[88] Kritische Diskursanalyse fragt danach, wann und wo Diskurse und ihre Argumentationsformen aufhören, akzeptabel zu sein. Diskurse verschaffen sich oftmals durch Vorbehalte, stereotype Zuschreibungen und Vorurteile diskursive Geltung, ohne direkt sanktioniert zu werden. Mit Wörtern und Begriffen, die Feindbilder oder Ausgrenzungen produzieren, können Individuen und Gesellschaftsgruppen von der Teilnahme an der Konstituierung von Diskursen, sozialen Beziehungen oder Rechten ausgeschlossen werden.[89] Die Funktion der Kritischen Diskursanalyse sieht Jäger gerade darin, »die dem Wissen impliziten

---

85 Vgl. Albrecht-Heide zit. in: Interkulturelle Erziehung, 7.
86 Vgl. Jäger, Kritische Diskursanalyse.
87 Jäger, Kritische Diskursanalyse, 16.
88 Vgl. Jäger, Kritische Diskursanalyse, 151.
89 Vgl. Jäger, Kritische Diskursanalyse, 37.

Machteffekte und ihre jeweilige Akzeptabilität offenzulegen, um Veränderungen zu ermöglichen.«[90] Jäger versteht die Kritische Diskursanalyse als prinzipiell interventionistisch. Sie beabsichtigt, menschliche Verhältnisse über deren Beschreibung hinaus zu verbessern, Fehlentwicklungen frühzeitig erkennbar zu machen und gegen inakzeptable Ungleichheiten Widerstand zu erheben. »Kritische Wissenschaft hat den Auftrag, demokratische Einsichten zu fördern.«[91] Jäger konstatiert, dass dies mit einer instrumentell verfahrenden Wissenschaft in der Regel nicht zu leisten ist, sondern diese sogar fast immer das Gegenteil betreibt.[92] Deshalb fordert er eine Bewertung und Kritik derselben ein. Die Beschreibung von Diskursen bzw. Diskurssträngen und Dispositiven sei zwar eine wichtige und unerlässliche Voraussetzung dazu, doch erst durch die Bewertung und Kritik der gefundenen diskursiven »Sachverhalte« wird die Analyse zu einer »Kritischen Diskursanalyse.«[93] Die Frage nach der Richtigkeit bzw. »Wahrheit« wissenschaftlicher Ergebnisse stellt sich dabei nach Jäger »nicht kausalanalytisch-genetisch, sondern im richtig verstandenen Sinne moralisch/ethisch«, weil sie nicht auf die Wissenschaft beschränkt bleiben darf, sondern ein »gesellschaftlich-humanes« Problem darstellt.[94] Diesen moralisch/ethischen Anspruch begründet Jäger mit der allgemeinen Annahme, »dass das Vorhandensein der Menschen und ihrer Würde auf diesem Globus als sinnvoll und zu verteidigen angesehen wird«.[95] Deshalb müsse »das, was getan wird/bzw. ›geschieht‹«, also »die eingefahrenen Normen und Normalitäten und jeweils gültigen Wahrheiten in den jeweiligen Gesellschaften« nach ihrer Dienlichkeit für die »Existenz«, das »Dasein« und die »Würde der Menschen auf diesem Globus« hinterfragt werden.[96] Jäger verortet diesen »philosophisch-ethischen« Maßstab zunächst außerhalb aller wissenschaftlichen Ansätze, plädiert aber dafür, diesen in das wissenschaftliche Selbstverständnis und eben auch in jenes der Diskursanalyse hinein zu nehmen.[97]

---

90 Jäger, Kritische Diskursanalyse, 39.
91 Jäger, Kritische Diskursanalyse, 152.
92 Vgl. Jäger, Kritische Diskursanalyse, 152.
93 Jäger, Kritische Diskursanalyse, 151.
94 Jäger, Kritische Diskursanalyse, 153. Insbesondere Interkulturelle Theologie sieht ihre Aufgabe *als Wissenschaft* unter anderem darin, Situationen, in denen Menschen um die Anerkennung ihrer Würde durch andere ringen, aufzuspüren und im Sinne des II. Vatikanischen Konzils an deren Bearbeitung konstruktiv und verantwortlich mitzuarbeiten. Hier deckt sich der Anspruch Jägers mit dem Anspruch der vorliegenden Arbeit.
95 Jäger, Kritische Diskursanalyse, 153.
96 Jäger, Kritische Diskursanalyse, 153. Jäger distanziert sich allerdings von der Universalisierung von Moral und weist darauf hin, dass Moralvorstellungen (»Moralen«) kulturell gebunden tradiert werden und daher als ausgesprochen heterogen anzunehmen sind. Die Kritik der Kritischen Diskursanalyse ist also jeweils gesellschaftsspezifisch zu verstehen. Vgl. Jäger, Kritische Diskursanalyse, 155 f.
97 Vgl. Jäger, Kritische Diskursanalyse, 154. Der »philosophisch-ethische« Maßstab, den Jäger hier ausformuliert, ist dem theologischen Selbstverständnis zutiefst eingeschrieben.

2.10 Das interventionistische Potential Kritischer Diskursanalyse

Wegen ihrer politischen Ausrichtung beschreibt Jäger die Kritische Diskursanalyse als »ein Manifest gegen Duckmäusertum[, sie] macht Mut zum Widerstand gegen Ungerechtigkeiten und Unterdrückung/Herrschaft und gegen Blockaden von Macht-Wissensverhältnissen aller Art«.[98] Die Diskursanalyse hat das Potential, mittels Dekonstruktion des diskursiven Netzes hegemonialer Ordnungen Möglichkeiten des Widerstands aufzuzeigen. Mit Foucault sei noch einmal betont, dass Macht nicht repressiv, sondern als Kräfteverhältnis zu verstehen ist und daher immer auch Widerstand impliziert. Er plädiert dafür, durch die Kritik von Diskursen Denormalisierungen kultureller, diskursiver, subjektbildender und besonders auch religiöser Art anzuregen.[99] Postkoloniale Theorien eröffnen konzeptionelle Strategien für Jägers Postulat zum Widerstand, etwa durch *Agency*, *Mimikry* oder *Hybridität*.[100] Ihr Interesse an der Dekonstruktion von Macht- und Herrschaftsverhältnissen und damit verbundenen Diskursen schließt direkt an die Kritische Diskursanalyse an. Diskursanalysen stützen sich laut Susann Fegter et.al. auf eine Theorie, sie bedienen sich bestimmter Methoden und verorten sich in einer Disziplin.[101] Die Kritische Diskursanalyse nach Jäger wird daher in der vorliegenden Arbeit um eine postkoloniale Perspektive ergänzt, weil ihre Theoreme die Dekonstruktion von eurozentrischen (kolonialen) Wissensformen und dichotomen Epistemologien fokussieren. Zudem eröffnen sie theoretisierbare und daher auf andere Lebensbereiche übertragbare Möglichkeiten des Widerstands und der produktiven Bearbeitung von Diskursen.

---

98 Jäger, Kritische Diskursanalyse, 9.
99 Vgl. Jäger, Kritische Diskursanalyse, 160.
100 Eine Skizzierung dieser Konzepte erfolgt weiter unten.
101 Vgl. Fegter, Erziehungswissenschaftliche Diskursforschung, 11.

3. Von der Notwendigkeit einer postkolonialen Perspektive am Ort Kindergarten

3.1 Was sind Postkoloniale Theorien?[102]

Postkoloniale Theorien bezeichnen ein breites Spektrum an theoretischen Zugängen zur kritischen Auseinandersetzung mit historischen und gegenwärtigen Machtverhältnissen im Zusammenhang mit Kolonialismus und seinen bis in die Gegenwart währenden Fortschreibungen.[103] Der Begriff »postkolonial« verweist zunächst in seiner historischen Bedeutung auf die Zeit der Dekolonialisierung nach 1945 und ist in diesem Verständnis geprägt von einer anti-kolonialen Widerstandsbewegung und dem Ringen nach einem neuen Selbstverständnis nachkolonialer Gesellschaften. Mit dem Beginn der *postcolonial Studies* in den 1980er Jahren erfährt der Terminus eine Wende von seiner imperialismuskritischen, historischen Bedeutung zu einer »poststrukturalistisch geprägten kulturell-epistemologischen Ausarbeitung [...], ausgehend von der Einsicht, dass koloniale Macht nicht nur ökonomisch, sondern auch diskursiv über das (westliche) Wissenssystem ausgeübt wurde und noch immer wird.«[104] Mit Doris Bachmann-Medick könnte man »sogar behaupten, diese Version des *postcolonial turn* sei geradezu auf dem Boden der westlichen Gesellschaften entwickelt worden – nicht zuletzt, um deren zunehmend multikulturelle Durchdringung auf ihr Differenz- und Partizipationspotential hin zu überdenken.«[105] Demnach werden zwei Bedeutungsstränge postkolonialer Theorien unterschieden: Einerseits die chronologische Bedeutung als kritische, historische Kategorie zur Aufarbeitung der Prägungen durch Kolonialismus, Dekolonisierung und Neokolonialismus, sowie andererseits die systematisch-epistemologische Bedeutung als diskurskritische Theorie zur Auseinandersetzung mit kolonialistischen Strukturen, Wissensordnungen und Repräsentationsformen. María do Mar Castro Varela und Nikita Dhawan nehmen diese beiden Bedeutungen als »dynamische Einheit« wahr und verstehen »Postkolonialität« als »Set diskursiver Praktiken [...], die Widerstand leisten gegen Kolonialismus, kolonia-

---

102 Ich beziehe mich im Folgenden weitgehend auf die übersetzten Originaltexte von Said, Spivak und Bhabha, sowie auf die beiden Einführungen von Kerner und von Castro Varela/Dhawan. Während Letztere vorrangig die prominentesten Figuren der Postkolonialen Theorien präsentieren, beansprucht Kerner, die weniger bekannten Autor_innen darzustellen. Bachmann-Medick gibt einen allgemeinen Überblick über die Cultural Turns. Vgl. Said, Orientalismus; Spivak, Can the Subaltern Speak; Bhabha, Die Verortung der Kultur; Bachmann-Medick, Cultural Turns; Castro Varela/Dhawan, Postkoloniale Theorie; Kerner, Postkoloniale Theorien.
103 Vgl. Bachmann-Medick, Cultural Turns; Castro Varela/Dhawan, Postkoloniale Theorie; Kerner, Postkoloniale Theorien.
104 Bachmann-Medick, Cultural Turns, 187.
105 Bachmann-Medick, Cultural Turns, 189.

listische Ideologien und ihre Hinterlassenschaften.«[106] In der vorliegenden Arbeit wird sie als diskurskritische Theorie grundgelegt.

3.2 Was ist unter postkolonialem Erbe zu verstehen?

Postkoloniale Theorien sind (in ihrer epistemologischen Bedeutung) als kritische Kulturtheorien zu verstehen, die – in Fortsetzung ihrer ursprünglichen Intention, fortbestehende kolonialistische Strukturen und Denkmuster in ehemals kolonisierten Gesellschaften offen zu legen – die »diskursprägende Gewalt hegemonialer Kulturen« ins Visier nehmen.[107] Als diskurskritische Theorien dekonstruieren sie eurozentrische Wissensordnungen und Repräsentationssysteme. Damit wenden sie sich nicht (mehr) nur Gesellschaften mit Kolonialgeschichte zu, sondern üben grundsätzliche Kritik an modernen Wissenssystemen und am universalisierenden hegemonialen Diskurs des westlichen Rationalismus. Postkoloniale Theorien sehen sich einer kritischen Analyse jeglicher Beziehung verpflichtet, die von ungleichen Machtverhältnissen geprägten war und ist.[108]

Die Vertreter_innen postkolonialer Theorien nehmen Anleihe bei den poststrukturalistischen Theoretikern Foucault, Derrida und Lacan[109] und positionieren sich kritisch gegenüber der westlichen Moderne und ihrer Fortschrittsutopie. Sie problematisieren das moderne, lineare Geschichtsverständnis und westlich geprägte universalistische Ansprüche und hinterfragen die Idee eines autonomen, rationalen Subjektes. Im Folgenden werden die Konzepte der drei prominentesten Vertreter_innen der Postkolonialen Theorien – Said, Spivak und Bhabha, die als ihre Begründer_innen gelten – beschrieben.

3.3 Orientalismus oder die Produktion der Anderen (Edward W. Said)

Als Gründungsdokument der Postkolonialen Theorien gilt weithin die Studie »Orientalism« von Edward W. Said aus dem Jahr 1978.[110] Darin rekonstruiert er, wie über den Orientalismusdiskurs der Kolonialmächte der Orient durch selbsternannte westliche Orientexperten beschrieben und dadurch erst hervorgebracht wurde, um anschließend essentialisiert zu werden. Said entlarvt den Orient als

---

106 Castro Varela/Dhawan, Postkoloniale Theorie, 17.
107 Bachmann-Medick, Cultural Turns, 185.
108 Bachmann-Medick, Cultural Turns, 185.
109 Die Konzepte dieser drei Theoretiker werden jedoch von den drei prominentesten Figuren des Postkolonialismus – Said, Spivak und Bhabha – durchaus unterschiedlich rezipiert. Vgl. Castro Varela/Dhawan, Postkoloniale Theorie, 18.
110 Vgl. Castro Varela/Dhawan, Postkoloniale Theorie, 93.

eine westliche Projektion, welche die Unterwerfung desselben und seine Beherrschung durch europäische Kolonialisten rechtfertigt. Der orientalische Mensch wird als Gegenbild zum »Europäer« entworfen, als sein Anderer. Dadurch wird die positive Selbstbestimmung von Europäer_innen verstärkt, sie werden durch die Konstruktion des Orients gleichsam erst selbst hervorgebracht. Der Orientalismus ist getragen von der Idee der Überlegenheit europäischer Identität gegenüber allen nichteuropäischen Menschen.[111] Über die Darstellung und kritische Analyse von (wissenschaftlichen) Formen der »Repräsentation der Anderen durch Europa«, legt Said die Verbindung zwischen Wissen und Macht offen.[112] Er weist dadurch nach, wie die zunächst harmlos anmutenden Strategien des Kennenlernens letztlich Strategien der Beherrschung anderer durch Europa darstellen. Das Konzept des *Orientalismus* zeigt auf, wie dominante Kulturen durch die Repräsentation anderer Kulturen erstere wie letztere konstituieren und das (vermeintliche) Wissen über die Anderen zugleich dafür instrumentalisieren, diese zu beherrschen. Said legt die Macht von repräsentativen Texten offen, die nicht nur Wissen über andere erzeugen, sondern durch Repräsentationen die beschriebene Wirklichkeit selbst erschaffen. Er weist darauf hin, dass man »Texte, die ein Faktenwissen verheißen, nicht einfach beiseite [legt], sondern [man] spricht ihnen Fachkompetenz zu. Mitunter können sie sogar die Autorität von Akademien, Instituten oder staatlichen Behörden für sich in Anspruch nehmen, was ihnen noch mehr Ansehen verleiht. Vor allem *erzeugen* sie oft nicht nur Wissen, sondern gerade jene Realität, die sie lediglich zu beschreiben scheinen. In ihrer Gesamtheit begründen dieses Wissen und diese Realität eine Tradition oder das, was Foucault »Diskurs« genannt hat.«[113] Durch solche Formen der Repräsentation von Anderen werden zudem heterogene Kulturen und Lebensweisen vereinheitlicht und mit stereotypen Bildern charakterisiert. Said hält dagegen, dass Kulturen keine Entitäten, sondern intern divers und ausdifferenziert, also von Hybridität und Heterogenität geprägt sind. Mit dem Anspruch, andere Kulturen und Menschen charakterisieren und definieren zu können, wird epistemische Gewalt ausgeübt.[114] In seinem Buch *Covering Islam* setzt sich Said mit einseitigen, westlichen Islamdarstellungen auseinander und zeigt auf, wie der Islam in westlichen Wissenschaften homogenisiert und essenzialisiert wird. Said mahnt damit bereits Anfang der 1980er Jahre die Einsicht ein, dass der Islam kein monolithisches Gebilde darstellt, sondern in seinen Praktiken und Auslegungen äußerst vielfältig und komplex erscheint. Diese interne Heterogenität, die sich in beständigen inneren Debatten um muslimische Identität zeigt, wird von einem westlichen »Interesse an der Essenzialisierung einer muslimischen Identität« ignoriert.[115] »Stattdessen geben diese [europäischen Wissenschafter_innen] vor,

---

111 Vgl. Kerner, Postkoloniale Theorien, 70.
112 Castro Varela/Dhawan, Postkoloniale Theorie, 97.
113 Said, Orientalismus, 114f. (Hervorhebung im Original)
114 Vgl. Castro Varela/Dhawan, Postkoloniale Theorie, 95.
115 Castro Varela/Dhawan, Postkoloniale Theorie, 96.

den Islam zu *kennen*, während sie gleichzeitig Muslime und generell Menschen aus dem arabischen Raum in erster Linie als Öllieferanten und/oder potentielle Terroristen und Terroristinnen repräsentieren«.[116] Die Diagnosen Saids haben an Aktualität nicht verloren, weshalb sich Postkoloniale Theoretiker_innen zur Aufgabe machen, eurozentrische Wissenssysteme, die Konstruktion der Anderen (*Othering*), dichotomisierendes und hierarchisierendes Denken, die Reduktion heterogener Gesellschaften auf kulturelle Entitäten sowie generell Essentialisierungen und Naturalisierungen zu befragen und diese zu dekonstruieren.[117]

3.4 Können Subalterne sprechen? (Gayatri Chakravorty Spivak)

Gayatri Chakravorty Spivak zeigt in ihrem bekanntesten Essay *Can the Subaltern Speak?*[118], wie mittels Repräsentation Subalterne zum Schweigen gebracht werden. Jene, die Subalternen eine Stimme verleihen wollen und daher *für* sie sprechen, drängen diese durch dieses stellvertretende Sprechen erst recht in die Rolle des Schweigens und repräsentieren in dieser Praxis letztlich sich selbst. So wird mittels hegemonialer Strukturen – mitunter bei bester Absicht – Stimmlosigkeit produziert.[119] Beispielhaft zeigt Spivak anhand der Tradition der Witwenverbrennung, wie die südasiatische Frau im Zuge des Verbots dieser Praxis durch die Kolonisierer nicht nur Opfer einer patriarchalischen Situation, sondern auch des westlichen Imperialismus wird, weil das Verbot eine Verstärkung dieses Ritus zur Folge hatte. Spivak fragt nach der Handlungsmächtigkeit (*agency*) des postkolonialen Subjekts (*Subalterne*), nach dessen Artikulationsvermögen und Selbstrepräsentation. Durch koloniale Differenzkonstruktionen wird ihm eigenmächtiges Sprechen und Handeln verunmöglicht, es wird zum »Anderen«, zum »Objekt des europäischen Diskurses«[120]. Spivak fordert dazu auf, die Diffe-

---

116 Said zit. in: Castro Varela/Dhawan, Postkoloniale Theorie, 96. (Hervorhebung im Original)
117 Ein Beispiel liefert Dietze, die ihre Okzidentalismuskritik als »systematische Aufmerksamkeit gegenüber identitätsstiftenden Neo-Rassismen, die sich über eine Rhetorik der ›Emanzipation‹ und Aufklärung definieren« beschreibt. Als aktuelle Binarität zwischen Okzident und Orient skizziert sie die Orientalisierung von Migrantinnen aus der Türkei und dem arabischen Raum, die sie an der Figur der »Kopftuchfrau« als »verkörpertes Emanzipationsdefizit« expliziert. Durch die Konstruktion der »unterdrückten orientalischen Frau« können sich, so Dietze, okzidentale Frauen als freie und überlegene Gegenüber imaginieren, wodurch die westliche Frau performativ als bereits emanzipiert inszeniert wird. Dadurch werden westliche Geschlechtergerechtigkeitsdefizite imaginär minimiert und zugleich die impliziten Geschlechterverhältnisse stabilisiert. Vgl. Dietze zit. in: Kerner, Postkoloniale Theorien, 86 ff.
118 Spivak, Can the Subaltern Speak?
119 Vgl. Castro Varela/Dhawan, Postkoloniale Theorie, 180.
120 Bachmann-Medick, Cultural Turns, 191.

renzsetzungen in der (europäischen) Wissenschaft zu hinterfragen und Diskurse zu eröffnen, welche »die Erfahrungen der Subalternen so repräsentieren, dass ihnen zugehört wird und dass sie auch gehört werden.«[121]

3.5 Hybridität, Mimikry, Zwischenraum (Homi K. Bhabha)

Über die Rekonstruktion von hegemonialen Machtverhältnissen hinaus weist Homi K. Bhabha auf das subversive Potential in kolonialen Verhältnissen hin. Er kritisiert an Said die binäre Gegenüberstellung von Kolonisierende als jene, die Machtinteressen haben und diese ausüben, versus Kolonialisierten als passive Opfer dieser Macht. Für den Widerstand, der von den kolonisierten Subjekten immer auch geleistet wurde, eröffnet Said – so die Kritik – keinen Raum. Bhabha argumentiert gegen Said, dass die koloniale Macht nie ausschließlich bei den Kolonisierenden war und will die Handlungsmacht (*agency*) der unterdrückten Subjekte sichtbar machen. Saids einseitige Gegenüberstellung im »Orientalismus« scheitert nach Bhabha an der prinzipiellen Ambivalenz kolonialer Beziehungen. So wurde das unterdrückte Subjekt von den Kolonisierenden ambivalent, also sowohl als »gefährlich und barbarisch«, als auch als »exotisch, unschuldig und faszinierend« wahrgenommen. Selbst die Position der Kolonisierenden erweist sich keineswegs als so stabil, wie sie weithin dargestellt wurde. Vielmehr sind die konstruierten Identitäten und Positionierungen des Kolonialismus fragil, heterogen und instabil.[122] Bhabha zeigt auf, wie kolonisierte Beziehungen von Angst durchwachsen waren und in einer komplexen Reziprozität standen. Die Strategien der Kolonisierenden sind nicht perfekt und lückenlos, sondern durchzogen von Rissen und Brüchen, die von den unterdrückten Subjekten immer auch als Orte der Inversion genutzt werden konnten. »In den Rissen der dominanten Diskurse sei es dem kolonisierten Subjekt möglich, Verhandlungen und Befragungen zu initiieren und damit den kolonialen Prozess zu irritieren.«[123] Hier setzt Bhabha an und arbeitet die *Zwischenräume* in den kolonialen Verhältnissen heraus. Er versucht das binäre Oppositionssystem zu überschreiben. In der Gegenüberstellung von den machtvollen Kolonisierenden und den machtlosen Kolonisierten wird (etwa bei Said) der Raum für Verhandlungen oder Widerstand verleugnet. Neben diesen Homogenisierungen und Totalisierungen gibt es aber auch ein »Dazwischen« – dieses erschließt Bhabha durch die Dekonstruktion der polaren Entgegensetzungen. Ein Zwischenraum stellt sich beispielsweise in der Praxis der »Mimikry« ein, wenn unterdrückte Subjekte versuchen, die Kolonisierenden nachzuahmen und sie dabei überzeichnet darstellen. Da die Nachahmung oder Wiederholung niemals das Original sein kann, sondern viel-

---

121 Bachmann-Medick, Cultural Turns, 191.
122 Vgl. Castro Varela/Dhawan, Postkoloniale Theorie, 222.
123 Castro Varela/Dhawan, Postkoloniale Theorie, 222.

mehr einen Raum der Differenzen eröffnet, wird die Autorität in dieser Praxis untergraben und destabilisiert. Die Praxis der Mimikry weist daher ein subversives Moment auf. So stellt sich gerade dort, wo Kolonisierte versuchen, die Kultur der Kolonisierenden anzunehmen und sich ihr anzupassen, Handlungsmacht ein. Für Bhabha tritt Mimikry auch in Form des Spottes auf, der die Ideologie der Überlegenheit irritiert und letztlich untergräbt. Er argumentiert über Foucault hinaus, dass Macht nicht nur widerständige Subjekte produziert, sondern zudem kreative Akteur_innen hervorbringt, die fähig sind, Autorität performativ und überraschend zu untergraben. Die Handlungsmacht der kolonisierten Subjekte verortet Bhabha also in den Zwischenräumen, im *in-between*, sie liegt in den Bedeutungsverschiebungen.[124]

Eine weitere Form der Unterlaufung kolonialer Machtvorstellungen stellt Bhabhas Konzept der *Hybridität* dar.[125] Es wird vorrangig in Bezug auf Kulturen zur Anwendung gebracht. Bhabha bestimmt Hybridität als konstitutiv *jeder* Kultur, Kulturen sind von jeher eine Zusammensetzung von Bedeutungen und kontinuierlich im Werden. Die Ontologisierung von Hybridität lehnt Bhabha ab, auch die Vorstellung, es käme zu einer Interaktion und einem Austausch zwischen »reinen« Kulturen als distinkte Größen. Stattdessen verweist er auf den »originären Mischcharakter jeder Form von Identität«.[126] Bhabha geht von der prinzipiellen Hybridität von Kulturen und Identitäten aus, von einer inneren Differenz und Brüchigkeit. Kulturen sind von ihren Rändern her zu bestimmen, sie werden liminal, also von ihren Grenzen her ausgehandelt und entstehen in den Zwischenräumen kultureller Identitäten. Die Grenze ist daher der Ort, von der aus Kultur gedacht werden kann. Bhabha fragt danach, wo sich Kultur verortet, wo sie stattfindet, wobei seine Idee von der »Verortung der Kultur«[127] zwei Dimensionen inkludiert: die räumliche (von den Grenzen her) und die zeitliche, weil Kultur in einen Prozess konstanter (Wieder-)Herstellung eingebettet ist.[128] Kultur ist von ihren Differenzen her zu begreifen und in ihrem umkämpften und konflikthaften Charakter wahrzunehmen. Das Feiern von kulturellen Differenzen als *Diversity* oder eine Inszenierung der Exotik eines Multikulturalismus lehnt Bhabha deshalb ab. Vielmehr ist die Aufmerksamkeit auf heterogene Konstellationen zu richten, auf Ungleichzeitigkeiten und Widersprüche in Traditionsüber-

---

124 Vgl. Castro Varela/Dhawan, Postkoloniale Theorie, 231.
125 Bhabha expliziert diese Form des Widerstands etwa an Missionspraktiken der Kolonisierenden, die von Kolonisierten mit Bibelstellen, also ihrem eigenen Instrument, hinterfragt wurden. Sie konfrontierten die Kolonisierenden mit jenen Bibelstellen, die mit ihrem Verhalten im Widerspruch standen und wiesen dabei auf die Hybridität ihrer eigenen Tradition hin. Vgl. die Darstellung bei Castro Varela/Dhawan, Postkoloniale Theorie, 235f.
126 Castro Varela/Dhawan, Postkoloniale Theorie, 247.
127 Vgl. das gleichnamige Buch: Bhabha, Die Verortung der Kultur.
128 Vgl. Castro Varela/Dhawan, Postkoloniale Theorie, 248.

lagerungen.¹²⁹ Bhabha insistiert auf die inkommensurablen Aspekte kultureller Differenz, welche unterworfene Kulturen vor einer Assimilierung bewahren.¹³⁰ Er begreift »Kultur als einen Bedeutung erzeugenden Prozess«, der dynamisch, beweglich, niemals vollständig, sondern vielfältig und hybrid ist und fortwährend verhandelt und konstruiert wird.¹³¹ Hybridität ist demnach nicht die Summe der Vermischung von (zwei oder mehreren) distinkten Kulturen, vielmehr können kulturelle Differenzen nicht mehr identifiziert und somit auch nicht vereinnahmt werden. Hybridität ist der »dritte Raum«, der das Hervorbringen neuer Positionen ermöglicht. Im »dritten Raum« werden Bedeutungen verschoben, Symbole neu verhandelt und (re-)interpretiert. Castro Varela und Dhawan bezeichnen den dritten Raum mit Bhabha als einen »inkommensurablen Zwischen-Ort, in den Minderheitsdiskurse intervenieren können, um ihre Besonderheit zu bewahren. Es ist ein Ort, an dem Polarisierungen verhandelt werden, indem die Grenzen des Diskurses herausgefordert und dessen Begrifflichkeiten verschoben werden, ohne dabei auf grundlegende Forderungen zurückzugreifen.«¹³²

Gerade als Verhandlungsraum der Polarisierungen von Homogenisierung und Pluralisierung ist der von Bhabha skizzierte Zwischenraum in der vorliegenden Studie aufzuspüren. Wo lassen sich im Kindergarten Orte finden, an denen dominante Diskurse herausgefordert, verstört oder aufgebrochen werden? Welche Potentiale der Transformation von Macht- und Herrschaftsverhältnissen stellen sich darin ein? Wo erhalten Subalterne und Verschwiegene Raum zur Selbst-Repräsentation? Wo führen Verschiebungen zur Eröffnung interkultureller und interreligiöser Begegnungsräume? Welche Rolle spielen dabei Brüche, Widersprüche und Überraschungen?

3.6 Postkoloniale Theologien

Auch in der Theologie richtet sich das Interesse zunehmend auf die verschwiegenen, verdrängten oder exkludierten Stimmen, Positionen und Erzählungen in der eigenen Tradition und ihre Kontextualität¹³³, Perspektivität¹³⁴ sowie Interkulturalität¹³⁵ wird aufgedeckt. Daher werden in diesem Fach zunehmend Postkoloniale Theorien rezipiert. Vor allem Theolog_innen aus Afrika, Asien und Lateinamerika, sowie Migrant_innen in der US-amerikanischen Diaspora oder in England haben diese macht- und herrschaftskritischen Perspektiven in

---

129 Vgl. Bachmann-Medick, Cultural Turns, 197.
130 Vgl. Castro Varela/Dhawan, Postkoloniale Theorie, 236f.
131 Castro Varela/Dhawan, Postkoloniale Theorie, 248.
132 Castro Varela/Dhawan, Postkoloniale Theorie, 249.
133 Vgl. Waldenfels, Kontextuelle Fundamentaltheologie.
134 Vgl. Sander, Gotteslehre.
135 Vgl. Gruber, Theologie nach dem Cultural Turn.

3. Von der Notwendigkeit einer postkolonialen Perspektive am Ort Kindergarten

den letzten Jahren vermehrt aufgenommen, um postkoloniale Identitätskonstruktionen verstärkt theologisch zu reflektieren.[136] Nehring und Tielesch konstatieren, dass – obwohl Postkoloniale Theologie in den letzten Jahren zu einem der »innovativsten Felder innerhalb der interkulturellen Theologie avanciert« ist – die Rezeption Postkolonialer Theorien nach wie vor weitgehend auf die Aufarbeitung von *unmittelbarer* Kolonialgeschichte beschränkt bleibt.[137] In der deutschsprachigen Theologie hingegen werden postkoloniale theologische Entwürfe weitgehend ignoriert und nach wie vor kaum rezipiert. Nehring und Tielesch begründen diesen Befund mit der Tatsache, dass in diesen Entwürfen häufig eine implizite oder auch explizite Kritik an europäischer Theologie artikuliert wird, was sich für deutschsprachige Theolog_innen zweifelsohne als unangenehm erweist. Michael Nausner bemerkt zudem, dass es bestimmt einfacher ist, sich mit der Pluralität in der Ferne auseinander zu setzen als die Herausforderung dekonstruktiver Aspekte gegenüber konfessioneller oder auf »Orthodoxie« abzielender Theologie anzunehmen.[138] Gerade aufgrund seiner kolonialen Verstrickungen nimmt Nausner aber besonders das deutschsprachige Europa in die Verantwortung, da er mit Mignolo in der westlichen Kulturproduktion seit der Aufklärung und ihren eurozentrischen Theoretikern wie Kant, Hegel und Marx einen wesentlichen Beitrag (bzw. eine Mitschuld) gerade auch Deutschlands an der Kolonialgeschichte sieht.[139] Nausner plädiert daher dafür, Postkoloniale Theorie für die Reflexion des zunehmend von Migration durchwachsenen Alltags des deutschsprachigen Europas und auch für das Arbeiten mit theologischen Inhalten fruchtbar zu machen.[140] Er betont das deutlich *ethische Interesse* der Rezeption postkolonialer Theorie in der Theologie, »das nicht bei der ›Feier des Vielfältigen‹ stehenbleibt, sondern die Werkzeuge dieser Theorie für die Analyse oftmals verdeckter Herrschaftsformen verwendet, um Formen der Befreiung in immer komplexer werdenden kulturellen Konstellationen nachzuspüren.«[141]

---

136 Vgl. Nehring/Tielesch, Theologie und Postkolonialismus, 9.
137 Nehring/Tielesch, Theologie und Postkolonialismus, 9.
138 Vgl. Nausner, Koloniales Erbe und Theologie, 131.
139 Mit Mignolo, der Kolonialität als konstitutiv für die Moderne ansieht und die wechselseitigen Verstrickungen offen legt, weist Nausner auf die Schattenseite der Aufklärung hin. Die Moderne ist charakterisiert durch binäre Codierungen, die mit Inklusionen und Exklusionen operieren. Polarisierungen, wie sie die Homogenisierungs- oder die Pluralisierungsstrategie auszeichnen, sind für sie typisch. In den postkolonialen Theoremen wird diese Dichotomie aufgedeckt. Sie zeigen auf, wie Menschen auf ein vorgegebenes Ideal hin kolonisiert (homogenisiert) und zugleich auf angebliche kulturelle Wesensmerkmale festgelegt (pluralisiert) werden, mittels derer sich jene, die sich in der hegemonialen Position befinden, von den Beherrschten abheben. Dieser Mechanismus schreibt sich nach wie vor in alltägliche (postkoloniale) Zusammenhänge ein und zeigt sich besonders in von Migration geprägten Kontexten. Vgl. Nausner, Postkoloniale Theorie, 201 ff.
140 Vgl. Nausner, Koloniales Erbe und Theologie, 131.
141 Nausner, Koloniales Erbe und Theologie, 140.

Nausner weist auf die Nähe der postkolonialen Theologie zum befreiungstheologischen Erbe hin, stellt allerdings eine Verschiebung der vorrangigen Option *für* die Armen zu einer vorrangigen Option *mit* Migrant_innen fest. Damit unterstreicht er einerseits die einzigartigen Perspektiven, die Migrant_innen in die interkulturelle Verfasstheit des christlichen Glaubens einzubringen haben und andererseits, dass eine solche Theologie notwendigerweise wechselseitig angelegt ist.[142] Gerade aufgrund des Umstandes, dass viele Christ_innen aus der südlichen Peripherie immigrieren, die Stimmen des Südens aber nach wie vor in der Theologie (wie auch im Allgemeinen) weniger gehört werden, fordert er die Postkoloniale Theologie im deutschsprachigen Raum dazu auf, einen notwendigen Beitrag zur Kommunikation mit Migrationsgemeinden und zu deren Inklusion zu leisten.[143] »Postkoloniale Theologie könnte innerhalb der deutschsprachigen Christenheit dazu anregen, einen Diskurs zu pflegen, der sich den exklusiven Tendenzen Europas widersetzt und gemeinsam mit postkolonialen TheoretikerInnen dafür sorgen, dass die Stimmen von MigrantInnen zunehmend auch innerhalb der Kirche wahr- und ernst genommen werden.«[144]

Andreas Nehring und Simon Tielesch ihrerseits gehen über die innerkirchliche Perspektive, die Nausner bearbeitet, hinaus, indem sie konstatieren, dass sich über die Aufnahme kulturwissenschaftlicher Fragestellungen und die Integration postkolonialer Zusammenhänge interessante Perspektiven ergeben, welche die gesellschaftliche Relevanz einer Theologie über den kirchlichen Raum hinaus aufzeigen.[145] Als Ziele der Postkolonialen Forschung nennen sie, »die Aufmerksamkeit dafür zu schärfen, wie die Anderen dargestellt werden, welche Auswirkungen diese Darstellungen für Selbst- und Fremdbild dieser Dargestellten haben und wie sich Bilder vom Anderen in Machtbeziehungen, politischen Strukturen und wirtschaftlicher Dominanz niederschlagen.«[146] Für Postkoloniale Theologien bedeutet dies, eigene Machtkonstellationen, hegemoniale Strukturen und Diskurse kritisch anzufragen und lange tradierte »Meistererzählungen« zu unterbrechen. Universale Konzepte müssen, so Nehring und Tielesch, kritisch betrachtet oder einer »Hermeneutik des Verdachtes« unterzogen werden und einem radikalen Kontextualismus, wie er von den *Cultural Studies* eingefordert wird, weichen.[147] Theologie braucht eine hohe Sensibilität für neokoloniale Tendenzen, sie muss fragen, wo welche Differenzen gesetzt werden, welche Positionen Subjekte erhalten und wer darüber entscheidet, wie andere Gruppen oder Individuen repräsentiert und dargestellt werden. »Wer wird wann wo gehört und

---

142 Vgl. Nausner, Koloniales Erbe und Theologie, 140.
143 Dieser Vorschlag von Nausner hinsichtlich der Inklusion von Migrationsgemeinden wäre auf hegenomiale und paternalistische Tendenzen hin zu reflektieren.
144 Nausner, Koloniales Erbe und Theologie, 143.
145 Vgl. Nehring/Tielesch, Theologie und Postkolonialismus, 9f.
146 Nehring/Tielesch, Theologie und Postkolonialismus, 13.
147 Vgl. Nehring/Tielesch, Theologie und Postkolonialismus, 23.

darf wann wo die Stimme erheben?«[148] Nehring und Tielesch plädieren dafür, Widerstandspotential aufzuspüren sowie Brüche und Grenzen der diskursiven Macht aufzuzeigen. »Postkoloniale Forschung und insbesondere auch Postkoloniale Theologie, so der Anspruch, beschäftigen sich mit ihren Gegenständen nicht um ihrer selbst willen, sondern, um kulturelle, soziale, politische und wirtschaftliche Verhältnisse, und damit auch Glaubensverhältnisse, kritisch zu hinterfragen, aufzubrechen und Kontroversen auszulösen, die dazu beitragen, Strukturen zu verändern.«[149]

Dieses Anliegen, mittels Postkolonialer Theologie eine veränderte und verändernde Praxis zu erzielen, deckt sich mit meinem Anspruch an Forschung. Deshalb sollen in den Erzählungen aus dem Kindergartenalltag machtvolle und hegemoniale Strukturen, Diskurse und Ordnungen aufgespürt und dekonstruiert werden, um sie einer konstruktiven Bearbeitung zuzuführen. Zugleich gilt das Interesse der Arbeit möglichen Räumen des Widerstands, der Handlungsermächtigung und kreativen Bearbeitung von Diskursen, die vielleicht wertvolle Impulse für eine Veränderung kolonialer gesellschaftlicher Verhältnisse bereithalten.

---

148 Nehring/Tielesch, Theologie und Postkolonialismus, 26.
149 Nehring/Tielesch, Theologie und Postkolonialismus, 24.

4. Homogenisierung und Pluralisierung – ein Diskursgeflecht und sein Zwischenraum

4.1 Der Kindergarten im Kontext gesellschaftlicher Diskurse und Ordnungen

Der Kindergarten ist als ein gesellschaftlicher Ort in einer Makroebene von Diskursen und Machtverhältnissen zu verorten, die bereits *vor* den Interaktionen zwischen Professionellen und Kindern bzw. Eltern bestehen.[150] Diehm, Kuhn und Machold weisen darauf hin, dass Differenzkonstruktionen, die den Kindergartenalltag durchziehen, auf *diskursiven Ordnungen* basieren. Sie sehen das Verhältnis von Kontext und Handlung als tendenziell deterministisch an und nehmen in ihrer Differenzforschung wahr, dass Elementarpädagog_innen auf Basis der sie umgebenden Diskurse Differenzen konstruieren. Die Interaktionen im Kindergartenalltag wirken daher zugleich ordnungsgemäß und ordnungsstabilisierend bzw. – reproduzierend. Den Professionellen ist – so die Differenzforscherinnen – dieser Vorgang zumeist nicht reflexiv zugängig.

Worin besteht nun aber dieser diskursive Kontext, der den Kindergarten als gesellschaftlichen Ort umgibt und die Interaktionen darin beeinflusst? Im Folgenden sollen Diskurse, die mitteleuropäische Gesellschaften in ihrer Organisation als Nationalstaaten[151] durchziehen, skizziert, systematisiert und kategorisiert werden, um deren Einflussnahme als Kontext-Folie an den Erzählungen aus der Praxis überprüfen oder revidieren zu können und jene Räume aufzuspüren, wo eine diskursive Determination irritiert oder umgangen wird. Dabei geraten – dem Schwerpunkt dieser Forschungsarbeit gemäß – jene Diskursfragmente, Sprachregelungen und Praktiken in den Blick, die mit der gesellschaftlichen Diversifizierung durch kulturelle und religiöse Pluralität einhergehen. Da Komplexität eine Sehnsucht nach Einfachheit hervorruft – bei einem gleichzeitigen Anspruch auf die Beachtung der vorhandenen Pluralität, soll dieses diskursive Netz entlang der beiden Strategien der *Homogenisierung* und der *Pluralisierung* aufgespannt werden. Die dichotome Darstellung wird bewusst in ihren Extremen ausgeführt, um die Wahrnehmung für macht- und herrschaftsförmige Diskurse und ihre Wirkungen zu schärfen.[152] Zuletzt soll es aber darum gehen, jene Räume aufzuspüren, in denen solche Ordnungen irritiert, nicht akzeptiert, unterlaufen

---

150 Vgl. Diehm/Kuhn/Machold, Ethnomethodologie und Ungleichheit, 35; sowie: Kuhn, Professionalität im Kindergarten.

151 Yildiz legt in ihrer Untersuchung pädagogischer interkultureller Konzepte die Ordnung des Nationaldiskurses in exemplarischen Interkulturellen Konzepten offen. Ihre beeindruckende Dekonstruktion fließt in die folgende Darstellung des diskursiven Netzes ein.

152 Indem ich mich hier notwendigerweise der Sprachen der Diskurspositionen bediene, verzichte ich in dieser Darstellung weitgehend auf relativierende Anführungszeichen und Konjunktivierungen.

oder transformiert werden. Mit postkolonialen Theoretiker_innen kann gehofft werden, dass solche *Zwischenräume* das Potential haben, Widerstand gegen machtvolle Ordnungen und Disziplinierungen hervorzubringen, kreative Aushandlungsprozesse in Gang zu setzen und Dichotomien zu überwinden. Diehm, Kuhn und Machold zeigen in ihren Studien, dass die Transformation und Modifikation von Diskursen in der elementarpädagogischen Praxis möglich ist.[153]

4.2 Die Homogenisierungsstrategie und ihre Diskurse

Von der Sehnsucht nach Homogenität

Je komplexer sich die Welt und die darin stattfindenden Transformationsprozesse darstellen, desto stärker sind gesellschaftliche Homogenisierungssehnsüchte wahrnehmbar. Sie äußern sich in einer Sehnsucht nach einer »in sich geschlossenen und gleichartigen Gesellschaft«.[154] Dabei wird definiert, was der Normalfall ist und eine »Gleichheit« imaginiert, die dieser Ordnung entspricht. Durch Migration und damit einhergehende Diversifizierungsprozesse werden solche Normalitätsvorstellungen irritiert und gängige Identitätsentwürfe verunsichert, wodurch wiederum ein Nährboden für Ängste entsteht.[155] In Zeiten gesellschaftlichen Wandels machen sich binäre Identitätsvorstellungen breit, in denen eine eindeutige Unterscheidung zwischen den zu einer Gesellschaft Zugehörigen und jenen »Anderen« vertreten wird. Vorhandene Identitätsunsicherheiten werden mitunter für politische Zwecke genützt und veranlassen gesellschaftliche Repräsentant_innen dazu, nationalistische Identitätsvorstellungen zu produzieren sowie Homogenitätsutopien zu wecken. Bildungspolitisch äußert sich dies etwa in der Vehemenz, mit der die deutsche Sprache als »Bildungssprache«[156] eingefordert wird, oder in den Bestrebungen, »österreichische Werte« im Bildungssystem zu etablieren. Solche Homogenitätsfiktionen treffen im Kindergarten mit dem Narrativ einer »kleinen heilen Welt« zusammen, das zu einer einheitlichen, harmonischen »Kultur« des Kindergartenalltags drängt. Elementarpädagog_innen, welche dieses Narrativ mit ihrem Berufsort verbinden, werden darum bemüht sein, diesen Ort entsprechend zu gestalten und Irritation weitgehend draußen zu halten, was sie unweigerlich in die Strategie der Homogenisierung führt.

---

153 Vgl. Diehm/Kuhn/Machold, Ethnomethodologie und Ungleichheit.
154 Yildiz, Interkulturelle Erziehung, 75.
155 Castro Varela etwa verortet das zähe Fortbestehen der utopischen Sehnsucht nach einer gleichsam ursprungshaften, gesellschaftlichen Homogenität im Versäumnis Deutschlands, die Realität der Einwanderung anzuerkennen und Deutschland als Einwanderungsgesellschaft wahrzunehmen. Vgl. Castro Varela, Migration als Chance, 659.
156 Dieser Begriff suggeriert, dass es Sprachen gibt, denen Bildungswert zukommt, wohingegen es demnach auch welche geben muss, die dieser Kategorie nicht zuzuordnen sind.

»Wir« – Identität

Kindergartengruppen sind allerdings nicht homogen. Als Teil der gesellschaftlichen Wirklichkeit bilden sich in ihnen Pluralität bzw. Heterogenität geradezu als strukturelle Merkmale ab. Gesellschaften setzen sich von jeher aus verschiedenen sozialen Gruppen mit unterschiedlichen Interessen, Sprachen oder Dialekten, Wissensbeständen und Bedeutungssystemen zusammen. Zudem sind sie durch Dynamik, Historizität und permanente Veränderungen charakterisiert. Yildiz zeigt in ihrer Beforschung interkultureller Konzepte überzeugend, wie der Homogenisierungsdiskurs diese plurale oder heterogene Zusammensetzung von Gesellschaften ausblendet. Im Zuge der Homogenisierung wird ein »Wir« als Entität entworfen, auf dessen Grundlage die vorhandene Heterogenität verdrängt wird. Die Zugehörigkeit zu diesem »Wir« präsentiert sich dabei so »natürlich«, dass sie im Alltagsdiskurs nicht hinterfragt wird und als selbstverständlich gilt.[157]

»Muttersprache« und Sprachförderung

Das »Wir« korreliert mit der Vorstellung einer gemeinsamen Abstammung, also mit der »Idee der genuinen Zusammengehörigkeit einer homogenen Gemeinschaft.«[158] Der Begriff »*Mutter*-Sprache«, der für die gemeinsam gesprochene Sprache des »Wir« steht, unterstreicht die Vorstellung von einem Verwandtschaftsverhältnis zwischen den Individuen, die dieser Gruppe zugeordnet werden. Diese Sprache wird als »rein«, eindeutig und unveränderlich imaginiert, als die ursprüngliche, natürliche Sprache einer Gesellschaft oder Nation.[159] Tatsächlich sind Sprachen nicht statisch, sondern Verschiebungen ausgesetzt und von einer internen Vielfalt gekennzeichnet. Inci Dirim und Paul Mecheril weisen darauf hin, dass die »Bildungssprache Deutsch« eigentlich *allen* Kindern (auch jenen, deren Familiensprache Deutsch ist) fremd ist, weil sie sich von deren Alltagssprache und mündlicher Verständigung unterscheidet.[160] Daher teilen auch *alle* Kinder die Aufgabe der Aneignung und Auseinandersetzung mit sprachlicher Heterogenität, gleich ob sie ein-, zwei- oder mehrsprachig sind. Das Bildungssystem überführt allerdings die Sprachpraxen der Kinder in unterschiedliche gesellschaftliche, ökonomische und kulturelle Positionen, weshalb es gesellschaftliche Ungleichheiten reproduziert. Da manche Kinder nicht aus dem erwarteten lingualen, materialen oder sozialen Milieu kommen, resultieren für dieselben Benachteiligungen im Bildungssystem. Schließlich entscheiden Sprachkenntnisse und deren Anerkennung über den Subjektstatus von Kindern, über deren Möglichkeiten zur Partizipation und ihren gesellschaftlichen Auf-

---

157 Vgl. Yildiz, Interkulturelle Erziehung, 69.
158 Yildiz, Interkulturelle Erziehung, 77.
159 Vgl. Yildiz, Interkulturelle Erziehung, 87.
160 Vgl. Dirim/Mecheril, Die Sprache(n) der Migrationsgesellschaft, 103 ff.

stieg.[161] Im österreichisch/deutschen Kontext wird der deutschen Hochsprache Bildungs- und Kulturwert eingeräumt, während ein solcher vielen Fremd- oder Minderheitensprachen nicht zukommt. Letztere erfahren damit eine Abwertung bis hin zur Aberkennung ihrer Legitimation, während der Homogenisierungsdiskurs durch die Abgrenzung und Aufwertung der deutschen Sprache zusätzlich stabilisiert wird. Der Kultursoziologe Bourdieu spitzt die inkludierten Machtverhältnisse wie folgt zu: »Sprecher ohne legitime Sprachkompetenz sind in Wirklichkeit von sozialen Welten, in denen diese Kompetenz vorausgesetzt wird, ausgeschlossen oder zum Schweigen verurteilt.«[162]

Die Reinheit der einheimischen Ethnie

Mit dem Mythos einer *reinen, ursprünglichen* Muttersprache geht die Rede von der *reinen* Ethnie oder dem *reinen* Volk einher. »Die Abstammungsgemeinschaft gilt als *überlegen* und *sittlich*, da sie angeblich in der Lage war, sich von äußeren Einflüssen *rein* zu erhalten.«[163] Das »hegemoniale Festhalten an dem Mythos ›reiner‹ und ›statischer‹ (National-)Kulturen«[164] sieht Castro Varela als Folge einer verspäteten Auseinandersetzung mit der Einwanderungstatsache an. Ethnie als soziale Kategorie wird im Zuge der Nationalisierung bedeutsam, weil Bevölkerungen in diesem Prozess erst »ethnisiert« werden. Mit Balibar gesprochen werden sie »für die Vergangenheit und die Zukunft so dargestellt, *als würden* sie eine natürliche Gemeinschaft bilden, die per se eine herkunftsmäßige, kulturelle und interessensmäßige Identität hat, welche die Menschen und die gesellschaftlichen Bedingungen transzendiert.«[165] Homogenisierung geht Ethnisierung voraus, wodurch ihr universalisierende Gesellschaftsauffassungen in Form von jeher einzigartigen und unverwechselbaren Ethnien inhärent sind.[166] Weil aber »das Volk« real heterogen zusammengesetzt ist, liegt, so Yildiz, »den Homogenisierungspraxen eine Strategie der Imagination zugrunde.«[167] Diese Imagination wirkt realitätsbildend und wird von Bildungsinstitutionen in alltäglichen Praxen der Homogenisierung und Pluralisierung reproduziert.[168]

---

161 Vgl. Dirim/Mecheril, Die Sprache(n) der Migrationsgesellschaft, 108.
162 Bourdieu, 1990, 60. Zit. in: Dirim/Mecheril, Die Sprache(n) der Migrationsgesellschaft, 101. Vgl. auch Spivak, Can the Subaltern Speak?
163 Yildiz, Interkulturelle Erziehung, 90. (Hervorhebung im Original)
164 Castro Varela, Migration als Chance, 659. Castro Varelas Befund über die lange Verleugnung der Migrationsrealität bezieht sich auf Deutschland, besitzt m. E. aber auch für Österreich Gültigkeit.
165 Balibar zit. in: Yildiz, Interkulturelle Erziehung, 82f. (Hervorhebung im Original)
166 Vgl. Yildiz, Interkulturelle Erziehung, 76.
167 Yildiz, Interkulturelle Erziehung, 76.
168 Vgl. Balibar zit. in: Yildiz, Interkulturelle Erziehung, 76.

Der Nationaldiskurs

Homogenisierungsdiskurse sind vielfach mit Nationalisierungsdiskursen verwoben. Die »Deutsche Sprache« steht dann auch für die Nation, der das gesellschaftliche »Wir« zugeordnet wird. Obwohl Nationen ein sehr junges Phänomen in der Menschheitsgeschichte sind, ruft der Begriff »Nation« wiederum Assoziationen von etwas Ursprünglichem, Natürlichem und Unvergänglichem hervor.[169] Er ist mit einer *Einheitserzählung* verbunden, die auf der Imagination einer gemeinsamen Geschichte mit einem Ursprung basiert. Im Nationaldiskurs wird eine Einheit von Menschen konstruiert, die neben der gleichen Abstammung und Sprache auch durch eine gemeinsame Kultur, Religion, sowie durch gemeinsame Sitten und Werte miteinander verbunden sind.[170] Obwohl es keine moderne Gesellschaft gibt, auf die auch nur eine dieser sozialen Qualitäten zutrifft, werden diese permanent aufgerufen, diskursiviert und reproduziert. Im Homogenisierungsdiskurs scheint es jene Gruppe von Menschen innerhalb der Grenzen eines Nationalstaates in ihrer Einheit und Reinheit immer schon gegeben zu haben. Nation wird dadurch naturalisiert, enthistorisiert und zugleich universalisiert.[171] Heterogene Bevölkerungsgruppen werden im Homogenisierungsprozess zunächst mittels Grenzziehungen markiert. Ihr Einschluss in die Nation erfolgt zum Preis der Verdrängung abweichender Sprachen und Kulturen. Dadurch ergibt sich das Paradox, dass der Einschluss heterogener Bevölkerungsgruppen zugleich deren Ausschluss bedeutet.[172] Die Imagination einer Abstammungsgemeinschaft und der Nation als Einheit spezifischer und homogener Kulturen mit gemeinsam geteilten geistigen, weltanschaulichen und moralischen Werten, bringt die Idee einer national-kulturellen Identität hervor.[173] Es besteht also eine wechselseitige, intersektionale Verstrickung von Nation, Kultur und Identität.

Kultur als Container

Viele der oben genannten Aspekte fließen in der alltagssprachlichen Verwendung von »Kultur« zusammen, weil die sozialen Kategorien Nation, Ethnie und Kultur häufig als Synonyme gebraucht werden. »Kultur« wird dabei als »Container« konstruiert, der mit bestimmten, unveränderlichen Bedeutungen gefüllt ist. In diese Idee fließen wiederum gemeinsam geteilten Werte, Normen,

---

169 Vgl. Yildiz, Interkulturelle Erziehung, 69.
170 Castro Varela und Dhawan stellen die enge »Beziehung zwischen Religion, Nation und Empire einerseits und zwischen Staatsbürgerschaft und Ideen von ›Ethnizität‹, ›Rasse‹, Sprache und Religion andererseits« heraus, die in einer postkolonialen Welt durch die »Ankunft« von muslimischen Migrant_innen »Religion zu einem wichtigen Element der nationalen Identität werden lassen.« Castro Varela/Dhawan, Postkoloniale Theorie, 70.
171 Vgl. Yildiz, Interkulturelle Erziehung, 79.
172 Vgl. Yildiz, Interkulturelle Erziehung, 91.
173 Vgl. Yildiz, Interkulturelle Erziehung, 90.

Sitten, Traditionen, Lebensweisen und eine gemeinsame Religion zusammen. Wie bei der Etablierung einer Standardsprache als »Muttersprache« basiert auch die Einheitskultur auf der Selektion bestimmter Aspekte sowie der Zuschreibung von Attributen zu einer Menschengruppe oder einem Volk. Stereotype Vorstellungen erleichtern die Konstruktion einer *eindeutigen* Kultur und vereinfachen ihre Identifikation. Sie dienen der Reduktion von Komplexität, ungeachtet vorhandener interner Differenzen, die damit zugleich verleugnet werden. Mithilfe ausgewählter Aspekte wird eine Identität stilisiert, die in alltäglichen Narrativen permanente Reproduktion und Normalisierung erfährt.[174] Die Konstruktion einer einheitlichen, homogenen und eindeutigen Kultur prägt sich als solche unhinterfragt ein und wird von den Individuen als Selbstverständlichkeit aufgefasst. Sie wird in Brauchtum und Festen aber auch in alltäglichen Ritualen und Praktiken permanent inszeniert und verfestigt. Eindeutige und klare Vorstellungen von Kultur erleichtern es, Gemeinsamkeiten, aber vor allem Trennendes klar zu markieren und Zuordnungen bzw. Exklusionen zu unternehmen. Sie befördern essentialisierte Kulturentwürfe, eine Fixierung auf Kultur und einen kulturalisierten Zugang zu gesellschaftlichen Problemlagen.[175] Anstatt hegemoniale Denkmuster oder strukturelle Bedingungen zu hinterfragen, werden etwa kulturelle Unterschiede für das Scheitern pädagogischer Interventionen verantwortlich gemacht. Dies geschieht beispielsweise, wenn für Lernprobleme die national-kulturelle Herkunft eines Kindes verantwortlich gemacht wird. Dabei kommt es zur Individualisierung von Bildungsbarrieren (die Ursache liegt beim Kind), während strukturelle Mängel im Bildungssystem außer Acht bleiben.[176] Die Zuordnung von Individuen zu einzelnen Kulturen, die als in sich homogene, holistische und zugleich statische Entitäten wahrgenommen werden, geht mit einer Markierung der Subjekte auf diese eine Kategorie (Kultur) einher, während alle anderen Aspekte der Persönlichkeit durch die Festschreibung überlagert werden und dadurch unbeachtet bleiben.

Kollektive Identitäten und ihre gewaltbereite Spielart

Starre Vorstellungen von (kulturellen oder religiösen) Identitäten arbeiten laut Jürgen Straub fortwährend mit Exklusions- und Inklusionsmechanismen. Kollektive Identitäten stellen soziale Konstrukte dar, die sich durch Homogenisierungsprozesse konstituieren, indem von der imaginierten Homogenität die plurale (heterogene) Umgebung ausgeschlossen wird. Soziale Gruppen, die als Entitäten konstruiert werden, bilden und stabilisieren sich mittels Abgrenzung von anderen Gruppen. Das Gegenüber wird dabei als negative Vergleichs- und Kontrastgröße

---

174 Vgl. Yildiz, Interkulturelle Erziehung, 90.
175 Vgl. Straub, Kultur, 17 f.
176 Hier lässt sich die gängige Praxis der sog. »Ausländerpädagogik« mit ihrer Defizitorientierung und Individualisierung von schulischen Problemen zuordnen.

entworfen, wodurch sich zwangsläufig eine Diskriminierung ereignet. Die Mitglieder dieser anderen Gruppe(n) werden nicht nur als »Andere« oder »Fremde« vom Eigenen unterschieden, sondern auch abgewertet.[177] Zugleich präsentieren distinkte, kollektive Identitäten ihre Einstellungen und Ansichten als überlegen. Die eigene Identität wird mittels Essentialisierung, Substanzialisierung und Naturalisierung abgesichert. Kulturelle Symbole und diskursive Formationen befestigen kollektive Identitäten und stellen bestimmte Werte und Normen als unveränderbar dar. Sie erscheinen als objektiv und unverfügbar für die persönliche Entscheidung oder politische Veränderbarkeit. Deshalb stehen kollektive Identitäten auch unter dem Verdacht, für ideologisch-politische Mobilmachung und Gewalt anfällig zu sein.[178] Hinter der Unterscheidung zwischen Gruppen verbirgt sich nach Straub eine gewaltförmige Praxis der Inklusion und Exklusion: »Nur allzu häufig operiert(e) der Begriff, der auf eine zunächst harmlose Unterscheidung zwischen Gruppen abzuzielen scheint, mit objektivierenden Kriterien, die einer gewaltförmigen Praxis der Inklusion und Exklusion Tür und Tor öffnen. Kriterien der Zugehörigkeit setzen die Unzugehörigen einer Ausgrenzung aus, deren extremes Telos der ›Ausschluss‹ aus dem Leben, die Verfolgung und Vernichtung ist.«[179] Straub weist darauf hin, dass kollektive Identitäten zur Differenzierung zwischen Eigenen und Anderen nicht bloß empirische Sachverhalte aufrufen, sondern »mit magischen und religiösen Wahrnehmungen und Zuschreibungen, Projektionen und Manipulationen [arbeiten], die ›andere soziokulturelle Kollektive‹ sukzessive oder schlagartig abwerten«.[180] Der Historiker Niethammer unterstellt kollektiven Identitätskonstruktionen eine prinzipielle Tendenz zu Fundamentalismus und Gewalt und beobachtet, dass Religion und »Rasse« traditionell zur Legitimation von Gewalt aufgerufen werden. Zudem bewegen sie sich »normalerweise im freien Spielfeld der Kultur«.[181] Kollektive Identitäten operieren in Räumen, in die rechtliche Regelungen nicht hineinreichen und entwickeln eine »soziale Mechanik«, die zur Vermittlung zwischen Kultur und Gewalt führt. Niethammer weist darauf hin, dass die »potentielle performative Kraft der bloßen Unterscheidung kollektiver Identitäten« von jenen, die in naiver Blauäugigkeit von kollektiver oder kultureller Identität sprechen, zumeist unterschätzt wird.[182] Indem mit kollektiven Identitäten (etwa in Form von Kategorisierungen und entsprechenden Subjektivierungen) operiert wird, kommt es auch zur Inszenierung deren Macht- und Herrschaftspotential, das in die soziale Praxis eingespielt wird. Die Macht- und Herrschaftsbestrebun-

---

177 Vgl. Straub, Identität, 296.
178 Vgl. Straub, Identität, 293.
179 Straub, Identität, 294. Straub verweist hier u. a. auf den Antisemitismus und seine Folgen.
180 Straub, Identität, 295. Straub distanziert sich von dieser einseitigen, gewaltbereiten Interpretation von Identity politics und zeigt auch eine alternative, innovative und widerständige Praxis kollektiver Identitäten auf.
181 Niethammer zit. in: Straub, Identität, 294.
182 Vgl. Straub, Identität, 294.

gen kollektiver Identitäten entlarvt Niethammer bisweilen als »Kompensationen der einen oder anderen Form von realer Ohnmacht oder auch von irrationalen Minderwertigkeitsgefühlen.«[183] Der Sozialpsychologe Tajfel zeigt in seinen Untersuchungen auf, dass bereits im Bildungsprozess eine quasi naturwüchsige, automatische Abgrenzung kollektiver Identitäten vollzogen wird, wobei ganz zwangsläufig der eigenen Gruppe eine »positive« Identität zukommt, während die Fremdgruppen als »negativ« markiert werden.[184]

Religionen als distinkte Größen

Auch Religionen können in dieser gewaltvollen Form auftreten, wenn sie sich als hegemoniale, monolithische und universale Größen mit interner Homogenität und klaren Grenzen präsentieren und ihre Erzählungen zu machtvollen, ausschließenden Narrativen erheben. Dabei wird ihr eigenes geschichtliches Geworden-Sein sowie ihre interkulturell vielfältige Ausprägung verleugnet. Die eigene Heterogenität wird nach außen projiziert und kann sodann im konstruierten Anderen abgegrenzt werden.[185] Wenn nun Religionen einander als distinkte Größen gegenübertreten, so kommt es dabei zu Verkürzungen der eigenen Traditionsvielfalt und kulturellen Ausprägungen. Als hegemoniale Entitäten treten sie machtförmig und mit einem massiven Disziplinierungspotential auf. Die Begegnung von Religionen wird sodann als ein Ereignis zwischen zwei oder mehreren distinkten, geschlossenen und unveränderlichen Identitäten gedacht. Judith Gruber konstatiert allerdings: »Wenn Interkulturalität als solch ein Zwischenraum verstanden wird, wurde die Ambivalenz, die im Herzen jeder Identität liegt, erfolgreich verdeckt, das hegemoniale Narrativ wurde erfolgreich naturalisiert und universalisiert, Alternativnarrative wurden erfolgreich ausgeschlossen.«[186] Sie schlägt als Alternative vor, die grundlegende Instabilität jeder (religiösen) Identität aufzudecken und damit zur subversiven Dekonstruktion hegemonialer

---

183 Straub, Identität, 294 f.
184 Vgl. Tajfel zit. in: Straub, Identität, 295 f.
185 Nehring weist darauf hin, dass schon der Begriff »Religion« ein kulturelles Konzept ist. Er konstatiert, dass der europäische Religionsbegriff auf einem Kulturkonzept basiert, »das die ihm ›innewohnende gesellschaftliche Normativität in eine Art von logischer Geltung‹ setzt.« (Nehring, Religion und Kultur, 15) Die westliche Kategorie »Religion« ist ein Produkt eines partikularen historischen Diskurses, eine Schöpfung von Wissenschaftlern, ebenso der Begriff »Weltreligionen«. Nehring entlarvt ihn als »Ergebnis kolonialer Expansionsherrlichkeit«. (Nehring, Religion und Kultur, 17) Ergebnisse religionswissenschaftlicher Untersuchungen zeigen, dass religiöse Gruppen und Individuen sich zunehmend auch über Bilder und Vorstellungen konstituieren, die einst durch die Religionswissenschaft erzeugt und repräsentiert worden sind. (Vgl. Nehring, Religion und Kultur, 22)
186 Gruber, Postmodernität – Postkolonialität, 6.

Identität beizutragen.[187] Mit dem Anspruch des christlichen Glaubens, sich als »katholisch«, also gemäß der Wortbedeutung gegenüber der ganzen Menschheit als verantwortlich zu erweisen, leistet christliche Theologie einen genuin identitätskritischen Beitrag, um etwa aktuelle rechtspopulistische Diskurse (z. B. über das »christliche Abendland«) im Licht einer *kenotischen* »Identität« christlicher Lebenspraxis klar zurückzuweisen.[188]

4.3 Homogenisierung und Pluralisierung in ihrer Wechselwirkung

Die Vorstellung von einer reinen, stabilen, ahistorischen Einheit wird permanent durch das »Fremde« gefährdet. Andere Lebensformen, Erklärungsmuster, Identitätskonstruktionen und Bedeutungssysteme irritieren die homogene Ordnung und riskieren ihre Selbstverständlichkeiten. Deshalb muss aus hegemonialer Perspektive diese in jeder Gesellschaft auftretende Pluralität kontrolliert werden. Durch *Pluralisierung* (als Handlungsstrategie) macht man sich das Fremde, Andere verfügbar. Dem Anderen wird ein Platz zugewiesen, dieser so erst als »Anderer« konstruiert. Da Homogenisierungsprozesse mit Yildiz »nicht reibungslos verlaufen und machtpolitischen Interessen entspringen, unterwerfen sie die Individuen unter eine nationale Doktrin und unter rechtliche Strukturen, für die durch bestimmte Diskursstrategien Legitimität und Zustimmung seitens der Subjekte erzeugt wird.«[189] Mit Disziplinierung und Kontrolle wird zudem das Überlegenheitsgefühl der (imaginierten) Einheit gestärkt. Die Vorstellung von Homogenität ist sogar konstitutiv auf Pluralisierung angewiesen, weil durch die Produktion von jenen, die vom Einheitsdiskurs ausgeschlossen bzw. abgegrenzt werden, die Einheitserzählung erst hervorgebracht und die darauf basierende Identität stabilisiert werden kann. Pluralität wird wiederum durch Homogenisierung erzeugt. Homogenisierung und Pluralisierung stehen also in einer Wechselbeziehung zu einander, sie bedingen und stützen einander. Yildiz bezeichnet sie als »diskursive Strategien«, die sich entlang einer binären Ordnung wechselseitig konstituieren.[190] Gemäß dem modern-kolonialen Paradigma bringen sie Gegensatzpaare hervor wie: Das »Eigene« und das »Fremde«, »Wir« und die »Anderen«, das »Normale« und das »Abweichende« etc.[191] Zwischen diesen konstruierten Dichotomien besteht ein asymmetrisches Verhältnis, eine hierarchische Unterscheidung. Yildiz problematisiert die Macht- bzw. Herrschaftsdimensionen, welche die Konstruktion von Vielfalt inkludiert und betont mit

---

187 Vgl. Gruber, Postmodernität – Postkolonialität, 6.
188 Vgl. Gmainer-Pranzl, Welt-Theologie.
189 Yildiz, Interkulturelle Erziehung, 77.
190 Vgl. Yildiz, Interkulturelle Erziehung, 70.
191 Vgl. Riegel, Folgenreiche Unterscheidungen, 205.

4. Homogenisierung und Pluralisierung – ein Diskursgeflecht und sein Zwischenraum

Hauff, dass nicht »die Differenzierung im Sinne einer Unterschiedlichkeit der gesellschaftlichen Gruppen« das Problem darstellt, »sondern die Heterogenität im Sinne der Verknüpfung von Unterschiedlichkeit und Ungleichheit«.[192] Yildiz stellt daher der »Homogenisierung« den Begriff der »Heterogenisierung« gegenüber. Vielfalt wird in dieser Praxis zum strategischen Mittel der Konstituierung von heterogenen sozialen Gruppen innerhalb ein und derselben Gesellschaft, wobei durch die Abgrenzung der »Abweichenden« Homogenität erzeugt und gestützt wird.[193] »Homogenisierungen sind dadurch gekennzeichnet, dass gegensätzliche Wissensarten, differente politische Meinungen und Weltanschauungen auf verschiedener Art und Weise eingeschränkt, unterdrückt und bei Bedarf auch verboten werden.«[194] Die Pluralitätsrhetorik, zu der das Feiern der Vielfalt in Europa, die Figur der multikulturellen Gesellschaft, die Forderung nach Erhalt der Vielfalt und der Bewahrung der »kulturellen Identität« von Zugewanderten sowie die Förderung der Mehrsprachigkeit gehören, dient hingegen dazu, die Homogenitätspolitik und -rhetorik zu stützen.[195] »Pluralität umfasst damit immer auch die *hergestellte* Heterogenität, mit der die Politik der Homogenisierung vollzogen wird«.[196] M.E. müsste die Problematisierung der herrschaftsvollen Konstituierung von Homogenität auf dem Rücken von Pluralität konsequenterweise mit den Begriffen »Heterogenisierung« versus »Hegemonialisierung« operieren. Daher bleibe ich im Rahmen dieser Arbeit bei »Homogenisierung« und »Pluralisierung«, weil diese Begriffe einen breiteren Fokus auf die Kindergartenwirklichkeit ermöglichen. Mit Straub gesagt: »Nicht jede soziale Differenzierung ist eine Diskriminierung, die obendrein nur den Anfang vom Ende der Anerkennung und wohlwollenden Behandlung Anderer und Fremder signalisiert.«[197] Dennoch wird in dieser Arbeit der problemorientierte und kritische Fokus beibehalten. Deshalb sei im Folgenden die Pluralisierungsstrategie in ihrer Relation zu Homogenisierung skizziert und auf ihre prekären Auswirkungen auf Individuen, soziale Gruppen und deren Partizipationsmöglichkeiten in modernen Gesellschaften hingewiesen.

---

192 Hauff zit. in: Yildiz, Interkulturelle Erziehung, 72.
193 Vgl. Yildiz, Interkulturelle Erziehung, 72. Yildiz fokussiert in ihrer Diskursanalyse den Nationaldiskurs, welchen sie als »Macht- und Herrschaftskonfiguration« darstellt. In diesem Zusammenhang spricht sie ausschließlich von Heterogenisierung, um die permanente Verwobenheit der Homogenisierung versus Heterogenisierung in Machtverhältnisse zu unterstreichen. Yildiz, Interkulturelle Erziehung, 75.
194 Yildiz, Interkulturelle Erziehung, 77.
195 Vgl. Hansen zit. in: Yildiz, Interkulturelle Erziehung, 74.
196 Yildiz, Interkulturelle Erziehung, 72. (Hervorhebung im Original)
197 Straub, Identität, 298.

4.4 Pluralisierung und ihre Diskurselemente, Mechanismen und Praktiken

Pluralisierung bezeichnet landläufig die simple Diversifizierung von Gesellschaft. In der vorliegenden Arbeit wird der Begriff als Pendant zu Homogenisierung verwendet und als *Strategie* eingeführt, also als eine bewusst intendierte und wiederholte Praxis des Different-Machens. Foucault versteht unter Strategie »die Weise, in der man versucht, *die anderen in den Griff zu bekommen*«.[198] Nicht die bloße Vielfalt (Pluralität), wie sie in der Realität erscheint, soll damit gefasst werden, sondern eine Praxis der Konstitution und Konstruktion, die mit Macht- und Herrschaftsdynamiken verknüpft ist. Mit »Pluralisierung« bezeichne ich die Operation mit sozialen Kategorien, denen bestimmte Attribute der Vielfalt eingeschrieben werden und die zur Systematisierung von Verschiedenheit dient. Sie wird durch die Zuordnung einzelner Individuen oder Gruppen zu solchen Kategorien vollzogen, wobei zugleich eine Festlegung auf dieselben passiert. Mit der einhergehenden Reduktion auf eine (oder mehrere diskursiv zusammenhängende) Kategorien werden die Handlungs- und Partizipationsräume betroffener Menschen eingeschränkt. Durch eine solche Engführung wird mitunter die Vielfalt an Begabungen, Eigenschaften, Kompetenzen, Interessen etc. eines Individuums unterlaufen und seine Charakterisierung auf nur wenige Merkmale, nämlich auf jene, die mit der zugeordneten Kategorie korrelieren, reduziert. Umgekehrt kommt es zur Zuschreibung stereotyper Merkmale, die auf die jeweilige Person womöglich gar nicht zutreffen, aber die Kategorie stützen. Die Zuordnung zu einer bestimmten Gruppe ruft diesen Automatismus hervor und impliziert zumeist ein ganzes Bündel an Zuschreibungen, die intersektional zusammenwirken und diskriminierende Wirkungen verstärken. Im Folgenden werden Mechanismen, die mittels der Strategie der Pluralisierung re-produziert werden, sowie damit verbundene Diskursfragmente und Epistemologien skizziert.

Othering – die Herstellung der Anderen

Alltagssprachlich ist es ganz normal, dass es das »Eigene« und das »Fremde« gibt und es besteht ein unausgesprochenes Wissen darüber, was bzw. wer damit gemeint ist. Die Existenz des Fremden als Pendant zum Eigenen, dem Vertrauten, wird als selbstverständlich vorausgesetzt.[199] Ein »Wir« kann es nur geben, wenn es sich abgrenzt von einem »Ihr«, mit dem die »Anderen«, die »Fremden« markiert und aus dem »Wir« ausgeschlossen werden.[200] Das »Ihr« wird also zur

---

198 Foucault zit. in: Yildiz, Interkulturelle Erziehung, 40f. (Hervorhebung im Original)
199 Vgl. Riegel, Folgenreiche Unterscheidungen, 203.
200 Vgl. Waldenfels, Grundmotive einer Phänomenologie des Fremden.

4. Homogenisierung und Pluralisierung – ein Diskursgeflecht und sein Zwischenraum

Konstitution und Stabilisierung von Homogenität gebraucht und deshalb vom »Wir« hergestellt beziehungsweise diesem gegenübergestellt.

In den 1970er Jahren hat Edward Said mit dem Konzept des *Othering* eine Möglichkeit eröffnet, den »Diskurs des Fremdmachens« als eine macht- und herrschaftsvolle Praxis zu identifizieren.[201] Es erläutert, wie die Fremden zu »Fremden« gemacht werden indem ein »Wir« konstruiert wird, das sich von den Fremden abgrenzt und unterscheidet. Im Gegensatz zum »Ihr« symbolisiert das »Wir« eine stabile, sichere, homogene Gemeinschaft und exkludiert zugleich jene, die nicht zum »Wir« gehören. Mecheril verortet diese Praxis im Kolonialdiskurs, mit dem die europäische, westliche »Identität« konstruiert und zugleich als zivilisiert, rational und überlegen attribuiert wird. »Sind die ›Fremden‹ wild, so sind ›wir‹ zivilisiert. Sind die ›Fremden‹ emotional, so sind ›wir‹ rational.«[202] Die Herstellung von »Anderen« oder »Fremden« geschieht entlang einer binären Ordnung, mit der zugleich eine Bewertung, ein Gefälle produziert wird. Jene, die dem »Wir«, dem »Eigenen«, den »Einheimischen« zugehören, stehen dabei immer höher im Rang, als jene, die von dieser Homogenität abgegrenzt und ausgeschlossen werden. Dies wurde oben bereits am Beispiel der Sprachen gezeigt. Das Abweichende wird als defizitär, unterentwickelt und mangelhaft charakterisiert. Den Anderen, Fremden fehlt etwas, sie sind den Einheimischen unterlegen.

Kategorisierung statt Differenzierung

Pluralisierung bedient sich sozialer Differenzsetzungen entlang der Kategorien Kultur, Sprache, Religion, Ethnie/Rasse, Geschlecht etc. Dabei handelt es sich um gesellschaftlich etablierte Kategorien, denen Menschen durch ein diskursives Verfahren zugeordnet werden. Diese Kategorisierung geschieht wiederum dichotom, es werden Äquivalenzen hergestellt und oppositionelle Subjektivitäten produziert. So wie die Fremden den Eigenen gegenüberstehen, werden »Menschen mit Migrationshintergrund« und »Menschen ohne Migrationshintergrund« konstruiert oder jene die der heimischen Religion oder einer fremden Religion angehören. Die Kategorien stellen immer etwas bereit, das das Normale, Erstrebenswerte, Bevorzugte darstellt, von dem das Außergewöhnliche, Minderwertige, Abnormale abgegrenzt wird. Yildiz hält fest, dass Normen »die diskursiven Regulative der Abgrenzung von Gruppen untereinander [bilden], wodurch das ›Normale‹ (Homogene) und das ›Abweichende‹ (Heterogene) operativ etabliert werden; das Abweichende wird stets negativ attribuiert und stellt so die Kehrseite des Positiven (›Normalen‹) dar.«[203] Im Zuge der dualen Teilungspraktiken wird Ungleichheit produziert, normalisiert und bewertet. Bildungseinrichtungen ope-

---

201 Vgl. Mecheril, Migrationspädagogik, 42.
202 Mecheril, Migrationspädagogik, 42.
203 Yildiz, Interkulturelle Erziehung, 71.

rieren mit diesen Differenzlinien, etwa wenn sie separate Lerngruppen bilden.[204] Aber auch zahlreiche Diversitätskonzepte bedienen sich der Kategorien *race, class, gender* sowie Kultur, Religion, Ethnie, Begabung oder Behinderung u. a. Diese Kategorien selbst werden im wissenschaftlichen Diskurs als höchst problematisch eingestuft, weil sie Differenzen konstruieren, essentialisieren und naturalisieren.[205] Castro Varela hebt deshalb hervor, dass bereits »eine soziale Differenz erzeugt und/oder stabilisiert wird, indem auf sie aufmerksam gemacht wird, sie [Professionelle] also durch das unentbehrliche Benennen von Differenz diese erst herstellen, obwohl sie vorgeben, nur die ›Realität‹ abzubilden.«[206] Obwohl der Blick auf kulturelle Differenzen in pädagogischen Diskursen inzwischen kritisch in Frage gestellt wird, stehen im Alltagsverständnis interkultureller Kommunikation bzw. Pädagogik sowie im politischen Integrationsdiskurs die kulturelle Differenzsetzung und die Gegenüberstellung von Eigenem und Fremden nach wie vor im Mittelpunkt.[207] Die selbstverständliche Praxis der Einteilung in Fremde bzw. Andere als Gegenüber zum »Wir« ist mit Gefahren der Ethnisierung, der Verkennung, der Ausgrenzung und Diskriminierung von jenen verbunden, die als nicht zugehörig zur Mehrheitsgesellschaft betrachtet werden. Christine Riegel zeigt auf, »wie gerade im interkulturellen Bildungskontext unter Bezugnahme auf ethnische, kulturelle oder nationale Zuschreibungen folgenreiche Unterscheidungen und Differenzierungen vorgenommen werden, wie dabei implizit Fremdheit hergestellt wird und Menschen zu (ethnisierten) Anderen gemacht werden.«[208] Vertreter_innen der Intersektionalitätsforschung kritisieren diese Kategorisierungspraxis und zugleich die isolierte Fokussierung einzelner Differenzkategorien problemorientierter Ansätze.[209] In der Praxis der Selektion werden Individuen auf einzelne Aspekte reduziert, während die Mehrfachzugehörigkeit von Menschen und damit ihre Mehrfachbetroffenheit von Diskriminierung keine Beachtung finden. Doch auch die Intersektionalitätsforschung steht vor dem Dilemma, mit Differenzkategorien zu operieren und dadurch die fokussierten Differenzen zu re-produzieren. Selbst wenn Vertreter_innen der Intersektionalitätstheorie das Anliegen verfolgen, Wechselwirkungen und komplexe Zusammenhänge zu reflektieren, können sie – so Katharina Walgenbach – die Reproduktion von Differenzkategorien nicht umgehen.[210] Diehm konstatiert schließlich: »Das Risiko, Differenz durch die Benennung von differenten

---

204 Um Kinder etwa einer schwächeren Lerngruppe zuordnen zu können, müssen sie bereits als »lernschwach« kategorisiert und bewertet werden, wodurch eine Re-produktion sozialer Differenzkategorien vollzogen wird.
205 Vgl. Diehm, Ethnomethodologie und Ungleichheit, 45.
206 Castro Varela, Migration als Chance, 662.
207 Vgl. Riegel, Folgenreiche Unterscheidungen, 203.
208 Riegel, Folgenreiche Unterscheidungen, 204.
209 Vgl. Walgenbach, Heterogenität.
210 Vgl. Walgenbach, Heterogenität, 72.

Positionen immer auch zu reproduzieren, stellt letztlich jedoch ein unlösbares Dilemma der Differenzforschung dar.«[211]

Simplifikation und Reduktion

Differenzkategorien operieren mit Simplifikationen sozialer Zusammenhänge und werden so den komplexen Erfahrungen der Individuen zumeist nicht gerecht. Dabei werden etwa wenige Aspekte einer Differenzkategorie fixiert, während andere außer Acht bleiben. Pluralisierung führt letztlich zur Konstituierung in sich geschlossener, als homogen anmutender Kategorien oder sozialer Gruppen, deren interne Vielfalt und Heterogenität nicht erkannt wird. Gleichzeitig bleiben intersubjektive Differenzen unbeachtet, wodurch betroffene Individuen die Erfahrung machen, »im Feld des Differenten fixiert zu werden«[212], sowie innere Ambivalenz und Spaltung zu erleben.[213] Castro Varela problematisiert das Integrationsparadigma, weil es das Different-Machen von Kindern, die als »Migrant_innen« markiert werden, geradezu fordert. Außerdem erzeugt es ein Dilemma: Immigrierte Menschen sollen das ablegen, was sie ausmacht, gleichzeitig müssen sie immer das bleiben, was die Mehrheitsgesellschaft in ihnen sehen will, nämlich Menschen mit Migrationshintergrund – über Generationen hinweg. Dahinter verbergen sich aus ihrer Sicht ein methodologischer Nationalismus sowie ein statischer Begriff von Kultur und Zugehörigkeit.[214] Yildiz konstatiert, dass die Aufhebung von Heterogenität und die Gleichberechtigung aller die Dekonstruktion der Grundlagen nationaler Macht- und Herrschaftskonfiguration bedeuten würde. So stellt sie fest: »Minderheiten, soziale wie ethnische, haben daher im Nationalstaat systemstabilisierende Funktionen, sind ein konstitutives Moment des Nationalisierungsprozesses.«[215]

Exotisierung und Bereicherung

Am effektivsten und einfachsten funktioniert die Abgrenzung des Eigenen vom Fremden, indem man sich einer containerhaften Vorstellung von Kultur bedient und sie mit stereotypen Charakterisierungen füllt. Im Zuge des von Said beschriebenen Orientalismus werden die orientalischen Menschen als Gegenbild der Europäer_innen konstruiert, als »die Anderen«. Während diese Anderen als exotisch und faszinierend einerseits, aber auch als primitiv, unzivilisiert und

---

211 Diehm, Ethnomethodologie und Ungleichheit, 45.
212 Castro Varela, Migration als Chance, 670.
213 Vgl. Yildiz, Interkulturelle Erziehung, 53.
214 Aus der Mitschrift des Vortrags von Castro Varela und María do Mar, Ringvorlesung »Inklusion/Exklusion. Aktuelle gesellschaftliche Dynamiken« an der Universität Salzburg im Wintersemester 2015/16.
215 Yildiz, Interkulturelle Erziehung, 75.

gefährlich andererseits charakterisiert werden, kann sich auf dieser Basis die hegemoniale Kultur, also jene der Europäer_innen, als zivilisiert, höher entwickelt, rational und überlegen über diese Anderen erheben und letztere zugleich beherrschen.[216] Im pädagogischen Alltag sind hier »interkulturelle« Projekte, in denen die Kulturen der »Anderen« in ihrer »typischen« Weise präsentiert werden, als kritisch zu betrachten, weil durch solche Praktiken ein *Othering* passiert. Sie vermitteln – zumeist unreflektiert und mit bester Absicht – stereotype Vorstellungen über als distinkt konstruierte Kulturen und Religionen. Die damit einhergehende kulturell-ethnische Differenzsetzung von Menschen wird als normales, legitimes Vorgehen präsentiert und performiert. Solche Projekte reproduzieren Ideologien und folgen – zumeist völlig unbedacht und wohl auch unbeabsichtigt – rassistischen Mechanismen.[217]

Kulturelle Differenzsetzung als Neorassismus

Die Verknüpfung ethnischer Differenzen mit der Kategorie der »Rasse« erlebte in den imperialistischen Expansionsbestrebungen der Kolonialzeit ihren Höhepunkt und hat sich bis heute gehalten, wenngleich diese Kategorie in der Regel nicht mehr so offen und explizit verwendet, sondern vielmehr – bei gleichen Folgen – durch andere ersetzt wird.[218] Ein Blick in die Geschichte soll die Funktionsweise der *Rassifizierung* erklären, um gegenwärtig stattfindende Interaktionen als solche identifizieren zu können. Yildiz zeichnet anschaulich nach, wie im Zuge der Kolonisation ethnisch konstruierte Gemeinschaften *biologisiert* wurden, indem die rassistische Ideologie von »angeborenen Eigenschaften« sprach.[219] Für die Entfaltung der nationalstaatlichen Idee reichten sprachlich-kulturelle Kategorien nicht aus, also wurden ethnische Differenzen durch die Kategorie »Rasse« intensiviert. Die Genese, die Geschichte und Kultur einer konstruierten ethnischen Gemeinschaft wurden dabei so kontextualisiert, dass ihre biologische Einheit glaubhaft erschien und ihr die diskursive Kategorie »Rasse« als angeboren und unveränderbar zugewiesen werden konnte. Damit wurden den Angehörigen dieser Gruppen auch angeborene Eigenschaften, Verhaltensweisen und Entwicklungsniveaus zugeschrieben. Das Klassifikationsschema der tierischen Welt und

---

216 »Die Konstruktion des Westens als normative Macht hat eine Spur gewaltsamer und ausbeuterischer Systeme im Namen von Moderne, Fortschritt, Emanzipation, Vernunft, Recht, Gerechtigkeit und Frieden hinterlassen. Postkoloniale Subjekte, Gemeinschaften und Staaten, die als zivilisiert und modern gelten wollen, müssen sich diesen Normen anpassen, riskieren sie sonst doch, gegen ihren Willen ›zivilisiert‹ und ›modernisiert‹ zu werden.« Castro Varela/Dhawan, Postkoloniale Theorie, 37 f. Zugriff und Beherrschung erfolgen mitunter auch durch Hilfs- und Förderprogramme, die aus dieser Selbstermächtigung heraus legitimiert werden.
217 Vgl. Yildiz, Interkulturelle Erziehung, 105.
218 Vgl. Yildiz, Interkulturelle Erziehung, 104 f.
219 Vgl. Yildiz, Interkulturelle Erziehung, 101 ff.

die darwinistische These wurden schließlich dafür genutzt, um die Annahme einer »natürlichen«, hierarchischen Weltordnung zu rechtfertigen. Im so hervorgebrachten *biologistischen Rassismus* verläuft der Differenzdiskurs entlang äußerer Körpermerkmale der Menschen. Yildiz stellt fest, dass im Rassismusdiskurs ethnische, sprachliche und kulturelle Differenzen miteinander verknüpft werden, wobei – je nach epochalen sozioökonomischen Veränderungen – jeweils unterschiedliche Kriterien im Vordergrund stehen. Gegenwärtig rückt *Kultur* als Kategorie des Differenzdiskurses verstärkt in den Mittelpunkt. So werden aktuell sozioökonomische Ungleichheiten in kulturell bedingte Probleme umgedeutet. Anstatt der Kategorie »Rasse« sind es nun die kulturellen Unterschiede, die naturalisiert, essentialisiert und als unvereinbar markiert werden. Die Produktion der »Andersartigkeit« erfolgt entlang der als »kulturell« identifizierten Lebens-, Verhaltens- und Kommunikationsweisen von Menschen. Mit Taguieff beobachtet, entfaltet sich der neuere Diskurs um Differenzen also »zwischen einer Verteidigung *kultureller Identitäten* und einer *Verherrlichung [...] der Differenz*«, der »schließlich zu einem Neorassismus führt.«[220] Im Bildungssystem kommen kulturelle Differenzsetzungen zur Anwendung und setzen dort die Kontur zwischen den Zugehörigen zur Mehrheitsgesellschaft und den »Fremden«. Castro Varela konstatiert, dass die Einteilung in »Kinder mit und ohne Migrationshintergrund« im Grunde die Einteilung von Menschen in »Einheimische« und »Fremde« ist, sie nutzt lediglich andere Etiketten für dieselbe Operation.[221]

Religion als soziale Deutungskategorie[222]

Auch Religion kommt im Zuge der Pluralisierungsstrategie als soziale Differenzkategorie zum Einsatz. Sie dient dann dazu, Individuen einer bestimmten sozialen Gruppe, die in diesem Fall religiös codiert wird, zuzuordnen, um sie von der Mehrheitskultur der Europäer_innen, die mit dem christlichen Erbe verbunden wird, abzugrenzen. Die Charakterisierung dieser Gruppe der »religiös Anderen« geht (zumeist) über religiöse Codes hinaus und bezieht eine imaginierte Herkunft, bestimmte Verhaltensregeln und Wertvorstellungen ein, wodurch eine »natio-ethno-kulturelle«[223] Zuordnung vollzogen wird. Ulrike Lingen-Ali und Paul Mecheril zeigen auf, wie auch im Zusammenhang mit der Zuordnung zu einer religiösen Gruppe die dichotome Strategie des Diskurses funktioniert. Der Vorgang der religiösen »Pluralisierung« (Heterogenisierung) geschieht entlang einer binären Codierung. Die Gruppe der »muslimischen Kinder« wird von jener der »einheimischen Kinder« abgegrenzt. Die religiöse Zugehörigkeit der einheimischen Gruppenmitglieder ist dabei nicht unbedingt von Bedeutung,

---

220 Taguieff zit. in: Yildiz, Interkulturelle Erziehung, 105. (Hervorhebung im Original)
221 Vgl. Castro Varela, Migration als Chance, 662.
222 Vgl. Lingen-Ali/Mecheril, Religion als soziale Deutungspraxis.
223 Lingen-Ali/Mecheril, Religion als soziale Deutungspraxis, 17.

sie wird nur abgerufen, wenn es zur Auseinandersetzung kommt.[224] Die Differenzsetzung des »Wir« gegenüber den »Anderen« wird mittels Verweis auf die Religionszugehörigkeit der »Anderen« vollzogen. Religion wird hier zur sozialen Unterscheidung instrumentalisiert, indem durch die Fremdmarkierung eine gesellschaftliche Ordnung aufgerufen und bestätigt wird. Diese diskursive, institutionelle und interaktive Unterscheidungspraxis ist insofern mit Macht und Dominanz verknüpft, als mit der Deutungskategorie »Religion« die Vorstellung von dem, was Kinder ihrer Identität nach sind, verbunden ist. Damit gehen auch Verhaltenserwartungen einher sowie die Möglichkeit der unterschiedlichen Zuweisung von Partizipationsmöglichkeiten. Lingen-Ali und Mecheril bezeichnen diese Form der Heterogenisierung entlang einer religiösen Zugehörigkeit als eine Praktik des »religiösen Otherings« und der »Muslimisierung«.[225] Diskurse und Sprechweisen über Religion bringen soziale Unterscheidungen und Subjekte hervor, die dabei zugleich positioniert werden. Die Religion der Muslim_innen wird zur »Religion der Anderen«[226], wobei die Differenzierung einer binären Ordnung folgt. Den säkularen, individualisierten, modernen Westlichen wird die Gruppe der Migrant_innen als Vertreter_innen der Nicht-Moderne gegenüber gestellt. Diesen zugewanderten Anderen wird dabei eine vermeintliche religiöse Kollektivität zugeschrieben. Die binäre Logik erfolgt entlang der Epistemologie, die dem von Said beschriebenen Orientalismus zugrunde liegt. So stellen Lingen-Ali und Mecheril in Bezug auf Saids Konzept fest, dass in den letzten Jahren »*der Orient* durch die zunehmende Fokussierung auf Religion von der Deutungsformel *Islam* abgelöst« wurde.[227] Sie fassen zusammen: »Subjekte werden so einem bestimmten religiösen Kollektiv (dem *Islam*) zugeordnet, sie werden als homogene Gruppe konstruiert, die als grundsätzlich anders als die *eigene* Gruppe wahrgenommen wird. Der Islam wird zur *anderen*, zur *fremden* Religion. [...] Die Anderen sind different und weil sie different sind, fraglos nicht am richtigen Platz.«[228] Da die Kategorie Religion als normative Orientierung eingesetzt wird, ist sie »eine – auch in pädagogischen Kontexten situierte – Handlungs- und Interpretationsoption der Bezeichnung und Herstellung von Anderen.«[229] Mit ihr werden Zugehörigkeiten bestätigt, bestärkt oder erst produziert. Hier markieren Lingen-Ali und Mecheril eine Parallele zum oben

---

224 Die Anrufung Europas als »das christliche Abendland« wird etwa in politischen Zusammenhängen dann gezielt eingesetzt, wenn sie zur Stärkung eines europäisch, christlich, westlich, modernen und überlegenen Identitätsentwurfes gereichen soll, insbesondere aber in Gegnerschaft zum »Islam«.
225 Lingen-Ali/Mecheril, Religion als soziale Deutungspraxis, 18.
226 Lingen-Ali/Mecheril, Religion als soziale Deutungspraxis, 19.
227 Lingen-Ali/Mecheril, Religion als soziale Deutungspraxis, 19. (Hervorhebung im Original)
228 Lingen-Ali/Mecheril, Religion als soziale Deutungspraxis, 19. (Hervorhebung im Original)
229 Lingen-Ali/Mecheril, Religion als soziale Deutungspraxis, 20.

4. Homogenisierung und Pluralisierung – ein Diskursgeflecht und sein Zwischenraum

erläuterten »Kultur-Rassismus«, denn in der Differenzsetzung »operiert Religion als eine Art Äquivalenz zu der Konstruktion ›Rasse‹ und bestärkt rassistische Praxis.«[230] Die Autor_innen konstatieren, dass es sich im gegenwärtig geführten hegemonialen Diskurs über den Islam und die Muslime sowie der damit verbundenen generalisierenden Redeweisen um mehr als antimuslimische Stereotypen handelt. Sie folgen der Logik eines – dann eben auch religiös konnotierten – Rassismus. Pädagogische Angebote zur interreligiösen Begegnung, Verständigung oder zum Dialog sei daher, so Lingen-Ali und Mecheril, mit Vorsicht zu begegnen, weil sie immer jene Differenzen voraussetzen, die sie pädagogisch zu bearbeiten suchen. Begegnungspädagogische Ansätze tragen so zur Praxis der Herstellung von Differenz bei und sind daher als Machtphänomene zu verstehen. Zusätzlich sind solche Praktiken gefährdet, »nicht nur die Differenz zwischen Religionen, sondern auch Bilder über die *Religion der Anderen* zu zeichnen und zu bekräftigen.«[231] Lingen-Ali und Mecheril diagnostizieren: »Wenn bereits im Kindergarten beginnt, was sich in der Schule fortsetzt, ist der Boden dafür bereitet, dass Kinder sich in den begegnungspädagogisch offerierten Kategorien zu verstehen lernen. Sie lernen zu *MuslimInnen* und *Nicht-MuslimInnen* zu werden, wobei unter Bedingungen einer potenziell und tendenziell antimuslimischen Kultur dieser Lernprozess auch einer ist, in dem die Kinder in das Schema von Höher- und Minderwertigkeit eingeführt werden.«[232]

Geheime Lehrpläne und Verhaltensregeln

Castro Varela spitzt die Rolle des Bildungssystems in der Reproduktion von Macht- und Herrschaftsverhältnissen zu und bezeichnet Bildungseinrichtungen als einen »Ort des Verlustes«, weil manche Kinder dort unter dem Diktat der Monolingualität ihre Sprache, sowie ihre Identität und womöglich auch ihre Würde verlieren würden. »Sie müssen um ihre kulturelle Identität kämpfen, die permanent hinterfragt wird, da sie die Identität der Mehrheit zu gefährden scheint.«[233] Prozesse des Ausschlusses und der Ungleichbehandlung verlaufen in Bildungsinstitutionen auch subtil, etwa mittels »geheimer Lehrpläne«. Castro Varela hält fest: »Wer sich zu ›benehmen‹ weiß, wer die Normen kennt und/oder sich ihnen anzupassen weiß, wird mit einer großen Wahrscheinlichkeit Schule erfolgreich absolvieren.«[234] Leistung spiele hingegen bei näherem Hinsehen nur eine sekundäre Rolle. Die Schule (analog gilt dies für den Kindergarten) ist laut Castro Varela also ein Ort, »an dem die Normen und Konventionen gelernt

---

230 Lingen-Ali/Mecheril, Religion als soziale Deutungspraxis, 21.
231 Lingen-Ali/Mecheril, Religion als soziale Deutungspraxis, 23. (Hervorhebung im Original)
232 Lingen-Ali/Mecheril, Religion als soziale Deutungspraxis. (Hervorhebung im Original)
233 Castro Varela, Migration als Chance, 665.
234 Castro Varela, Migration als Chance, 660.

werden, die ein Leben regulieren, in dem nicht alle als gleichberechtigt wahrgenommen werden. Symptomatisch dafür sind pädagogische Institutionen und die in ihnen etablierten Praxen, die Migration als Problem sehen und nicht verstehen möchten, dass Migration auch durch die in der Schule produzierte Ungleichheit, [sic.] zum Problem gemacht wird.«[235] Die Analyse von Regeln und Normen in Bildungsinstitutionen erfordert, so Castro Varela, die Kontextualisierung von Bildungsprozessen. »Schule als Ort und Raum kann nicht abgekoppelt werden von den sozialen Bedingungen unter denen Unterricht sich vollzieht.«[236] Auch Gomolla kritisiert, dass kaum danach gefragt wird, welche Folgen Differenzierungsprozesse für die Bildungserfolge der betroffenen Menschen haben.[237] Vielmehr sei das Gegenteil der Fall. Häufig kommt es zu theoretischen Kurzschlüssen in der Ursachenanalyse, etwa wenn die Betroffenen selbst für ihre Misserfolge verantwortlich gemacht werden, während institutionell bedingte Mängel keine Aufmerksamkeit erhalten. Statt der Offenlegung struktureller Defizite kommen Lösungen zur Anwendung, die, so Gomolla, das Problem eher fortschreiben oder sogar verschärfen, etwa durch zusätzliche kompensatorische Fördermaßnahmen oder der Ausweitung der vorschulischen Versorgung.[238]

Diskriminierung durch den Wissenskanon

Im Rahmen interkultureller Projekte – als Pluralisierungspraxis – wird oftmals die Anerkennung soziokultureller Kontexte der »Migrationskinder« über die Einführung in die Kultur und Geschichte »ihres« Herkunftslandes zu realisieren versucht. Yildiz kritisiert, dass die Einbeziehung jahrelang hier lebender Migrant_innen auf diesem Weg nicht gewährleistet werden kann. Vielmehr laufen diese Erzählungen Gefahr, falsch und zugleich produktiv zu sein. So wie es keine homogene deutsche Gesellschaft gibt – weder historisch noch aktuell – bilden auch die Erzählungen über die Kultur und Geschichte der Herkunftsländer nicht die Realität der Lebensumstände von Migrant_innen ab. Gleichzeitig wird aber ein auf die Vergangenheit projiziertes Modell davon konstruiert, wie die gesellschaftlichen Verhältnisse anderer Länder sind.[239] In solchen Praktiken kommt es zur Produktion eines Wissens, wobei mit einer hegemonialen Selbstverständlichkeit beansprucht wird, über andere Auskunft geben zu können und die Definitionsmacht zu besitzen. Zugleich werden, so Yildiz, in unserem Bildungssystem ausgewählte Wissensarten und Weltanschauungen favorisiert, während andere marginalisiert, unterdrückt oder ignoriert werden.[240] Spivak be-

---

235 Castro Varela, Migration als Chance, 660.
236 Castro Varela, Migration als Chance, 662.
237 Vgl. Gomolla, Fördern und Fordern, 87.
238 Vgl. Gomolla, Fördern und Fordern, 88.
239 Vgl. Yildiz, Interkulturelle Erziehung, 108.
240 Vgl. Yildiz, Interkulturelle Erziehung, 77.

zeichnet Bildung als transnationales Unternehmen »asymmetrischer Ignoranz«, weil bestimmtes Wissen als universales Wissen ausgegeben wird, während anderes Wissen vollkommen unterbelichtet bleibt.[241] Castro Varela weist darauf hin, dass Migrant_innen und ihr Wissen meist nicht beachtet werden. Die Disziplinierung von Wissen habe die »Anderen« vielmehr erst erschaffen, also etwa Migrant_innen oder geflüchtete Minderjährige.[242] Ihnen werden Positionen zugeordnet, von denen aus es schwierig ist, gehört zu werden. Geflüchtete und Migrant_innen werden in erster Linie als *Betroffene* wahrgenommen, welche Ansprache und eine spezifische pädagogische Zuwendung benötigen. Mit ihrer Position wird nicht Wissen oder Intellektualität assoziiert. Deshalb werden sie nur selten als Wissensvermittelnde wahr und ernst genommen, und wenn, dann oft nur um »die angebliche Diversität der Institution unter Beweis zu stellen«.[243]

Viktimisierung, Paternalismus und Übertragung von Verantwortung

Diese Wahrnehmung der »Fremden« als Betroffene oder Opfer stellt eine Form der Viktimisierung dar. Sie drängt Menschen (geflüchtete Minderjährige, Migrant_innen etc.) in eine Position der Ohnmacht, von der aus es schwierig ist, autonom zu handeln, zu sprechen oder Stellung zu beziehen. Diese Fähigkeiten werden ihnen von außen durch einen eingeschränkten Blick auf ihre (angebliche) »Subalternität« abgesprochen. Zugleich weckt die Stigmatisierung als »Opfer« bei den »Überlegenen« das Bedürfnis, eine Anwaltschaft zu übernehmen und für Migrant_innen, Flüchtlingskinder oder andere von Subalternität betroffene Menschen zu sprechen und zu handeln. Damit wird es diesen wiederum erschwert, sich aus der zugewiesenen Ohnmachtsposition zu befreien und für sich selbst zu sprechen.[244] Castro Varela beschreibt, wie solche Menschen mit der ihnen zugeteilten Rolle zugleich für Toleranzbemühungen instrumentalisiert werden. Die als »fremd« markierten Individuen sind mit einer doppelten Demütigung oder Entmündigung konfrontiert: Sie werden als »Ausgeschlossene« bemitleidet, viktimisiert und in der Folge als Opfer für Solidaritätsbemühungen der Mehrheitsgesellschaft instrumentalisiert.[245] Paternalistische Verhaltensweisen gegenüber viktimisierten sozialen Gruppen zwingen die Betroffenen Individuen dazu, sich zu unterwerfen und anzupassen, was wiederum einen Identitätsverlust zur Folge hat: Um dazu zu gehören, muss man ablegen, was einen ausmacht. Die »Überlegenen« stärken durch solche Unterwerfungspraktiken ihre eigene Identität und profitieren in ihrem Selbstverständnis dadurch, dass sie »Fremden« Hilfe und Ak-

---

241 Spivak zit. in: Chakrabarty, Provincializing Europe, 2.
242 Vgl. Castro Varela, Migration als Chance, 666.
243 Castro Varela, Migration als Chance, 666.
244 Diesen Mechanismus beschreibt Spivak in ihrem Essay: Can the Subaltern Speak?
245 Vgl. Castro Varela, Migration als Chance, 662.

zeptanz entgegen bringen.[246] Toleranz und Anerkennung sind aus diesem Grund, so Castro Varela, kritisch zu beurteilen. Sie setzen stets ein Gefälle zwischen Menschen und/oder sozialen Gruppen voraus und bringen Machtverhältnisse zum Ausdruck. Das Phänomen der Migration wird innerhalb pädagogischer Disziplinen zumeist als spezielle Herausforderung diskutiert und muss daher, so Castro Varela, irritieren und zum Widerspruch aufrufen.[247] Der Migrationsdiskurs macht es möglich, Migrant_innen, Kinder mit Fluchterfahrungen oder Menschen aus prekären sozialen Verhältnissen als verantwortlich für die Probleme im Bildungssystem zu erklären. »Fremde« erscheinen immer noch als »qualitativ neue Momente der Gesellschaft« und werden als Verursacher_innen von Misserfolgen im Bildungssystem wahrgenommen, während strukturelle Probleme, die seit jeher bestehen, aus dem Blick geraten.[248] Auch Mecheril konstatiert, dass durch Migration lediglich sichtbar wird, worin die Schwächen einer Gesellschaft und ihrer Strukturen bestehen. Sein Konzept der »Migrationspädagogik« richtet sich folglich auch nicht an Migrant_innen oder einen spezifisch pädagogischen Umgang mit dieser (konstruierten) Gruppe. Mecheril beansprucht für die »Migrationspädagogik«, dass sie keine »Zielgruppenpädagogik« ist, sondern vielmehr aufzeigt, wo in der Gesellschaft Entwicklungsprozesse nötig sind.[249] Damit kommen die professionell betrauten Personen in den Blick.

Die (machtvolle) Rolle der Professionellen zur Eröffnung eines Zwischenraums

Mechanismen institutioneller Diskriminierung sind in die »normale« Alltagsorganisation sowie in die Berufskultur der in Bildungseinrichtungen tätigen Professionellen eingebettet.[250] Sie werden laut Stuart Hall »auf informellen und unausgesprochenen Wegen durch ihre Routinen und täglichen Verfahren als ein unzerstörbarer Teil des institutionellen Habitus weitergegeben. Diese Art von Rassismus wird Routine, gewohnt, selbstverständlich.«[251] Homogenisierung und Pluralisierung eignen sich etwa dazu, komplexe Situationen rasch einer Ord-

---

246 Hierzu ein Beispiel aus meiner Vortragstätigkeit: Bei einem Studientag eines Schulverbandes im Frühjahr 2016 führte ein Schulleiter zwei syrische Minderjährige als Beispiel gelungener Integration von Flüchtlingen vor. Einer der beiden Buben trug eine Lederhose. Sie stellten sich in gebrochenem Deutsch vor, wobei ihnen der Direktor von Satz zu Satz Anweisungen gab, was sie sagen sollten. Die beiden Minderjährigen bedankten sich für die Möglichkeit, in Österreich die Schule besuchen zu dürfen.
247 Vgl. Castro Varela, Migration als Chance, 659.
248 Yildiz, Interkulturelle Erziehung, 71; vgl. auch Castro Varela, Migration als Chance, 659.
249 Vgl. Mecheril; aus der Mitschrift bei der Eröffnung des ZIMT (Zentrum für Interreligiöses Lernen, Migrationspädagogik & Mehrsprachigkeit) der Privaten Pädagogischen Hochschule der Diözese Linz am 24.3.2014.
250 Vgl. Gomolla, Fördern und Fordern, 89.
251 Hall zit. in: Gomolla, Fördern und Fordern, 90.

nung zuzuführen und dadurch zu kontrollieren. Alltagsweltliche Deutungsmuster und Diskurse unterstützen solche Strategien, sie helfen, ihre Ordnungen rasch abrufen zu können. Homogenisierung und Pluralisierung sind nicht immer offensichtlich und explizit an pädagogischen Interaktionen ablesbar, sondern oft in »informellen Praktiken« oder »ungeschriebenen Regeln« verborgen.[252] Den Professionellen ist dieser Rückgriff auf Routinen und bewährte Strategien nicht immer bewusst. Die Reflexion derselben und ein Bewusstsein über die Mechanismen der Diskriminierung oder Ungleichbehandlung von Kindern ermöglicht allerdings, Diskurse und ihre Machtwirkungen zu durchkreuzen und Räume für alternative Möglichkeiten des Umgangs mit kultureller und religiöser Vielfalt zu eröffnen. Ich nenne solche Räume »Zwischenräume« und positioniere sie zwischen Homogenisierung und Pluralisierung.

4.5 Zwischen Homogenisierung und Pluralisierung – Identitätsverhandlungen im Zwischenraum

Der Zwischenraum als Aushandlungsraum kultureller und religiöser Identitäten

Entgegen der dargestellten Dichotomie zwischen Homogenisierung und Pluralisierung, weisen die *cultural studies* darauf hin, dass Identitäten Produkte von Aushandlungsprozessen sind.[253] Identitätsverhandlungen finden in Zwischenräumen, in Grenzbereichen statt. Sie konstituieren sich in der Abgrenzung von Anderen, wodurch das eigene Selbstverständnis und das Verständnis von den Anderen sich wechselseitig bedingen. Identitäten werden permanent durch den/die Anderen angefragt und müssen sich stets neu positionieren, sie sind daher dynamisch, relational und diskursiv hervorgebracht. Sie formieren sich liminal und konstituieren sich durch Inklusionen und Exklusionen. Nach dem *cultural turn* sind Kulturen als Aushandlungsprozesse zu verstehen, die in *Kontaktzonen*, also an Orten formiert werden, an denen vormals einander fremde Menschen miteinander Beziehung aufbauen.[254] Clifford Geertz definiert Kulturen als Gewebe »sozial festgelegte[r] Bedeutungsstrukturen«[255], sie werden also sozial produziert und mit Bedeutungen versehen, die historisch, kontextuell, relational

---

252 Gomolla, Fördern und Fordern, 90.
253 Vgl. Bachmann-Medick, Cultural Turns, 206.
254 Pratt hat den Begriff »Kontaktzone« geprägt, um damit Begegnungsorte zu markieren, in denen vormals voneinander getrennte Menschen Beziehung aufbauen. Kontaktzonen sind, so Nehring, Orte des Kompromisses, des Widerstands, der Assimilation, der Imitation, der Adaption, der Mimikry. Mit diesem Analysebegriff ist es möglich, »die unterschiedlichen Agenden der hybriden transkulturellen Prozesse der Begegnung in den Blick zu bekommen.« Nehring, Religion und Kultur, 3.
255 Geertz, Dichte Beschreibung, 19.

und damit auch kontingent sind. Der Zwischenraum als Aushandlungsraum von Identitäten ist dabei keineswegs ein Raum, in dem Differenzen aufgehoben oder miteinander versöhnt werden, sondern er ist, so Gruber, »der konfliktive Raum wechselseitiger Differenzierungen und Abgrenzungen, der in der Produktion von kultureller Identität und damit kulturellem Wissen je neu konstituiert wird.«[256] Solche Aushandlungsprozesse finden nicht zwischen distinkten Größen statt. Kulturen sind als hybrid zu bestimmen, sie sind keine festen, abgeschlossenen, natürlichen oder ahistorischen Größen, sondern von inneren Ambivalenzen geprägt, denn nur »wenn modern-koloniale Wissensproduktionen im Spiel sind, kann Interkulturalität als ein Raum zwischen stabilen kulturellen Identitäten konzeptioniert werden.«[257] Die jeweils ausgeschlossenen Diskurse prägen sich in die Identitäten ein, wodurch sie als hybrid zu begreifen sind. Die Erzählungen, die sie über sich selbst hervorbringen, enthalten also immer auch verschwiegene und ausgegrenzte Narrative und Ambivalenzen, die etwa in postkolonialen Analysen aufgespürt werden. Es gibt keine fixe, ahistorische Form der Repräsentation; Identitäten sind historisch, uneindeutig und unabgeschlossen.[258] Dies gilt für Kulturen gleichermaßen wie für Religionen.

Straub konstatiert, dass in den Wissenschaften homogenisierende und totalisierende Identitätsmodelle bereits obsolet sind.[259] In Theoriediskursen werden Entwürfe vorgelegt, die in Anlehnung an Derridas Differenztheorie einen relativen Kulturbegriff verwenden und von Verflüssigungsprozessen sprechen. So bringt etwa Hannerz ein »Plädoyer für die Analyse verflüssigter und im Fluss befindlicher Kulturen und ihrer Austauschbeziehungen und wechselseitigen Übersetzungen« ein.[260] Er setzt sich (im pädagogischen Kontext) für eine aktive Bedeutungsverschiebung durch die Konstruktion und Definition alternativer – etwa handlungsorientierter – Konzepte ein.[261] In den Aushandlungsprozessen ist nach Straub zunächst von einheitlichen Normen-, Werte- und Bedeutungssystemen auszugehen, die zwar einen holistischen Charakter aufweisen, aber nicht als statische, unveränderliche Größen festzulegen sind. Vielmehr bezeichnet er sie als historisch und kontextuell gebundene vorrübergehende Verfestigungen verschiedener symbolischer Formen. »Trotz ihres kontingenten, dynamischen und veränderlichen Status zeichnen sich Kulturen [...] durch strukturelle Verfestigungen auf materieller und ideeller, sprachlicher, sozialer, psychischer [...] Ebene aus.«[262] In der Alltagspraxis und angesichts unserer sprachlichen Möglichkeiten können wir nicht anders, so Straub, als zunächst eine Gesamtheit von

---

256 Gruber, Interkulturalität, 59.
257 Gruber, Postmodernität – Postkolonialität, 6.
258 Vgl. Rettenbacher, (De)Konstruktion von Identitäten.
259 Vgl. Straub, Kultur, 17.
260 Hannerz, zit. in: Straub, Kultur, 10.
261 Vgl. Straub, Kultur, 11.
262 Straub, Kultur, 19.

4. Homogenisierung und Pluralisierung – ein Diskursgeflecht und sein Zwischenraum

Lebensweisen, Praktiken sowie Zeichen-, Wissens- und Orientierungssystemen als kollektive Größen zu fassen und Personen diesen sozialen Einheiten zuzuordnen. Zugleich ist aber zu bedenken, dass es sich hierbei nicht um gegeneinander abgeschlossene Systeme handelt, sondern die Grenzen stets unscharf und porös bleiben. Kulturen werden relational aufeinander bezogen und definieren sich von ihren Differenzen her. »Komplexe Kulturen als ›Einheiten‹ zu bezeichnen, setzt einen Begriff der ›Einheit‹ voraus, der diese nicht in eine falsche und fruchtlose Opposition zu ›Differenz‹ bringt. Eine jede komplexe Kultur ist nichts anderes als die dynamische, fragile und umstrittene Einheit ihrer Differenzen.«[263] Aushandlungsprozesse zwischen Kulturen geschehen an ihren Grenzen und sind komparativ sowie relational bestimmt. Diese Veränderungsprozesse schließen eine Rede von vollständiger Homogenität oder idyllischer Harmonie aus. Unbestritten ist, so Straub, dass einzelne Personen nicht (mehr) einem monokulturellen oder überhaupt nur einem kulturellen Bedeutungssystem zugeordnet werden können. »Die Annahme einer ›monokulturellen‹ Sozialisation oder Enkulturation [...] ist ein anachronistisches Relikt eines überlieferten Gesellschafts- oder Kulturbegriffs und Menschenbildes.«[264] Die moderne Identität ist hingegen (zumindest in Migrationsgesellschaften) komplex strukturiert und geprägt durch Mehrfachzugehörigkeiten. Identität kann dann nicht als kohärent und kontinuierlich gelten, sondern muss als veränderlich und multipel wahrgenommen werden.

Dies gilt ebenso für religiöse Identität, besonders für kollektive religiöse Identitäten. Nehring konstatiert, dass sich »das Religiöse« nicht eindeutig bestimmen lässt, weil es in kulturellen Prozessen ausgehandelt wird.[265] Er verweist auf den semiotischen Ansatz von Geertz, der Religion als ein *kulturelles System* begreift, das von der Kultur geprägt ist und andererseits auf die Kultur prägend wirkt.[266] Religionen sind öffentliche Selbstauslegungen einer Kultur, insofern, als Bedeutungen inszeniert werden. Sie werden in transkulturellen Aushandlungsprozessen geformt. Religiöse Identitäten entstehen durch Grenzziehungen, wobei sie durch ungleiche Kräfte und asymmetrische Beziehungen bestimmt sind. Geschichtlich werden und wurden Trennlinien zum »Anderen« gezogen. Die Konstituierung von Religionen ist also von Repräsentationsstrategien und Machtfragen geprägt, die religiöse Traditionen hervorgebracht haben. Zugleich weist Nehring darauf hin, dass Religionen aber immer ein wichtiger Aspekt im antihegemonialen (z. B. im antikolonialen) Widerstand sind und waren.[267]

Straub plädiert dafür, kollektive Identitäten keineswegs nur als gefährlich oder idealistisch zu betrachten. Mitunter macht es – etwa aus gesellschaftspo-

---

263 Straub, Kultur, 21. Straub weist ausdrücklich darauf hin, dass er sowohl »Einheit« als auch »Differenz« hier als analytische Begriffe verwendet.
264 Straub, Kultur, 22.
265 Vgl. Nehring, Religion und Kultur, 26.
266 Vgl. Nehring, Religion und Kultur, 29.
267 Vgl. Nehring, Religion und Kultur, 1.

litischen Gründen – Sinn, sich zu sozialen Gruppen zu formieren. Kollektive Identitäten haben das Potential, Menschen ähnlichen Schicksals zu vereinigen, um gemeinsam gegen ihr (fremd verschuldetes) Leid aufmerksam zu machen und Macht- und Herrschaftsverhältnisse zu bekämpfen. Einzelstimmen werden in globalen Zusammenhängen selten gehört, ihre Sorgen, Nöte und Kämpfe um Anerkennung versiegen im gesellschaftspolitischen Alltag. Der Zusammenschluss Einzelner zu einem politisch handlungsfähigen Kollektiv – mit Straub gesprochen in einen »strategischen Essentialismus« – bietet hingegen die strategische Möglichkeit, soziale Bewegungen auszulösen und Widerstand zu mobilisieren. Solche Identitätspolitiken haben etwa *die* Frauenbewegungen oder *der* Feminismus nutzbar gemacht, aber auch Menschen, die zum Opfer genozidaler Gewalt wurden, wie etwa *die* Armenier oder *die* Juden. Straub konstatiert, dass feministische und postkoloniale Theoretiker_innen gegenwärtig ein neues Interesse an kollektiven Identitäten artikulieren. Sie fokussieren nicht mehr politische Machtzentren sondern minoritäre und unterdrückte Gruppen, die in politischen Zusammenhängen marginalisiert oder unsichtbar gemacht werden. Ihre Theorien münden in eine kulturpolitische Praxis, da sie Identität mit Stimme, Artikulation und Handlungsermächtigung verbinden.[268] Aus defensiven Differenzerfahrungen motivierte Identitätspolitik kann also dort für einen Zwischenraum inmitten hegemonialer Strategien fruchtbar gemacht werden, wo sie das Potential der Wahrnehmung sozialer Schwäche und Ausgrenzung betont, die intuitive Verbindung und Verständigung zwischen Marginalisierten als sinnvolle Kraft erkennt und Subjektivität mit Stolz ausstattet.[269]

Ansprüche an die Analyse des empirischen Materials

Nicht nur diskursive Determinationen – vor allem das benannte Potential zum Widerstand und zur Veränderung hegemonialer Verhältnisse soll im Folgenden im Interviewmaterial aufgespürt werden. Diehm, Kuhn und Machold weisen darauf hin, dass es notwendig ist, in der Differenzforschung über Situationsanalysen hinaus zu gehen, um den diskursiven Kontext von Bildungsräumen offen legen zu können. Sie schlagen daher eine Erweiterung der Ethnographie um postmoderne, feministische, poststrukturalistische und postkoloniale Perspektiven vor, mittels der eine Kontextualisierung von Praktiken durch die sie umgebenden Diskurse sowie sozialstrukturellen Positionen der Akteur_innen zu erreichen sei. Diese theoretische Erweiterung ermöglicht zudem, nicht nur die machtvollen Diskurse und Ordnungen von Interaktionen, Handlungsoptionen und subjektiven Theorien zu bestimmen, sondern auf Kohärenzen, Transformationen und Brüche

---

268 Vgl. Straub, Identität, 297. Zu dem daraus resultierenden Problem der Repräsentation, die nicht über sich selbst hinauskommt und die Anderen verstummen lässt, vgl. auch: Spivak, Can the Subaltern Speak?
269 Vgl. Niethammer zit. in: Straub, Identität, 297f.

4. Homogenisierung und Pluralisierung – ein Diskursgeflecht und sein Zwischenraum

derselben zu achten.[270] Anschließend an diesen Vorschlag werden daher in der vorliegenden Arbeit die Erzählungen aus der Praxis mittels einer *postkolonial informierten Diskursanalyse* bearbeitet.[271]

---

270 Vgl. Diehm/Kuhn/Machold, Ethnomethodologie und Ungleichheit, 74.
271 In die Analyse fließen poststrukturalistische Informationen ein, die feministische Perspektive bleibt aus zeitlichen Gründen leider weitgehend unbeachtet – ein Desiderat, dass in einem weiteren Forschungsprojekt einzuholen ist, handelt es sich beim Kindergarten ja um ein vorrangig durch weibliches Personal besetztes Arbeitsfeld.

II. Empirische Untersuchung

5. Forschungszugang und Methodenwahl

5.1 Qualitative Sozialforschung[272]

Um das diskursive Netz nun in den Erzählungen aus der Praxis aufspüren sowie Brüche und Verschiebungen herausarbeiten zu können, bedarf es zunächst einer Klärung des sozialwissenschaftlichen Zugangs und der Methodenwahl. Aufgrund der Fragestellung und der Forschungsinteressen habe ich mich für einen qualitativ-empirischen Forschungszugang entschieden. In der qualitativen Forschung geht es darum, »Lebenswelten ›von innen heraus‹ aus der Sicht der handelnden Menschen zu beschreiben.«[273] Sogenannte *Dichte Beschreibungen* haben den Anspruch, zu einem besseren Verständnis sozialer Wirklichkeit(en) beizutragen, indem sie Deutungsmuster, Abläufe und Strukturmerkmale, die sich in sozialen Bedeutungssystemen verdichten, sichtbar zu machen.[274] Die Beschreibung selbst bildet dabei die Wirklichkeit nicht einfach ab, »vielmehr nutzt sie das Fremde oder von der Norm Abweichende und das Unerwartete als Erkenntnisquelle und Spiegel, der in seiner Reflexion das Unbekannte im Bekannten und Bekanntes im Unbekannten als Differenz wahrnehmbar macht und damit erweiterte Möglichkeiten von (Selbst-)Erkenntnis eröffnet.«[275] Auf überraschenden Momente und Verschiebungen zielt mein Forschungsinteresse, weil ich gerade darin ein innovatives Potential vermute. Um im ersten Schritt die Erzählungen aus der Praxis, also »die Sichtweisen der beteiligten Subjekte, die subjektiven und sozialen Konstruktionen ihrer Welt«[276] zu erfassen, habe ich qualitative Interviews mit Elementarpädagoginnen geführt. In einem zweiten analytischen Schritt distanziere ich mich wiederum von den subjektiven Sichtweisen derselben und verschiebe den Fokus auf eine topologische Ebene, also jene des diskursiven Raumes Kindergarten, um die zugrunde liegenden Diskurse

---

272 Zur Bedeutung der Sozialforschung in der Theologie vgl. Bucher, Einführung.
273 Flick, Was ist qualitative Forschung, 14.
274 Geertz, Dichte Beschreibung.
275 Flick, Was ist qualitative Forschung, 14.
276 Flick, Was ist qualitative Forschung, 14.

und Argumentationsformen freizulegen. Damit erweitert sich der Gültigkeitsbereich der Ergebnisse, weil sie in einen breiteren, nämlich gesellschaftlich diskursiven Kontext gestellt werden.

Im Folgenden lege ich zunächst meinen Forschungszugang offen, beschreibe die verwendeten Methoden und begründe diese Wahl.

5.2 Forschungshaltung: Grounded Theory

In der Herangehensweise an meinen Untersuchungsgegenstand finde ich mich in der *Forschungshaltung* der Grounded Theory wieder. Qualitativ-empirische Forschung ist durch ein prozesshaftes Vorgehen gekennzeichnet, das als Kommunikation zwischen Forscher_in und Forschungsgegenstand begriffen wird.[277] Eine renommierte Form der prozesshaften Herangehensweise an einen Forschungsgegenstand stellt die in den 1960er Jahren von Anselm L. Strauss und Barney G. Glaser entwickelte *Grounded Theory* dar. Ihren Erfolg und die weiteren Entwicklungen verdankt sie unter anderem einer allgemeinen Unzufriedenheit mit der zunehmenden Entfremdung zwischen sozialen Lebenswelten und wissenschaftlicher Theoriebildung durch das deduktive Vorgehen in den Sozialwissenschaften.[278] Neben den systematischen Techniken und Analyseverfahren der Grounded Theory begründet sie eine *Forschungshaltung*, mittels derer »schrittweise eine in den Daten begründete Theorie (eine ›grounded theory‹) entwickelt werden kann«.[279] Im Folgenden sollen zentrale Charakteristika der *Grounded Theory* (als Forschungshaltung, nicht in ihrer methodischen Vorgehensweise) vorgestellt werden, wobei ich mich hier vorrangig an der Darstellung von Glaser und Strauss sowie den Ergänzungen von Corbin orientiere.[280]

Zentrale Charakteristika der Grounded Theory als Forschungshaltung

Offene Herangehensweise an den Forschungsgegenstand

Am Anfang der Arbeit im Sinne der *Grounded Theory* steht ein relativ offener Untersuchungsbereich, dessen relevante Themen sich erst im Verlauf des Forschungsprozesses herausstellen.[281] Forschungsleitend sind zunächst *nicht* theoretisch abgeleitete Hypothesen, sondern die Annahmen und Vorkenntnisse der Forscher_innen in Form sensibilisierender Konzepte, um Beobachtungen, Datenauswahl und -analyse zu strukturieren. Ein vorausgehendes Literaturstudium ist

---

277 Vgl. Lamnek, Qualitative Sozialforschung, 23.
278 Vgl. Klein, Erkenntnis und Methode.
279 Strauss/Corbin, Grounded Theory, VII.
280 Glaser/Strauss, Grounded Theory; sowie: Strauss/Corbin, Grounded Theory.
281 Vgl. Strauss/Corbin, Grounded Theory, 8.

aber nicht obligatorisch, »oftmals empfiehlt es sich sogar, bestehende Theorien zunächst einmal bewusst auszuklammern, um offen für neue Entdeckungen zu sein und um zu verhindern, dass sie den Blick auf die Vielfalt der Phänomene in der sozialen Wirklichkeit verengen.«[282] Aufgrund der Orientierung am Gegenstandsbereich geschieht die Eingrenzung und Festlegung auf die zu behandelnde Problematik erst während des Forschungsprozesses. So wird auch die praktische Relevanz des Forschungsprozesses sichergestellt. Die Methodenwahl erfolgt ebenfalls erst im Laufe der Forschung und wird durch den fokussierten Gegenstand bestimmt.[283] Die anfängliche Fragestellung dient als Wegweiser, sie wird mit der Analyse der ersten erhobenen Daten verfeinert sowie spezifiziert und steuert über das *Theoretical Sampling* auch die Auswahl der weiteren zu erhebenden Daten sowie deren Analyse.

Wechsel von Erhebung und Analyse

Durch ein beständiges Pendeln von Datenerhebung und Datenanalyse werden vorläufige Konzepte entwickelt und schrittweise präzisiert. In Untersuchungen mit der *Grounded Theory* werden Phänomene im Licht eines theoretischen Rahmens erklärt, der erst im Forschungsprozess selbst entsteht. Eine besondere Rolle spielen dabei kontrastierende Phänomene. Sie werden einem fortlaufenden Vergleich ausgesetzt. Im Sinne des *Theoretical Sampling* entscheidet der Stand der Analyse darüber, welche neuen zu kontrastierenden Fälle gesucht werden. Die Anzahl der Daten wird also nicht vor Beginn der Studie festgelegt, vielmehr wird die Wechselbewegung des Interpretationsprozesses so lange fortgeführt, bis keine neuen Daten mehr auftauchen.[284]

Forschung als kreativer Prozess

Die Forschungstätigkeit der *Grounded Theory* wird als Arbeit und kreativer Prozess verstanden, deren Ergebnisse von der Kunstfertigkeit der forschenden Person abhängig sind. Strauss und Corbin führen folgende erforderlichen Fertigkeiten für qualitatives Forschen an: »einen Schritt zurück zu treten und Situationen kritisch zu analysieren, gewohnheitsmäßige Vorlieben und Neigungen zu erkennen und zu vermeiden, valide und reliable Daten zu erhalten und abstrakt zu denken. Um all dies zu tun, benötigt der qualitative Forscher theoretische und soziale Sensibilität, die Fähigkeit, analytische Distanz zu bewahren und dabei gleichzeitig auf vergangene Erfahrungen und theoretisches Wissen zurück-

---

282 Klein, Erkenntnis und Methode, 246.
283 Dadurch kann eine »Gegenstandsangemessenheit von Methoden« erreicht werden. Flick, Was ist qualitative Forschung, 22.
284 Vgl. Oswald, Was heißt qualitativ forschen, 81.

Die Bedeutung von Vorerfahrungen

Vorausgehende Kenntnisse und berufliche Erfahrungen werden von Strauss und Corbin besonders gewürdigt: »Berufliche Erfahrung ist eine andere Quelle für Sensibilität, wenn ein Forscher das Glück hatte, solche Erfahrungen zu machen. Durch Jahre der Praxis in einem Feld entwickelt man ein grundlegendes Verständnis dafür, wie und warum die Dinge in diesem Feld vor sich gehen, und was unter bestimmten Bedingungen passieren wird.«[286] Dieses vorhandene Wissen werde auch implizit in die Forschungssituation eingebracht und helfe, beobachtete und gehörte Ereignisse und Handlungen schneller zu verstehen. »Je größer die berufliche Erfahrung, desto reicher ist die Wissensbasis und das verfügbare Verständnis, aus dem man beim Forschen schöpfen kann.«[287] Andererseits können berufliche Erfahrungen auch zum Hindernis werden, das Feld so wahrzunehmen, wie es sich tatsächlich darstellt. Routine und Selbstverständlichkeiten können den Blick verstellen und ein differenziertes Wahrnehmen der Ereignisse im Feld erschweren. Deshalb betonen Strauss und Corbin die Notwendigkeit, immer wieder auf Distanz zu gehen und eine skeptische Haltung gegenüber eigener Interpretationen, Kategorien, Erklärungen und Hypothesen einzunehmen sowie diese jeweils als vorläufig anzusehen. Obwohl es sich um einen kreativen Forschungsprozess handelt, ist es wichtig, auf ein Gleichgewicht zwischen den Ideen der Forscher_innen und dem, was man tatsächlich in den Daten vorfindet, zu achten.[288]

Subjektive Färbung der Theoriebildung

In der *Grounded Theory* stehen überraschende Erkenntnisse und Widersprüche im Interesse des Forschungsprozesses, die forschende Person soll in die Daten »eingetaucht sein und viel über das untersuchte Gebiet wissen«, zugleich muss sie sich von ihnen befremden lassen, »sodass neue Fragen aufgeworfen und Antworten gesucht werden«.[289] Wissenschaftliche Theorien sind keine statischen Modelle der untersuchten Lebenswelt, sondern Arbeitsprodukte, die aus der Wechselbeziehung zwischen der forschenden Person und dem Forschungsgegenstand konstruiert werden und damit immer auch subjektiv gefärbt sind. »Das Ziel der *Grounded Theory* ist das Erstellen einer Theorie, die dem untersuchten Gegenstandsbereich gerecht wird und ihn erhellt. In dieser Tradition arbeitende

---

285 Strauss/Corbin, Grounded Theory, 4.
286 Strauss/Corbin, Grounded Theory, 26.
287 Strauss/Corbin, Grounded Theory, 26.
288 Vgl. Strauss/Corbin, Grounded Theory, 15.
289 Strauss/Corbin, Grounded Theory, 13.

Forscher_innen hoffen zudem, dass ihre Theorien letztendlich innerhalb ihrer jeweiligen Disziplin zu weiteren Theorien in Beziehung gesetzt werden und zu einer kumulativen Erkenntniszunahme führen, deren Implikationen sich auch in der praktischen Anwendung bewähren.«[290]

Methodenwahl

Ein Kennzeichen der Praxis qualitativer Forschung ist ihre Methodenvielfalt, ein wesentliches Gütekriterium die »Gegenstandsangemessenheit von Methoden«.[291] Aus einer Vielzahl von Methoden werden jene ausgewählt, die dem Gegenstand und Forschungsinteresse entsprechen. Dies bedeutet, dass Forschungsfragen und der untersuchte Gegenstand die Methodenwahl bestimmen und nicht etwa Themen oder einzelne Forschungsfragen aus der Forschung ausgeschlossen werden, weil sie mit bestimmten Methoden nicht untersucht werden können.[292]

5.3 Exploration: Teilnehmende Beobachtung

Zentrales Anliegen der teilnehmenden Beobachtung ist nach Siegfried Lamnek, »das soziale Feld zu Wort kommen zu lassen (First Order Concepts), um daraus dann seine theoretischen Überlegungen (Second Order Concepts) als Hypothesen zu entwickeln«.[293] Teilnehmende Beobachtung begnügt sich nicht mit der Beschreibung sozialer Interaktionen, sondern versucht aus den erhobenen Daten sowohl den subjektiven Sinn als auch die objektive soziale Bedeutung des Beobachteten herauszufiltern. »Beobachtung richtet sich also immer auf ein Verhalten, dem sowohl ein subjektiver Sinn als auch eine objektive soziale Bedeutung zukommt. Deshalb gehört zum Beobachten notwendigerweise das Verständnis oder die zutreffende Interpretation des subjektiven Sinns und der sozialen Bedeutung einer bestimmten Handlung oder Verhaltenssequenz«.[294]

Beobachtungen sind immer selektiv und geprägt von den Zielen und Vorstellungen der beobachtenden Person. Dies schon deshalb, weil die forschende Person proportional zu den entstehenden Hypothesen mit einem zunehmend fokussierten Blick an die Alltagswelt der untersuchten Gruppe herangeht. Eigene Erwartungen, Vorstellungen, Einschätzungen und (Vor-)Urteile, die an das Forschungsfeld herangetragen werden, können die Beobachtung und deren Analyse verzerren. Es besteht die Gefahr der Betrachtung und Bewertung anderer Menschen und Gesellschaftsgruppen auf der Basis eigener Lebensweisen, Wertvor-

---

290 Strauss/Corbin, Grounded Theory, 9.
291 Flick, Was ist qualitative Forschung, 22.
292 Vgl. Flick, Was ist qualitative Forschung, 22 f.
293 Lamnek, Qualitative Sozialforschung, 600.
294 Mayntz/Holm/Hübner, zit. in: Lamnek, Qualitative Sozialforschung, 549.

5. Forschungszugang und Methodenwahl

stellungen und Normierungen.[295] Barbara Friebertshäuser betrachtet deshalb die Reflexion der eigenen wissenschaftlich-theoretischen Perspektive hinsichtlich kollektiver und unbewusster Vorurteile und Klassifizierungen als wesentlichen Teil des Forschungsprozesses. Diese müssen mittels kritisch-reflexiver Analysen bewusst gemacht, offengelegt und letztlich aufgeklärt werden.[296]

Teilnehmende Beobachtung kann mit unterschiedlichen Graden und Arten der Teilnahme am Forschungsfeld verbunden sein, mehr oder weniger strukturiert ausgeführt werden und offen oder verdeckt erfolgen.[297] Verdeckte Beobachtungen haben den Vorteil, dass die Natürlichkeit der Situation durch die Anwesenheit der Forschungsperson möglichst beibehalten wird. Sie sind jedoch forschungsethisch umstritten. »Ob offen oder verdeckt beobachtet wird, ist eine Frage der Rolle, die der Beobachter einnimmt und dabei eine Frage des Partizipationsgrades im Feld.«[298]

5.4 Datenerhebungsmethode: Leitfadeninterview

Das Leitfadeninterview stellt eine halbstandardisierte Form des Interviews dar. Es kann sowohl zur Hypothesen- oder Theorieüberprüfung als auch zu deren gegenstandsbezogener Generierung im Sinne der *Grounded Theory* eingesetzt werden. Im Folgenden werden einige von Barbara Friebertshäuser dargestellte Charakteristika von Leitfadeninterviews angeführt.[299] Das zentrale Merkmal eines Leitfadeninterviews ist eine Sammlung an vorformulierten Fragen und Themen, die den Inhalt des Interviews bestimmen. Die Auswahl relevanter Themenkomplexe durch die Forscher_innen grenzt das Forschungsfeld bereits vorab ein. Dadurch können Forschungsinteressen gezielter verfolgt und verschiedene Einzelinterviews besser miteinander verglichen werden. »Leitfaden-Interviews setzen ein gewisses Vorverständnis des Untersuchungsgegenstandes auf Seiten der Forschenden voraus […] Erst auf der Basis fundierter, theoretischer oder empirischer Kenntnisse lassen sich Leitfaden-Fragen formulieren.«[300] Die Strukturierung des Interviews kann enger oder weiter ausfallen, je nachdem, ob der Leitfaden als Orientierung vorliegt oder eine strikte Reihenfolge der zu

---

295 Clifford Geertz problematisiert etwa die schreibende Produktion des Bildes der Anderen. Vgl. Geertz, Dichte Beschreibung.
296 Vgl. Friebertshäuser, Feldforschung und teilnehmende Beobachtung, 508. Ähnlich fordert Jäger ein, »die politisch-ideologische Diskurs-Position der AnalytikerIn […] bei jeder Analyse mit zu reflektieren«. Jäger, Kritische Diskursanalyse, 11; aus der postkolonialen Forschung wird sogar »in einem erhöhten Maß eine selbstreflexive Haltung erwartet«. Nehring/Tielesch, Theologie und Postkolonialismus, 23.
297 Vgl. Lamnek, Qualitative Sozialforschung, 558.
298 Lamnek, Qualitative Sozialforschung, 613.
299 Friebertshäuser, Handbuch.
300 Friebertshäuser, Interviewtechniken, 375.

behandelnden Themen vorgibt. Die Leitfragen können dabei fertig ausformuliert sein oder auch nur in Form von Themenbereichen vorliegen, die in jedem einzelnen Interview angesprochen werden sollen. Manche Leitfaden-Interviews bieten auch den Raum für die Befragten, eigene Themen und Relevanzstrukturen zu ergänzen oder die Aufforderung, subjektive Einschätzungen, konkrete Erfahrungen oder Erlebnisse zu erzählen. Verschiedene »Nachfrage-Strategien« dienen dazu, detailliertere Informationen zu erhalten, die Bewertungen der Interviewpartner_innen zu erfahren oder zu ausführlicheren Erzählungen zu motivieren. Dies kann etwa durch Verständnisfragen oder Aufforderungen zur Veranschaulichung angeregt werden. Friebertshäuser warnt aber davor, das Interview durch einen »Frage- und Antwort-Dialog« zu verkürzen. Andere »Kunstfehler« in der Interviewführung sind »sprachliche Wendungen, die zu kurzer Darstellung auffordern, Zurückstellen von Äußerungen der Befragten, Nichtbeachten von Aussagen, Aufdrängen der Struktur des Leitfadens, Suggestivfragen, vorschnell interpretierende Formulierungen und die Tendenz zu abstrahierendem und kategorisierendem Sprachgebrauch.«[301]

5.5 Strukturierungsmethode: Inhaltsanalyse

> »In dem was Menschen sprechen und schreiben, drücken sie ihre Absichten, Einstellungen, Situationsdeutungen, ihr Wissen und ihre stillschweigenden Annahmen über die Umwelt aus. Diese [...] sind dabei mitbestimmt durch das soziokulturelle System, dem die Sprecher und Schreiber angehören und spiegeln deshalb nicht nur die Persönlichkeitsmerkmale der Autoren, sondern auch Merkmale der sie umgebenden Gesellschaft wider – institutionalisierte Werte, Normen, sozial vermittelte Situationsdefinitionen [...]. Die Analyse von sprachlichem Material erlaubt aus diesem Grunde Rückschlüsse auf die betreffenden individuellen und gesellschaftlichen, nicht-sprachlichen Phänomene zu ziehen.«[302]

Ein solches systematisches Vorgehen schlägt Mayring vor, der seine Analysemethode in starker Anlehnung an quantitative Methoden entwickelt, allerdings der Forderung nach einer offenen Erhebungsmethode, »bei denen die Befragten stärker selbst zur Sprache kommen« und »nach interpretativen Methoden, die auch latente Sinnstrukturen erkennen können«, gerecht zu werden versucht.[303] Mittels

---

301 Friebertshäuser, Interviewtechniken, 377. Aus der Erfahrung des Forschungsprozesses ist es wichtig, sich die eigenen Kategorien und Vorstellungen über den befragten Forschungsgegenstand bewusst zu machen. Ich würde mit dem Zugewinn an postkolonialer Perspektiven heute nicht mehr nach einem »Umgang mit Kulturen oder Religionen« fragen, weil ich als Interviewerin damit bereits Kategorien eingeführt habe, die von den Interviewpartnerinnen aufgegriffen wurden. Die Frage, ob sie diese von sich aus verwendet hätten, muss offen bleiben.
302 Mayntz/Hübner, zit. in: Lamnek, Qualitative Sozialforschung, 478.
303 Mayring, Qualitative Inhaltsanalyse, 9.

5. Forschungszugang und Methodenwahl

Inhaltsanalyse wird beabsichtigt, eine fixierte Kommunikation (das Transkript) durch ein systematisches, regel- und theoriegeleitetes Vorgehen zu analysieren, um dadurch Rückschlüsse auf bestimmte Aspekte dieser Kommunikation ziehen zu können. »Leitprinzip dieser Auswertungsstrategie ist« daher, so Christiane Schmidt, »der Austausch zwischen Material und theoretischem Vorverständnis.«[304] In diesem Wechselverhältnis zwischen Theorie bzw. Fragestellung und dem konkreten Material werden Kategorien zur Auswertung des Materials gebildet. Sie stellen das zentrale Instrumentarium der Analyse dar. Je nach Nähe zum Material unterscheidet man zwei Arten der Kategorienbildung: *Induktive Kategorien* erschließen sich aus dem Material. Wenn das Hauptkategoriensystem vorab festgelegt wird, handelt es sich um eine *deduktive Kategorienanwendung*, wobei auch diese Kategorien während des Analyseprozesses überarbeitet, erweitert oder ausdifferenziert werden.[305] Die Methode der Inhaltsanalyse kann auf Beobachtungen und Interviews gleichermaßen angewendet werden. Dies begründet Lamnek damit, dass sich auch teilnehmende Beobachtung auf soziale Interaktionen und auf Verhalten bezieht, das in der Mehrzahl der Fälle kommunikativ ist und demnach auf Methoden zurückgegriffen werden kann, die bei Interviews, Gruppendiskussionen oder in der Biographieforschung zur Anwendung kommen.[306]

Arbeitsschritte der Inhaltsanalyse nach Mayring

Mayring unterscheidet drei Arbeitsschritte der Inhaltsanalyse, die je nach Fragestellung und Forschungsinteresse in variabler Abfolge zur Anwendung kommen können und unterschiedliche Ziele verfolgen: Strukturierung, Zusammenfassung und Explikation.

Strukturierung

Die Zuweisung von Textstellen zu Kategorien – vorab benannten und/oder aus dem Material entwickelten – soll die Strukturierung des Materials sichtbar machen. Textstellen, die durch die Kategorien angesprochen sind, werden im Text markiert und systematisch extrahiert.[307] Dieses Vorgehen kann durch ein Computerprogramm (zum Beispiel: MAXQDA) unterstützt werden, indem Kategorien in das System eingegeben und Textstellen den entsprechenden Kategorien zuordnet werden. Treten besondere Ausprägungen im Text auf, so kann das Kategoriensystem entsprechend erweitert und ausdifferenziert werden. Vorhandene Kategorien werden dann in einzelne Ausprägungen aufgespalten.[308] Im Prozess

---

304 Schmidt, Analyse von Leitfadeninterviews, 447.
305 Vgl. Mayring, Qualitative Inhaltsanalyse, 66.
306 Vgl. Lamnek, Qualitative Sozialforschung, 622.
307 Vgl. Mayring, Qualitative Inhaltsanalyse, 92.
308 Vgl. Mayring, Qualitative Inhaltsanalyse, 92.

der Auswertung können sich aber auch völlig neue Kategorien aufdrängen, die als »In-vivo-Codes«[309] in das Kategoriensystem aufgenommen werden. Die mittels Strukturierung gewonnenen Themen, Inhalte und Aspekte werden in einem nächsten Schritt zunächst innerhalb der Unterkategorien, sodann entsprechend der Hauptkategorien zusammengefasst (= inhaltliche Strukturierung).[310] Mithilfe der Strukturierung können auch Typisierungen vollzogen werden, indem »besonders markante Bedeutungsgegenstände« aus dem Text herausgefiltert und beschrieben werden (= typisierende Strukturierung).[311]

Zusammenfassung

Die Zusammenfassung beabsichtigt eine Reduktion des Materials auf die wesentlichen Inhalte, um eine abstrahierte Form des Grundmaterials zu erhalten. Dazu werden die einzelnen Codiereinheiten zunächst paraphrasiert, d. h. in knappe, auf den Inhalt reduzierte, beschreibende Form umschrieben. Es folgen mehrere Reduktionsphasen, in der durch Abstraktionen Kategorien zusammengeführt oder fallübergreifende Aussagen zu allgemeinen Einschätzungen generalisiert werden. Dadurch kommt es zu einer Kürzung des Materials auf einen überschaubaren Umfang. Durch laufende Überprüfung am Ausgangsmaterial wird gewährleistet, dass dieses, trotz der Reduktion auf die wesentlichen Inhalte, repräsentiert bleibt.[312]

Explikation

Im Rahmen der Explikation wird zu einzelnen interpretationsbedürftigen Textstellen zusätzliches Material herangezogen, um diese Stelle aufzuschlüsseln, zu erklären beziehungsweise zu explizieren. Dies geschieht etwa durch die Beachtung des Kontextes der Textstelle oder über das Heranziehen von Zusatzmaterial über den Text hinaus. Die explizierenden Paraphrasen werden schließlich mit dem zur Explikation gesammelten Material ausformuliert und wiederum am Ausgangsmaterial überprüft.[313]

Durch die Differenzierung dieser Grundformen in einzelne Analyseschritte sowie das Erstellen spezifischer Ablaufmodelle lassen sich unterschiedliche Auswertungsmöglichkeiten der qualitativen Inhaltsanalyse realisieren. Wichtig dabei ist, dass die Inhaltsanalyse nicht starr und unflexibel wird, sondern am konkreten Forschungsgegenstand orientiert bleibt. Der Gegenstand selbst muss wichtiger genommen werden als die zur Auswertung entworfene Systematik.[314]

---

309 Vgl. Strauss/Corbin, Grounded Theory, 50.
310 Vgl. Mayring, Qualitative Inhaltsanalyse, 98.
311 Vgl. Mayring, Qualitative Inhaltsanalyse, 98 f.
312 Vgl. Mayring, Qualitative Inhaltsanalyse, 67 ff.
313 Vgl. Mayring, Qualitative Inhaltsanalyse, 85 ff.
314 Vgl. Mayring, Qualitative Inhaltsanalyse, 124.

5.6 Interpretationsmethode: Postkolonial informierte Diskursanalyse

Diskursanalyse verfährt dekonstruktiv, mit dem Ziel, die Verwobenheit von Diskursen offen zu legen und einzelne Diskursfragmente herauszuarbeiten. Sie zeigt auf, wo sich Argumentationen wechselseitig stützen und durch ihr sukzessives Auftreten die Etablierung von Diskursen vorantreiben, während andere unterdrückt werden und unbeachtet bleiben. Die Analyse macht dadurch die Gleichzeitigkeit verschiedener Positionen in einem gemeinsamen Raum, deren immanente Relationen sowie deren reziprokes Funktionieren sichtbar. Ziel ist es, die Produktionsweise von Diskursen erkennbar zu machen und aufzuzeigen, wie die Bedeutung und Gültigkeit von Aussagen und Handlungen hergestellt wird. Indem mittels Diskursanalyse das »Sagbarkeitsfeld« einer Gesellschaft beschrieben wird, tritt auch zu Tage, was nicht gesagt wird oder nicht gesagt werden kann.[315] Gerade das Unsichtbare, Ausgeschlossene oder auch Abgewertete gibt Aufschluss über die Funktionsweise von Diskursen. Empirie bietet »das Potential, selbst zu einem Moment theoriebildender Praxis zu werden«, weil mit der Empirie eben auch Widersprüche und Brüche in den Blick rücken und »Theorie sich in der Arbeit am Material ausdifferenziert und transformiert.«[316]

---

[315] Vgl. Jäger, Kritische Diskursanalyse, 170.
[316] Fegter, Erziehungswissenschaftliche Diskursforschung, 10. Die Autorin behauptet dies für die erziehungswissenschaftliche Theoriebildung.

6. Eigene Vorgehensweise

Der kommende Abschnitt widmet sich der Beschreibung der eigenen Vorgehensweise in der empirischen Forschung.

6.1 Exploration: Teilnehmende Beobachtung

Während meiner Tätigkeit als Lehrerin für Praxis der Kindergartenpädagogik und Früherziehung an der BAfEP[317] der Franziskanerinnen Salzburg begleitete ich Schüler_innen bei ihren Praxiserfahrungen in verschiedenen Kindergärten. Mit meinem theoretisch vorinformierten Blick nahm ich selbstverständlich auch die für mein Thema relevanten Interaktionen und Prozesse im Kindergartenalltag verstärkt wahr. Daher habe ich es mir zur Angewohnheit gemacht, unmittelbar nach den Praxisbesuchen Beobachtungsprotokolle anzufertigen, die ich zunehmend strukturiert und systematisiert habe. Diese 22 Beobachtungsprotokolle bilden eine explorative Vorerhebung, auf deren Basis ich im Wechselspiel zur theoretischen Auseinandersetzung erste Hypothesen bilden konnte.[318] Durch die Beobachtungen im Feld fokussierte sich mein Forschungsinteresse, ich wurde auf Phänomene und Handlungsweisen in Bezug auf kulturelle und religiöse Pluralität im Kindergarten aufmerksam, meine Forschungsfragen schärften sich. Vor diesem Hintergrund entwickelte ich einen Interviewleitfaden.

6.2 Leitfadeninterviews

Vorarbeit: Erstellung eines Leitfadens

Meine Beobachtung, dass Pädagog_innen dazu neigen, auf Heterogenität mit Homogenisierung oder Pluralisierung zu reagieren, wollte ich mithilfe von Interviews überprüfen und weiter explizieren. Zudem begab ich mich auf die Suche nach Qualitäten für den noch vage entworfenen »Zwischenraum«. Heterogenen Erfahrungen, die mit gewohnten Handlungsstrategien nicht bewältigbar schienen, galt mein besonderes Interesse. Außerdem wollte ich der Beobachtung nachgehen, dass Raumgestaltung und präferierte Handlungsstrategie miteinan-

---

317 »Bildungsanstalt für Elementarpädagogik« ist die aktuelle Bezeichnung der Österreichischen Ausbildungsstätte für den Erwerb des Berufes der Elementarpädagogin bzw. des Elementarpädagogen.

318 Aus forschungsethischen Gründen werden diese Notizen nicht direkt in die Arbeit eingefügt, sondern dienen lediglich als explorative Vorerhebung zur ersten Hypothesenbildung.

der korrelieren. Nach wie vor sollte aber im Interview Raum für die Erfahrungen, Erlebnisse und Einstellungen der Pädagoginnen im Zusammenhang mit kultureller und religiöser Pluralität in ihrem Berufsfeld eröffnet werden. Auf die machtkritische Perspektive bin ich erst nach einer inhaltsanalytischen Bearbeitung des Materials gestoßen, sie bildet sich daher im folgenden Leitfadenentwurf noch nicht ab.

Interviewleitfaden-Checklist	
Inhalte:	Eckdaten:
Raumgestaltung durch Pädagogin	Alter
Raumnutzung durch Kinder	Ausbildung
Erleben von Vielfalt und Gleichheit	Berufsjahre
Gestaltung von Vielfalt und Gleichheit	Berufserfahrung
Explizit: Kulturelle Diversität	Berufsmotivation
Explizit: Religiöse Pluralität	
Erwartungen hinsichtlich Diversität	Hinweis auf Anonymisierung
Heterogenitätserfahrungen	und Datenverwendung
Ergänzungen durch Interviewpartnerin	(Übertragung der Rechte)

Abbildung 1: Interviewleitfaden – Checklist

Stichprobe: Theoretical Sampling

Die Wahl meiner ersten Gesprächspartnerinnen erfolgte auf der Basis der zuvor erfolgten Beobachtungen, etwa weil die Arbeitsweise, ausgewählte Projekte oder die Zusammensetzung der Kindergruppe für meine Forschungsfragen interessant erschienen. Die weiteren Interviewpartnerinnen wählte ich im Sinne des oben beschriebenen *theoretical sampling* auf der Grundlage des bisher gesammelten Materials aus. Auf diese Weise erhoffte ich mir, kontrastierende Fälle zu gewinnen und eine stärkere Ausschöpfung bisher wenig beachteter Themen zu erreichen. Außerdem versuchte ich, eine möglichst breite Streuung hinsichtlich Berufserfahrung, Migrationsanteil in der Einrichtung, Standort und Trägerschaft zu erreichen.

Das Sample umfasst acht Pädagoginnen in der Altersspanne von 23 und 52 Jahren, wobei ich in die Diskursanalyse nur sechs der acht Interviews aufgenommen habe.[319] Die Berufsorte der Befragten befinden sich in Wien, Oberösterreich, Salzburg und Innsbruck. Zwei der Kindergärten sind im ländlichen Gebiet, die restlichen in Städten angesiedelt. Die Trägerschaft ist bei zwei Bildungseinrichtungen kirchlich, ein Kindergarten wird von den Eltern verwaltet,

---

[319] In den sechs ausgewählten Interviews ist der Sättigungsgrad insofern erreicht, als die beiden weiteren Interviews wiederholende Aspekte und Themen beinhalten.

zwei von der Gemeinde und zwei, beziehungsweise drei vom Magistrat.[320] Die Einrichtungen weisen einen niedrigen bis hohen Anteil an Kindern mit Migrationshintergrund auf. Der Zeitraum der Erhebung erstreckte sich auf das Kindergartenjahr 2013/14.

Auffallend (und zufällig) ist, dass alle Pädagoginnen Zusatzausbildungen absolviert haben. Das Spektrum reicht hierbei von der Ausbildung zur Sonderkindergartenpädagogin und Frühförderin bis zum Studium der Sozialarbeit oder der Ethnologie. Für die Arbeit mit kultureller, religiöser und sprachlicher Diversität im Kindergarten haben zwei Pädagoginnen eine zusätzliche Ausbildung besucht. Zur Zeit der Interviewaufnahme befanden sich sieben der acht Interviewpartnerinnen erneut in einer Aus- oder Weiterbildung.

Datenerhebung: Durchführung der Interviews

Die Einstiegsfrage nach dem Arbeitsraum der Pädagogin, dessen Gegebenheiten, Gestaltung und Nutzung, erwies sich als günstig, da sie sehr konkrete, bildhafte und erfahrungsbasierte Erzählungen hervorrief. Zudem wurden die ersten Interviews am Berufsort der jeweiligen Kindergartenpädagogin durchgeführt, wodurch die Beschreibungen über den Raum anschaulich und für mich als Forscherin authentisch nachvollziehbar wurden. Nicht alle Interviews konnten (aus organisatorischen Gründen) in den Arbeitsräumen der Pädagoginnen durchgeführt werden.

Die Fragen des Leitfadens wurden variiert und an jenen Stellen thematisiert, wo sie sich im natürlichen Erzählfluss ergaben. So entstanden kaum künstliche Gesprächssituationen oder Brüche während der Interviews.

Datenerfassung: Aufnahme und Transkription

Die Interviews habe ich mit einem kleinen Aufnahmegerät aufgenommen und unmittelbar nach der Durchführung mit Hilfe eines Computerprogramms (Media Player) transkribiert. Die meisten Interviewpartnerinnen sprachen eine Mischung aus Schriftdeutsch und gehobener Umgangssprache mit eingemengten Dialektwörtern der jeweiligen Region. Diese wurden in der Transkription beibehalten. Redepausen habe ich mit (…) gekennzeichnet, die Beistriche setzte ich nicht nach den Regeln der deutschen Rechtschreibung, sondern entlang der Akzentuierung der Sprecherin. Da es mir vorrangig um die Inhalte und nicht um den Kommunikationsprozess ging, verzichtete ich auf weitere Transkriptionsregeln. Zu den geführten Interviews habe ich jeweils Memos über deren Verlauf sowie über auffällige Inhalte, Eindrücke und spontane Gedanken verfasst. Die Zitation der Textmenge verweist je auf den anonymisierten Namen der Interviewpartnerin

---

320 Die Anzahl variiert hier, weil zwei Interviewpartnerinnen von der aktuellen und der vorherigen Arbeitsstätte berichten.

6. Eigene Vorgehensweise

und den im Interviewtranskript zugewiesenen Absatz (z. B. C, 44: Interview mit Christa, Absatz 44). Zudem setze ich die Zitate *kursiv*.

Datenstrukturierung: Codierung

Die ersten Schritte der Strukturierung nahm ich am ersten Interview handschriftlich vor. Während des mehrmaligen intensiven Lesens des Materials habe ich zunächst im Interviewtranskript jene Abschnitte, die meine Leitfragen beantworteten, farbig markiert (deduktive Vorgangsweise). Zugleich kennzeichnete ich neue Aspekte und Themen, welche die Pädagogin einbrachte, und notierte diese auf einem Blatt (induktive Vorgangsweise). Das dadurch entwickelte Raster mit ersten Kategorien und Subkategorien füllte ich mit Beispielen aus dem Interview (samt Zeilenangabe). Damit entstand ein erstes farbig strukturiertes Übersichtsblatt über die Themen und Aspekte des Interviews, den genannten Beispielen und Verweisen im Material. In einer Tabelle habe ich zudem die Ergebnisse der Codierung nach Häufigkeit und Kategorien eingetragen (Quantifizierung des Materials). Dadurch wurden Zusammenhänge und Ausnahmen ersichtlich.[321]

Bearbeitung im Computerprogramm MAXQDA 11

Die weitere Strukturierung führte ich mit dem Computerprogramm MAXQDA 11 durch. Ich habe zunächst mein Hauptkategoriensystem eingetragen, welches sich aus den Themen und Aspekten der Leitfragen ergab. Nach und nach kopierte ich die Interviewtranskripte in das Programm und führte eine erste Codierung entlang meiner Kategorien durch. Dabei entstanden Subkategorien und *In-vivo-Codes*, das heißt, es wurden Aspekte und Themen der Pädagoginnen in das Kategoriensystem aufgenommen und in die fortlaufende Codierung miteinbezogen. Das Kategoriensystem erfuhr dadurch eine beständige Erweiterung und Ausdifferenzierung. Auf diesem Weg wurde die zunächst deduktive Kategorienanwendung durch eine induktive Vorgehensweise ergänzt. Um möglichst keine durch die Pädagoginnen eingebrachten Aspekte zu übersehen, habe ich die Interviews in zeitlichem Abstand von mehreren Wochen wiederholt angehört und die Codierung mehrmals modifiziert (Überprüfung am Ausgangsmaterial).

Im nächsten Schritt habe ich jedes einzelne Interview entsprechend der Haupt- und Unterkategorien geordnet (strukturiert) und paraphrasiert.

Zusammenfassung einzelner Abschnitte

Die paraphrasierten Codiereinheiten habe ich schließlich nach und nach zusammengefasst und gekürzt, um einen möglichst knappen und zugleich vollständigen Text zu bekommen. Die einzelnen Interviews blieben dabei als in sich abgeschlossene Einheiten mit allen wesentlichen inhaltlichen Aspekten bestehen.

---

321 Vgl. Schmidt, Analyse von Leitfadeninterviews, 447.

6.3 Postkolonial informierte Diskursanalyse

Die paraphrasierten und bereits nach Kategorien geordneten Interviewabschnitte habe ich entlang des zuvor erstellten diskursiven Netzes analysiert. Dabei ging es zunächst darum, Charakteristika der Homogenisierung sowie der Pluralisierung herauszustellen und dahinterliegende, dominante Diskurse und ihre disziplinierende Wirkung zu markieren. Der Zusammenhang von Argumentationen, die sich wechselseitig stützen, wurde durch Verweise sichtbar gemacht. Besonders deutlich wurden Identitätskonstruktionen, Repräsentationen und Diskurspositionen der Interviewpartnerinnen herausgearbeitet. Durch die Erarbeitung verschiedener Lesarten konnten auch verschwiegene und verdrängte Positionen offen gelegt werden. Die Analyseergebnisse habe ich in einer interdisziplinären Validierungsgruppe mit erziehungswissenschaftlicher und soziologischer Expertise überprüft. In die vorliegende Arbeit fließt von all den bisher genannten Bearbeitungsschritten lediglich die Endfassung der postkolonial informierten Diskursanalyse ein. Sie liegt im Folgenden in Form der interpretierten Einzelinterviews vor, die jeweils in ihrer (inhaltlichen) Gesamtheit dargestellt werden. Die Ergebnisse der Analyse werden anschließend in ihrer diskursiven Ausprägung jeweils zusammengefasst. Der empirische Teil der Arbeit wird schließlich in eine Diskussion vor dem Hintergrund interkultureller Theologien überführt.

III. Erzählungen aus der Praxis

7. Interviews mit Elementarpädagoginnen

Im Folgenden werden nicht die Interviews als solche oder die genuinen Erzählungen der Pädagog_innen vorgestellt, sondern deren »Orte« als Träger von Diskursen. Es handelt sich also um das bereits bearbeitete und interpretierte Material. Nicht die Erzählabsicht der Interviewpartnerinnen steht daher im Vordergrund, sondern die Ordnungen und Machtverhältnisse, die auf sie und ihre Berufsorte zugreifen.

7.1 Der Ort von Anna

Über die Sprecherin

Das erste Interview habe ich mit Anna[322], einer jungen Kindergartenpädagogin in den ersten Dienstjahren, geführt. Sie erzählt, dass sie mit dem Beruf zur Elementarpädagogin ihren Traumberuf realisiert hat und mit der Stelle im kirchlichen Kindergarten sehr zufrieden ist. Gleich nach der Ausbildung zur Kindergartenpädagogin hat Anna den Lehrgang zur Sonderkindergartenpädagogin besucht und strebt als nächstes eine *Kett-Fortbildung* an. Das ist eine Methode zur gestaltpädagogischen Erarbeitung von Bibelgeschichten.

Sozialräumlicher Kontext des Kindergartens

Der Kindergarten, in dem Anna arbeitet, ist in kirchlicher Trägerschaft und hat nur eine Gruppe, sodass Anna zugleich die Gruppenführung und Leitung der Bildungseinrichtung innehat. Obwohl sich der Kindergarten in einem Stadtteil befindet, ähnelt die Umgebung eher einem Dorf, dessen Zentrum die Kirche darstellt. Dieses Zentrum wird gerahmt von Geschäftslokalen, gastronomischen Betrieben und einem freien Platz. Unmittelbar neben der Kirche befinden sich

---

322 Alle Namen der Interviewpartnerinnen wurden anonymisiert.

die pfarrlichen Räumlichkeiten, in denen auch der Kindergarten untergebracht ist. Der Eingangsbereich ist daher mit Informationen für die Pfarre und den Kindergarten gestaltet, sie bilden eine Einheit. Der Diskurs, der sich beim Betreten der Bildungseinrichtung aufdrängt, lautet: »Wir sind Teil einer christlichen Gemeinschaft und als solche in einen pfarrlichen Kontext eingebunden, der unser Zusammensein prägt.« Die äußere Ordnung mit der Kirche als Zentrum setzt sich bis in die Räume des Kindergartens fort und prägt die Haltung der Pädagogin und den Alltag in dieser Bildungseinrichtung bis in die inhaltliche Gestaltung hinein, wie zu zeigen sein wird.

Die Räumlichkeiten des Kindergartens setzen sich im Wesentlichen aus einem Gruppenraum, einem *»Gartenstübchen« (A, 9)*, das als Bastel- und Malbereich[323] genutzt wird, Garderobe, Sanitäranlagen und Bewegungsraum zusammen. Den Kindergartenräumen ist ein Garten mit Spielgeräten vorgelagert. Das Gebäude selbst dürfte in den 1970er Jahren errichtet und seither nicht mehr renoviert worden sein. Räume und Einrichtung wirken veraltet. Über die herkömmliche Kindergarteneinrichtung, Raumaufteilung[324] und Ausstattung fällt ein zweiter Baubereich in den Blick. Die Pädagogin hat ihn eingerichtet, weil, so erklärt sie: *»grad am Anfang die Duplos san bei de jungen Kinder sehr beliebt« (A, 58–59)*. Anna richtet also ihre Raumgestaltung nach den Bedürfnissen der Kinder aus, was eine Pluralisierung impliziert. Weitere Aspekte der Handschrift der Gruppenleiterin fallen zum Zeitpunkt des Interviews im Gruppenraum nicht auf, vermutlich deshalb, weil das Interview am Anfang des Kindergartenjahres stattfindet und daher noch wenig Gestaltung durch die Pädagogin sichtbar wird. Anna erzählt aber, dass sie die Räume gerne üppig mit Kinderarbeiten schmückt und grenzt sich damit von ihrer Vorgängerin ab, die eine solche Dekoration – wie sie sagt – gar nicht mochte. Hier zeigt sich eine Ausrichtung an den Kindern, die sich in der Wertschätzung ihrer Arbeiten äußert und sich in einer Pluralisierung materialisiert.

Die Pädagogin vermittelt eine hohe Identifikation mit den Räumlichkeiten des Kindergartens. Meiner Beobachtungsnotiz nach wirken diese als »ihr Reich«.

»Anna wirkt auf mich sehr selbstsicher, ruhig und kompetent. Sie beantwortet meine Fragen sehr offen und scheint mir oder meinen Fragen gegenüber keine Vorbehalte zu haben. Das Interview im Arbeitsraum der Pädagogin durchzuführen hat sich bewährt. So konnten direkte Bezüge zum Raum und dessen Nutzung hergestellt werden. Außerdem vermute ich einen Zusammenhang im sicheren Auftreten der Pädagogin mit dem Ort der Aufnahme. Im informellen Gespräch nach der Aufnahme betonte

---

323 Die Pädagogin verwendet selbst die Bezeichnung »Atelier« (die in vielen Kindergärten üblich ist) nicht, obwohl sie von der Raumnutzung her naheliegend wäre. Das »Gartenstübchen« entspricht auch in seiner Ästhetik nicht einem Atelier, sondern ist mit herkömmlichen Kindergartenmöbeln und Accessoires gestaltet.

324 Der Raum ist nach dem Raumteilverfahren von Margarete Schörl und Silvia Bayr-Klimpfinger, ein Konzept aus den 1960er Jahren, aufgeteilt.

7. Interviews mit Elementarpädagoginnen

Anna noch einmal die Zufriedenheit mit ihrer Stelle und dass sie keine Schwierigkeiten habe.« (A, Memo)

Im Gruppenraum hängt eine große Weltkarte aus Stoff, an der kleine Filzpüppchen befestigt sind. Sie repräsentieren jeweils Menschen aus verschiedenen Ländern in traditionellen Kleidern und mit einer als »typisch« assoziierten Hautfarbe. So ist etwa dem Staat China ein gelbes Püppchen mit einem dreieckigen Hut und einem Kimono zugeordnet, auf dem afrikanischen Kontinent befindet sich eine dunkelbraune Figur mit Baströckchen und in Österreich eine Figur mit einem traditionellen Dirndl. Die Pädagogin kommentiert:

> *»Oiso i hobs gern bunt (lacht) jo oiso des is die Weltkarte aus Stoff und da kauma die verschiedensten Sachen aus Filz drauf tun, oiso jetzt hauma die a Menschen drauf, weil ma letztes Jahr Thema ghobt haum, ›Einmal um die Welt‹ [...] und da hauma daun a nu de verschiedenen Menschen aus verschiedenen Kulturen als Thema ghobt, und die Sehenswürdigkeiten, dies kennt haum, des haums gsehn, de hob i daun a aufi doa meaßn weil do woans so begeistert von dem.« (A, 116–122)*

Der bisherige Eindruck einer christlich-homogenen, traditionellen Ordnung erfährt durch dieses Wandbild eine Unterbrechung, weil in der Bildungseinrichtung *»verschiedene Menschen aus verschiedenen Kulturen«*[325] thematisiert werden, die allerdings – rein örtlich – als weit weg anzusiedeln sind. Pluralität wird hier aufgenommen und bricht die vorhandene Homogenisierung auf. Zusätzlich gibt es in diesem Zitat erneut einen Verweis auf die Orientierung an den Interessen der Kinder, die sich das Anbringen der von ihnen bekannten Sehenswürdigkeiten an der Stoffwand wünschen. Dies weist ebenso eine Offenheit für Pluralität aus. Zugleich entsprechen die Figuren an der Weltkarte einer essentialistischen und eindeutigen Vorstellung von Kulturen, welche jeweils durch stereotype Charakteristika wie Kleidung und Aussehen repräsentiert werden. Durch das Verwenden dieser reduzierten Materialien wird eine solche, alltagsweltlich verbreitete Vorstellung von Kultur und den ihr jeweils zugehörigen »Anderen« reproduziert.

Im Gruppenraum fällt noch ein etwa 40 cm großes, von Kindern gestaltetes Holzkreuz in den Blick, das überraschenderweise im Baubereich hängt. Die Pädagogin weiß selbst nicht mehr genau, wann es angefertigt und warum es an diesem unüblichen Ort platziert wurde.

---

325 Ausschnitte (auch einzelne Begriffe) aus den Interviews, zitiere ich *kursiv* unter Anführungszeichen »«, wobei ich den Phrasen, die ich dem zuvor zitierten Interviewteil entnehme, keinen Verweis beifüge.

Zusammensetzung der Gruppe – diskursive Differenzlinien

Anna erzählt, dass sie aktuell keine »*Kinder mit Migrationshintergrund*«[326] *(A, 411)* in der Gruppe hat. Im Vorjahr hatte sie »*zwoa Tschetschenen*« *(A, 93)* – Kinder mit »*Flüchtlingsstatus*« *(A, 95)*, die »*muslimisch*« *(A, 98)* waren. Damit kommen in der von Anna vertretenen Diskursposition die Differenzlinien der Nationalität, des Rechtsstatus (»*Flüchtlingsstatus*«) und der Religionszugehörigkeit zur Anwendung. Die differenzierende Markierung der »*Migrantenkinder*« erfolgt binär gegenüber den »*Österreicher[n]*«:

> »*Oiso es is net so dass ma nur die Österreicher nehmen, sondern es sind in der Gegend einfach wenig Migrantenkinder weils einfach a reiche Gegend is, oder i woaß a net, woran's liegt, a teures Pflaster (lacht)*« *(A, 413–415)*.

Die Interviewpartnerin präsentiert sich hier als offen gegenüber Migrant_innen. Sie rechtfertigt die homogene Zusammensetzung der Gruppe mit dem sozioökonomischen Milieu des Einzugsgebietes. Zugleich wird hier der sozioökonomische Status als weitere Differenzlinie eingeführt und automatisch mit »Migration« verknüpft. Die gesellschaftlichen Verhältnisse, welche die Interviewpartnerin hier markiert, zeigen sich schon an einer anderen Stelle, wo die Pädagogin über den Umzug der tschetschenischen Familie in eine geförderte Wohnung berichtet.

> »*Oba die san jetzt umzogn, ebn kurzfristig vor de Ferien hams gsagt, sie ziehn nach [anderer Stadtteil], haum dort a Wohnung kriagt, a gförderte*« *(A, 95–96)*.

Mit dem Hinweis auf die sozioökonomische Situation der tschetschenischen Familie wird auch die hohe Anzahl der Kinder erwähnt:

> »*Oiso i hob die ältere Schwester davon ghobt, de haum sieben Kinder, und de drei jüngsten hob i do ghobt, nach der Reihe*« *(A, 98–99)*.

Während die Erzählung über die kinderreiche tschetschenische Familie mit einer sozioökonomisch prekären Situation zusammenfällt, wird bei österreichischen kinderreichen Familien die hohe Anzahl von Kindern mit Wohlstand verbunden, wodurch die Anzahl der Kinder dem öffentlichen Diskurs gemäß eine Aufwertung erhält: Man kann sich viele Kinder leisten. »Viele« bedeutet in Bezug auf österreichische Verhältnisse mehr als zwei, vermutlich drei bis vier Kinder. Es wird hier nicht gesagt, wie viele Kinder die heimischen Familien haben, während

---

326 Diese Kategorie wurde im Verlauf des Interviews von mir mit der Frage, ob Anna keine »*Kinder mit Migrationshintergrund*« *(A, 411)* habe, eingeführt. Mit dem heutigen Stand der Kenntnis über Differenzkonstruktionen und die Reproduktion von sozialen Kategorien würde ich vermeiden, im Verlauf des Interviews diese und andere Kategorien einzuführen, weil damit unerschlossen bleibt, ob und mit welchen Kategorien die Interviewpartnerin von sich aus operiert hätte und welche Ordnungen ihrem Sprech-Handeln zugrunde liegen. Zu Beginn meines Forschungsprozesses habe ich also selbst völlig unbedarft gängige Differenzkategorien verwendet und damit zu deren folgenreicher Reproduktion beigetragen.

die Bedeutung von »viele« bei der tschetschenischen Familie konkret genannt wird, nämlich sieben Kinder. Die österreichischen Familien beschreibt Anna als wohlhabend, mit gut dotierten beruflichen Anstellungen und nach traditioneller Rollenaufteilung organisiert.

> *»Wir haum vü mh, Ärztinnen hauma vier, oiso vier Familien wo a Teil zumindest Arzt oder Ärztin is, und über, jo, überhaupt Berufe, die, wo ma sehr gut verdient (lacht) so, und die Mütter sind oft wirklich mehrere Jahre daheim und arbeiten nicht sondern kriagn hoit mehrere Kinder hinter einand und sind halt für die dann rund um die Uhr da« (A, 418–422).*

Das Zuhause-Bleiben der Mütter markiert eine etablierte gesellschaftliche Wertvorstellung: Die Mütter kümmern sich um ihre Kinder, sie sind »*rund um die Uhr [für sie] da*«. Anna schildert die Zusammensetzung der Kindergruppe als eine aus traditionellen, gut situierten, bürgerlichen, kinderreichen, von den Müttern umsorgten, aus österreichischen Familien kommenden Kindern, während andere Milieus in der Einrichtung aktuell nicht vertreten sind oder keine Erwähnung finden. Damit wird ein bestimmtes Bild der Gruppe gezeichnet, das die Homogenität eines bürgerlichen Milieus repräsentiert. Mit diesem Milieu ist ein Diskurs verbunden, der bestimmte Werte – etwa hohe Bildungsansprüche, hohes Einkommen, traditionelle Geschlechterrollen und eine christlich traditionelle Erziehung – impliziert. Die Interviewpartnerin spricht im gesamten Interview über Kinder, die einem solchen Milieu angehören.[327]

Geschlechtsspezifische Rollen

Die Schilderung des bürgerlich-traditionellen Umfeldes und die damit verbundene Diskursposition, die in dieser Einrichtung vorherrscht, werden durch Erzählungen über das geschlechtertypische Verhalten der Kinder ergänzt und verstärkt. So erzählt Anna bezüglich der Raumnutzung durch die Kinder, dass nur die Buben den Bewegungsraum nutzen, um dort bewegungsintensive oder »*gruselige*« (A, 376) Spielinhalte umzusetzen, während die Mädchen von sich aus ohne Motivation durch die Pädagogin diesen Raum nicht frequentieren.

> *»Hin und wieder frag i dann die Mädchen ob's rüber gehn wollen, daun nehmen se's schon öfter in Anspruch, aber von sich aus würden's des nie sagn« (A, 372–373).*

---

327 Ob dies der realen Zusammensetzung der Gruppe entspricht oder sie doch heterogen ausfällt, also etwa auch Kinder aus anderen Milieus die Bildungseinrichtung besuchen, kann dem Interview nicht abgelesen werden. Es könnte sein, dass durch die Ordnung und den Normalitätsdiskurs, den die Interviewpartnerin internalisiert hat, weil er der Einrichtung entspricht, Kinder und Familien anderer Verhältnisse im Sprechen über die Gruppe keine Aufmerksamkeit erhalten. Dominante Diskurse bewirken, dass Abweichendes nicht in den Blick fällt und dadurch keinen Raum erhält. Sie setzen sich gegenüber anderem »Wissen« durch und verstärken Homogenisierung. Vgl. Spivak, Can the Subaltern Speak?

Anna erwähnt, was für sie »*ziemlich typische Burschen und Mädchen*« (A, 356) sind, indem sie das abweichende Verhalten eines Mädchens von ihrer Normalitätsvorstellung beschreibt:

> »*letztes Jahr hauma bei de Schulanfängermädchen eine dabei ghobt, de wollt ois mit die Burschen machen, oiso da war's extrem [...] oba die war einfach so wild und jo, oiso, sunst zur Zeit hauma jetzt eigentlich ziemlich typische Burschen und Mädchen, so wie ma's kennt*« (A, 352–356).

»*So wie ma's kennt*« verweist auf den Normalitätsdiskurs, der die Einrichtung und die darin wirkende Pädagogin beherrscht. Diese Diskursposition dürfte Anna bewusst sein, weil sie während des Interviews immer wieder auf ihre Versuche hinweist, diese Ordnung aufzubrechen. Sie erzählt etwa davon, dass sie die Mädchen in den Bewegungsraum einlädt oder die Puppenstube für alle Kinder öffnet. Die Pädagogin befindet sich hier in einer Spannung zwischen dem Homogenisierungsdiskurs des Kindergartens sowie seines sozialen Umfeldes und einem Pluralisierungsanspruch[328], der sich im Versuch äußert, traditionelle Geschlechterrollen aufzubrechen. Sie pendelt sozusagen hin und her, weil sie trotz Veränderungsversuche dem dominanten und normativen Homogenisierungsdiskurs unterliegt, was sich in folgender Interviewpassage äußert:

> »*Obwohl wir da eigentlich überhaupt net so streng san dass die Mädchen nur oben (zeigt auf die Puppenstube, die sich auf einer zweiten Raumebene befindet) spielen dürfen und die Burschen lieber nicht (lacht)*« (A, 358–359).

Anna erzählt, dass die Puppenstube tatsächlich »*recht unterschiedlich*« von Buben wie Mädchen genutzt wird, allerdings wählen sie jeweils geschlechtstypische Spielinhalte aus:

> »*Puppenstube eigentlich recht unterschiedlich, nur dass de Bubn daun hoit eher Piratenschiff spielen oben oda wildere Sachn und die Mädchen wirklich die Tätigkeiten von der Mama nachahmen und [...] Kochen, Babys versorgen [...] putzen [...] wobei's a hin und wieder wieder Burschen gibt die da bügeln und des machen [...] aber die werdn dann eher durch die andern Buben wieder aus dem Spiel raus grissen, weils, jo, weil die andern lieber was anders spün*« (A, 20–31).

Die Bezeichnung der Tätigkeiten wie »*Kochen, Babys versorgen, putzen*« als »*Tätigkeiten von der Mama*« verweist auf die traditionelle Diskursposition, der die Pädagogin unterliegt. Das kurze Innehalten vor der Begründung, warum die Buben aus dem Spiel raus gerissen werden, könnte eine Distanzierung der Interviewpartnerin zu derselben markieren. In der Begründung wird – entgegen einer Verstärkung des Klischees – eine Neutralisierung bemüht. Die traditionelle Diskursposition wird allerdings erneut aufgerufen, wenn Anna davon erzählt, dass sie in den Vorbereitungen zum Muttertag den Kindern den Beruf der Hausfrau als »*die Rolle der Mutter*« näher bringen möchte.

---

328 Es könnte sich hier auch um einen in der Ausbildung vermittelten Anspruch und Diskurs handeln.

7. Interviews mit Elementarpädagoginnen

> *»Jo und im Frühling, wenn dann Muttertagsfeier is, mechat i gern so die Rolle der Mutter oiso Hausfrau – Beruf, wenn's zu Hause sind oder auch wenn die Väter, hauma auch einen dabei wo der Papa daheim is« (A, 290–292).*

Auch hier fällt die unmittelbare Relativierung des Klischees auf. Offensichtlich merkt Anna im Interview ihr eigenes Verhaftet-Sein im Normalitätsdiskurs traditioneller Geschlechterrollenbilder, weil sie die getätigte Rollenzuschreibung unvermittelt durch die Ergänzung relativiert, dass es auch einen Vater gibt, der zu Hause ist (und die hauswirtschaftlichen Tätigkeiten verrichtet). Die homogene Ordnung wird hier überraschend gebrochen.[329]

In ihrem aktuellen Jahresthema *»verschiedene Berufe«* (A, 304) stellt Anna den Kindern Berufe wie Bauer, Tischler oder Hausfrau vor. Sie befragt auch die Kinder nach ihrem Berufswunsch.

> *»Ijo, Mädchen wollten Reiterin ahm Friseurin, Schneiderin, also wirklich Berufe wie, jetzt muaß i überlegen, [...] de Burschen alle Feuerwehr, Bob der Baumeister und Polizist werden, so Verbrecher jagen und die Mädls ja so Friseurin, Schneiderin und Reiterin, Ärztin« (A, 337–345).*

Die Berufswahl der Kinder entspricht dem vorhandenen Normalitätsdiskurs und seiner Geschlechterrollenvorstellung.[330] Wenn es Kindern schwer fiel, einen Beruf für sich auszuwählen, dann hat die Pädagogin ein wenig nachgeholfen. Dass sie dabei den Beruf der Mama oder des Papas ins Spiel bringt, äußert wiederum eine Homogenisierungsstrategie, die in traditionellen Rollen verhaftet bleibt.

> *»Wobei von mir dann schon, wenns länger net gwusst haum was werden wollen, daun hob i hoit so nachgfragt was gern machen oder was die Mama vielleicht macht, da Papa, oder welche Berufe dass kennen, oiso da is grod bei de Kloan öfters a bissi angeleitet worden (lacht)« (A, 329–332).*

Das Jahresthema *»verschiedene Berufe«* verbindet Anna mit dem religiös konnotierten Begriff *»Berufung«*. Dies zeigt, wie sehr sie in der christlich-dominanten Ordnung des Kindergartens steht. Selbst Themen aus der profanen Alltagswelt werden mit dem Fokus christlich-religiöser Tradition gedeutet.[331]

---

329 Möglicherweise liegt dies auch an der Interviewsituation. In den Interviews sind immer wieder Stellen, wo ich als Interviewerin den Eindruck hatte, dass die Interviewpartnerinnen versuchen, meinen vermeintlichen Erwartungen gerecht zu werden. Die Interviews geben dadurch vermutlich einen idealisierten Blick der Pädagoginnen auf ihre Praxis wider.

330 Offenbar wissen die Kinder bereits über die üblichen Normalitätsvorstellungen und Rollenzuschreibungen Bescheid und identifizieren sich damit. Vgl. Wagner, Anti-Bias-Arbeit.

331 Es geht in der Analyse nicht darum, diese Ausrichtung der Pädagogin, die schließlich in einem katholischen Kindergarten arbeitet, zu bewerten oder gar abzuwerten. Vielmehr soll am Interviewmaterial die These überprüft werden, dass vorhandene dominante Diskurse, die im Raum stehen, die Praxis beeinflussen und Interaktionen prägen, weil sich

»*Des is a wieda über die Verschiedenheit (lacht) der Menschen wos ma ois werden kann, was Stärken sind, Schwächen, Berufungen und solche Sachen.*« (A, 266–267)

Homogenisierung – christlich religiöse Ordnung

Religiöse Bildung und Erziehung spielt in dieser kirchlichen Bildungseinrichtung eine große Rolle. Mit Foucault gesprochen »unterwirft« sich die Pädagogin der vorgegebenen Ordnung und bedient den Diskurs, der die pfarrlichen Räumlichkeiten und somit den Unterbringungsort des Kindergartens prägt. Das von Anna geplante Kindergartenjahr folgt der Ordnung des christlichen Jahresfestkreises. Neben den traditionellen Festen wie Martinsfest, Nikolaus, Weihnachten und Ostern werden auch zwei Gottesdienste pro Jahr gefeiert. Alle Kinder nehmen daran teil, auch jene, die der evangelischen Bekenntnisgemeinschaft angehören, so erzählt die Pädagogin. Anna begründet die Teilnahme der Familien damit, dass die Eltern von vornherein wissen, dass es sich um eine Bildungseinrichtung in kirchlicher Trägerschaft handelt und sie sich dieser Ordnung fügen.

»*Jo, dass [die Eltern] im Vorhinein wissen worauf se se einlassen und a weil wir immer vü einstudiern dann mit den Kindern und sie wissen dann, dass ihr Kind vielleicht a irgend a Rolle hat oder a Aufgabe unter der Messe und daun is des ganz logisch für sie (lacht) dass daun mitmachen und mitgehn*« (A, 255–258).

Die Beteiligung der Kinder an der Messgestaltung erweist sich als erfolgreiche Strategie (das Lachen verrät die Absicht), die Eltern zur Teilnahme an der Messe zu motivieren.[332] Damit wird zugleich eine Vernetzung erreicht, die der christlichen Gemeinschaftsform entsprechen soll. In ihr prägt sich eine Homogenität aus, die der Diskurs der Einrichtung vorgibt und dem sich die Pädagogin unterwirft. Auch die Eltern werden mit dieser Ordnung diszipliniert.

Neben den religiösen Hintergründen der Feste erzählt die Pädagogin den Kindern während des Kindergartenjahres einige Bibelgeschichten, etwa jene von der Arche Noah. Besonders hebt sie den alljährlichen Friedhofsbesuch um Allerheiligen hervor. Mittels Bilderbücher, Kerzengestaltung und dem Binden von Kränzen bereitet Anna die Kinder auf den Besuch der Gräber vor. Die Eltern werden schriftlich über dieses Vorhaben informiert, um auf mögliche Fragen der Kinder über den Friedhofsbesuch vorbereitet zu sein. In der Regel gehen alle Kinder mit.

»*A Kind wollt letztes Jahr net mitgehn, oba die war dann krank, oiso i woaß net (lacht) obs wirklich krank war oder obs die Mama daham lossn hot*« (A, 89–90).

---

handelnde Subjekte solchen Diskursen unterwerfen. Zugleich interessiert, ob und wo solche Mechanismen aufgebrochen werden, also wo vorhandene Ordnungen irritiert und durchkreuzt werden und sich die Akteur_innen den vorhandenen Diskursen widersetzen.

332 Wieder geht es hier nicht darum, die Strategie der Pädagogin bloß zu stellen, sondern die Wirksamkeit des vorhandenen Diskurses – hier einer spezifisch christlich-religiösen Ordnung – sichtbar zu machen.

7. Interviews mit Elementarpädagoginnen

Die Relativierung der Pädagogin deutet an, dass offenbar nicht alle Kinder oder Eltern mit dem Friedhofsbesuch einverstanden sind. Da nicht von einer offenen Kommunikation mit den Eltern über wechselseitige Bedürfnisse berichtet wird, wählt die betroffene Mama vermutlich den Weg, ihr Kind unter dem Vorwand einer Krankheit zu Hause zu lassen. Hier kommt – so eine naheliegende Lesart – ein subversiver Widerstand gegen den (christlich-religiösen) Homogenisierungsdruck zum Ausdruck, der von der Pädagogin auch als solcher wahrgenommen wird. Dennoch gelingt es ihr, den Vorfall in den Homogenitätsdiskurs zu integrieren, indem sie sich dem eigentlichen Fernbleiben des Kindes nur spekulativ, aber eben nicht offen oder kommunikativ stellt.

Ein weiteres zentrales religiöses Ritual im Tagesablauf stellt das tägliche Gebet vor der Jause dar. Auch muslimische Kinder, die den Kindergarten besuchen, nehmen daran teil.[333] Anna erzählt, dass sich muslimische Geschwister wechselseitig ermahnen, wenn sie etwa eine christlich konnotierte Gebetsgeste eltericherseits nicht mitmachen dürfen.

> »*Oiso de haum imma mitgmocht, brav zughört, am Anfang haum, wolltens net mitbeten beim Jausengebet, do hauma gsogt, des passt, oiso sie haum die Hände gfalten, sie haum gsogt, des tuans bei ihnen auch […] und wir haum gsogt, sie müssen halt still sitzen und des mitmachn oba sie müssn net mitbeten, wenn's net wolln […] und net Kreuzzeichen machen und, weil wir singen dann immer ›ich denke an dich, ich erzähle von dir, ich spüre, du bist bei mir‹ (macht die Gesten eines Kreuzes dazu) […] und da haum se se gweigert und wenns daun der kloane Bruder gmocht hot, hot ihm die große [Schwester] glei an Schubser gebn (lacht)*« (A, 207–220).

Hier zeigt sich der Versuch der Pädagogin, bei Beibehaltung christlich-religiöser Tradition andersreligiöse Kinder miteinzubeziehen ohne sie zu vereinnahmen. Die Pädagogin akzeptiert, wenn Kinder nichtchristlicher Religionsgemeinschaften nicht mitbeten, fordert sie aber dazu auf, dabei zu sein und sich still zu verhalten. Sie sagt den muslimischen Kindern, dass sie den bekenntnishaften Vollzug – etwa das Kreuzzeichen – nicht mitmachen müssen. Dass die Kinder von sich aus dasselbe verweigern, verortet Anna bei einem Gebot der Eltern:

> »*Oiso i glaub dass do die Eltern do zu Hause gsogt haum, sie sollen des nicht mitmachen und jo*« (A, 230–231).

Die Pädagogin erzählt, dass die Kinder derselben Familie nicht gleich streng mit religiösen Vorschriften umgingen. So hat der Bruder (im Gegensatz zu seiner älteren Schwester) seine jüngeren Geschwister nicht ermahnt, wodurch sich diese stärker an den christlichen Traditionen im Kindergarten beteiligt haben.

> »*Wie daun die jüngere da war de hom mehr mitgmocht, weil der Bruder, der ältere Bruder net so streng war mit die, jo das, der hot mehr mitgmocht wie die ältere Schwester die ihn zerst immer a wenig zruckghoitn hot […] dass er's ja net tuat*« (A, 224–228).

---

333 Da zur Zeit der Befragung keine muslimischen Kinder in der Gruppe sind, berichtet die Pädagogin von Situationen aus der jüngeren Vergangenheit.

Die Selbst- oder wechselseitige Kontrolle, die bezüglich religiöser Vorschriften offenbar von den Eltern eingefordert wird, funktioniert also nicht immer in gleicher Weise. Das Mädchen wird hier als strenger und konsequenter dargestellt als ihr Bruder. Dennoch werden beide als Einmahner_innen ihrer religiösen Tradition charakterisiert. Obwohl die Pädagogin diesen Umgang der muslimischen Kinder mit religiösen Vorschriften sehr genau beobachtet und Differenzen wahrnimmt, führt sie den Homogenisierungsdiskurs in Form des christlichen Gebetes ungehindert und ohne Irritationen weiter. Hier zeigt sich ein Normalitätsdiskurs über Religion, der sich Religion nicht anders als homogen und den Sozialverband, in dem sie sich bewegt, nur homogenisierend vorstellen kann.

Die Pädagogin öffnet sich darüber hinaus aber für Pluralität und nimmt die Differenz unterschiedlicher Gebetsformen auf, indem sie die muslimischen Kinder darüber befragt, wie sie zu Hause das Gebet verrichten.

> *»Bei die zwoa Muslime hob i schau a immer wieder so a während der Jause nachgfrogt, wie sie des tuan, zum Beispiel des mitn Kreuzzeichn, also mit dem Händefalten, wie ma des ghobt haum, dass dann das a bissi erklärn wie's bei ihnen is«* (A, 740–743).

Anna versucht also während des Vollzuges der christlich homogenen Tradition einen Raum für Diversität zu öffnen und das Abweichende, Andere sichtbar und verstehbar zu machen. Damit vollzieht sie eine gängige interreligiöse Praxis, wie sie auch von religionspädagogischer Fachliteratur für den Kindergarten empfohlen wird.[334] An dieser Stelle soll diese Praxis postkolonial kritisch gelesen werden. Anstatt eine generelle Vielfalt an Gebetspraxen oder anderen Tischtraditionen sichtbar zu machen (weil vermutlich auch nicht alle als »christlich« wahrgenommenen Kinder zu Hause eine christlich religiöse Gebetspraxis vollziehen), passiert hier nämlich eine *binäre Gegenüberstellung* der christlichen versus muslimischen Kinder (und damit der Mehrheitskultur versus der Minderheitskultur). Damit werden die beiden muslimischen Kinder über die differenzierende Praxis zugleich als »anders« bzw. »fremd« gegenüber der Mehrheit der Österreicher_innen dargestellt. Der Homogenisierungsdiskurs veranlasst dazu, sich die als »muslimisch« bezeichneten Kinder als praktizierende Muslim_innen vorzustellen. Anna nimmt – gemäß landläufiger Vorstellungen – wie selbstverständlich an, dass diese Kinder zu Hause eine religiöse Praxis vollziehen und stellt sie den österreichischen Kindern als christlich praktizierendes Kollektiv gegenüber. Eine Differenzierung der Familien als sehr unterschiedlich religiös praktizierend beziehungsweise gar nicht religiös ist in dieser homogenisierenden Diskursposition und Dichotomie nicht vorstellbar. Die Pluralisierung, die Anna hier in Form des Vorzeigens fremd-religiöser Praktiken eröffnet, vollzieht sich

---

334 Vgl. Biesinger/Schweitzer, Religionspädagogische Kompetenzen, 56 ff.; Edelbrock/Biesinger/Schweitzer, Religiöse Vielfalt in der Kita, 42; Frick, Religionspädagogischer BildungsRahmenPlan, 43; Harz, Interkulturelles und interreligiöses Lernen, 103; Fleck/Leimgruber, Interreligiöses Lernen in der Kita, 16; u. a.

im Duktus einer binär angelegten Vorführung fremd-exotischer Traditionen. Die Absicht, die Kinder mit ihrer Besonderheit einzubeziehen, beinhaltet – neben der Wertschätzung fremdreligiöser Praktiken – eine Vorführung gegenüber der Zugehörigen zur Mehrheitskultur. Letztere werden als homogenes Kollektiv konstruiert und erfahren, dass es neben »ihrer« auch eine andere Gebetsform gibt. Die muslimischen Kinder werden allerdings zugleich als unterschieden von der Mehrheitskultur exponiert und als Gegenüber zur Normalität – nämlich der christlichen Religiosität – dargestellt sowie als »fremd« markiert. So wird durch eine gängige religionspädagogische Praxis – bei bester Absicht – ein *Othering* vollzogen, bei dem die muslimischen Kinder zwangsläufig auf die Position der »Anderen« gerückt werden,[335] wohingegen die angestrebte Sichtbarmachung einer vermeintlichen Gemeinsamkeit, nämlich des Gebetes, in den Hintergrund rückt. Die Macht des homogenisierenden Normalitätsdiskurses löst hier die angestrebte Pluralisierung bzw. Differenzierung auf – beide Strategien werden gegen einander ausgespielt.

Ein anderes Beispiel für eine Pluralisierungsstrategie im Sinne der Thematisierung unterschiedlicher religiöser Traditionen wird in den Erzählungen über das Jahresthema »*Einmal um die Welt*« geschildert.

Pluralisierung der Kulturen – Reise um die Welt

In diesem Projekt zeigt sich erneut, dass die Ordnung der christlichen Einrichtung selbst die Wahl der profanen Bildungsinhalte und Themen bestimmt. Im Rahmen des Jahresthemas »*Einmal um die Welt*« erzählt die Pädagogin den Kindern von »*de verschiedenen Menschen aus verschiedenen Kulturen*«, wobei die zeitliche Anordnung der Kulturen von den Themen des christlichen Jahresfestkreises bestimmt wird.

> »*Oiso am Anfang hauma Österreich ghobt, wir san zum Bauernhof, Erntedank, und so, daun, ähm, beim heiligen Martin hauma daun Frankreich ghobt*« (A, 134–135).
> »*Jo Weihnachten is hoit do so Jerusalem kuma und jo die Klagemauer*« (A, 147–148).
> »*Jo oiso eh so an die Jahresthemen angepasst*« (A, 137).

Über die inhaltliche und didaktische Ausgestaltung der Themen berichtet die Pädagogin:

> »*Jo oiso beim Martinsfest Frankreich hauma die Zahlen gsprochen bis Zehn auf Französisch und Frère Jacques hauma gsungen, daun, jo Weihnachten is hoit do so Jerusalem kuma und jo die Klagemauer, daun hauma a die verschiedenen Sehenswürdigkeiten ebn kurz besprochen, und daun nach Weihnachten is China kumen […] do hauma so Pappteller bastelt und an Fächer hauma gmocht für's Faschingsfest, jo Chinesisch kaun i net so guat (lacht) oiso des hauma eher wenig gmocht von der Sprache her oba vom Aussehen hoit und vom Essen her die unterschiedlichen Sachn*

---

335 Vgl. Lingen-Ali/Mecheril, Religion als soziale Deutungspraxis.

[...] und daun jo a Indianerfest hauma daun am Sommerfest ghobt, do hauma daun Indianer durchgnuma, i überleg ob ma nu wos ghobt haum, jo und eher so allgemein daun halt, wir haum a Bücher ghobt über die verschiedenen Kulturen und jo« (A, 146–158).

»Kultur« wird hier über Nationen, Sprache, Religion, Sehenswürdigkeiten, Aussehen bzw. Kleidung und Accessoires, Essen, Lieder durch Beschreibungen oder Bilder in Büchern erschlossen.[336] Der Kulturbegriff zeigt sich hier als national und ethnisch konnotiert und wird mit verschiedenen Attributen verknüpft, die landläufig äußere Merkmale einer Kultur darstellen. Kulturen werden als distinkte Größen vorgestellt und mit stereotypen Bildern hinterlegt. Besonders karikierend wirken das Chinesenfest und das Indianerfest als Faschings- bzw. Sommerfest. Diese Praxis war bereits vor 25 Jahren sehr beliebt und ist nach wie vor weit verbreitet.[337] Sie wird mitunter als erfolgreiches interkulturelles Projekt in der Ausbildung vermittelt. Postkolonial betrachtet zeigt sich hier allerdings ein Vorgehen, das an den *Orientalismus*, wie Said es beschreibt, erinnert.

Im Rahmen des Projektes »*Einmal um die Welt*« wird von einem unmittelbaren Biographiebezug erzählt: Die Pädagogin greif die Zweitsprache zweier Kinder auf, weil der Vater zu Hause Englisch spricht.

»Wir haum zwei Kinder die, wo da Papa Englisch spricht« (A, 139).

Interessant ist die Anmerkung, dass die kleine (Schwester) zu Hause nicht Englisch sprechen will, im Rahmen des Kindergartenprojekts aber offenbar beide Kinder englische Lieder singen und das Englisch der Pädagogin korrigieren.

»Und Englisch hauma daun a paar Lieder glernt, oiso wir haum zwei Kinder die, wo da Papa Englisch spricht, die ältere kann recht guat Englisch, die kleine will nicht zu Hause Englisch sprechen oiso, oba, die haum uns hoit daun auch einiges vorgesungen oder hoit ausgebessert wenn i nicht so ein tolles Englisch ghobt hob (lacht)« (A, 138–142).

Die Pluralisierungsstrategie der Pädagogin scheint hier aufzugehen. Im Projekt wird die Möglichkeit eines direkten Anschlusses an die Biographie zweier Kinder genutzt und sie lassen sich darauf ein. Die kleine Schwester gibt ihre

---

336 Von einer solchen Form der »touristischen Perspektive« distanziert sich Wagner in ihrem Ansatz einer vorurteilsbewussten Bildung. Vgl. Wagner, Handbuch Kinderwelten, 25.

337 Auch ich habe während meiner Tätigkeit als Kindergartenpädagogin vor rund 25 Jahren mit den Kindern ein »Chinesenfest« gefeiert. Den Impuls dazu gaben zwei Mädchen, die in ihrem Spiel eine chinesische Speisekarte geschrieben haben. Daraufhin haben wir den Gruppenraum in ein Chinarestaurant umgestaltet und einen aus China immigrierten Restaurantinhaber eingeladen, der in landestypischer Kleidung erschien und mit uns chinesische Speisen zubereitet hat. Es wurde mit Stäbchen gegessen, die Kinder trugen Hüte aus Papptellern und große T-Shirts mit Gürtel. Für mich und meine Mitarbeiterin war das damals ein innovatives Projekt, um den Kindern eine fremde Kultur zu erschließen und Weltoffenheit zu zeigen.

sprachliche Verweigerung auf und bringt die englischen Sprachkenntnisse in das Projekt ein. Dadurch eröffnet sich ein Zwischenraum, in der sie ihre Ordnung aufbricht und überwindet.

Nachdem das Einbringen englischer Sprache in das Kindergartengeschehen im Normal- und Bildungsdiskurs, wie er auch die betroffene Einrichtung beherrscht, als Distinktionsgewinn angesehen wird, kommt es durch diese Praxis nicht zu einer binären Exponierung und Fremd-Markierung der beiden Mädchen mit der Zweitsprache Englisch.

Zusammenfassung – diskursiver Kontext

Anna steht im christlichen Homogenisierungsdiskurs ihrer kirchlichen Bildungseinrichtung, der im Kindergarten eine »Heile Welt« konstruiert, welche die Norm vorgibt. Der pfarrliche Kontext der Räumlichkeiten gibt diese Ordnung vor und beherrscht das Geschehen im Kindergarten bis in die inhaltlichen Planungen der Pädagogin hinein. Sie selbst weist eine hohe Identifikation mit der christlichen Ausrichtung des Kindergartens auf, die christlich-religiöse Erziehung durchdringt ihre gesamte Arbeit. Für ihre nächste Weiterbildung plant sie ein Kett-Seminar, was ihr eine Vertiefung in der Erarbeitung von Bibelgeschichten ermöglicht. Selbst die profanen Jahresthemen »*Einmal um die Welt*« oder »*verschiedene Berufe*« werden dem christlichen Jahresfestkreis untergeordnet. Einzelne Elemente dieser Projekte orientieren sich an den jeweils anstehenden christlichen Festen. So wird die fiktive Reise nach Frankreich beim Fest des Hl. Martins platziert und beim Erntedankfest der Beruf des Bauern thematisiert. Der christlich-bürgerlich, traditionelle Homogenisierungsdiskurs geht mit traditionellen Geschlechterrollenvorstellungen einher. Die Pädagogin reproduziert sie in ihrer Erarbeitung von verschiedenen Berufen und in ihrer Sichtweise auf die Kinder. So beschreibt sie ein Mädchen als burschikos und charakterisiert typische Buben und Mädchen. Anna merkt allerdings, dass sie in diesem traditionellen Geschlechterdiskurs steht und versucht ihn im Gespräch mehrmals aufzubrechen, etwa wenn sie ihre Bemühungen um die Nutzung des Bewegungsraumes durch Mädchen erläutert oder die Zuständigkeit für Haushaltstätigkeiten von den Müttern weg auf karenzierte Väter ausdehnt. Hier zeigt sich eine Spannung zwischen dem dominanten Homogenisierungsdiskurs des christlichen Kindergartens und dem Anspruch der Pädagogin nach Pluralisierung, der mitunter einen Zwischenraum eröffnet. Hinsichtlich religiöser Praxis orientiert sich Anna an einer Dichotomie zwischen christlicher versus muslimischer Identität. Sie kann sich – analog zu gesellschaftlichen Vorstellungen – muslimische Kinder nur aus religiös praktizierenden Familien vorstellen, wie sie auch keine Differenzierung zwischen christlich praktizierenden versus säkular orientierten Familien vornimmt. Die bürgerlich-christliche, traditionelle Lebensweise ist in diesem Kindergarten die Norm, die nicht gewohnt ist, durch Abweichendes angefragt zu werden. Die Pädagogin erlaubt zwar, dass muslimische Kinder beim täglichen christlichen Gebet nicht mitmachen, stellt ihre christlichen Traditionen aber nicht auf ein religiös plurales Setting um. Zugleich versucht sie aber Räume für Differenzen zu eröffnen, indem sie die religiöse Tradition derselben vorzeigen lässt. Die auf religionspädagogischen Empfehlungen basierende interreligiöse Praxis, die zugleich eine Reproduktion der Dichotomie zwischen der Mehrheitskultur und den »Fremden« bedeutet, ist allerdings im Sinne des oben eröffneten Theoriesettings zu problematisieren.[338] Den Friedhofsbesuch führt die Pädagogin offenbar ohne Bedacht auf die Bedürfnisse der Eltern und Kinder durch. So bleibt der Mutter, die nicht möchte, dass ihr Kind mitgeht, nur die Form des verdeckten Widerstandes, indem sie ihr Kind mit dem Vorwand einer Krankheit zu Hause lässt. Die Pädagogin nimmt wahr, dass in der Gruppe eine Pluralität an Prägungen, Wünschen und Bedürfnissen vorhanden ist, bleibt aber weitgehend in der christlich homogenen Ordnung verhaftet. Zugleich dringt immer wieder ihr Anspruch nach Pluralisierung durch. Der Homogenisierungsdiskurs setzt sich letztlich im Umgang mit religiös und weltanschaulich unterschiedlich geprägten Kindern und Familien durch. Fremde Kulturen werden im Rahmen des Projektes *»Einmal um die Welt«* erschlossen, wodurch sie fern bleiben und keine direkte Auseinandersetzung mit der Erfahrung des »Fremd-Seins« erfolgen muss. Die beiden Mädchen, die zweisprachig aufwachsen, bringen ihre Englisch-Kenntnisse zur Bereicherung für alle, aber auch zur Festigung der eigenen hybriden Identität, ein. Hier eröffnet sich ein Zwischenraum, weil die Mädchen in der Projektarbeit dazu motiviert werden, ihre Grenzen zu überschreiten und die Sprache (Englisch) zu sprechen sowie singend vorzutragen, die sie (zumindest die kleine Schwester) zu Hause verweigern. Immer wieder zeigt sich eine Sensibilität für Pluralität, die aber letztlich von der dominanten Homogenitätsstruktur des Kindergartens weitgehend subsumiert wird. Die christlich religiöse Rückbindung bildet den zentralen Homogenisierungs-Diskurs in diesem kirchlichen Kindergarten und garantiert eine »kleine, heile Welt«, aus der auf ferne, fremde Kulturen und Religionen geblickt wird.

7.2 Der Ort von Britta

Über die Sprecherin

Britta ist ebenso wie Anna in ihren ersten Dienstjahren und hat auch die Ausbildung zur Sonderkindergartenpädagogin absolviert. Zur Zeit des Interviews besucht sie eine Weiterbildung zur Sprachförderung. Anders als Anna wollte sie nicht Kindergartenpädagogin werden und übt diese Tätigkeit nur vorübergehend und neben einem Studium aus.

---

338 Vgl. vor allem: Lingen-Ali/Mecheril, Religion als soziale Deutungspraxis.

7. Interviews mit Elementarpädagoginnen 103

Sozialräumlicher Kontext des Kindergartens – Differenzkategorien

Das Interview mit Britta findet ebenfalls in den Räumen ihres Berufsortes statt. Wie bei Anna ist auch dieser Kindergarten in kirchlicher Trägerschaft und unmittelbar neben der Kirche im Pfarrgebäude untergebracht. Die Umgebung des Kindergartens unterscheidet sich insofern, dass sie keine dörflichen Strukturen aufweist. Er befindet sich in einem Stadtteil, der von vielen Menschen mit Migrationshintergrund bewohnt ist. Entsprechend gestaltet sich die Zusammensetzung der Gruppe. Britta beschreibt sie als

> *»sehr unterschiedlich, wir haum Familien, de was scho ewig in Österreich san, wir haum Familien, die gerade jetzt einmal ein Jahr in Österreich san, wir haum Familien, wo ma woaß, de san, de leben am Limit mitm Geld, wir haum Familien, wo ma wissen, denen geht's guat, es is komplett verschieden.« (B, 195–198)*

Die Differenzlinien werden zunächst von der Aufenthaltsdauer in Österreich und sozioökonomischen Verhältnissen bestimmt, später durch die Kategorien der Nationalität, Sprache und Religionszugehörigkeit ergänzt.

> *»Also wir haum, ahm, bosnisch, serbisch, kroatisch, hauma, a na, kroatisch hauma jetzt nimma, jetzt hauma nur mehr Bosnien, Serbien, daun, Vietnam, aber da is der Papa ein Österreicher, und des Kind spricht eigentlich net Vietnamesisch. Er verstehts, aber er möcht des net sprechen. […] daun hauma ein Kind, do wo die Mama aus Philippin, Philippinin is, der Papa is Österreicher, ahm, daun hauma aus ahm Armenien jetzt, ein Kind aus Pakistan hauma, daun hauma ein Kind, ahm, de sprechen drei Sprach, oiso vier Sprachen zu Hause, Persisch, Kurdisch, Arabisch, Deutsch, da kummt Irak Iran dazu, aus den Grenzgebieten kommen die Eltern. Türkei hauma a drei Kinder, jo, i glaub des wars jetzt. Genau.« (B, 205–214)*

Die nationale Herkunft der Kinder wird im Kindergarten thematisiert und den Kindern mittels Landkarte und Spielen veranschaulicht.

> *»Wir haum jetzt zwar ahm a Landkarte, und wenn ma sagt, ja, de kumt ja aus Bosnien, wo is denn Bosnien, daun schauma uns des schau an. Und wir haum a viele Spiele mit Fahnen zum Beispiel. Wo ma Fahnen zusammen stecken muaß, oiso wir haum schau Spiele, die jetzt schau drauf hinweisen: Wir haum Kinder aus anderen Ländern.« (B, 669–700)*

Die Bestimmung der Herkunft der Kinder erscheint klar und eindeutig und wird mit den Kindern im Spiel als selbstverständliche Kategorie eingeübt. Zugleich ist im Interview nicht ersichtlich, was mit »Herkunft« gemeint ist, ob sich der Diskurs auf den Geburtsort der Kinder, Eltern oder Großeltern bezieht. Im gängigen Migrationsdiskurs wird betroffenen Familien die Markierung als »Mensch mit Migrationshintergrund« über Generationen hinweg angeheftet, auch wenn die betroffenen Personen in Österreich geboren wurden und ihre Eltern oder Großeltern immigrierten. Die Pädagogin bemüht sich darum, die landläufige Identitätszuweisung mit den Kindern zu thematisieren, um (wertschätzend und identitätsstärkend) zu zeigen, dass Kinder aus »*anderen*« Ländern in der Gruppe sind. Dass sie solche Spiele »*schau*« (»schon«) auch haben und einsetzen, offenbart den Pluralisierungs-Anspruch, den die Pädagogin an ihre Arbeit erfährt. In der Sprachregelung »*aus anderen Ländern*« repräsentiert sich die gesellschaftlich etablierte Dichotomie zwischen »Wir« und »den Anderen«.

Religion im Kindergarten

Die Religionszugehörigkeit der Kinder ist der Pädagogin nicht so genau bekannt. Dem Islam gehören »*die Hälfte auf alle Fälle schon*« *(B, 282)* an, »*a paar san ja serbisch-orthodox*« *(B, 284–285)*, »*oans hauma [ohne Bekenntnis]*« *(B, 298)*, »*römisch katholisch hauma a paar, genau*« *(B, 293)*.

Wie in den Erzählungen der ersten Interviewpartnerin über ihren Berufsort ist auch in dieser Bildungseinrichtung der christlich homogene Diskurs sehr dominant und die Identifikation der Pädagoginnen mit demselben hoch. Als Mitarbeiterinnen in einem kirchlichen Kindergarten gehört es zu ihrem Selbstverständnis, die Feste des kirchlichen Jahreskreises zu feiern. Dies wird einerseits von der Pfarrleitung gefordert, andererseits betont Britta, dass sie und ihre Kolleginnen selbst so sind, also sich damit identifizieren. Die Identifikation wird hier in Form einer Essentialisierung ausgedrückt.

> »*Also wir feiern Nikolaus, wir feiern, Weihnachten, wir wolln Ostern feiern, wir wolln in St. Martin feiern, also heuer werma vielleicht die Heilige Elisabeth feiern, oiso des is uns ganz wichtig, oiso, des samma söba so*« *(B, 303–305)*.

Später ergänzt Britta noch das Erntedankfest und eine Adventfeier. Die Dominanz des christlich-homogenisierenden Diskurses wird durch die Bibelkatechese, die der Pfarrer alle fünf bis sechs Wochen mit den Kindern durchführt, verstärkt.

> »*Unser Pfarrer, kummt alle, ja, fünf bis sechs Wochen, des is verschieden, ahm immer zu uns und ahm, mocht mit die Kinder eine Bibelstelle durch. Und da kummt da Jesus ganz oft vor. Des heißt zum Beispiel, er hot amoi ahm oder amoi hat er eben an Gott gnummen, und wir haum im Garten an Gott gsucht, ja, wo is da Gott, oiso wir haum unterm Stein gschaut, wir haum hintern Baum gschaut, rauskuma is natürlich, da Gott is überall, oiso, a für die Kinder, oiso i find des, er mocht des ganz super. Oiso, für die Kinder extrem ansprechend. Und er spüt gaunz so ganz vü Rollenspiele mocht er mit eana. Oana derf dann den Jesus spün, und oana spüt hoit den Bettler und oana spüt hoit den Kranken und die Geschichte, wie hoit Jesus den Blinden heilt, zum Beispiel, und da san de, er mocht's ganz begreiflich für die Kinder. Oiso des is ganz was tolles. Und mir erarbeiten des dann meistens a nu mit die Kinder in dem dass ma vielleicht nu zeichnen, oiso des is wirklich, oiso für die Kinder sehr erfassbar, wie er des macht.*« *(B, 389–401)*

Die Fokussierung auf Jesus und Gott durch die vom Pfarrer praktizierte Bibelkatechese unterstreicht die christlich-religiöse Ausrichtung der Bildungseinrichtung. Es wird hier nicht gesagt, ob die gut 50 % muslimischen Kinder, die den Kindergarten besuchen, bei dieser Bibelkatechese dabei sind. Der Kontext der Erzählungen lässt aber darauf schließen. Mit der inhaltlichen Schilderung, dass

7. Interviews mit Elementarpädagoginnen

der Gott überall ist, kommt ein christlich verorteter Universalisierungs-Anspruch zum Ausdruck. »*Da Gott*« wird durchgehend mit einem Artikel verbunden (der Gott, dieser Gott). Hier bieten sich zwei Lesarten an: Mit »diesem« Gott könnte der Gott gemeint sein, der in dieser Bildungseinrichtung favorisiert ist, der christlich geprägte Gott (das christliche Gottesbild dieser Einrichtung). Es könnte aber auch eine Distanz der Pädagogin zu diesem Gott oder zur praktizierten Religiosität der Einrichtung zum Ausdruck kommen. Die Unterwerfung unter die vorgegebene Ordnung drückt Britta in ihrer Begeisterung über den Pfarrer und dessen Bibelkatechese aus, wobei sie zahlreiche Superlative verwendet (ganz super, extrem ansprechend, ganz was Tolles etc.).

Die Kinder werden ebenfalls mit dieser christlich-homogenen Ordnung diszipliniert. Täglich verwenden die Pädagoginnen im Morgenkreis Gebetskärtchen mit Sprüchen, die mithilfe von Gebärden mit den Kindern erarbeitet werden. Dabei ist es den Professionellen ganz wichtig, so erzählt Britta, dass die Kinder mitmachen und aufmerksam sind.

> »*Wir haum so Gebetskärtchen, de san ahm, teilweise total aufn Gott bezogen, aber a [...] ganz einfach so Dankeskarten und do hauma jede Woche eine, und die wird jeden Tag, da oiso wird eine Kerze angezunden, und in jedem Morgenkreis wird des vorgelesen.*« (B, 382–386) »*oiso wir tuans mit Gebärden begleiten. Und dann is a ganz klar, wenn ma merken, s'tuan die Kinder net mit, dann mochmas a zweites moi. Oiso uns is es wichtig, dass do dabei san.*« (B, 455–457)

Mittels der dominanten Ordnung wird im Kindergartenalltag täglich an dieser Stelle hohe Disziplin eingefordert. Man könnte hier sagen, dass die Kinder der christlich-homogenen Ordnung unterworfen und durch die Wiederholung der Aktivität zum Gebet gezwungen werden. Die Interviewpartnerin beschreibt hier die religiöse Normalität in der Einrichtung. Die Absicht zum Gebetszwang ist hier dennoch abzuweisen, weil es der Pädagogin weniger um die Anerkennung »dieses Gottes« durch die Kinder zu gehen scheint, sondern darum, dass sie mitmachen und dabei sind. Disziplin und Aufmerksamkeit stehen hier im Vordergrund, »mittun« und »dabei sein«, um mit dieser Unterordnung Zugehörigkeit zu erlangen.

Die Interviewpartnerin verwehrt sich selbst einer Missionsabsicht durch die christlich-homogene Ordnung. Dagegen argumentiert sie, dass den Kindern die Vielfalt an Religionszugehörigkeiten bewusst gemacht wird. Der Pädagogin ist es wichtig, dass die Kinder erfahren und wissen, »*dass's net nur den Gott gibt*«.

> »*Oiso, es is, mir san gaunz kloar, mir san, mir, bei uns gibt's den Gott, ›ich glaube an Gott‹. Der [Kahn] glaubt vielleicht an den Allah und, ahm, die [Sindy] auch. Ahm, des sagma gaunz kloar, dass des net für jeden is. Das jeder an was anders glaubt, manche glauben auch an nichts, oiso des is die Kinder scho klar, dass's net nur den Gott gibt. I woaß natürlich net, wievü wird jetzt direkt über den Allah, zum Beispiel gmocht, zuhause, i woaß net, wie, wievü sie über den wissen, des woaß i net, oba wir sagn eana ganz klar, dass net nur den Gott gibt. Oiso hoit für uns schon, aber, für andere Religionen nicht.*« (B, 444–451)

Die Formel »*bei uns gibt's den Gott*« wird mit dem »Wir« der christlich-religiösen Ordnung verbunden. Zugleich erfährt hier der dominante homogene Diskurs eine pluralisierende Öffnung. Den Kindern wird erzählt, dass andere Menschen an »*den Allah*« glauben, »*manche glauben auch an nichts*«. »Der Gott« und »der Allah« werden hier als zwei unterschiedliche Größen eingeführt, die einander gegenüber stehen. Die Dichotomie wird aber durch die Erwähnung, dass es auch Menschen gibt, die an gar nichts glauben, aufgebrochen. Die Einrichtung wird mit »dem Gott« identifiziert. »*Für uns*« gibt es »*nur den Gott*«. Damit wird indirekt gesagt, wer »die Anderen« sind und an welchen Gott sie glauben. Zu den Anderen gehören auch jene, die »*an nichts*« glauben. Die »Götter« werden hier wie Figuren aufgestellt und geordnet, wobei das »*an nichts*« Glauben gleichwertig dazu gestellt wird. Dabei erfährt die Dichotomie zwischen »Wir« und den »Anderen« eine latente Relativierung, die aber durch das »*für uns schon*« sogleich wieder aufgelöst wird. Trotz der geschilderten religiösen Differenzierung erhält die christlich-religiöse Ordnung immer wieder Dominanz. So erzählt Britta etwa davon, dass die Eltern über die kirchliche Trägerschaft des Kindergartens informiert werden, was bedeutet, dass die Teilnahme an den Festen des christlichen Jahreskreises obligatorisch ist. Ein Fernbleiben wird – gemäß der christlich-dominanten Ordnung der Arbeitsstätte – nicht gestattet.[339]

> »*Vor zwa Jahr hauma a Kind von de Zeugen Jehova ghobt, die feiern ja gar nichts, und da wollte die Mama, zum Beispiel, dass dann das Kind nicht kommt. Aber unsere Aufnahmebedingungen san im Kindergarten, dass die Kinder bei diesen christlichen Festen teilnehmen. […] Und wenn sie damit net einverstanden san, dann kennans a net kumma zu uns.*« (B, 307–310, 312)

Religion und ihre Praxis werden hier als hegemoniale Größe eingeführt, der sich nicht- und andersgläubige Menschen unterwerfen müssen. Sonst können sie die Einrichtung nicht besuchen. Der Diskurs ist binär strukturiert: Dem »Uns« als den »Christlich-Religiösen« werden »die Anderen« als die Andersgläubigen (z. B. Zeugen Jehovas) gegenübergestellt.[340] Widerstand gegen diese Unterwerfungspraxis seitens der Eltern wird von der Pädagogin, die diese christlich-religiöse Diskursposition repräsentiert, nicht geduldet oder gegebenenfalls verleugnet, wie die folgende Erzählung zeigt:

> »*Es is, i merk des eigentlich net, dass do jetzt irgendwie die Eltern dagegen wären, dass sie dort protestieren dagegen, a bei die Feste sans dabei, (…) zum Großteil, aber wenn ein, wenns net kumman, dann kummans net jetzt, weil sie sagn sie wollen net*

---

339 Es kann hier nicht gesagt werden, ob diese Verortnung von der Pädagogin selbst kommt oder von der Trägerschaft so vorgegeben wird. Sichtbar wird allerdings ein Diskurs, der die Einrichtung prägt und die darin interagierenden Personen diszipliniert. Er repräsentiert eine christliche Prägung, die homogenisierend und exkludierend ausgelegt wird.

340 Diese Unterwerfungspraxis erinnert an die von Schweitzer kategorisierte Umgangsweise mit religiöser Vielfalt, die er als »christliche Selbstbehauptung« bezeichnet. Schweitzer, Religion in pluraler Gesellschaft, 47.

7. Interviews mit Elementarpädagoginnen

mitfeiern, sondern daun haums es vergessen oder irgendwos oder, des hauma leider a sehr oft, ober, wir spürn nur koan Widerstand, überhaupt net. Aber es wird eana a ganz klar gmocht, es is a christlicher Kindergarten, a katholischer Kindergarten, wir feiern die Feste des Jahreskreises, des kirchlichen Jahreskreises, da gibt's nix« (B, 314–321).

Dass die Eltern aufgrund von »*irgendwos*« von den Festen des christlichen Jahreskreises fern bleiben, das kommt offenbar sehr oft vor, »*des hauma leider a sehr oft*«, wird aber von der Pädagogin nicht als Widerstand gegen die bestehende hegemoniale und hoch disziplinierende Ordnung wahrgenommen. Sie erklärt sich im Folgenden das Fernbleiben der Eltern durch einen Mangel an Sprachkenntnissen, Aufmerksamkeit oder Interesse.

»Waun ma irgendwos haum, es steht jetzt zum Beispiel, ›Bibeltheater, bitte um acht Uhr im Kindergarten sein‹, des wissma gaunz genau, dass vier fünf Eltern des wieder net glesen haum, oder nicht wollen, oder nicht verstanden haben. Jo.« (B, 570–575)

Auf die Frage, ob auch Weihnachten und Ostern für muslimische Eltern kein Problem sei, antwortet Britta: *»Ja, kein Problem, na, ganz ganz, gar koa Problem«* (B, 323). Die dreifache Verneinung verbunden mit Superlativen klingt wie eine Selbstbestärkung, als würde das Antasten und Wahrnehmen möglichen Widerstandes die Brüchigkeit des Diskurses und seiner hegemonialen Durchsetzung aufzeigen.

Die Pädagoginnen haben sich ein Buch angeschafft, um über nichtchristliche Traditionen und Feste Bescheid zu wissen, greifen diese aber im Kindergartenalltag nicht auf.

»Es Zuckerfest hauma uns schau moi angschaut jetzt zum Beispiel, des türkische, oiso vom Islam, die türkischen Kinder, oba, da wir einfach selber so vü feiern, wissma jetzt nu gar net, soima jetzt des a nu alles eini bringa.« (B, 343–345)

Die Homogenität der christlichen Jahrestradition lässt keinen (zeitlichen) Raum für religiöse Pluralität. In der Dominanz des Homogenitätsdiskurses der Einrichtung beanspruchen aber, laut Erzählung von Britta, auch die Eltern und Kinder keinen Raum für ihre religiösen Traditionen. Die Kinder erzählen wenig und die Eltern nehmen ihre Kinder auch nicht wegen religiöser, familiärer Feierlichkeiten aus der Gruppe.

»Die Kinder erzählen aber a wenig über ihre Feiern, oiso mir wissen, es is selten, dass a Kind raus gnumma wird wegen am Feiertag, ganz selten, oiso des, kaum eigentlich, dass ma moi sagt, ok, is heut a türkischer Feiertag oder a islamischer, heut werdns raus gnumma, des is überhaupt net, und waumas dann fragt, erzöhns a net vü.« (B, 354–357)

Möglicherweise vermeiden die Kinder und Eltern ein Einbringen eigener religiöser Familientraditionen, weil sie wissen, dass diese im dominanten Homogenisierungsdiskurs der Einrichtung nicht gefragt sind.[341] Vielleicht wird aber auch eine (zusätzliche) Markierung als »fremd« zu vermeiden gesucht – man passt sich an. Anders gesagt, der hegemoniale Diskurs bestimmt, welches Wissen in der Bildungseinrichtung favorisiert wird und Akzeptanz findet und welches hingegen verleugnet, ausgeblendet oder mit einer schlechteren Stellung verknüpft und deshalb von den Kindern sowie deren Familien nicht eingebracht wird.

Umgekehrt versucht offenbar auch das Personal der katholischen Bildungseinrichtung, nicht mit fremd-religiösen Vorschriften in Konflikt zu geraten. Der Speiseplan im Kindergarten bietet kein Schweinefleisch an, unabhängig davon, ob muslimische Kinder zum Essen eingetragen sind oder nicht. Es wird also zugunsten der Pluralität homogenisiert.

> »*Überall wo Schweinefleisch is, des streichen mir glei weg, [...] des wird gar net angeboten, [...] oiso selbst wenn ma merken, heut haum se keine muslimischen Kinder eingetragen, gabats des trotzdem net.*« (B, 369, 372, 374–376)

Man könnte diese Regel als Rücksicht auf muslimische Kinder lesen, also als Minimalbonus gegenüber nichtchristlichen Religionsangehörigen. Diskursanalytisch verrät sie eine Vermeidung jeglicher Konfliktpunkte, die Widerstand gegen die hegemoniale Ordnung hervorrufen könnten. Nach dieser Lesart wird also umgekehrt – zugunsten der Homogenisierung pluralisiert.[342]

Umgang mit kultureller Vielfalt

Britta möchte offen sein für Pluralität. Angesichts der heterogenen Kindergruppe meint sie:

> »*Oiso, ma, i glaub, jeder kaun da net arbeitn. Des glaub i scho. Oiso ma muaß scho do a Offenheit haben, ma muaß tolerant sei, ma muaß offen für Verschiedenheit sei. Oiso wirklich.*« (B, 775–777)

---

341 Biesinder, Edelbrock und Schweitzer weisen in ihrer Studie über interkulturelle und interreligiöse Bildung im Kindergarten nach, dass Kinder nicht über religiöse Themen sprechen, wenn sie den Eindruck haben, dass diese in der Kita nicht gefragt sind. Die von der Interviewpartnerin geschilderte Praxis der Eltern könnte ein Beispiel für eine solche Vermeidungshaltung sein. Vgl. Schweitzer/Edelbrock/Biesinger, Interreligiöse und Interkulturelle Bildung, 217f.

342 Es geht hier nicht darum, zu bewerten, ob es besser ist, Schweinefleisch anzubieten oder nicht, sondern aufzuzeigen, welche Strategie sich durchsetzt: eine Pluralisierung, die Vielfalt zulässt, auch wenn sie Konfliktmöglichkeiten birgt, oder eine Homogenisierungsstrategie, die eine bestimmte Normativität durchsetzt und Aushandlungsmöglichkeiten erst gar nicht zulässt. Was in diesem Beispiel zunächst wie eine Pluralisierung anmutet, weil schließlich auf die muslimischen Kinder Rücksicht genommen wird, entpuppt sich letztlich als Homogenisierung, also eine Vereinheitlichung auf eine einzige Regel, nämlich: kein Schweinefleisch. Pro und Kontra dieser Position sind in der vorliegenden Diskurs-Analyse insofern von Interesse, als sie Macht- und Herrschaftsverhältnisse illustrieren, nicht aber hinsichtlich ihrer pädagogischen Implikationen.

7. Interviews mit Elementarpädagoginnen

Toleranz und Offenheit für Verschiedenheit beschreibt sie als Grundhaltungen, die für die Bedingungen an ihrem Berufsfeld notwendig sind. Pluralisierung im Sinne der Wertschätzung der Anderen wird in der Einrichtung hoch geschrieben und punktuell sichtbar gemacht. Zugleich wird Pluralität vom Homogenisierungsdiskurs subsumiert. Alle Kinder und Eltern sollen sich der Gruppe zugehörig und zugleich in ihrer Andersheit anerkannt fühlen. Mit einem postkolonialen Blick scheint das implizite und unbewusste Anliegen aber nicht in der Anerkennung der Pluralität an sich zu liegen, sondern durch die Anerkennung der Verschiedenheit die Einheit der Gruppe zu stärken und den homogenen Diskurs der Einrichtung zu sichern.

Die Pluralität der Kindergruppe wird etwa an der Fotowand im Gruppenraum veranschaulicht.

> *»Dann hauma eben unser Fotowand, des is unser Geburtstagskalender, den nehman die Kinder total gern her, weil do schauns gern hin, do schauns se se die Bilder an, jetzt grod hauma, hengma die neuen Bilder auf, jetzt san die neuen Kinder total aufgeregt, wann sie sich sehn an der Wand, jo«* (B, 58–62).

Hier zeigt sich ein Wechselspiel zwischen Homogenisierung und Pluralisierung. Die Pluralität der Gruppe wird punktuell sichtbar gemacht und anerkannt, um dadurch wiederum die Einheit der Gruppe und den Homogenitätsdiskurs der Einrichtung zu stärken. Wenn sich die neuen Kinder auf der Fotowand entdecken, so stärkt dies ihr Gefühl der Zugehörigkeit zur Kindergruppe. Britta erlebt die Gruppe wie eine große Familie, orientiert sich – wie sie sagt – an den Gemeinsamkeiten der Kinder und nimmt kulturell geprägte Unterschiede der Kinder kaum wahr. Als sichtbare Unterschiede nennt sie körperlich-biologische Merkmale.[343]

> *»Ahm, diese dunklen Augen bei unseren ahm Migrationskindern, wir haum wirklich Kinder mit gaunz dunkle Augen, mir haum ein pakistanisches Kind, der hat ganz an dunklen Wimpernkranz, a a bissl a dunklere Haut, man merkts net bei allen, es gibt*

---

[343] Auf die Differenzlinie des Aussehens wird die Pädagogin durch die Interviewfrage hingeführt: *»und vom Aussehen her? Merkt ma do kulturelle Unterschiede?«* (B, 476) Mit dem Aussehen wollte ich eigentlich nach eventuellen Besonderheiten an der Kleidung fragen und war ganz überrascht, dass die Pädagogin körperlich-biologische Merkmale als äußere Unterscheidungsmerkmale nennt. An dieser Stelle sei wiederum mein eigener Lernprozess im Laufe der Forschungsarbeit offen gelegt, denn ich würde mich heute davor hüten, mit meinen Fragen an die Interviewpartnerin Kategorien wie »Aussehen« oder »kulturelle Unterschiede« heranzuführen. Hier zeigt sich, dass die Differenzlinien der Interviewpartnerin immer auch von der Interviewerin abhängig sind. Die Fragen, Nachfragen, Anmerkungen oder Bestätigungen, die man als Interviewerin setzt, um den Interviewfluss in Gange zu halten, nehmen in jedem Fall Einfluss auf die Aussagen der interviewten Person und sind daher offen zu legen. Im Interview bildet sich immer auch die Epistemologie der Interviewerin ab. Diese wird entweder von der interviewten Person bestätigt, fortgeführt oder auch durchkreuzt und angefragt, wie sich an anderen Stellen zeigen lässt.

a Kinder wo ma se denkt, ja, des is ein österreichisches Kind. Oba es gibt scho von der Hautfarbe, a von diesen dunklen Augen, diese gaunz dunklen Haare, hauma scho a poar.« (B, 495–500)

Hier bedient die Interviewpartnerin (unbewusst und unreflektiert) eine rassistisch konnotierte Zuschreibung über das Aussehen der Kinder. Die Differenzlinie wird wiederum dichotom aufgespannt, da Kinder mit dunklen Augen, Haaren, Wimpern und dunklerer Haut den österreichischen Kindern gegenübergestellt und von diesen unterschieden werden. Während bei ersteren *körperlich-biologische* Merkmale als »fremd« markiert werden, kommt es zu keiner entsprechenden Benennung bei den Österreicher_innen. Diese körperlich-biologische Fremdmarkierung lässt sich nicht bei allen Kindern anwenden, die einen Migrationshintergrund haben, denn »*man merkts net bei allen*«. Die Beschreibung der Interviewpartnerin enthält ein faszinierendes Moment über die »Exotik« der beschriebenen Kinder und erinnert damit an das Konzept des *Orientalismus* von Said.

Britta erzählt, dass die Kinder solche äußerlichen Unterschiede nicht thematisieren.

»Na, weil ma jo jetzt net wirklich zum Beispiel ein ganz schwarzes Kind dabei haum, wo ma sogt, do wo mas wirklich merkt. Für sie [die Kinder] is des normal, sie wissen genau, dass Kinder aus verschiedenen Ländern kuman, do kamast net auf die Idee zum sagen, warum siehst du anders aus.« (B, 502–505)

Mit dem Beispiel des »*schwarze[n] Kind[es]*« bedient Britta wiederum einen Rassismusdiskurs, gegen den sie eigentlich ansprechen möchte. Sie will zeigen, dass es in ihrem Kindergarten keinen Rassismus gibt. Den darf es wohl auch nicht geben, damit die unbestrittene homogene Ordnung nicht angreifbar wird. Während die Pädagogin die dunklen Augen, Haare, Wimpern und die dunklere Haut mancher Kinder als sichtbare Merkmale beschreibt, konstatiert sie hier, dass man äußere Unterschiede nicht wirklich merkt, nicht so merkt, als würden die betroffen Kinder eine schwarze Hautfarbe haben. Es liegt also laut Britta kein Rassismus vor. Die Interviewpartnerin verknüpft hier das unterschiedliche Aussehen der Kinder mit deren (zugeordneter) Nationalität und führt die in der Gruppe vorhandene Pluralität als Normalität ein (Pluralisierung). Die räumlich-zeitliche Lokalisierung, »*dass Kinder aus verschiedenen Ländern kuman*« zeigt an, dass sie für die Interviewpartnerin noch nicht hier in Österreich sind, nicht zu den Österreicher_innen, sondern wo anders hin gehören.[344]

---

344 Eine solche räumlich-zeitliche Lokalisierung nimmt auch Christa vor. Dort stimmt das »Herkommen« der Kinder aber mit realen Lebensumständen überein, weil die Kinder mit ihren Eltern tatsächlich erst vor kurzer Zeit nach Österreich gekommen sind, um sich vorübergehend in diesem Land aufzuhalten. Bei Britta wird ein ähnliches Bild erzeugt, obwohl die durch diese Redeweise lokalisierten Kinder womöglich bereits in Österreich geboren wurden. Widerstand gegen eine solche räumlich-zeitliche Verortung äußert

7. Interviews mit Elementarpädagoginnen

Sprachliches Diktat

So wie die Verschiedenheit des Aussehens als Selbstverständlichkeit und Normalität dargestellt wird, so wenig wird die sprachliche Vielfalt der Kinder in der Bildungseinrichtung als solche akzeptiert. Britta erzählt, dass die Pädagoginnen auf die deutsche Sprache als Spiel- und Alltagssprache bestehen, während sie das Sprechen anderer Sprachen verbieten.

> »*Wir haum also jetzt wenig Kinder die in der Muttersprache sprechen mit einander, und wenn, dann sagma aber a ›Stop! Wir sprechen jetzt Deutsch im Kindergarten.‹ [...] Des is uns wichtig. Genau. Letztes Jahr hauma des kaum ghabt, jetzt bei die neuen, jetzt geht's wieder a bissi los, aber wenn ma jetzt daun amoi konsequent san, dann hört des a wieder auf. Genau.*« (B, 249–251, 253–255)

Die Kinder dürfen in der Bildungseinrichtung nicht in ihrer Familiensprache sprechen, weil hier Deutsch gesprochen wird. Die deutsche Sprache wird damit hegemonial über andere Sprachen der Kinder positioniert. Das Sprechen anderer Sprachen wurde den Kindern im Vorjahr offensichtlich erfolgreich abgewöhnt, die neuen Kinder müssen erst wieder diszipliniert werden. Hier äußert sich ein massiver Homogenisierungsdruck, der nicht zuletzt durch öffentliche und realpolitische Diskurse abgesichert ist.[345]

Die sprachlichen Unterschiede sind die einzigen Unterschiede, die laut Pädagogin von den Kindern wahrgenommen werden.

> »*Sie sagn daun schau oft, der versteht nichts, [Britta,] der versteht nichts.*« (B, 650–651)

Es ist hier nicht auszumachen, ob die Kinder das Nicht-Verstehen aufgrund eigener Irritationen thematisieren oder als Ausdruck einer Ohnmacht durch das Verbot nichtdeutscher Sprachen. Anstatt spontaner Übersetzungen durch die Kinder, was durchaus vorstellbar wäre, geben sie ihre Wahrnehmung und zugleich Hilflosigkeit an die Pädagogin weiter, weil sie ja keine anderen Sprachen anwenden dürfen und somit solche Situationen nicht eigenständig lösen können.

> »*Des einzige is die Sprache. Des is hoit, wo ma immer wieder auf Hindernisse stoßn, aber des is für die Kinder koa Problem, se höffn se do gegenseitig. Se, waun a Kind a wos net woaß, daun nimmt ses hoit an der Hand und ziagts ses mit, oiso se san da eigentlich, se haum do Wege und Formen gsuacht, damit's des hoit a bissl überbrücken kinan.*« (B, 712–716)

Anstatt einer Übersetzung in die Familiensprache des Kindes, müssen die Kinder andere Wege finden, um die verordnete Sprachlosigkeit zu überwinden. Sie eröff-

---

     später im Interview eine Mutter, die auf die Zugehörigkeit ihrer Kinder zu Österreich besteht.

345 Politischerseits wird von bestimmten Positionen, die mit binären Identitätspolitiken arbeiten, immer wieder eingefordert, dass die Kinder in der Schule – selbst in den Pausen – nur Deutsch sprechen dürfen.

nen sich hier einen Zwischenraum, der nicht sprachlich gefüllt werden kann, weil die Sprachen, in denen sie sich wechselseitig verstehen würden, verboten sind. Also wählen die Kinder nonverbale Formen, um miteinander zu interagieren und überwinden hier Grenzen der Kommunikationsschwierigkeit. Zugleich haben solche Situationen ein subversives Moment.

Gegenüber der Tatsache, dass viele Kinder wenig bis nichts verstehen, fühlt sich die Interviewpartnerin an ihre pädagogischen Grenzen gestoßen. Alles andere kann man machen, sagt sie, das mit der Sprache nicht. Hierfür ist sie – unter der Vorgabe des Verbotes nichtdeutscher Sprachen im Kindergarten – auf die Hilfe der fremdsprachigen Kinder angewiesen.

> *»Des [die sprachlichen Unterschiede] san so die größten Hürden, die Grenzen, da, wo i einfach anstoß. Ois andere kann man machen. Oiso, sie lernens dann schon, sie verstengans dann schon. Und wir haben vü Kinder, die dann so eine Dolmetscherrolle übernehmen, also, und da san ma sehr dankbar über diese Kinder. De gengan dann halt hin und wenn man fragt, kannst du mir das bitte, kannst du des bitte jetzt dem Mädchen erklären, dann erklärn s es ganz leise, aber sie machens (lacht)«* (B, 239–245).

Während die Pädagoginnen das Sprechen in nichtdeutschen Sprachen im Kindergarten untersagen, schildert Britta hier, dass sie dann doch auf Kinder angewiesen sind, die eine Dolmetscherrolle übernehmen und nichtverstehenden Kindern gewisse Inhalte in ihrer jeweiligen Erstsprache erklären. Hier bricht der dominante Homogenisierungsdiskurs, weil er sich ohne Pluralisierung nicht realisieren lässt. Die Autorität braucht in solchen Situationen die anderen Sprachen, um die Hegemonie aufrecht zu erhalten. Die Kinder werden allerdings nicht von sich aus aktiv, sondern nur auf Anweisung durch die Pädagoginnen. Wie sehr die homogenisierende Disziplinierung auf die Kinder zugreift, zeigt sich im Hinweis, dass die Kinder dann *»ganz leise«* sprechen. Hier wird deutlich, dass durch das Diktat der deutschen Sprache andere Sprachen zu verbotenen, vielleicht auch minderwertigen Sprachen degradiert und wahrscheinlich mit Scham behaftet werden. Vermutlich sind die Kinder durch diese Aufforderung entgegen den Regeln hochgradig verunsichert, womöglich ist es den Kindern peinlich zu zeigen, dass sie die in der Situation gefragte »Fremdsprache« beherrschen. Sie werden einer hoch ambivalenten Situation ausgesetzt: Mit der Anwendung fremdsprachlicher Kenntnisse zeigen und bestätigen sie die Zugehörigkeit zu einer (minderwertigen) Fremdsprachengruppe, die zugleich von der Zugehörigkeit zur deutschsprachigen Gruppe abtrennt. Dass die Kinder dann nur *»ganz leise«* sprechen, könnte bedeuten, dass sie zur angesehenen Gruppe gehören wollen, und nicht zu denen, deren Sprache verboten ist.[346]

---

346 M.E. zeigt sich hier ein *Zeichen der Zeit*, ein Ringen um die Anerkennung durch andere, das durch ein Verbot der eigenen Familiensprache (das mit einem partiellen Verschweigen der familiären und kulturellen Zugehörigkeit einhergeht) verursacht oder zumindest verstärkt wird. Eine solche Praxis geht nach Wagner mit einer Abwertung der

Geschlechterrollendiskurs

Ähnlich strenge Regeln beschreibt die Pädagogin in Bezug auf Verhaltensnormen. Wahrgenommene Gewohnheiten von »*muslimischen Buben*« werden als Irritationen erlebt und zu Gunsten des Normalitätsdiskurses denselben abgewöhnt.

> »*Ja, so des, so diese, grad diese islamischen Länder, da Bursch is da Prinz zu Hause. Die Männer, dies, diese Stellung der Männer, des merkt ma scho a, denen wird ois gmocht. Oiso, die Burschen kuman und sie ziehn se net amoi die Schuh an. Weil daham wird des ja gmocht. Sie raman den Platz net auf, weil daham wird des ja gmocht. Oiso, oba i merk, dass des eigentlich ganz schnö geht, dass wir eana im Kindergarten da ganz klar sagn, da im Kindergarten machens net wir. Oiso die Kinder san do eigentlich, oiso se merken des sofort, da is jetzt net so, und sie werdn sofort selbständig. Oiso da sans wirklich, da stön sie si irsinnig schnö um. Aber des merkt ma, da is a riesen Unterschied zu de österreichischen Kinder und zu diese islamischen Länder. Des is, des merkt ma wirklich, oiso, oba se können se irsinnig schnö umstön, oiso des is daun net so des Problem, dass nix tuan bei uns, grad a am Anfang, hauma nu Kinder, jetzt ganz am Anfang, de was dann a moi schrein mit uns, weil zu Hause kann ma jo des a schrein, grad die Burschen schrein dann mit uns, wenn wir moi schimpfen, aber des gwohnen se se sofort ab. Des merkt ma hoit, dass ma mit uns net schreit. (lacht) Des gwohnan se se wirklich ganz schnö ab. Des san, san eigentlich so die kulturellen Unterschiede, die i am meisten merk.*« (B, 265–280)

Das – gesellschaftlichen Redeweisen entnommene – stereotype Bild über »*diese islamischen Länder*«, also für die muslimische Zugehörigkeit lautet: »*Da Bursch is da Prinz zu Hause*«, Männer haben eine besondere Stellung, »*denen wird ois gmocht.*« Wieder wird hier ein »*riesen Unterschied*« zwischen den österreichischen und den Kindern »*diese[r] islamischen Länder*« und damit eine dichotome Differenz entlang der muslimischen Zugehörigkeit eingeführt, wobei es hier nicht um eine religiöse Ausprägung geht, sondern um eine kulturelle, habituelle Zuschreibung.[347] Den selbständigen österreichischen Kindern wird das Kollektiv der Buben aus diesen islamischen Ländern gegenübergestellt, die sich (von Frauen) bedienen lassen, sich die Schuhe nicht ausziehen, den Platz nicht aufräumen und mitunter (mit Frauen) schreien. Hier wird ein stereotypes, klischeehaftes Bild von islamischer Lebens- und Erziehungsweise und männlicher Geschlechterrolle abgerufen und zugleich für die Konstituierung moderner, österreichischer Erziehung und ein gerechtes Geschlechtsverhalten als Pendant instrumentalisiert. Mit dem Konzept des Orientalismus könnte man sagen, dass die Selbstständigkeit der österreichischen Kinder mithilfe der Konstruktion unselbstständiger, »*sich bedienen lassender*«, mitunter schreiender islamischer Buben konstituiert und gestärkt wird. Das Kollektiv muslimischer Buben wird

---

eigenen Sprache und damit der familiären, sprachlich-kulturellen Zugehörigkeit einher. Vgl. Wagner, Handbuch Kinderwelten, 22.
347 Vgl. Lingen-Ali/Mecheril, Religion als soziale Deutungspraxis.

hingegen als vormodern, ungerecht, frauenfeindlich und unzivilisiert dargestellt, und mit hoher hegemonialer Disziplin zu überwinden gesucht.

An einer anderen Stelle schildert Britta wiederum das Spielverhalten der Kinder so, als gäbe es keine wahrnehmbaren Unterschiede im Rollenverständnis von Buben unterschiedlicher kultureller Prägung. Auf die Frage, ob sich kulturelle Kontexte in den Spielinhalten der Kinder oder in der Nachahmung der Vater- oder Mutterrolle abbilden würden, antwortet die Pädagogin:

> *»Na, des merkt ma überhaupt net. Sie passen sich da eigentlich sehr an. Oiso wann jetzt der eine a Papa is, und daun sagns, jetzt is der andere da Papa, daun spüt der hoit den Papa genauso wie der erste. Oiso«* (B, 157–159).

Dass sich die Buben anpassen, offenbart die Annahme, dass sie zwar das Gleiche tun, also sich in der Vaterrolle gleich verhalten, obwohl die (muslimischen) Väter eigentlich ganz anders sind. Im Kontext der vorherigen Erzählung wird hier die erfolgreiche Disziplinierung der Buben bestätigt.

> *»Oiso i kenn die Papas a sehr guat, jetzt woaß i wie die eigentlich san und i hob net des Gfüh, das irgendwie jetzt einer versucht, in Papa nachzumachen, gar net. Des san eigentlich immer so die fürsorglichen Familienväter beziehungsweise hoit die Arbeiter, ja die Arbeiter, wenn der Papa arbeitet, arbeitens hoit a«* (B, 161–165). *»Na, wir haum zu die Väter natürlich net so vü Kontakt wie zu die Mütter, oba, natürlich sans verschieden, jeder is verschieden, aber sie lassen's jetzt im Spiel net so außa, sie, i hob net's Gfüh, dass sie da jetzt versuchen, irgendwem nachzuahmen, und da irgendwie kulturelle Unterschiede san, des merkat i net.«* (B, 167–170)

Die Aussagen *»Sie passen sich da eigentlich sehr an«* oder, *»i hob net des Gfüh, das irgendwie jetzt einer versucht, in Papa nachzumachen, gar net«* und *»sie lassen's jetzt im Spiel net so außa«* zeigen an, welchen Diskurs über die (muslimischen) Väter die Interviewpartnerin reproduziert. Dass die Kinder in ihrer Anpassung *»immer so die fürsorglichen Familienväter«* darstellen, inkludiert zugleich, dass die *eigentlichen* Vorbilder, also die Väter der hiesigen Gesellschaft, als das Gegenteil konstruiert werden. Hier zeigt sich wieder eine Dichotomie zwischen den idealen, fürsorglichen »Wir«-Vätern und den vormodernen (muslimischen) »Ihr« bzw. »Fremd«-Vätern. Obwohl die Diskursposition hier Pluralität ausschließen möchte, um die Homogenität der Gruppe zu unterstreichen, wird die konstruierte Differenz und Reproduktion stereotyper Vorstellungen über die »fremden« bzw. »muslimischen« Väter gerade in dem, was nicht gesagt wird, lesbar. Die Pädagogin macht eine dichotome Differenz zwischen beiden Vätergruppen auf und betont, dass die Kinder in ihrem Rollenspiel ausschließlich fürsorgliche Väter spielen. Sie unterstreicht damit den Erfolg ihrer autoritären, hegemonialen Erziehung bzw. des Homogenisierungsdiskurses.

Während die Pädagogin muslimische Buben (und deren Väter) dem landläufigen, stereotypen Diskurs entsprechend als vormodern, autoritär und geschlechterungerecht darstellt, spricht sie gegen den klischeehaften Diskurs über muslimischen Frauen an. So erzählt Britta von zwei Müttern, die jeweils ein

Kopftuch oder einen Schleier tragen und versucht dabei, den mit diesen Symbolen verbundenen öffentlichen Diskurs zu unterwandern.

> »*Wir haum diese pakistanische Mama, die hat net richtig a Kopftuch, de hat jetzt an Schleier, aber nur übern Kopf, net über's Gesicht, ahm, und de is sehr sehr indisch eigentlich anzogen. Wie a Sari schaut's eigentlich aus, net gaunz so, aber so ähnlich. Immer laung, und a andere Mutter, mia haum a nu a tunesische Mama, […] ahm, die trägt a Kopftuch, aber mit der hab i scho moi gsprochen, die macht des ganz freiwillig. Oiso, de hat gsagt, sie hat des früher nicht gemacht, und sie hat dann sehr vü über ihre Religion gelernt und drum möchte sie das Kopftuch tragen. Und i hob a daun amoi gfragt, ›Und die Tochter‹? ›Nur wenn sie das möchte.‹ Oiso des is wirklich ganz ganz freiwillig. A sehr moderne Familie a. Genau, und sunst (...) eigentlich recht normal, sehr modern anzogn. Mhm. Wenige richtig traditionelle Sachen, wie Kopftuch, mit jetzt langen Gewändern, hauma kaum.«* (B, 523–535)

Hier spricht die Pädagogin gegen die Fremdmarkierung muslimischer Frauen an, wobei sie einerseits versucht, das Kopftuch als »kein richtiges« Kopftuch darzustellen, andererseits beschreibt sie die Kopftuchträgerinnen als modern und frei, wobei sie wiederum durch das Nicht-Gesagte den Islam kollektiv als vormodern, ungerecht und einschränkend charakterisiert, von dem jene Frauen eine Ausnahme darstellen. Im Versuch, den Diskurs zu unterwandern, reproduziert sie ihn unwillkürlich.

Vielfalt in der Gruppe

Die Pädagoginnen der katholischen Bildungseinrichtung bemühen sich darum, die Vielfalt der Kinder anzuerkennen und sichtbar zu machen. Daher laden sie beim ersten Elternabend alle Eltern dazu ein, den anderen mitzuteilen, wo die Kinder herkommen. Mit einer Mutter, die aus dem Iran oder Irak immigriert ist, ergibt sich folgende Situation:

> »*Und ahm do hauma gmerkt, beim Elternabend, wir haum gefragt, ›woher kommen die Kinder?‹ ›Aus Österreich!‹ Und daun woit hoit die [Leiterin] sagen, ›ja, sie sind in Österreich geboren, aber wo, aber ihre Herkunft, ihre Kultur‹ – ›Österreich!‹ Und es war, des a, des war ganz lustig, weil des is hin und her gaunga, d'[Leiterin] woit immer wieder fragen, ›ja woher sind denn die Kinder? Sie sind ja aus dem Irak, Iran. Wo sind sie den her?‹ ›Aus Österreich!‹ Sie [die Mutter] hat des partout net sagen woin, dass de Kinder wo anders her kuman.«* (B, 627–633)

Die Pägoginnen erleben es als irritierend, dass die Mutter darauf besteht, dass ihre Kinder aus Österreich kommen. Als Differenzkategorie gilt die Nationalität der Kinder, wobei sie von den Pädagoginnen mit der vermeintlichen nationalen Herkunft der Mutter gleich gesetzt wird, (obwohl sie nicht wissen, ob sie aus dem Iran oder Irak zugewandert ist). Sie erkennen zwar die Tatsache an, dass die Kinder in Österreich geboren wurden, fixieren die Mutter und mit ihr die Kinder dennoch auf die Herkunft dieser Frau. Die österreichische Nationalität und Kultur wird ihnen abgesprochen. Die Pädagoginnen ermessen sich in der Deutungshoheit über die Herkunft der Mutter und ihrer Kinder und machen es der Mutter zum Vorwurf, dass sie diese (zugeordnete) Herkunft verleugnet. Während die Diskursposition der Pädagoginnen den gängigen Migrationsdiskurs repräsentiert, nachdem gewisse Menschen auch in zweiter und dritter Generation noch auf die familiäre Migrationsgeschichte fixiert werden, steht die Mutter in der Ordnung des Integrationsdiskurses. Sie identifiziert sich oder zumindest ihre Kinder mit Österreich. Hier ist das von Castro Varela benannte Paradox zu beobachten: Menschen, die als Migrant_innen markiert sind, sollen sich anpassen oder integrieren und bleiben doch stets das, was man in ihnen sehen will, nämlich Menschen mit Migrationshintergrund.[348]

In ihren folgenden Erzählungen verstärkt Britta den Vorwurf, dass diese »Mutter aus dem Iran oder Irak« partout nicht sagen wollte, dass die Kinder wo anders herkommen, indem sie sie von anderen (mit dem Normalitätsdiskurs kompatiblen) Eltern abgrenzt, die stolz auf ihre fremdländische Herkunft sind, gerne von dieser erzählen und nach wie vor sehr stark mit dieser verbunden sind.

> »Da wird gaunz kloar, oiso de san stolz drauf woher se san, beziehungsweise haum se koa Problem damit des zu sagn. De, vü Kinder, ah Eltern hauma nu, die in den Ferien immer wieder zruck in ihr Land fahrn, a für mehrere Wochen, oiso, weil de san, de werdn scho a Woche früher vom Kindergarten gnumma, und san dann 10 Wochen in Bosnien, 10 Wochen in Serbien, in Tunesien, oiso gaunz vü fahrn wieder zruck in den Ferien. Die meisten eigentlich sogar. Hm.« (B, 637–642)

Mit dem Hinweis, dass diese Eltern »koa Problem damit« haben, über einen Bezug zu ihrem Herkunftsland zu sprechen, wird der »Mutter aus dem Iran oder Irak« unterstellt, dass sie damit ein Problem hätte, zu sagen, wo ihre Kinder her kommen. Auch hier beansprucht die Pädagogin die Definitionsmacht über die nationale Zugehörigkeit der genannten Eltern. Mit der Richtungsanzeige »zurück« wird gesagt, was das eigentliche Land der jeweiligen Familien ist: Es ist nicht Österreich, sondern eben Bosnien, Serbien, Tunesien oder ein anderes Land. Der Normalisierungsdiskurs wird über klare Zuordnung von Nationalitäten aus der hegemonialen Position gefestigt. Das reduziert Komplexität, verschafft Sicherheit und stabilisiert den Homogenisierungsdiskurs, der eine klare Trennung zwischen den »Einheimischen« und den »Fremdländischen« erfordert. Die Eltern, die sich dieser Zuordnung unterwerfen, verhalten sich »normal« d. h. der gesellschaftlichen Normalitätsvorstellung entsprechend, während die »Mutter aus dem Iran oder Irak« eine andere Nationalität für ihre Kinder, ja, die Zugehörigkeit zum österreichischen »Wir« beansprucht. Dieser Anspruch und Widerstand der Mutter gefährdet die Diskursposition der Pädagoginnen, die hier

---

348 Castro Varela problematisiert das Integrationsparadigma, wonach immigrierte Menschen sich anpassen (im Sinne von Assimilation) sollen und zugleich im öffentlichen Diskurs Fremde bleiben. Vgl. Mitschrift vom Vortrag bei der Ringvorlesung »Inklusion/Exklusion. Aktuelle gesellschaftliche Dynamiken« an der Universität Salzburg im Wintersemester 2015/16.

7. Interviews mit Elementarpädagoginnen

entlang eines öffentlich etablierten Diskurses argumentieren. Deshalb wird die Irritation mit einer Deutungshoheit zu bewältigen versucht.

Britta erzählt noch eine weitere Situation mit dieser *»Mutter aus dem Iran oder Irak«*, die auch beim Sommerfest den gängigen Migrations-Diskurs unterläuft. Im Duktus der Pluralisierung, die – wie schon an mehreren Stellen beobachtet – hier die Homogenisierung stützt, planen die Pädagoginnen des katholischen Kindergartens ein multikulturelles Sommerfest mit einem internationalen Buffet, das von den Eltern ausgerichtet wird.

> *»Des is uns gaunz wichtig, dass die Eltern jetzt net Schnitzlbrote, Aufstrich bringen, sondern wirklich was aus ihrer Heimat. Da kuman gaunz verschiedene Sachen.«* (B, 659–661)

Die Pädagoginnen verfolgen bei dieser Einladung die Absicht, die Eltern in ihrer kulturellen Identität zu stärken.

> *»Des festigt sie [die Eltern] a total, wenn ma sagt, ›bitte bringen sie doch jetzt was aus der Türkei mit, wir würden des so gern kosten‹, waun ma sagt, ›ma des schmeckt oba lecker, wie is den das gemacht worden‹, zum Beispiel, des stärkts daun so de Ötan«* (B, 662–665).

Diese Form der Bestärkung bringt jene Anerkennung mit sich, die Castro Varela unter dem Vorwurf des Gefälles zwischen Pädagoginnen und Eltern kritisierend ablehnt. Die Anerkennung findet nicht auf Augenhöhe statt sondern unter der Voraussetzung, dass die Eltern sich so zeigen, wie es die Pädagoginnen oder der von ihnen vertretene Pluralisierungsdiskurs haben will, nämlich als Repräsentant_innen ihres jeweiligen Heimatlandes, wobei es sich um jene »Heimat« handelt, die den Eltern von den Pädagoginnen zugeschrieben wird (ohne Rücksicht darauf, ob sich jene mit dieser identifizieren oder nicht). Die Eltern werden hier subjektiviert und zugunsten einer diskursiven Pluralitätsvorstellung, die sich in einer multikulturellen Inszenierung äußert, instrumentalisiert. Unterwerfen sie sich der Aufforderung, etwas Typisches aus dem angefragten Land mitzubringen, so kommt ihnen von den Pädagoginnen als Repräsentantinnen des Diskurses und Bewertungsinstanz Anerkennung zu.

Interessant ist an dieser Stelle, wie die *»Mutter aus dem Iran oder Irak«* mit dieser Erwartung der Pädagoginnen umgeht. Sie bringt eine *»Barbie-Torte«* mit. Britta erkennt, dass das jetzt nicht etwas direkt aus ihrer Heimat ist, schätzt diesen außergewöhnlichen Beitrag der Mutter dennoch außerordentlich wert.

> *»De haum, des woaß i nu (lacht), die haum diesen, ahm, dieses Sommerfest eine riesen, die Mama backt so gerne, und des kaun sie irsinnig guat, die haum eine rie, oiso die haum eine Barbie-Torte, de haum a Barbie, oiso a richtige Barbie, hingstöt, und rundherum eine Torte, dass ausschaut ois wie wauns ihr Kleid war. Oiso die hat, die hat wahnsinnig, oiso voi sche, oiso gaunz gaunz toll, oiso, jetzt net direkt was aus ihrer Heimat, oba mir haum des a bestärkt, dass des klasse aussch, mia haum so lachen meaßn, wia ma de Torte gsegn haum, weil de wirklich, so was hob i nu nie gsegn (lacht), so groß war de, oiso de war riesig, und de de is natürlich, de hat*

Anklang gefunden bei die Kinder, die war rosa, die hat Perlen obn ghobt, drinnen war's a nu rosa, oiso die war der Renner (lacht)« (B, 682–691).

Ob die Mutter tatsächlich die Anfrage erfüllt und jene Speise mitbringt, die sie auch im Iran oder Irak auf ein Sommerfest mitbringen würde oder ob sie mit der Torte im westlich-amerikanischen Stil die »österreichische Kultur« karikiert, bleibt dem/der Leser_in verborgen. Zweites könnte mit Homi Bhabha als »Mimikry« bezeichnet werden, als Anpassungsleistung, die derart überzeichnet wird, dass die unterwerfende Ordnung karikiert und damit subversiver Widerstand geleistet wird. Die Pädagogin kann jedenfalls offenbar nicht anders, als die Torte der Mutter anzuerkennen. Die Machtverhältnisse drehen sich hier um.

Zusammenfassung – diskursiver Kontext

Den katholischen Kindergarten, in dem Britta tätig ist, dominiert – wie jenen von Anna – ein Homogenisierungsdiskurs entlang der christlich-katholischen Tradition. Die Durchsetzung dieser Ordnung durch die Pädagoginnen gestaltet sich in dieser Bildungseinrichtung allerdings schwieriger als bei Anna, weil der Kindergarten aufgrund seines Kontextes von zahlreichen »Kindern mit Migrationshintergrund«[349] und nichtchristlicher Religionszugehörigkeit besucht wird. Daher ist die diskursive Ordnung eine andere. Die selbstverständliche Homogenität als Normierungsdiskurs wird durch die vorhandene und unausweichliche Pluralität verstört. Die normierende Homogenität ist über die Eltern und die Kinder nicht einfach zu gewinnen, darauf müssen sich die Pädagog_innen in dieser Bildungseinrichtung einstellen. Sie suchen daher andere Wege, um homogene Identifizierungen mit dem Kindergarten zu erreichen. Einerseits instrumentalisieren sie die vorhandene Pluralität für dieses Ziel (z. B. beim Elternabend oder im Rahmen eines multikulturellen Festes), andererseits greifen sie zu Disziplinierungen, um die Homogenität wenigstens als Norm zu etablieren, die diskursiv einfach nicht selbstverständlich da ist. In ihrer christlich-religiösen Erziehung lassen sich die Pädagoginnen durch die vorhandene religiöse Pluralität nicht beirren.[350] Sie feiern die Feste des christlichen Jahreskreises und verpflichten

---

349 Als Personen mit Migrationshintergrund werden in der Statistik Austria Menschen bezeichnet, deren beide Elternteile im Ausland geboren wurden. Diese Gruppe wird in Migrant_innen der ersten Generation (Personen, die im Ausland geboren wurden) und der zweiten Generation (Kinder von immigrierten Personen, die aber selbst im Inland geboren wurden) untergliedert. Vgl. http://www.statistik.at/web_de/statistiken/menschen_und_gesellschaft/bevoelkerung/bevoelkerungsstruktur/bevoelkerung_nach_migrationshintergrund/index.html (14.6.2017).

350 Es geht an dieser Stelle wiederum darum, den dominanten Diskurs und seine Disziplinierungsmacht offen zu legen, und nicht darum, festzustellen, ob dieser Diskurs von der Trägerschaft, dem Pfarrer oder den Pädagoginnen selbst auferlegt wird und wer für die entsprechende Praxis verantwortlich zu machen sei. Gleichwohl soll durch die

7. Interviews mit Elementarpädagoginnen

die Eltern dazu, diese Feste mit ihren Kindern zu besuchen. *»Aber es wird eana [den Eltern] a ganz klar gmocht, es is a christlicher Kindergarten, a katholischer Kindergarten, wir feiern die Feste des Jahreskreises, des kirchlichen Jahreskreises, da gibt's nix« (A, 319–321)*. Diese verbalisierte »christliche Selbstbehauptung«, wie Schweitzer einen solchen Zugang charakterisiert, zeigt sich auch in der Disziplinierung der Kinder zum täglichen Gebet und in der Bibelkatechese, die der Pfarrer alle fünf bis sechs Wochen im Kindergarten durchführt. Widerstand gegen diese christlich-hegemoniale Ordnung seitens der Eltern nimmt Britta nicht wahr, oder schwächt sie mit dem Vorwand ab, dass die Eltern aufgrund mangelnder Sprachkenntnisse eben vieles nicht verstehen würden. Gegenüber den Kindern wird die hegemonial-disziplinierende Ordnung besonders im Verbot nichtdeutscher Sprachen deutlich. Das führt zu Situationen, in denen Kinder einfach nichts verstehen. Die Kinder eröffnen sich einen Raum des »Empowerments« jenseits der verordneten Sprachlosigkeit, indem sie mit betroffenen Kindern nonverbal interagieren. Die Pädagoginnen selbst können ihre Hegemonie der deutschen Sprache nur aufrechterhalten, indem sie fremdsprachige Kinder fallweise als Dolmetscher_innen einsetzten. Damit aber wird die normierende Disziplinierung unterlaufen. Es stellen sich Expert_innen unter den Kindern ein, für die diese Disziplinierung fallweise nicht gilt. Die Not der Pädagoginnen drängt also eine implizite Pluralisierung auf. Das verschämte, leise Sprechen der Kinder in der offiziell verbotenen Sprache kann allerdings als eine Anzeige der Macht der Hegemonialität und Degradierung nichtdeutscher Sprachen gelesen werden. Betroffene Kinder werden hier einer hoch ambivalenten Situation ausgesetzt. Um den Homogenisierungsdiskurs in der Bildungseinrichtung abzusichern wird von den Pädagoginnen punktuell Pluralisierung inszeniert. Die Differenzkategorien verlaufen dabei entlang nationaler, religiöser oder geschlechtstypischer Zuschreibungen, wobei die Pädagoginnen die Definitionsmacht und Bewertungshoheit für sich beanspruchen. So reproduziert Britta ein gesellschaftlich etabliertes Bild über den Islam als vormodernes, autoritäres, geschlechterungerechtes Kollektiv, das sie am Beispiel von Buben aus *»diese[n] islamischen Länder[n]« (B, 266)* expliziert. Zugleich stellt die Interviewpartnerin muslimische Frauen – entgegen herkömmlicher öffentlicher Redeweisen – als emanzipiert und frei dar. Gegenüber der *»Mutter aus dem Iran oder Irak«* beanspruchen die Pädagoginnen die Zuschreibung der Herkunft und Nationalität ihrer Kinder. Der Mutter sprechen sie den Anspruch auf die österreichische Nationalität ihrer Kinder ab, sie kann sich im hegemonialen Diskurs nicht durchsetzen und irritiert mit ihrem Anspruch lediglich den Normalitätsdiskurs der Einrichtung. Auf der Basis der Dichotomie, die den Diskurs beherrscht, sind keine Zwischenformen möglich und keine multiplen Identitäten (österreichische Kinder mit Migrationshintergrund) vorstellbar. Die Fremdzuweisungen an Kin-

---

Offenlegung eine Sensibilität für hegemoniale Diskurse und ihre Auswirkungen auf pädagogische Praxis geweckt werden – und zwar auf allen erwähnten Ebenen.

der und Eltern sind konstitutiv für die eigene, christlich-homogene, deutschhegemoniale Ordnung. In den Erzählungen von Britta über ihren Berufsort zieht sich die Strategie durch, Heterogenität und Widerstand zu verschweigen oder zu verneinen, um den Homogenisierungsdiskurs keiner Anfechtung auszusetzen. Die »Heile Welt« der christlichen Homogenität stützt sich auf den Ausschluss von Heterogenität und einer punktuellen Inszenierung von Pluralität, die der Stabilisierung und Unanfechtbarkeit der Homogenität dient.

Ein Zwischenraum tut sich auf, wo die Pädagoginnen dazu gezwungen sind, gegen ihr Diktat der deutschen Sprache Kinder als Dolmetscher_innen einzusetzen. Hier entsteht ein explizit eingesetzter Überraschungsraum: Die Pädagoginnen müssen immer warten, was gesagt wurde, während die dolmetschenden Kinder es sofort wissen. Die Verhältnisse werden hier umgekehrt. Eine ähnliche Umkehrung der Machtverhältnisse und ein produktiver Zwischenraum stellt sich dort ein, wo die »*Mutter aus dem Iran oder Irak*« ihre Markierung als »orientalisch« mit einer »*Barbie-Torte*« konterkariert.

7.3 Der Ort von Christa

Über die Sprecherin

Christa ist zum Zeitpunkt des Interviews Mitte dreißig. Sie ist Kindergartenpädagogin, Volksschullehrerin und hat Kultur- und Sozialanthropologie studiert. Im Gespräch berichtet sie über ihre Auslandserfahrungen in Spanien und Indien, die sie sehr geprägt haben. Nebenberuflich absolviert sie eine Fortbildung zur Frühförderung in Hamburg.

Kontext der Bildungseinrichtung

Der elternverwaltete Kindergarten, in dem Christa tätig ist, befindet sich in einer Stadt, unmittelbar neben einer international besuchten Universität, dem er zugeordnet ist. Eine kulturell-nationale Pluralität ist der Bildungseinrichtung also bereits durch ihre Besucher_innen inhärent. Die Räumlichkeiten des Kindergartens sind in Containern untergebracht, zusammen mit einer Krabbel- und einer Familiengruppe. Die Container prägen die Ästhetik des Kindergartens, seine Räume wirken verschachtelt, improvisiert und unkonventionell. Christa erzählt, dass die Bildungseinrichtung räumlich »*gewachsen*« ist. Jede_r pädagogische Mitarbeiter_in, aber auch viele Eltern und Kinder, haben hier ihre Handschrift hinterlassen.

> »*Also es is alles ein bisschen gewachsen, sag ich jetzt einmal, und das sieht man, dass halt jeder so seine Spuren hinterlassen hat, der einmal da war (lacht).« (C, 49–51)*

Die Interviewpartnerin spricht von einer hohen Identifikation mit ihrem Berufsort, den sie selbst mitgestaltet hat.

7. Interviews mit Elementarpädagoginnen

»Also da sind schon auch meine Spuren da. Da fühl ich mich schon, also das merk ich schon. Da bin ich schon, da identifizier ich mich schon damit.« (C, 60–61)

Der Eingangsbereich zeigt durch Listen von Zuständigkeiten und unerledigten Arbeiten, dass im elternverwalteten Kindergarten eine hohe Pluralität an Mitsprache und Mitgestaltung vorhanden ist. Der dominante Diskurs, der sich aufdrängt, lautet: »Eine bunte Gemeinschaft trägt hier gemeinsam Verantwortung, jede_r bringt sich ein und gestaltet mit.« Die Räume sprechen einen Pluralisierungsdiskurs, der zugleich eine Homogenität verspricht.

Zusammensetzung der Gruppe und Rahmenbedingungen

Christa ist in einem dreigruppigen Kindergarten tätig. Ihre Gruppe wird von 18 Kindern besucht, die unterschiedliche nationale Herkunft[351] haben, welche aber im Gespräch keine große Rolle spielen. Nach der Religionszugehörigkeit und Nationalität der Kinder wird in dieser Bildungseinrichtung ganz bewusst nicht gefragt, um die Imagination nationaler oder religiöser Identitäten und damit verbundener Stereotype zu verhindern.[352] Da der Großteil der Eltern an der Universität tätig ist, haben die Kinder überwiegend einen bildungsorientierten familiären Hintergrund.

»Unsere Eltern [...] haben schon einen hohen Bildungshintergrund. Und ich glaub, das macht ganz viel aus. Weil die bringen grundsätzlich dem Thema, den Kindergarten als Bildungsort zu nutzen, und dass das Kind die Sprache lernt und quasi hier auch wirklich, das, also diese Pflicht als Eltern auf eine gute Bildung seinem Kind zu

---

351 Die Eltern kommen aus unterschiedlichen Ländern und teilweise nur für einige Semester an die Universität, um dort zu lehren sowie zu forschen, während ihre Kinder den räumlich angebundenen Kindergarten besuchen. Insofern ist die Bezeichnung »Herkunft« biographisch zutreffend.

352 Im Kindergarten wird die Gleichbehandlung aller Kinder angestrebt. Dies erinnert an die »Pädagogik der Vielfalt« von Annedore Prengel, in der sie den Begriff »egalitäre Differenz« prägt. (Prengel, Pädagogik der Vielfalt, 49) Sie geht von der Vielfältigkeit jedes Menschen aus, die durch verschiedene Zugehörigkeiten wie z.B. die soziale, ethisch-kulturelle, regionale und religiöse Herkunft sowie Geschlecht und Behinderung bestimmt wird und nicht auf eine Dimension reduziert werden kann. Auch kulturelle Vielfalt wird nicht auf fremde Herkunftskulturen beschränkt, sondern um den Blick auf die innergesellschaftliche Fremdheit, die durch milieuspezifische oder biographische Faktoren geprägt wird, erweitert. Prengel definiert Pädagogik der Vielfalt als eine »Pädagogik der intersubjektiven Anerkennung zwischen gleichberechtigten Verschiedenen« (Prengel, Pädagogik der Vielfalt, 62) und verfolgt das Ziel einer Chancengleichheit sowie einer Verwirklichung von Demokratie. Ihre Kritik richtet sich besonders an die Selektion im Schulsystem, die »Sonderanthropologien« hervorbringt. Sie plädiert bereits für die Analyse gesellschaftlicher Machtverhältnisse und skizziert Begegnungsräume, die sich im Sinne der Pädagogik der Vielfalt durch eine Offenheit für Unvorhersehbares und Inkommensurables auszeichnen. Vgl. Prengel, Pädagogik der Vielfalt, 196.

achten, das ist schon stark bei den meisten. Und das ist wichtig für sie, und das merkt man natürlich. Sie bringen schon eine Wertschätzung eigentlich mit, uns gegenüber. Meistens, sag ich jetzt mal, ja.« (C, 650–658)

Die Bildungseinrichtung verfügt über außergewöhnliche personelle Ressourcen. Die Kindergruppe wird von zwei Kindergartenpädagoginnen betreut, die zusätzlich zur Grundausbildung Hochschul- und Universitätsabschlüsse (zur Volksschullehrerin, Sozialarbeiterin, Ethnologin) haben. Zusätzlich steht den Kindern aufgrund eines Austauschprogrammes eine Assistentin aus einem nichtdeutschen EU-Land zur Verfügung. Diese guten personellen Rahmenbedingungen prägen, so Christa, die Kultur des Zusammenlebens.

»Wenn die Gruppengröße nicht so groß is, und halt zwei Pädagoginnen und eine Assistentin [...] noch da ist, ja, das ist schon, schon toll. Und ich glaub, dass das auch eben dies, diese, diese Atmosphäre prägt. Eben mit dieser engen Zusammenarbeit mit den Kindern. Und eigentlich auch viel Toleranz auch für so alle möglichen ja, (...) sag ich jetzt einmal, es kann ja auch mal sein, dass ein Eltern sich trennen, und deshalb ein Kind halt amal grad sehr auffällig is, ja, das hat halt dann auch Platz. Und wir haben halt dann auch schon Kinder ghabt, die waren schon in drei Kindergärten und sind's halt bei uns gwesen, und dann, ja, hat's auch nicht super alles funktioniert (lacht), weil das is natürlich ein Quatsch, aber sie haben sich zumindestens wohl gefühlt, die Kinder, ja. Und ich glaub das hat einfach mit dem zu tun, ja, dass halt die Rahmenbedingungen das ermöglichen, dass man so halt dann arbeitet. (...) Und das hat ja find ich auch wirklich weil eben prägt ja auch eine Kultur des Zusammenlebens, na? (...) Das macht das möglich.« (C, 847–860)

Die optimalen personellen Ressourcen ermöglichen eine pluralisierende Pädagogik, eine Orientierung an den Bedürfnissen, Lebenssituationen und Prägungen der Kinder. Die *»Kultur des Zusammenlebens«*, wie sie von Christa beschrieben wird, führt den Pluralisierungsdiskurs mit einem Homogenisierungsdiskurs zusammen.

»Ich hab halt das Gefühl, das wir hier halt auch vom Team, meine Kollegin die ist auch, ahm, die ist auch Sozialarbeiterin, also die ist auch nicht nur Kindergärtnerin, also nicht nur, das hört sich so abwertend an, das ist aber nicht so gemeint, ahm, und, ich glaub das prägt halt auch eine Arbeit, wobei, ich muss dazu sagen, eine ehemalige Kollegin, mit der ich ganz lang und ganz gern zusammen gearbeitet hab, die hat ein Kind gekriegt und ist jetzt in der anderen Gruppe, die ist Kindergärtnerin und hat immer als Kindergärtnerin gearbeitet und die hat das für mich auch immer ganz stark gelebt, diese Arbeit mit den Kindern und vom Kind auszugehen und is halt wirklich auch ahm, stark, sag ich einmal, durch diese, wie sich das hier entwickelt hat, weil das war einmal eine ganz kleine Kinder, elternverwaltete Kindergruppe von 7 Kindern, und ist dann wirklich gewachsen, und ist damals ganz stark eben geprägt worden von diesem ›vom Kinde aus‹, eben so wie es in den 70er Jahren ganz stark also, in diesem situationsorientierten Ansatz und quasi dem Kind, Rechte des Kindes, und mit Mitverantwortung und Mitbestimmung, und ganz stark von dem geprägt worden, das find ich, hat man auch immer gemerkt, ja. Und, hm, dadurch würd ich jetzt sagen, das, das, ja, das hat da sicher auch ganz viel rein gespielt.« (C, 964–980)

7. Interviews mit Elementarpädagoginnen

Pluralisierung im Sinne einer Differenzierung, Individualisierung und Situationsorientierung wird hier in den Kontext pädagogischer Konzepte gestellt, allen voran dem Situationsansatz sowie den Kinderrechten, insbesondere den Rechten des Kindes auf Mitverantwortung und Partizipation. Professionalität, eine entsprechende berufliche Haltung sowie eine Verortung in pädagogischen Diskursen sind für Christa zentral.

Raumnutzung durch die Kinder

Wie sich die Pluralisierungsstrategie in der pädagogischen Arbeit konkret ausprägt, erzählt Christa an einem Beispiel der Raumnutzung durch die Kinder.

> »Es hängt wirklich davon ab, erstens mal welche Kinder da sind und auch wie viele, weil, je weniger sie sind, umso lieber mögen sie das dann auch, wenn sie alle in einem Bereich spielen [...] und wenn jetzt wenige da sind, dann dürfen sie zum Beispiel den Raum überhaupt auch nutzen für Rollenspiele, und das wissen sie ja auch, also wir sagen dann ja auch, ja heute könnt's ihr auch da, da spielen sie dann, auf die Reise gehen oder Picknick und da spielen sie dann auch im Baubereich und das ist dann auch o.k.« (C, 111–122) »Da bauen sie dann einen Zug mit den Stühlen oder, was sie, ganz unterschiedlich. Und und wir sagen ihnen halt, ja das geht heute, weil heut sind wenig Kinder da, und wenn viele sind, geht das halt nicht. Und das funktioniert aber gut dann auch.« (C, 126–129)

Wieder macht Christa die Möglichkeit zur Pluralisierung (Differenzierung) von den Rahmenbedingungen – hier von der Anzahl der Kinder – abhängig. Wenn weniger Kinder da sind, dann lockern die Pädagoginnen die Regeln. Kreatives und raumgreifendes Spiel, das sonst eher auf den Bewegungsraum begrenzt bleibt, wird dann auch im Gruppenraum ermöglicht. Der Pluralisierungsdiskurs, der im Raum steht, realisiert sich im pädagogischen Alltag aus.

Erleben von Vielfalt

Christa erlebt ihre Kindergruppe als sehr vielfältig, findet aber, dass jedes Kind recht rasch seinen Platz in der Gruppe findet.

> »Also ich hab das Gfühl dadurch, dass ahm wir eben gar nicht, also wenige Kinder haben, ahm, haben die Kinder schon auch irgendwie einen, wie soll ich sagen, haben schon auch so ihren Platz und ich hab auch das Gfühl, sie finden recht schnell in die Gruppe, ahm, sie finden, also auch die jüngeren Kinder finden da recht schnell auch immer da hinein« (C, 132–136).

Hier drängt sich ein Homogenisierungsdiskurs auf, der die Kinder (in ihrer Vielfalt) zu einer Gruppe eint, in die jedes Kind rasch hinein findet. Die Richtungsanzeige »hinein« zeigt das Ziel an: eine vielfältige, harmonische, »kleine heile« Welt. Die Kinder finden ihren Platz selbst, die Pädagoginnen halten sich offenbar mit Zuschreibungen und Platzzuweisungen zurück.[353] Stattdessen versuchen sie die jeweilige Individualität der Kinder zu stärken:

> *»Ich hab das Gfühl, da wird diese Individualität von ihnen wirklich gestärkt, halt auf einer anderen Ebene. Also vielleicht nicht die Individualität außen, dass sie vielleicht unterschiedlich aussehen, also, sondern wie sie halt einfach auch sind, und was sie gerne spielen und was sie gerne erzählen wollen oder machen wollen, und manchmal will sich auch wer zurückziehen, das hat halt dann Platz und ist möglich.«* (C, 143–148)

Die Differenzlinien der Individualität zieht die Interviewpartnerin zunächst weniger entlang des Aussehens der Kinder, wodurch sie sich gleichzeitig von einem gesellschaftlich etablierten rassistischen Diskurs abgrenzt, sondern entlang ihrer Interessen und Bedürfnisse. Später berichtet Christa, dass die Kinder äußerliche Unterschiede wie die Hautfarbe thematisieren.[354]

> *»Es ist schon so, ich mein wenn ein Kind eine andere Hautfarbe hat, sehen das die anderen Kinder, das ist einfach so. Und, ahm, ja, da sagen sie, ja, da kommen sie halt dann oft im Sommer ist das dann manchmal so, dass sie auf das kommen, also so beim Eincremen so mit Sonnencreme oder im Schwimmbad oder so, und, ja.«* (C, 339–343)

Auch die Interviewpartnerin steht im gesellschaftlichen Normalitätsdiskurs, weil sie von einer »*andere[n] Hautfarbe*« spricht, ohne sie genauer zu definieren. Die Dichotomie zwischen »normal« und »anders« steht selbstverständlich im Raum. Im Folgenden Interviewausschnitt verknüpft Christa körperliche Merkmale mit (nationaler) Herkunft.

> *»Aber wenn man dann sagt, ja, das ist halt weil, der Papa oder die Mama, die haben das halt auch, und da gibt's halt dort, wo die halt aufgewachsen sind, oder geboren sind, da gibt's halt ganz viele Menschen mit so einer Hautfarbe, und bei uns gibt's halt nicht so viele, und deshalb hat der das halt auch. Ja toll, oder? Dann finden sie*

---

353 Hier scheint sich der Kindergarten von der Vorgehensweise bei Britta zu unterscheiden, wo die Pädagoginnen sowohl die Definitionsmacht nationaler Identitäten als auch die Zuweisung von Kindern zu religiös-national-rassistisch konnotierten Gruppen beanspruchen.

354 Es wird hier also nicht verleugnet, dass Kinder Abweichungen vom Normalitätsdiskurs inklusive den gesellschaftlichen Bewertungen wahrnehmen und darauf mit Irritationen reagieren. Wagner weist in ihrem Ansatz einer »vorurteilsbewussten Pädagogik« darauf hin, dass kleine Kinder nicht vorurteilsfrei sind, sondern schon sehr früh gesellschaftliche Unterschiede und deren Bewertungen wahrnehmen. Sie vergleichen sich mit anderen, konstruieren Theorien über die Entstehung von Unterschieden und bewerten andere Kinder, etwa aufgrund deren Aussehens, Geschlechts oder Behinderung. Daher brauchen sie Erwachsene, die wissen, wie Kinder denken, die sie für Ungerechtigkeiten sensibilisieren, ihre subjektiven Theorien gegebenenfalls mit alternativen Erklärungsmodellen korrigieren und ihnen helfen, eine Sprache zu entwickeln, um sich für sich selbst und andere einsetzen zu können. Vgl. Wagner, Anti-Bias-Arbeit, 39 f.

> *das eigentlich immer ganz toll (lacht), also, wie soll ich sagen, wir, wir versuchen sowas dann auch nicht über zu zu überthematisieren, weil das ist für die Kinder dann meistens nicht mehr. Es ist ja jeder anders, und ich hab das Gfühl, das wird dann für sie auch so genommen.« (C, 343–350)*

Hier wird entlang des Normalitätsdiskurses argumentiert, demnach Menschen mit anderer Hautfarbe wo anders geboren und aufgewachsen sein müssen. Österreicher_in mit dunkler Hautfarbe zu sein ist nicht normal. Zugleich möchte Christa hier eine rassistische Bewertung unterwandern. Sie vermittelt den Kindern, dass es toll ist, unterschiedlich auszusehen. Das Dilemma differenzsensibler Pädagogik greift hier zu: Die Benennung von Differenzen reproduziert unweigerlich damit verbundene Diskurse, auch wenn man gegen sie ansprechen will.[355] Vielleicht versucht sie deshalb, solche Unterschiede nicht »*zu überthematisieren*«, sondern sie zu relativieren.

Ein nächstes Beispiel zeigt, wie Christa ein Kind dazu ermutigt, den landläufigen Normalitätsdiskurs über Hautfarben zu überwinden. Der Impuls dazu kommt dabei vom Kind selbst.

> *»Ein Kind is, wird halt sehr dunkelbraun im Sommer, der wird einfach so dunkel, und der hat sich dann auch halt bei dem Selbstportrait jetzt im Sommer auch mit braun gezeichnet, weil der hat so die Haut angschaut, dann hat er die Filzstifte angschaut, dann hat er gsagt, ›welche Farbe soll ich jetzt nehmen?‹ Ich hab gsagt, ›na ich weiß auch nicht, is schwierig gell? Passt nicht so richtig?‹ Und dann hab ich gsagt, ›na welche überlegst denn?‹ Und er hat gsagt, ›nein das oder das, aber das passt eigentlich nicht, weil ich hab ja braune Haut!‹ Und ich sag, ›ja das stimmt.‹ Und dann hat er auch den braunen Filzstift gnommen (lacht) und hat sich gezeichnet, ja, und fertig. Also. (…)« (C, 354–361)*

Das Kind weiß, dass es sein Selbstportrait eigentlich hell ausmalen müsste. Die Pädagogin greift dieses Alltagswissen auf, indem sie den Normalitätsdiskurs indirekt benennt und sagt: »*Is schwierig, gell? Passt nicht so richtig?*« Sie unterstützt das Kind dabei, seine Entscheidung abseits gesellschaftlicher Normalitätsvorstellungen zu treffen und eröffnet damit einen Zwischenraum jenseits von Identitätsfixierungen.

Sprachliche Vielfalt als Selbstverständlichkeit in der Kindergruppe

Der Pluralitätsdiskurs in dieser Bildungseinrichtung stellt sprachliche Vielfalt als Selbstverständlichkeit dar. Schon das Personal repräsentiert sprachliche Pluralität, weil aufgrund eines europäischen Austauschprogrammes alljährlich eine Assistentin aus einem nichtdeutschen EU-Land in der Gruppe ist. Da die Deutsch-Kenntnisse dieser Hilfskräfte sehr unterschiedlich sind, kommunizieren die Pädagoginnen meist auf Englisch mit ihnen.

---

355 Vgl. Walgenbach, Heterogenität, 120.

> »Und das ist dann für die Kinder auch einfach so, ja wir reden mit denen Englisch, also es ist mal eine zweite Sprache ganz selbstverständlich in der Gruppe sowieso vorhanden.« (C, 205–207)

Im Kontrast zum Diktat der deutschen Sprache in der Bildungseinrichtung von Britta wird hier das Sprechen in nichtdeutschen Sprachen als Selbstverständlichkeit und positiver Wert angesehen, wodurch laut Interviewpartnerin Lernprozesse bei allen Kindern anregt werden.

> »Weil ich hab das Gfühl, da sind die Kinder hier schon sehr, sie kennen das, sie wissen, es spricht nicht jeder Deutsch, und man versteht das auch nicht immer, und man muss dann ein bisschen mithelfen, und ihnen das vielleicht zeigen, was man will, und ein bisschen geduldig sein und da quasi, ja, dem andern auch helfen, wenn er das halt nicht versteht. Und das machen sie auch […] Und das Sprach, ahm, Lernen funktioniert in beide Richtungen, also sie reden auch dann, das ist ganz lustig, sie imitieren dann auch die Akzente von den anderen Kindern, das ist ganz lustig. Und, oder reden dann manche Wörter auf Englisch« (C, 209–221).

Selbst wenn die Kinder »fremdländische« Akzente annehmen oder englische Wörter lernen, irritiert das die Pädagogin der deutschen Mehrheitskultur nicht.[356] Sie lässt sich vom spielerischen Umgang der Kinder mit ihren fremden Sprachen inspirieren. Manchmal tut auch sie so, als ob sie ein Kind, das eine für sie unverständliche Sprache spricht, verstehen würde, mit dem Erfolg, dass sich dieses Kind ihrer Beobachtung nach wohl fühlt und bald auch Deutsch lernt.

> »Und da hatten wir eben auch ein Kind aus dem Bhutan, und eben ein anderes Mädchen, und die hat halt auch, ich weiß gar nicht, ich glaub, Nepalesisch hat sie gsprochen, da hat sie halt auch erzählt, und wir haben natürlich alle nichts verstanden (lacht), wir haben von den Kindern gelernt, weil die haben dann einfach so getan, wenn man's nicht verstanden hat, da hat man sich gedacht, sie unterhalten sich. Und ich hab das dann echt ma dacht, ok, ich mach das jetzt einfach auch so, ich tu einfach so, als würd ich's verstehen (lacht), und es hat total gut funktioniert (lacht) weil sie hat sich sehr wohl gfühlt und nach einiger Zeit hat sie dann eh auch Deutsch gsprochen […] und seit dem, ja, hab ich auch das Gfühl, mit ein, mit der Selbstverständlichkeit, mit der man selber mit den Kindern einfach spricht, mit der Selbstverständlichkeit machen die anderen Kinder das auch (lacht) und so. Ja.« (C, 243–258)

Im Pluralitätsdiskurs der Einrichtung wird der selbstverständliche Umgang mit sprachlicher Vielfalt hoch gehalten. Die Pädagogin orientiert sich an der Sprache der Kinder und zwingt nicht umgekehrt diese in eine homogene Sprach-Ordnung. Sie gibt nicht die Spiel- oder Alltagssprache vor. Die Kinder wiederum eröffnen sich im Nicht-Verstehen einen Zwischenraum jenseits sprachlicher Regeln und Konventionen, indem sie einfach so tun, als würden sie einander verstehen (Em-

---

356 Anders ist dies bei Helena, die es als unvorteilhaft bemerkt, dass die tschetschenischen Kinder im Kontext vorwiegend türkischer Kinder Türkisch lernen, anstatt sich Deutsch anzueignen.

powerment). Die Pädagogin übernimmt diese pluralistische Strategie (im Sinne eines produktiven Umgangs mit Vielfalt) der Kinder und erzielt damit Erfolge.

Ein weiteres Beispiel für einen unkonventionellen Gebrauch von unbekannten Sprachen erzählt Christa in Bezug auf ein polnisches Buch, das die Kinder »hören« wollten:

> »Wir hatten, haben auch irgendwo ein polnisches Buch, das hama amal geschenkt gekriegt, und i mein, es kann niemand von uns Polnisch, und das finden manchmal die Kinder sehr lustig, und wollen dann, das wir ihnen das vorlesen (lacht), ich hab das Gefühl, ja, ok, ich les halt dann irgendwas (lacht), und es es ja, es geht da glaub ich auch um diese Freude einfach, ja, und diese, dieses, ich mein, Kinder sind so neugierig in dem Alter, und diese Neugierde, das ist anders und wie sich das anders anhört, das ist wie ein Spiel, ich denk, das ist ja total toll« (C, 306–313).

Die deutsche Sprache scheint hier nicht die alleinige Monopolstellung zu haben. Auch anderen Sprachen wird Bildungs- und Kulturwert beigemessen. Sprachbildungsangebote gliedert die Pädagogin ähnlich unaufgeregt in den Kindergartenalltag ein und ermöglicht eine Partizipation für alle interessierten Kinder:

> »Es kann schon sein, dass ma mal was macht, weil ma sich denkt, ja, das brauchen jetzt genau die drei Kinder, aber, es dürfen die andern genauso mitmachen, weil ja, die wollen das dann auch machen.« (C, 333–336)

Im Zuge des pluralistischen Umgangs mit Sprachen erscheinen Sprachförderangebote nicht als besondere oder gar isolierte Angebote zur Behebung von Defiziten, sondern werden in den selbstverständlichen, spielerischen Umgang mit Sprachen eingegliedert, wodurch eine Markierung von Kindern mit deutschsprachlichen Defiziten ausbleibt.

Thematisierung kultureller Diversität

Auch kulturell geprägte Verschiedenheit oder die nationale Herkunft der Kinder wird von den Pädagoginnen nicht explizit thematisiert, aber im Sinne der Situationsorientiertheit aufgegriffen, wenn diese von den Kindern her zum Thema wird. Christa erzählt folgendes Beispiel:

> »Bei einem Kind, da sind die Großeltern aus der Türkei, und da ist auch die Mama in der Türkei aufgewachsen, da ist das auch vom Kind wirklich, die spricht auch Türkisch mit der Oma, die war jetzt auch im Sommer dort und hat da die Tante und den Onkel gesehn und so, und die erzählt das auch. Da ist das auch wirklich Thema auch vom Kind und da thematisieren wir das dann auch. Also wenn, ich weiß jetzt nicht, auf dem Globus oder auf der Karte oder so. Wenn sie da dann oft davor sitzen die Kinder und da unterhalten sie sich, und dann fragen sie uns und dann zeigen wir ihnen das auch und sprechen da halt drüber. Oder wenn's in einer Geschichte vorkommt.« (C, 175–183)

Der Pluralitätsdiskurs liegt hier also nicht in Form eines Heterogenitätsdiskurses vor, der Kindern eine (vermeintliche) Herkunft und Nationalität zuschreibt und sie darauf fixiert. Kulturelle Bezüge werden zum Thema, wenn Kinder davon erzählen. Die Pädagoginnen orientieren sich am Kind und dessen Familienkultur. Sie nehmen keine Identitätszuschreibungen und Fremdmarkierungen vor. Wenn Eltern nicht über familiäre Gegebenheiten sprechen wollen, so wird dies von den Pädagoginnen respektiert.

> »Bei einem anderen Kind ahm, da wissen wir das gar nicht so genau, weil das ist uns von den Eltern, also die leben getrennt, die Eltern, und das ist uns von der Mutter nie erzählt worden, [...] also er [der Sohn] hat erzählt, der Papa is aus Brasilien, und ja. Also, wir wissen nicht mehr drüber und ahm, ja, es kommt aber auch vom Kind nicht mehr und auch von der Mama nicht und deshalb lassma das jetzt auch mal so quasi ruhn und schaun, weil ich denk ma das hat auch was mit Respekt zu tun und mit Grenzen akzeptieren und da sind ja auch andere Themen oft dahinter.« (C, 160–174)

Die Pluralisierungsstrategie inkludiert also auch Respekt und Diskretion vor den pluralen familiären Angelegenheiten und Lebenslagen. Die Pädagoginnen nehmen diese wahr, halten sich aber mit Bewertungen oder einer Thematisierung zurück.[357]

Religion im Kindergarten

Die Statuten des elternverwalteten Kindergartens geben vor, Religion nicht bekenntnishaft – etwa über Gebete oder religiöse Lieder – in den Kindergartenalltag einzubringen. Die Vermittlung zentraler Werte wie Toleranz oder Wertschätzung, die sie mit Religion in Verbindung bringt, ist der Interviewpartnerin allerdings ein Anliegen.

> »Und wir versuchen diese Werte halt quasi nicht über eine bestimmte Religion zu vermitteln, sondern als als Werte, die die halt wir als wichtig, Toleranz eben, Wertschätzung, wie auch immer, aber das Thema Glaube vermitteln wir halt dann nicht als Thema an sich, sondern wenn's halt grad zu den Themen oder zu den Anlässen passt.« (C, 412–416)

Im Kindergarten werden die Feste des Jahreskreises gefeiert. Die Kinder werden über die Hintergründe dieser Feste und deren religiösen Gehalt informiert.

> »Ahm, ja, also, wir spielen jetzt kein Martinsspiel oder so, also wir spielen das jetzt nicht nach, aber wir besprechen das schon woher das kommt, warum wir das feiern, was da die Geschichte dahinter ist. Und, und versuchen dann aber schon auch eben also andere Aspekte hinein zu nehmen.« (C, 428–431) »[Weihnachten] feiern wir auch, ja. Oder halt, da besprechen wir auch die die, also, wie soll ich sagen, die christliche oder halt diese (...) ja, die Geschichte auch mit diesen, ja diesen Bilderbüchern auch dazu. Und thematisieren das auch, die Geschichte mit der Krippe und ham da halt auch Bilderbücher dazu. Ja.« (C, 436–439)

---

357 Ähnlich verhält sich Daniela im Umgang mit dem Vater, der aus der Türkei immigriert ist.

7. Interviews mit Elementarpädagoginnen

Religion wird hier gemäß den Statuten in Form des religiösen Jahresfestkreises (also in seiner kulturellen Ausprägung) aufgenommen und durch Wissensvermittlung erschlossen. Nur Ostern wird ausschließlich säkular gefeiert.

> »*Das find ich spannend. Dass ist eigentlich spannend, dass wir Ostern, ahm, da das eigentlich nicht so thematisieren, obwohl das für mich so zu Hause is es eigentlich sehr religiös auch besetzt, das Thema, also das Fest Ostern. Mit diesem Umzug und, mhm, spannend, ja.*« (C, 497–500)

Christa wundert sich beim Erzählen darüber, dass sie den religiösen Gehalt von diesem Fest im Kindergarten ausklammert, obwohl Ostern im Kontext ihrer eigenen religiösen Sozialisation ein zentrales religiöses Fest darstellt. Hier scheinen unterschiedliche Diskurse aufeinander zu treffen. In einem Erklärungsversuch über die Säkularisierung von Ostern entwickelt sie die Annahme, dass man vermutlich in der Interaktion mit Kindern dem Thema Tod lieber ausweicht.

> »*Ja, vielleicht weil auch das Thema, also ich denk mir, es is halt das Thema Tod und Auferstehung, (...) mh, man nimmt wahrscheinlich leichter bei Kindern das Thema ›ein Kind wird geboren‹ her und die Geschichte als das Thema Tod und Auferstehung. Ich weiß es nicht, ob's von dem kommt, aber vielleicht. Das ma das so, wo man nicht viel drüber nachdenkt und eben nicht in einem religiösen Kindergarten arbeitet, wo's halt vorgegeben wird, vielleicht neigt ma da dann dazu, ja, dass ma das so ein bisschen umgeht.*« (C, 504–510)

Die Pädagogin steht hier in der Ordnung der Bildungseinrichtung, der sie ihre eigenen religiösen Überzeugungen unterordnet. Sie benennt dies auch, wenn sie annimmt, dass man in der Ordnung eines religiösen Kindergartens anders mit dem Thema Tod und Auferstehung umgehen würde. Die diskursive Ordnung der Bildungseinrichtung prägt offensichtlich auch hier deren Inhalte.

Umgang mit religiöser Vielfalt

Die Pädagoginnen befragen im Aufnahmegespräch die Eltern nicht über die konfessionellen, religiösen oder nationalen Hintergründe der Kinder. Dies wird bewusst unterlassen, um Vorurteile entlang dieser Differenzlinien zu vermeiden.

> »*Es ist auch spannend, weil wir haben, das ist jetzt ein Sprung, aber wir haben, wenn wir die Kinder bekommen, kriegen wir nur den Namen und das Geburtsdatum und den Namen der Eltern und die Notfallsnummern. Aber wir haben keine Erhebung. Also wir wissen gar nicht, was die für eine Religion haben, die Kinder. […] Und, ja ich find's eigentlich ganz gut, weil (...) es schützt einem davor, dass man selber, sag ich jetzt einmal, auch ein bisschen so in ein Klischeedenken kommt. Und ich denk ma, wir arbeiten mit einer Altersgruppe zusammen, wo ich's auch nicht wissen muss. Weil eben es kann sein, dass es das Kind erzählt, ok, dann ist es Thema, dann kann man drüber sprechen und dann kann man auch sagen, du, wir können mal wen einladen, Mama oder Papa, und dann können uns die das mal erzählen, oder eben beim Geburtstag oder wie auch immer, also, oder man fragt die Eltern direkt, wenn's irgendwas ganz Akutes ist, aber sonst, ich denk mir, ja, (...)*« (C, 386–406).

Die Pädagogin vermeidet angesichts der Pluralität ihrer Gruppe in ein Klischeedenken zu geraten und Zuordnungen oder Fremdmarkierungen vorzunehmen. Deshalb werden in der Bildungseinrichtung keine Erhebungen über soziale Zugehörigkeiten der Kinder (Religion, nationale Herkunft, Familienverhältnisse etc.) gemacht. Wenn Religion oder religiöse Differenz von den Kindern her zum Thema wird, dann greift sie dies als Impuls für eine Einladung an die Eltern auf, die als Expert_innen (Erfahrene und mit der Religion vertraute Personen) darüber erzählen können. Von Eltern werden in Sachen Religion lediglich hin und wieder Speisevorschriften eingefordert, dann werden auch die Kinder über den Hintergrund solcher Gebote informiert.

> *»Wir hatten schon, also, muslimische Kinder auch, ahm, die kein Schweinefleisch gegessen haben und eben auch ahm, mal eben ein buddhistisches Kind, die hat dann kein Rindfleisch gegessen, und, das haben wir immer wieder, aber dadurch dass wir auch dann immer Unverträglichkeiten oder Vegetarier dabei haben« (C, 376–379).*
> *»Es wird dann schon [mit Religion verbunden], doch, das, doch, das sagen wir ihnen schon. Wir sagen, na der hat eine andere Kultur und Religion, ahm, die essen eben das oder das nicht, und, wenn wir den Grund wissen, auch darum eben, weil, das war zuletzt eben, ahm, ja weil die halt, eine Kuh halt sehr heilig ist für sie, dass das halt, ahm, ein sehr wertvolles Tier ist für sie, deshalb essen die das halt nicht. Ahm, dann, also wie's jetzt eben im Hinduismus oder so ist.« (C, 381–386)*

Religiös bedingte Unterschiede werden hier in die diskursive Ordnung der Pluralisierung eingeordnet und normalisiert. Die Markierung als »*andere Kultur und Religion*« und der Hinweis, dass etwa eine Kuh für »*sie*«, die »*andere*« religiöse Gruppe, heilig ist, zeigt wiederum, dass die Bildungseinrichtung im gesellschaftlichen Normalitätsdiskurs steht, in der Dichotomie zwischen einem »Wir« der hegemonialen Kultur und den »Anderen« der nichtchristlichen Religionen. Auf andere Religionen verweist Christa im Kontext der traditionellen Feste des christlichen Jahreskreises.

> *»Wenn wir das Martinsfest haben, haben wir dann schon thematisiert, ahm, naja, es gibt auch das Lichterfest, Divali, und das quasi in den verschiedenen Ländern und Religionen, das hab ich gmeint, also wenn dann so Feste sind, nehmen wir die zum Anlass, um das zu thematisieren.« (C, 422–425)*

Schwierigkeiten im Umgang mit religiösen Themen

Die Pädagogin erzählt davon, dass sie einmal in Erklärungsnot gekommen ist, als ein Kind nach der Entstehung der Welt fragte und der Evolutionstheorie den Schöpfungsglauben seiner Oma gegenüber stellte. Die Pädagogin hielt eine Bewertung ihrerseits zurück und fand schließlich in dieser Situation die Antwort, dass es eben unterschiedliche Erklärungsmodelle gibt.

> *»Na damals hab ich gsagt, naja, dass halt eben, dass es halt verschiedene Erklärungen gibt, und dass halt eben das in der Religion halt so erklärt wird, und das es halt Wissenschafter gibt, die erklärn das halt so, und (…) ich mein, ich wollt das dann*

> *auch nicht so sagen, ›nein, das stimmt nicht‹, weil ich find, die Oma ist eine wichtige Bezugsperson, und, wenn das für das Kind, also wenn das zu Hause das so hört, ahm, (...) ja, ich fand das sehr schwierig, das war war sehr schwierig, die Situation. Und ich hab dann halt eher gesagt, also ich hab nicht gsagt, ›das stimmt nicht‹, aber ich hab halt dann versucht, drüber zu sprechen mit dem Kind eben anhand dieses Thema, die Dinosaurier, und da hab ich auch gsagt, ›na da stehn auch, na es könnt, da hams, da steht, es könnte eine Eiszeit gewesen sein, es könnte ein Meteoriteneinschlag gewesen sein‹, das war ganz gut (lacht), das war in dem Buch so, und ich hab gsagt, ›so ist das, musst dir's halt so denken, die sagen halt es ist so.‹ [...] Und das war dann auch ok. Also ich musste dann auch nicht sagen, was jetzt richtig und was falsch ist. Ich hab das Gfühl, es war dann auch gut so für das Kind. Ich musste jetzt nicht sagen, das ist richtig und das ist falsch. Von diesen verschiedenen (lacht) Geschichten, sag ich jetzt mal. Ja. Das war halt eine Geschichte, ja.«* (C, 470–486)

Die Pädagogin ringt bezüglich der Entstehung der Welt nach einem Erklärungsmodell, bei dem sowohl das religiöse, als auch das evolutionistische Weltbild stehen bleiben können und keines der beiden bewertet wird. Dabei nimmt sie eine religiös-weltanschaulich distanzierte Position ein und versucht eine Erklärung auf einer »neutralen« Basis zu finden um das Kind nicht einem Konflikt zwischen einer naturwissenschaftlichen Position und der Glaubensposition seiner Oma auszusetzen.

Schwierigkeiten aufgrund unterschiedlicher kultureller Bedeutungssysteme

Christa benennt auch Schwierigkeiten im Zusammenhang mit unterschiedlichen Einstellungen, Erwartungen sowie mit sprachlichen und kulturellen Differenzen gegenüber den Eltern.

> *»Das ist sowieso immer auch eine Kunst, wenn man in der Elternarbeit so an seine Grenzen stößt, sag ich jetzt mal. Ahm, und, was schon, was manchmal schwierig ist, wenn man mit Eltern zusammen arbeitet, eben, die kein Deutsch verstehen, und auch aus einem anderen Bildungs-, sag ich jetzt mal, ah Bildung, also, Bildungswesen kommen und da vielleicht aufgewachsen sind und, sag ich jetzt einmal, nicht so wissen, was, wie man sich quasi als Elternteil im Kindergarten zu verhalten oder was da von einem erwartet wird.«* (C, 524–530)

Christa hat offensichtlich einen Normalitätsdiskurs vor Augen, wenn sie davon spricht, »*wie man sich quasi als Elternteil im Kindergarten zu verhalten hat*«. Sie steht in der hegemonialen Position des österreichischen Bildungssystems und erwartet von den Eltern, dieses anzuerkennen und entsprechende Anforderungen zu erfüllen. Im folgenden Abschnitt wird die Normalitätsvorstellung auf familiäre Beziehungen ausgedehnt.

> *»Die sind einfach einen Tag vorher, ich weiß gar nicht, wo waren die her? Ich bin jetzt grad nicht mehr sicher, aus dem Sudan, Ich weiß nimma, ah, das Kind ist dort bei der Oma gwesen und die Eltern waren schon da, und dann haben s'is nachgeholt, und dann hams'es gleich am nächsten Tag in den Kindergarten gebracht und das Kind war völlig durcheinander (lacht), weil der hat ja nicht einmal die Eltern richtig*

gekannt, und dann war er bei uns, also, und das war so, das ist so unverständlich für einen selber, und für die Eltern war das einfach dieses, ja sie geben ihm gute Bildung.« (C, 540–547)

Die Pädagogin versteht nicht, dass das betroffene Kind bei der Oma (statt bei den Eltern) aufwächst, aus dem Sudan geholt wird und ohne Übergang (also ohne die Eltern kennen zu lernen) gleich in die Bildungseinrichtung gebracht wird. Diese Vorgehensweise passt nicht in die Normalitätsvorstellung der Pädagogin (als Mitglied der hiesigen Gesellschaft), eine andere kann sie sich nicht als positiv vorstellen.

Als Barriere in der Zusammenarbeit mit Eltern benennt Christa zudem mangelnde sprachliche Verständigungsmöglichkeiten.

»Man merkt's halt dann trotzdem beim Elternabend, da war jetzt letztens der Papa da, und der hat schon gsagt, ›nein es geht schon‹, und dann sind wir aber drauf gekommen, eigentlich hat er fast nichts verstanden (lacht) ja. Und er hat natürlich nichts gesagt, und ich versteh's, ich würd dann auch nicht jedes Mal sagen, ›ahm Entschuldigung, wie war das jetzt noch einmal?‹ Das ist ja total unangenehm. Und ich mein, die sind sehr bemüht, die Eltern, aber trotzdem bin ich mir sicher, dass er einiges einfach verpasst hat, von wichtigen Informationen.« (C, 556–563)

Die Interviewpartnerin spricht hier eine Situation an, in der sie sich trotz bester Bemühungen als ohnmächtig erfährt. Sie kann den betroffenen Vater nur bedingt dabei unterstützen, die Informationen beim Elternabend zu erfassen. Zusätzliche Unterstützungsmaßnahmen, etwa das Ausgeben von Informationsblättern in unterschiedlichen Sprachen oder das Heranziehen eines/r Dolmetscher_in werden im Interview nicht angedacht und sind in der Praxis vermutlich auch nicht immer realisierbar. Sie erreicht durch Bemühungen um Pluralisierung (also die Verständigung gegenüber einem Vater, dessen Sprache sie nicht kann) nicht die angestrebte Homogenisierung (also, dass alle Eltern dieselben Informationen erhalten und verstehen) und lässt diese Ambiguitätserfahrung in einem Zwischenraum als ungelöst stehen.

Pädagogische Ausrichtung

Die Pädagogin erzählt sehr ausführlich vom pädagogischen Konzept der Bildungseinrichtung und über ihre persönlichen Grundsätze in der Arbeit mit den Kindern. Es ist ihr wichtig, das Kind in den Mittelpunkt zu stellen und zu den Kindern intensive Beziehungen aufzubauen. Besondere Bedeutung misst Christa auch dem sozialen Lernen und den wechselseitigen, intensiven Beziehungen unter den Kindern bei. Als wichtigste Phase im Tagesablauf nennt sie die Freispielzeit, die – nach Bedürfnislage und Wünsche der Kinder – fallweise auch zeitlich ausgedehnt wird.

»Ich würd mal sagen, wir versuchen schon eigentlich das Kind in den Mittelpunkt zu stellen, so ganz banal und platt sich das jetzt anhört (lacht), aber wir versuchen schon das Kind, also auch wirklich das Kind als Einzelnen, aber halt auch in der

> *Gruppe in den Mittelpunkt zu stellen und diesen, ahm, zum Beispiel dem Freispiel auch viel Raum zu geben, (…) dem sozialen, Lernen auch, also ich würd sagen, das hat einen ganz hohen Stellenwert eigentlich bei uns. Ahm, (…) und auch diese Beziehungsarbeit, die eigentlich eh wahrscheinlich immer Teil ist, aber ich hab das Gfühl, das is schon nochmal anders, weil wir einfach wirklich einen guten Betreuungsschlüssel haben und ich hab das Gefühl, die Beziehungsarbeit, die wir mit den Kindern haben, und die Beziehung die wir da haben, die ist schon stark, die erleb ich als sehr intensiv, und ich hab auch das Gfühl, dass die Kinder untereinander eine sehr starke Beziehung haben, und zwar natürlich immer auch zu einzelnen Kindern, aber auch stark mit vielen, also ich hab das Gfühl, dass die meisten da auch zu unterschiedlichen Kindern in der Gruppe eine starke Beziehung haben. Also dass dieses soziale Lernen hat schon einen hohen Stellenwert. Und, ich find das, also ich find's eigentlich auch sehr wichtig grade in dem Alter, weil ich ma denk, grad so dieses sich selbst wahrnehmen lernen und Selbstwertgefühl aufbauen und die Grenzen, die eigenen Grenzen kennen lernen, die Grenzen des anderen kennen lernen, ahm, stark zu werden innerlich, ahm, und auch zur Ruhe zu finden und Ausgeglichenheit, ahm, ja, das seh ich im Freispiel halt einfach, ich find, das ist eben da ganz toll, für alle diese, diese, diese Lernbereiche. Ja.«* (C, 688–708)

Hier wird das Wechselspiel von Homogenisierung und Pluralisierung nochmals deutlich zum Ausdruck gebracht. Die Pädagoginnen verfolgen einerseits das Ziel, die Gruppe in ihrem Zusammenhalt – also als homogene Gemeinschaft – zu stärken und zugleich jedes Kind in seiner Individualität wahrzunehmen sowie gute Beziehungen aufzubauen. Die Pluralisierungsstrategie, die dem dominanten Diskurs der Bildungseinrichtung entspricht, wird hier mit der Homogenisierungsstrategie kombiniert, um die Gemeinschaft und das soziale Lernen nicht aus dem Blick zu verlieren.

Haltung gegenüber Diversität

Zum Schluss des Interviews hebt Christa nochmals hervor, dass sie im Zusammenhang mit Pluralität eine entsprechende »*Haltung*« als bedeutend ansieht.

> *»Mhm, ahm, (…) ja, vielleicht, also ich mein, das war jetzt eh schon Thema, ich hab's vielleicht nicht so explizit gesagt, oder nicht sagen können, aber ich, mir wird das so bewusst jetzt, das ich mir denk, das ist eigentlich ein ganz wichtiges Thema, aber es ist für mich ein wichtiges Thema, das für mich eher so die Haltung oder hm, die, ja die Haltung glaub ich trifft's eh, ahm, für mich als Kindergärtnerin prägt, oder prägen sollte, […] ja, die Arbeit prägt oder den Umgang miteinander.«* (C, 921–936)

Anstatt einer direkten Thematisierung von kulturellen und religiösen Unterschieden plädiert Christa für eine Haltung, die Diversität würdigt und die tägliche Arbeit und den Umgang miteinander prägt. Sie kann sich aber auch vorstellen, situationsbedingt über kulturelle Bezüge der Kinder zu sprechen, wenn dies aufgrund aktueller Erfahrungen nahe liegt.

> *»Wenn ma Kinder hat aus verschiede, also wo die Eltern aus verschiedenen ah Ländern kommen oder die vielleicht selber noch gar nicht so lange in Österreich*

sind oder da auch oft die Großeltern besuchen und da wirklich einen Bezug auch dazu haben, oder auch vielleicht auch nur mal auf Urlaub waren, also, das kann ja ganz ganz unterschiedlich sein, ah, dann kann das sicher auch ganz toll sein, das, das als Projektthema zu haben, ja, oder wo man mal ins Museum geht, oder, was auch immer, ja, ich denk mir, da gibt's sicher ganz viele Möglichkeiten, ahm, (…) aber es hat für mich eben nicht diesen Stellenwert. Es ist der Stellenwert, der hohe Stellenwert ist da eigentlich noch eben in dieser Haltung. Ja. Und diese Toleranz für Unterschiedlichkeit einfach und das, i denk ma, soll sich ja nicht nur auf kulturelle Unterschiedlichkeit beschränken, ja. Und wenn man das ernst nimmt, denk ich ma, dieses, die Individualität jedes Kindes zu stärken und es quasi zu fördern, dann steckt das für mich eigentlich mit drinnen. Genau.« (C, 946–958)

Für Christa hat die Thematisierung von Diversität keinen hohen Stellenwert, vielmehr favorisiert sie eine Haltung, die sich in einer Toleranz für Unterschiedlichkeit äußert und auf die Stärkung der Individualität jedes Kindes bedacht ist. Sie plädiert für Pluralisierung im Sinne einer Differenzierung und Individualisierung und bedient damit nochmals den Diskurs, der die Räume der Bildungseinrichtung prägt und sich auch in dessen pädagogischer Arbeit äußert.

Zusammenfassung – diskursiver Kontext

Die elternverwaltete Bildungseinrichtung, in der Christa tätig ist, wird von einem Pluralisierungsdiskurs geprägt. Viele Kinder stammen aus Familien, deren Eltern für eine bestimmte zeitliche Periode immigriert sind, um an der angebundenen Universität zu lehren und zu forschen. National-kulturelle und sprachliche Vielfalt sind daher eine Selbstverständlichkeit in diesem Kindergarten. Auch die Räume tragen einen Pluralisierungsdiskurs, weil sie zum einen über viele Jahre gewachsen und daher aus verschiedenen Elementen und Raumteilen zusammengesetzt sind, zum anderen weil einige Generationen an Kindern, Eltern und Pädagog_innen in der Raumgestaltung ihre Handschrift hinterlassen haben. Damit ist eine kulturelle Kontaktzone eingeschrieben, der niemand in diesem Kindergarten ausweichen kann. Zugleich wird damit unvermeidbar eine Normalisierung eingeführt, die homogenisierendes Potential hat. Es ist nicht möglich, die Kontaktzone nicht zustimmend zu betreten, ihre Ablehnungspotentiale durch offenkundige Differenzen müssen im Hintergrund bleiben. Überraschungsmomente werden dadurch kontrollierbar, während sich aber in dieser Kontaktzone nur beschränkt ein Zwischenraum einstellen kann.

Die pädagogische Orientierung entspricht dem Pluralisierungsdiskurs durch eine situations-orientierte, diversitätsbewusste und an der Individualität des Kindes ausgerichtete Bildung und Erziehung. Sprachliche Pluralität kommt in vielfacher Weise zum Ausdruck und scheint in der uninahen Bildungseinrichtung einen hohen Stellenwert zu haben. Den Umgang mit der Pluralität familiärer, kultureller oder religiöser Prägungen verortet Christa in einer Haltung, die sich in einem toleranten, achtsamen und differenzsensiblen Umgang miteinander äußert. Die explizite Thematisierung kultureller oder religiöser Unterschiede lehnt die Interviewpartnerin eher ab, es sei denn, sie würde von den Kindern oder anlassbedingt initiiert werden. So greift sie etwa Reiseerzählungen eines Kindes zu seinen Verwandten in der Türkei auf und berichtet beim Martinsfest über Lichterfeste anderer Religionen. Die religiöse oder nationale Zugehörigkeit der Kinder wird von der Bildungseinrichtung nicht erfasst, um ein »Klischeedenken« zu vermeiden. Von den Pädagoginnen werden keine sozial-kulturellen oder religiösen Zuschreibungen unternommen und Fremdmarkierungen vermieden. Dass Christa dennoch im gesellschaftlichen Normalitätsdiskurs steht, wird sichtbar, wenn sie etwa von »anderen« Kulturen, Hautfarben oder Bildungsvorstellungen spricht. Die Irritation über das Bildungsverständnis der Eltern aus dem Sudan oder die Hilflosigkeit gegenüber dem Vater, der am Elternabend wichtige Informationen nicht verstanden hat, bleiben offen und lassen sich nicht so ohne weiteres auflösen. Die dabei auftretenden Überraschungen können nicht mit einem Differenzdiskurs aufgefangen und bewältigt werden. Christa kann diese Erfahrungen lediglich benennen und als solche stehen lassen, sie muss die Ambiguität aushalten. Ebenso wie die anderen Interviewpartnerinnen versucht Christa gegen rassistische Diskurse anzusprechen und Vielfalt als positiven Wert darzustellen.

Ein Zwischenraum entsteht, wo sie der Frage eines Kindes nach der Entstehung der Welt mit einer offenen Antwort begegnet, die sowohl eine naturwissenschaftliche Erklärung als auch die Glaubensposition seiner Oma wertneutral stehen lässt. Damit verhindert sie, dass die Autorität der Oma gefährdet wird und ermöglicht dem Kind, zwischen verschiedenen Möglichkeiten der Welterklärung eine eigene Antwort zu finden. Obwohl sie diese Situation als sehr schwierig erfährt, weicht sie der Komplexität nicht aus und versucht eine adäquate Antwort jenseits von Bewertungen zu entwickeln.

Das Kind, das sich im Selbstportrait braun ausmalt, erfährt durch die sensible Begleitung der Pädagogin einen Zwischenraum, der ihm ermöglicht, entgegen seinem Alltagswissen die Sommerbräune seiner Haut abzubilden und damit biologistische und rassistische Identitätsfixierungen zu überschreiten. Das Kind weiß um die gesellschaftliche Normalitätsvorstellung, kann sich aber mithilfe der Pädagogin davon absetzen.

Ein produktiver Kommunikationsraum entsteht, wo Christa das sprachliche »Empowerment« der Kinder anerkennt und ihren spielerischen Umgang mit Sprachen (»tun als ob«) nachahmt. Hier dreht sich die »normale« Ordnung um, die Erwachsene lernt von den Kindern. Christa spricht – wie die Kinder – ganz unbefangen mit einem Kind, dessen Sprache sie nicht verstehen kann und das auch umgekehrt die Pädagogin nicht versteht. Dadurch entsteht – abseits der sprachlichen Verständnislosigkeit – ein produktiver Kommunikationsraum zwischen Pädagogin und Kind, auf dessen Basis das Kind Beziehung knüpfen, Zugehörigkeit erfahren und schließlich spielerisch die gemeinsame Gruppensprache erlernen kann. Die Pluralisierungsstrategie und die Homogenisierungsstrategie werden in dieser Situation von ihren Stärken her miteinander kombiniert. Das

Nicht-Verstehen erweist sich als Zwischenraum, in dem eine überraschende interkulturelle Begegnung möglich wird.

Die »Heile Welt« im Kindergarten wird durch eine »*Kultur des Zusammenlebens« (C, 860)* gesichert, die sich als »Pluralität in Homogenität« bezeichnen lässt. Sie scheut Komplexität nicht, eröffnet produktive Räume jenseits konventioneller Vorstellungen und lässt sich überraschen.

7.4 Der Ort von Daniela

Über die Sprecherin

Daniela ist eine junge Kindergartenpädagogin in ihren ersten Dienstjahren. Sie hat zusätzlich zur Grundausbildung eine Montessori-Ausbildung absolviert und einen Kurs für *»frühsprachliche Förderung« (D, 554)* besucht. Zur Zeit des Interviews studiert sie an einer Fachhochschule für Sozialarbeit, weil sie sich nicht vorstellen kann, bis zur Pensionierung in diesem Beruf zu bleiben.

Sozialräumlicher Kontext des Kindergartens und Raumnutzung

Daniela ist als gruppenleitende Kindergartenpädagogin angestellt. Das Interview findet im Personalraum des Kindergartens statt, weil der Gruppenraum der Interviewpartnerin zur Zeit des Interviews nicht zugänglich ist. Hinterher gibt es aber für mich die Gelegenheit, die Räume zu sehen, die Daniela im Interview beschrieben hat und die Ordnung derselben wahrzunehmen.

Der Kindergarten, in dem Daniela tätig ist, befindet sich in einer Landgemeinde und ist in öffentlicher Trägerschaft. Die Interviewpartnerin erzählt von einer Anbindung an die Pfarre bei vereinzelten Festen des kirchlichen Jahreskreises, etwa beim Erntedank. Es ist dem Team wichtig, zu zeigen, dass der Kindergarten zur Gemeinde dazu gehört.

> *»Wir haum, Erntedank eben, wo ma hoit a präsent sei woin jetzt für die Gemeinde do a, oiso, wir san a Kindergarten, des is a Fest, wo die Schule mitmacht, wo da Singkreis mitmacht, warum solln wir uns ausklinken, oiso, des is, uns oba schau a so a bissl wichtig, das de Leit sehn, wir san da, [...] wir wolln ja zoagn, wir ghern da her und wir ghern da dazua« (D, 157–163).*

Hier wird ein Bedürfnis nach Zugehörigkeit und Gesehen-Werden am Beispiel der Beteiligung an einem kirchlichen Fest ausgedrückt, wo sich traditionsgemäß die Vereine und Bildungseinrichtungen der Gemeinde beteiligen. Die politische Gemeinde wird dabei deckungsgleich zur Pfarrgemeinde dargestellt. Diese Erzählung am Beginn des Interviews deutet einen Homogenisierungswunsch und eine Verbundenheit mit dem ländlich traditionellen Kontext an. Der Kindergarten scheint von einem Homogenisierungs- und Traditionsdiskurs geprägt zu sein.

7. Interviews mit Elementarpädagoginnen

Die Sehnsucht nach Bleibendem und Tradition findet sich in der Raumgestaltung der Pädagogin wieder. Daniela strukturiert den Raum zu Beginn des Kindergartenjahres und versucht die geschaffene Ordnung dann durch das Jahr hindurch weitgehend beizubehalten, weil sie mit Beständigkeit Sicherheit verbindet.

»Mir is wichtig, dass die Kinder se einfach wohl fühlen kinan und a gewisse Sicherheit haum, oiso, i stö net vü in oam Jahr um, des mecht i a gar net, weil i glaub, dass des wieder gaunz vü Unruhe eini bringt, oiso es kaun scho moi sein, dass se a Tisch verstöt, oder ahm, dass amoi aus der Puppenecke a Kuschelecke wird, des schon, aber so jetzt dass i da wüd herumram, des moch i net, des moch i nur oamoi im Sommer.«
(D, 33–38)

Die Pädagogin schreibt hier den Kindern ein Bedürfnis nach Sicherheit zu, das aber auch als ihr eigenes Bedürfnis nach Beständigkeit und Ordnung gelesen werden kann. Veränderung verbindet die Interviewpartnerin mit Unruhe, Pluralisierung scheint dem Traditions- und Homogenisierungsdiskurs der Einrichtung entgegen zu stehen. Und doch öffnet Daniela den Gruppenraum, den sie als sehr klein und begrenzt erlebt. Sie erweitert ihre Räume durch die Schaffung kleiner Nischen am Gang, um den Bedürfnissen der Kinder nach Rückzugsmöglichkeiten entgegen zu kommen.

»Mei Gruppenraum, is, find ich, sehr klein, mit dem fang i an, jetzt amoi an, ahm, sehr begrenzt, einfach a von den Möglichkeiten, von den Möbeln her, sich da kreativ zu entfalten, da, oiso des is ganz schwierig, […] aber es is, ja wir haum ihn mittlerweile, glaub i, gaunz guat im Griff. Wir versuchen a draußen Bereiche zu nützen, was halt oft net so sehr toll is, weils genau neben dem Nassbereich is, aber die Kinder taugt des voi, dass se se da a bissl zruck ziehn kinan, und, ja oiso ich fühl mich sehr wohl, i glaub, a die Kinder fühlen sich sehr wohl drinnen« *(D, 12–21)*.

Die Interviewpartnerin äußert eine hohe Identifikation mit dem Gruppenraum und seiner Gestaltung. Die Aussage, dass sie den Raum »*im Griff*« hat, inkludiert eine nicht geäußerte Gefahr, dass dem Raum ein gewisses Eigenleben inne wohnt und seine Ordnung auch entgleiten könnte. Diese Lesart bestätigt folgende geschilderte Erfahrung der Pädagogin über die Puppenecke:

»Puppenecke, oiso do hob i a mitkriagt, dass des wichtig is, dass des abgrenzt is, oiso a Puppenecke, de net wirklich Wände hat, wo nur mit oam kloan Eingang, des funktioniert net. Sie san immer heraußen. Da wird dann der ganze Gruppenraum zur Puppenecke. Oiso, des kaun schau moi sein, dass se spaziern geh meaßn mit an Buggy oder so, aber da wird sunst der ganze Gruppenraum Puppenecke, waun des net wirklich so a bissl a geschützter Bereich is, wo a net jeder glei eini schaun kaun.«
(D, 40–46)

Die Pädagogin möchte nicht, dass die Kinder zu jeder Zeit raumgreifend spielen und agieren, sie braucht geschützte Bereiche, durch welche die Kinder in kleine, überschaubare Gruppen aufgeteilt sind, die man gut überblicken und kontrollieren kann. Dass die Kinder diese geschützten Bereiche *brauchen*, lässt sich anzweifeln, wenn sie laut Schilderung der Interviewpartnerin dazu drängen, raumgreifend zu spielen, sobald die »Wände« weg sind.

Die Raumnutzung durch die Kinder beschreibt Daniela geschlechterdurchmischt. Auch die Spielinhalte unterscheiden sich bei Mädchen und Buben laut Beobachtung der Pädagogin nicht voneinander.

> »Wir haum gaunz vü Mädls, vor allem die großen a, die irrsinnig gern in der Bauecke san, de des a verteidigen, eanane Sachen, die sie jetzt da gebaut haum und oft amoi die Buben a gar net einalassn, und ober in der Puppenecke a, oiso wir haum a dreijährige Buam, oba a fünfjährige, die a immer wieder moi in der Puppenecke zu finden san.« (D, 67–71)

In der Beschreibung des Spielverhaltens von Mädchen und Buben werden landläufige Geschlechterrollen umgedreht. Die Mädchen verteidigen ihren Raum in der Bauecke und die Buben sind in der Puppenecke zu finden. Von den Eltern oder Kindern gibt es vereinzelt Widerstand, wenn Mädchen oder Jungen Tätigkeiten abseits von traditionellen Geschlechterrollenzuschreibungen ausführen.

> »Es is oft schwierig, weil wir haum schau Eltern, oiso letztens hab is wieder moi mitkriagt von einem Elternpaar, wo er gsagt hat, a ›da is die Puppenecke, aber die is ja eh nix für di.‹ Bei am Buben. Des hauma a scho ghobt.« (D, 74–76) »Mir haum schau moi a Kind ghobt, des a gsogt hot, ›na i tua sicher net putzen, des machen die Frauen‹, oiso solche Sachen hoit (lacht)« (D, 431–432).

Die Pädagogin spricht hier gegen traditionelle Geschlechterrollen an, sie möchte einen Pluralisierungsdiskurs bedienen und sich vermutlich als modern präsentieren. Ihr Anspruch lautet, dass Mädchen wie Jungen die verschiedenen Spielbereiche gleichberechtigt nutzen und hauswirtschaftliche Tätigkeiten gleichermaßen verrichten.[358]

Zusammensetzung der Gruppe

Die Zusammensetzung der Kindergruppe beschreibt Daniela zunächst entlang altersbedingter Kategorien, sowie nach dem Geschlecht.

> »Wir haum 8 Schulanfängerkinder, ahm, 8 Mittelgruppenkinder, und 8 Untergruppenkinder, wovon zwoa grod jetzt erst drei wordn san. [...] Mädls und Burschen hauma, mehr Mädls wie Burschen heuer, 10 Buam, 14 Mädls, genau.« (D, 58–64)

---

358 Die Auflösung der Zuordnung von Mädchen zur Puppenecke und Buben zur Bauecke wird sich m. E. solange als schwierig gestalten, solange diese räumlichen Teilungsverfahren mit ihren Bezeichnungen aufrechterhalten werden. Diesen sprachlich definierten Raumteilen haftet ein Geschlechterrollendiskurs an, der seine Ordnung aufzwingt und selbst im offenen Widerstand zugleich reproduziert wird, weil es stets etwas Außergewöhnliches (außerhalb der Gewohnheit oder des Normalitätsdiskurses) bleibt, wenn Mädchen die Bauecke nutzen und Buben in der Puppenecke spielen.

7. Interviews mit Elementarpädagoginnen

Hier wird eine klare Zuordnung mit eindeutigen Gruppengrenzen genannt, die mit einrichtungsinternen Titeln (Mittelgruppenkinder, Untergruppenkinder) markiert werden. Die Zusammensetzung der Gruppe erscheint dem Alter nach sehr ausgewogen (8/8/8) und erfährt auch geschlechtlich eine relativ gute Mischung. Auf die Frage nach »Kindern mit Migrationshintergrund«[359] erzählt Daniela, aus welchen Nationen die Kinder der Gruppe kommen, wobei sie zwischen erster und zweiter Generation differenziert.

> *»Oiso, ein Kind mit, wo die Eltern aus Kroatien san, ein Kind, wo die Eltern aus Rumänien san, ein Kind, da is die Mama aus Belgien, also es spricht Französisch mit der Mama, und daun hoit einfach Kinder, schon gehabt, jetzt a wieder, wo die Eltern einfach scho in zweiter Generation da san. Oiso wo nu so a bissl was von der andern Kultur scho nu da is, oiso Sprache eventuell nu a bissl, und a der Bezug zu diesem Land, dass ma öfter da hin auf Urlaub fahrt, und solche Sachen, des scho, i hob a a Kind, des zum Beispiel net Oma Opa sagt, sondern zu den Großeltern immer nu Baba und Deda, des is, (…) net Kroatisch, ober da unten, Bosnisch glaub i, irgendwie so, da unten hoit, wo die Eltern aber a scho da geboren san, teilweise. Oiso, des is jetzt mehr scho die zweite Generation. Ja.«* (D, 108–117)

Bei dem Kind, wo »*die Mama aus Belgien*« kommt, wird anerkennend erwähnt, dass das Kind mit der Mama Französisch spricht, während die Kinder, die schon in zweiter Generation da sind, nur noch *Reste* der anderen Sprache oder Kultur haben, so, als müssten diese überwunden werden. Kroatisch und Bosnisch sind die Sprachen von »*da unten, […] da unten hoit*«, eine unkonkrete und zugleich landläufige Ortsangabe, bei der nicht zufällig »unten« mit einer schlechteren Bewertung zusammen fällt. Südlichen Sprachen wird gegenwärtig weniger Kulturwert beigemessen als nördlichen Sprachen, etwa Englisch oder Französisch.[360] Diese Ordnung scheint in den Ausführungen der Interviewpartnerin durch. Die Kategorie »*in zweiter Generation*« charakterisiert die Interviewpartnerin mit den Resten von »*der ander[e]n Kultur*«, einer Sprache oder einem Bezug zum Herkunftsland eines Familienmitgliedes. Kultur erscheint in dieser Diskursposition als eine distinkte, unveränderliche Größe. Sie kann überwunden oder verlassen werden, wobei Reste derselben mitunter über mehrere Generationen bestehen bleiben. Eine Transformation oder Hybridisierung ist in dieser Position nicht denkbar. Die Kultur anderer wird – wenn auch nicht explizit – von der eigenen Kultur unterschieden und »*da unten*« lokalisiert, was dem Normalitätsdiskurs,

---

359 Diese Kategorie wird hier wiederum von mir als Interviewerin eingeführt und deshalb von der Interviewpartnerin reproduziert, wobei sie eine Differenzierung in eine »zweite« Generation vornimmt. Ihrer Ausführung nach müsste es sich allerdings bei den betroffenen Kindern um die dritte Generation handeln, die rechtlich nicht mehr als »Personen mit Migrationshintergrund« gelten.

360 An dieser westeuropäisch wenn nicht weltweit etablierten Ordnung kann man ablesen, wie sich Diskurse im Laufe der Geschichte verändern. Galten früher Latein und Griechisch als die Sprachen von Bildung und Universalität, so sind es gegenwärtig Sprachen, die eine westliche, moderne Gesellschaft repräsentieren.

der Dichotomie zwischen der westlichen, europäischen und jener des Südens (oder Orients) entspricht.

Kulturen – »Eine Reise um die Welt«

Dieser Kulturbegriff setzt sich in den Erzählungen über zwei Großprojekte fort. Daniela berichtet, dass sie einmal das Jahresthema *»Eine Reise um die Welt« (D, 941)* und im darauffolgenden Jahr das Thema *»Bräuche in [der Region]«*[361] mit den Kindern erarbeitet hat. Im ersten Projekt stellt sie, ähnlich wie Anna, entlang des Jahresfestkreises verschiedene Länder mittels Fotos, Fahnen, Lieder, Tänze, Spiele, typischen Speisen u. a. vor. Das Projekt verpackt sie in die Geschichte von Felix, einer Stofffigur, die auf Reisen ist und immer wieder (von der Pädagogin verfasste) Briefe an die Kinder schickt.

> *»Wir san a bissl systematisch vorgaunga, er war in Europa, und daun so in der Weihnachts, oiso Weihnachten und Winter, da is er daun so über Grönland drüber, daun woan ma in Afrika, in Amerika bei die Indianer im Fasching, des hot daun guat passt und daun hoit wieder so hoam so im Sommer über über Afrika« (D, 210–213).*

Über die inhaltliche Gestaltung der Projekte erzählt die Pädagogin:

> *»Ja, wir haum daun [beim Thema: Afrika] a a Trommel gebastelt, oiso aus diese, so Blumentopftrommeln hauma gmocht, und was gekocht, was Afrikanisches, was mit Couscous und solche Sachen« (D, 238–240). »Und oiso in der Türkei hauma daun eben, is wieder der Brief kumma, und de san a immer länger woan, weil die Kinder immer besser woan san a beim Aufpassen. [...] und, des hab i zaumgschriebn, jo, des hob i ma immer vorher so im Internet, und i hob ma a Buch kauft, da wo vü besondere Sachen drin gstaundn san, dann eben die Bilder dazua und was i hoit so ghabt hab a von selber von der Türkei, dieses blaue Auge und, dieses alles sehende Auge eben, was zum Angreifen und ahm, do hauma daun a über des gredt, dass diese, übern andern Glauben hoit mit da Moschee und wie des is, solche Sachen, und daun hauma a Baklawa hauma daun ko, oiso gebacken, daun im Endeffekt, an türkischen Tanz hauma gmocht, und ja« (D, 249–260).*

Mit großem Engagement präsentiert die Pädagogin den Kindern fremde Länder und Kontinente und beabsichtigt eine Pluralisierung im Sinne einer Wertschätzung anderer Lebensweisen (Kulturen) und der Vermittlung von Wissen über dieselben. Dabei reproduziert sie zunächst die landläufige Vereinfachung und Stereotypisierung von Kulturen und deren Traditionen. Das jeweilige Land oder der Kontinent werden anhand stereotyper Kombinationen (Afrika und Trommeln) repräsentiert und zugleich als »fremd« markiert, während die Vielfalt und Komplexität kultureller Bedeutungssysteme wenig Aufmerksamkeit bekommt. Je weiter weg sich die Orte befinden, umso größer werden die geographischen

---

361 Die Interviewpartnerin nennt hier das Bundesland, das ich aus Gründen der Anonymisierung mit »der Region« ersetzt habe.

Einheiten gefasst. Afrika erscheint so fern und fremd, dass es nicht in Nationen ausdifferenziert wird (was dem gängigen gesellschaftlichen Diskurs entspricht). Die Pädagogin präsentiert die Länder und Kontinente mittels Bildern, Gegenständen und Dingen die man angreifen, kosten oder »ganzheitlich wahrnehmen«[362] kann. Vielleicht wird deshalb der Islam als »*andern Glauben hoit mit da Moschee*« bezeichnet. (Das »Bild« der Moschee steht im Vordergrund, mit dem Bild wird die Religion »veranschaulicht«.) Das Besondere, Fremde und Exotische wird herausgestellt und als Bereicherung für die hiesigen Kinder vorgeführt (Orientalismus).

> »*Die Kinder san, ja, so offen gwesen auf ois, auf des, wie begrüßen sie denn de do in am andern Land, ah, ›Merhaba‹ hoaßt genau desselbe wie waun i jetzt zu dir ›Hallo‹ oder ›Grüß Gott‹ sag, solche Sachen, oiso sie warn da total wissbegierig*« *(D, 220–222).*

Andere Kulturen werden hier als Wissensgegenstände vermittelt, wodurch die Auseinandersetzung mit dem Fremden ausbleibt. Der »touristische« Zugang ermöglicht ein distanziertes Wahrnehmen des Fremden, Besonderen, Exotischen, ohne davon beansprucht zu werden.[363] In einer solchen Vorgehensweise werden Kulturen und Länder – ja Kontinente – als distinkte Größen präsentiert, die man besuchen kann, anschauen kann, ohne sich mit ihnen oder den kulturell verschiedenen Menschen ernsthaft auseinandersetzen zu müssen. Dem »Inter« einer »Interkulturellen Pädagogik«[364] wird dies nicht gerecht, es kommt nicht zu einer realen Begegnung unterschiedlich geprägter Menschen oder Kinder, sondern zu einer distanzierten, touristischen Information über andere Länder, die als »fremd« und »weit weg« markiert werden, mit denen man also im Alltag nichts zu tun haben muss.

> »*Es war dann a gaunz lustig oft wie in Spanien sagt daun des Mädl, ›ja des Liadl kenn i jo eh aus da Kinderdisko, wie i auf Urlaub war‹ und oiso, solche Sachn san daun a kumman oder, jo, oder, ›des hob i a schau moi gheart‹, oder, ›des klingt ja lustig‹, oder wauns jetzt a Liadl is, des was auf Deutsch a gibt, waun des daun in ana aundan Sproch war, oiso es hat eana voi gfoin.*« *(D, 231–235)*

Die Pädagogin nimmt allerdings wahr, wo Brücken von der fernen Betrachtung zu realen Erfahrungen der Kinder entstehen. Zudem sucht sie nach Anknüpfungspunkten mit in der Gruppe vorhandenen Biographien. Zur Veranschaulichung landestypischer Symbole oder Gegenstände bindet Daniela etwa Eltern mit entsprechenden kulturellen Bezügen ein und bittet sie darum, entsprechende Materialien aus »*ihrem Land*« *(D, 266)* mitzubringen (Lebensweltbezug).

---

362 Dieser Ansatz entspricht dem Anspruch der Elementarpädagogik, den Kindern Wissensgegenstände so zu vermitteln, dass eine »ganzheitliche Wahrnehmung« derselben möglich ist, also möglichst alle Sinne der Kinder angesprochen werden.
363 Eine solche »touristische« Zugangsweise kritisiert insbesondere Wagner in ihrem »vorurteilsbewussten« Ansatz. Vgl. Wagner, Handbuch Kinderwelten, 25.
364 Vgl. Wagner, Handbuch Kinderwelten, 25.

> *»Wir haum a einen türkischen Vater, genau, den hob i vorher vergessen, der aber glaub i mit der Türkei nimma so vü zum tuan hot, weil i hob ihn gfragt, ob a a Fahne hat, dann hat er mi angschaut, wie waun i, waun ihn gfragt hätt, ob er sunst was hat (lacht)«* (D, 242–245).

Dieses Beispiel zeigt, dass die Zuschreibung zu einer bestimmten Nation, die von der Pädagogin vorgenommen wird, mit der Selbstzuordnung derselben divergieren kann. Der Vater reagiert sichtlich irritiert auf die Frage, ob er eine türkische Fahne mitbringen könnte. Die Pädagogin respektiert diese Distanz des Vaters zur Türkei und stellt folglich auch im Rahmen des Projektes keinen Bezug zwischen dem Kind des *»türkischen«* Vaters und der Türkei her. Sie erweist sich hier als hoch sensibel für unterschiedliche Ordnungen.

> *»Und de, des Kind hat a nie was gsogt, dass, hoit, jo, ›i war amoi auf Urlaub‹, aber des haum fünf andere a gsogt, oiso, na, mehr net. Des war ganz witzig.«* (D, 291–292)

Das Kind wird hier also nicht als »türkisch« identifiziert und folglich weder als solches den Kindern präsentiert oder als »fremd« markiert. Obwohl die Pädagogin davon irritiert ist, dass die Herkunft des Vaters vom Kind nicht thematisiert wird (*»Des war ganz witzig.«*), respektiert sie diese Entscheidung oder Selbstwahrnehmung von Vater und Kind. Daniela lässt die Pluralität differenter Ansichten von Zugehörigkeit (ihre und jene des Vaters) als solche stehen und beansprucht – anders als Britta – nicht die Definitionsmacht über die Nationalität des Kindes.[365]

In einem anderen Beispiel aus dem Interview gelingt der direkte Biographiebezug zu einem Kind in der Gruppe. Es ist just in der Zeit dieses Projektes *»Eine Reise um die Welt«* aus Peru immigriert. Daniela nützt die Gelegenheit und lädt die peruanische Mutter in den Kindergarten ein, um den Kindern ihr Herkunftsland zu präsentieren.

> *»I hob in dem Jahr hob i ahm a Kind ghobt, wo die Mama aus Peru war, die is unterm Jahr dazua kemma, und genau bei dem Kind war dann a bei dem Geburtstag dann natürlich a Peru dran, da is daun a die Mama kumma und hot mit die Kinder des daun gekocht von ihrem Land, und hat dann die Kinder daun sogar nu ah, ein Märchen erzöht von die Inkas und oiso des war voi spannend a, […] oiso des war, hat a die Eltern, dem Vater total guat gfallen, weil da hat des Kind eben a Spanisch gredt, gaunz vü mit der Mama, und der war total happy, dass des so integriert wordn is und, weil hoit des Kind daun a wos Bsundas woa, weil des kaun ja nur sie, und die Mama eben a kemma hot derfn, und, oiso des war ganz toll.«* (D, 263–272)

---

[365] Damit handelt sie anders als Britta und ihr Team, die nicht verstehen, das die *»Mutter aus dem Iran oder Irak«* beansprucht, ihre Kinder seien aus Österreich, während die Pädagoginnen die Herkunft der Kinder auf jene der Mutter fixieren.

7. Interviews mit Elementarpädagoginnen

Hier wird die aktuelle Lebenssituation des Kindes aufgegriffen und seine familiäre Prägung präsentiert.[366] Durch die zeitnahe Immigration entspricht die peruanische Kultur dem realen Kontext des Kindes, der durch die Mutter eine authentische Repräsentation erfährt. Mutter und Kind scheinen sich mit dieser Herkunft zu identifizieren und darüber zu freuen, dass sie diese im Kindergarten präsentieren dürfen.

> *»Und für's Kind a, weil's hoit gmerkt hot, a wenn i vielleicht a bissl anders red, aber, boah, des, de andern finden des jo echt klasse, dass i a andere Sprach a kaun. Oder dass meine Mama des ois woaß.« (D, 301–303)*

Entgegen einer Isolation des »fremden Kindes« in der Gruppe, bindet die Pädagogin dessen Biographie und aktuelle Lebenssituation in das bei den Kindern beliebte Projekt der »Reise um die Welt« ein und weckt damit das Interesse der anderen Kinder an der »Fremden«. Die andere Sprache wird als Kompetenz gewürdigt, sie muss nicht versteckt werden. Durch die Begegnung mit Kind und Mutter wird das ferne Land ganz nahe, die beiden repräsentieren peruanische Kultur.

> *»Wo die Kinder des daun a sehr fasziniert hat, boah die is wirklich von so weit weg, weil sie haums ja dann a auf da Kartn gsegn, des is wirklich so weit weg, und du woaßt do scho amoi, und wie is des da dortn, und, was essen die da, weil Quinoa kennt ma bei uns ja eigentlich gar net, wos is des, wie schaut des aus, und beim Kochen, in der Zeit zum Überbrücken hot's [die Mutter] eana a daun nu zöhn beibrocht, und lauter solche Sachen, oiso es war ganz toll.« (D, 294–299)*

Das Wissen der Mutter wird als Bereicherung in den Kindergartenalltag eingespielt. Sie erzählt von den Inkas, bereitet exotische Speisen zu und bringt den Kindern das Zählen in einer anderen Sprache bei. Der Vater würdigt diese Hervorhebung der kulturellen Bezüge von Mutter und Kind als gelungene Integration seines Kindes. Nun wäre es spannend, zu erfahren, wie diese »Integration« des Kindes weiter verlaufen ist. Bleibt es bei der Zuordnung zur peruanischen Kultur, der fremden Sprache, den exotischen Speisen, Liedern und Geschichten und der räumlichen Ferne seiner Herkunft (bleibt es bei der Fremdmarkierung) oder wird auch thematisiert, dass das betroffene Kind nun in Österreich lebt und sich vor Ort sozialisieren wird? Passiert eine Fixierung auf das »fremde Kind«, oder entwickeln sich Möglichkeiten der Zugehörigkeit? Dient die biographische Geschichte zur Konstituierung und Verstärkung der »Einheimischen« und deren Traditionen und Bräuche? Und (wo) wird diese Dichotomie überwunden, sodass sich ein Zwischenraum als offener Identitätsraum einstellen kann?

---

366 Für das Herstellen von biographischen Bezügen plädiert etwa Wagner in ihrem Entwurf einer vorurteilsbewussten Bildung und Erziehung. Vgl. Wagner/Hahn/Eßlin, Vorurteilsbewusste Bildung und Erziehung, 19.

Projekt »Bräuche in [der Region]«

Nach dem Projekt »Reise um die Welt« bearbeitet die Pädagogin die »Bräuche in [der Region]« als Jahresthema mit den Kindern. Neben den Bräuchen wie Adventkranz- oder Palmbuschen-Binden vermittelt sie den Kindern traditionelle Tänze, Mundartlieder und bereitet mit ihnen regionale Gerichte zu.

> »Allerheiligenstritzerl, mitm Brauch hoit, wer kennt des überhaupt? Kriagt wer von euch sowas? Und waun von wem kriagst as? Und Stritzal oder Kipferl, des is jo daun a wieder s'nächste gwesen, dass oiso des gibt scho da nu vü Kinder, de des scho nu kennan« (D, 340–343).

Die Pädagogin versucht hier an den Familientraditionen der Kinder anzuknüpfen und die Vielfalt der Bräuche sichtbar zu machen (Differenzierung). Auch hier unterstreicht sie wieder den positiven Wiedererkennungswert von Liedern und Traditionen.

> »Ah, des san a ganz vü Kinder gwesen, die daun a gsogt haum, ma die Oma hat gsagt, des Liadl kenn i a. Oiso so daun a, oder wauns hoit wos daham erzöht haum« (D, 332–333).

Mit dem Aufgreifen regionaler Traditionen erzeugt die Pädagogin Anknüpfungspunkte an die (ehemaligen) Lebensrealitäten älterer Generationen oder an Identifikationsmarker von Menschen, die in der Gegend aufgewachsen sind. Sie wurden in das Projekt miteingebunden:

> »Beim Kathreintanz zum Beispiel do hauma dann die Eltern eingladn, es war aber a Vormittag unter der Wochen, und do haum se wirklich von 24 Eltern haum se, i glaub 20 warn da. Oiso gaunz vü, de se wirklich extra frei gnumma haum oder wo die Oma kumman is daun, oiso des war gaunz gaunz schen, wo a wirklich gaunz vü Kinder in Tracht kumman san, obwohl ma des net explizit gsogt haum.« (D, 320–325)

Das Aufgreifen der Traditionen ruft offensichtlich hohe Identifikation hervor und konstituiert ein starkes »Wir-Gefühl« der Einheimischen.

> »Gaunz vü hoit aber a Eltern, die von da jetzt san, die von Österreich san, die gsogt haum, ma sche, dass ihr des so wieder aufgreifts, […] die Eltern die hoit vor allem a do groß wordn san und so, de denen hot des glaub i sehr gfoin.« (D, 384–389)

Die Pädagogin stößt mit diesem Projekt offenbar auf ein Bedürfnis der heimischen Eltern, regionale Traditionen aufzugreifen, fortzuführen und ein damit verbundenes (national-regionales) Heimatgefühl zu stärken. Sie werden als ein Kollektiv gefasst, das selbst in diesem Traditionsdiskurs steht, der »Heimat«, »Jugend« und »Brauchtum« hoch hält und inszeniert. Das Brauchtum, das nostalgische Gefühle hervorruft und Identität stärkt, soll nicht aussterben und vielleicht ist man auch froh, dass nach dem Projekt der »Reise um die Welt« endlich auch die regionale (österreichische) Kultur thematisiert wird. Es könnte aber auch sein, dass sich die Eltern der homogenen und traditionellen Ordnung des Kindergartens unterwerfen. Sie erscheinen zum Tanz, kleiden ihre Kinder in Tracht und zeigen damit, dass sie zu den »Einheimischen« gehören oder erfüllen schlichtweg die an sie gestellte Erwartung. Hier wird die »Kultur«, die mit der Region in Verbindung gebracht wird, inszeniert. Wenn man dazu gehören will, macht man mit. Offenbar können viele Eltern und Familien an diese Inszenierung anknüpfen. Dabei stellt sich die Frage, was mit jenen ist, die nicht anknüpfen können. Bezüglich solcher Kinder gibt das Interview eine Auskunft:

> »*A bei den Kindern die jetzt Deutsch net als Muttersprache haum, is des gaunz wichtig woan, diese Mundartlieder, die kinnans a nu (lacht)*« *(D, 319–320).*

Vielleicht eröffnen die Mundartlieder den Kindern mit nichtdeutscher Familiensprache über das Erlernen einiger Phrasen aus dem regionalen Dialekt das Gefühl, die Sprache der »Einheimischen« zu sprechen und damit zu ihnen dazu zu gehören. Sprachkenntnisse gelten als Merkmal der Integration, dieser Integrationsdiskurs greift auf die Kinder zu.

Mit der Inszenierung traditioneller Kultur und dem dazugehörigen Brauchtum wird die Identität der »Einheimischen« gestärkt, zu der alle Kinder dazu gehören wollen. Dabei wird in diesem Projekt »Kultur« ebenso containerhaft, traditionell, ahistorisch, klischeehaft und stereotyp re-präsentiert wie die Kulturen anderer Länder im Projekt der »Reise um die Welt«. Dass die beiden Projekte nacheinander stattfinden (und nicht miteinander verschränkt werden), verstärkt die Dichotomie zwischen den »Fremden« und den »Einheimischen«. Die Pädagogin reflektiert im Interview, dass sie die beiden Projekte eigentlich umgekehrt reihen hätte sollen, also zuerst »*Bräuche in [der Region]*« und hinterher die »*Reise um die Welt*«.

> »*Naja, war ja fast a bissl logischer ois wie vom großen auf's kloane, ober i glaub die Kinder hat des net gstört (lacht).*« *(D, 358–359)*

Obwohl sie sich hier vom »Kleinen« zum »Großen« orientieren möchte, bringt sie durch diese Korrektur die landläufige Bewertung der »Kulturen« zum Ausdruck: Österreich zuerst. Insgesamt liefern die beiden Projekte ein Beispiel für die Zuschreibungen, die Said in seinem Konzept »Orientalismus« beschreibt. Die österreichisch-regionale Kultur wird gestärkt und reproduziert, indem sie von anderen, exotischen, fremden und fernen Kulturen abgegrenzt wird. Unter dieser Perspektive ist auch die tatsächliche Reihung der Projekte sehr treffend.

Umgang mit Religion(en)

Der dominante Homogenisierungsdiskurs der Bildungseinrichtung, der von den regionalen Traditionen ausgeht, findet sich auch im Umgang mit Religion(en) wieder, wird aber durch eine Pluralisierung ergänzt. Die Pädagoginnen orientieren ihre Planungen nach dem kirchlichen Jahresfestkreis, wobei sie punktuell auf die Traditionen anderer Länder verweisen.

> »*Wie ma Martinsfest ghobt haum, hauma über Lichterfeste gredt in in andern Ländern, wo gaunz vü ja eh gleich is. Oiso, solche Sachen.*« *(D, 183–185)*

Der Hinweis, dass in anderen Ländern ganz viel ja eh gleich ist, verweist dann doch wieder auf ein Homogenisierungsbedürfnis, also auf den dominanten Diskurs im Haus. Homogenisiert wird auch, wenn das Martinsfest und Weihnachten zu einem »*Lichterfest*« zusammengelegt werden.

> »*Mir haum heuer a Lichterfest, mir haum heuer eben so a bissl zaumgstaucht, Weihnachten und Martin auf oans zaum, ahm, jo*« *(D, 163–165).*

Allerdings verlässt die Einrichtung hier den dominanten Traditionsdiskurs und vereinheitlicht zwei zentrale Feste des kirchlichen Jahresfestkreises, wie sie in österreichischen Kindergärten begangen werden, zu einem Fest mit einer säkularen Bezeichnung. Dies verwundert, weil ansonsten typische Traditionen in dieser Bildungseinrichtung sehr hoch gehalten werden.

Ein anderes Mal wird die religiöse Homogenisierung durch eine Differenzierung aufgebrochen. Im Rahmen des Projektes »*Eine Reise um die Welt*« präsentiert die Pädagogin Weihnachten in seiner pluralen Ausgestaltung. Den Kindern werden nicht nur Bräuche anderer Religionen erschlossen, sondern auch die Vielfalt der Festgestaltung innerhalb der christlichen Glaubensgemeinschaft.

> »*Weihnachten hauma, da hat dieser Felix, dieser Hase, jeden Tag an Brief gschickt in in Morgenkreis, und hat erzöht, bha in dem Land wird gar net gfeiert, des is da net wichtig, oder in Italien kummt net s'Christkind, sondern da kummt die Befana, und des erst im Jänner und solche Sachen, des war, oiso die Kinder warn da total offen für des des hat eana richtig gfoin, weil, aso, des is gar net überall a so*« *(D, 185–189).* »*Oiso des war ganz interessant für die Kinder daun a zum segn, wie, wie de Weihnachten feiern. De feiern des in da Fruah, oder de feiern des am Abend, oder de feiern des mit am Feuerwerk, wir feiern des gar net mit an Feuerwerk, solche Sachen dann a.*« *(D, 195–196)*

Das regionale Brauchtum verliert damit seine Monopolstellung, es wird im Verhältnis zu anderen christlichen Feiertraditionen relativiert und damit pluralisiert. Die Pluralisierung wird wiederum »touristisch« präsentiert und schließlich durch das Bestehen auf die Monopolstellung des Christkindes gebrochen.

> »*Dieser Santa Claus den gibt's zwoar, ober bei uns kummt der net! Der kummt hoit in England oder in Amerika.*« *(D, 190–191)*

Pluralität bleibt also in der Ferne, in den Erzählungen über das Brauchtum in anderen Ländern ist sie möglich und willkommen. Geht es um die eigene, regionale Praxis, so setzt sich unvermittelt der Homogenisierungsdiskurs durch. »*Bei uns kummt der [Santa Claus] net!*«, hier gibt es nur das Christkind! Das Christkind wird auf der Basis der fremden Vielfalt hervorgehoben, alles andere wird als fremd, fern und exotisch charakterisiert (Orientalismus). Die Pädagogin reproduziert den Traditionsdiskurs indem sie die Definition des regionalen Brauchtums für sich beansprucht.

Religion(en) werden bislang von der Interviewpartnerin von ihren Traditionen her dargestellt. In ihrer Kindergruppe nimmt sie wenig religiöse Pluralität wahr, sie berichtet nur von einem baptistischen Kind.

> »Wir sprechen scho über so Sachen jetzt a waun ma amoi, ahm, a Tischgebet mochn, waun ma daun schau moi fragt, wer hat denn so a Kreuz zu Hause, aber da zagn aber dann die Kinder daun meistens a auf, weil es is ja gaunz vü gleich. Oiso, a bei dem Kind, die Baptisten san, i muss ehrlich gestehen, i kenn mi in dem Glauben net so aus, aber die hat a gsagt, ja, i hab sowas scho daham. Oder, und se haum a scho moi gebetet oder so. Wir lassen des a sehr offen. Für was kau ma danke sagn, solche Sachn, oiso, und wem du danke sagst, des is ja dann selber überlassen.« (D, 131–138)

Die Pädagogin orientiert sich an den Gemeinsamkeiten und betont hier wiederholt, das »*ja gaunz vü gleich*« ist. Die Orientierung an der Dankbarkeit (die allen Religionen gemeinsam ist) bedient diesen Homogenisierungsdiskurs.

Während dem Erzählen fällt der Pädagogin ein, dass der Vater eines Kindes aus dem ehemaligen Jugoslawien stammt und Muslim ist.

> »*Der is Muslime, soweit i woaß, glaub i, aber es Kind net. Oiso des Kind net. Da merkst as nur nu so im Nachnamen so a bissl hoit, dass dass do vielleicht*« (D, 377–378).

Die Pädagogin ist sich offenbar nicht sicher, ob auch das Kind der muslimischen Religionsgemeinschaft angehört. Sie löst ihre Unsicherheit rasch in der Entscheidung auf, dass es nicht so ist. Hier setzt sich der Homogenisierungsdiskurs durch, der versucht, Irritationen oder ein Anfragen an die bestehende Ordnung zu vermeiden (anstatt offene Fragen stehen zu lassen). Auffallend ist, dass der Nachname des Kindes hier mit einer Religionszugehörigkeit gleichgesetzt wird. Religion, konkret: der Islam, wird hier zur sozialen Differenzkategorie.[367] Dass man diese Zugehörigkeit »*nu [...] so a bissl hoit*«, also im Nachnamen merkt, klingt nach etwas, das man überwinden sollte, obwohl es nicht überwindbar ist (außer man würde den Namen ändern). Hier zeigt sich eine ähnliche Normalitätsvorstellung (Epistemologie) wie oben im Kontext der Bestimmung von Kultur. Religionszugehörigkeit kann in der vorhandenen Ordnung, wie die Zugehörigkeit zu Kultur, nur eindeutig bestimmbar sein, Religion und Kultur sind distinkte Größen, die man ablegen kann, die aber Spuren hinterlassen.

Insgesamt scheint Religion für die Pädagogin ein Thema zu sein, dass sie eher meidet. Sie vermittelt den Eindruck, dass sie sich bezüglich Religionspluralität nicht sehr kompetent fühlt und sich deshalb damit nicht auseinandersetzen will. In der konkreten Praxis tendiert sie dazu, Religionspluralität in eine Homogenität (oder einen Synkretismus) hinein aufzulösen, weil »*ja gaunz vü gleich*« ist.

Umgang mit Verschiedenheit

Daniela ist davon überzeugt, dass für Kinder Unterschiede ganz normal sind. Die negative oder positive Bewertung derselben kommt nicht von den Kindern,

---

[367] Vgl. Lingen-Ali/Mecheril, Religion als soziale Deutungspraxis.

sondern wird halt dann gemacht, ihrer Ansicht nach vermutlich von den Erwachsenen oder von der Gesellschaft, das wird hier nicht direkt gesagt.

> »*Oiso i glaub, dass für Kinder des gaunz normal is, und dass des hoit daun gmocht wird. Des glaub i. [...] Des glaub i net, davon bin i überzeugt. (lacht)*« (D, 780–783)

Daniela spricht sich dafür aus, die Unterschiede unter den Kindern eher nicht zu thematisieren. Sie werden ohnehin zum Thema, wenn es einen Anlass dafür gibt. Dann erklärt sie den Kindern, wie dieser Unterschied zustande kommt und was er bedeutet.

> »*Oiso net jetzt so thematisieren, dass i, dass des, des Megading wird. Wir haum schau moi a Kind ghobt, da is die Mama glaub i von die Philippinen gwesen, des hat aber die Mama aber a net richtig kennt, oiso, ma siagts an der Hautfarbe, dass des Kind einfach ja, a andere Mama oder an andern Papa habm muaß. Und des kummt ja daun eh über kurz oder lang kummts ja daun amoi auf, waunst sogst, alle Kinder mit dunklen Haaren stön se moi zaum oder solche Sachen, und für die Kinder is des aber net schlimm! Des is hoit a so, de hot hoit a bissl a dunklere Hautfarb. Is ja net so tragisch!*« (D, 772–778)

Einerseits plädiert die Pädagogin dafür, Unterschiede nicht zu thematisieren, praktisch stellt sie aber körperliche Merkmale in den Mittelpunkt der Aufmerksamkeit und exponiert laut folgender Erzählung betroffene Kinder vor den anderen Kindern:

> »*Kinder, die zum Beispiel adoptiert san, also, von der Hautfarbe her, ›wos foit eich denn auf? De Mama und der Papa san weiß im Gsicht, und des is dunkel im Gsicht.‹ Oiso solche Sachen, wir möchtn scho, dass die Kinder a wissen, dass des norm, dass des gibt, und dass des a so guat is, und dass da nix falsch dran is.*« (D, 716–719)

Die Interviewpartnerin versucht in diesem Praxisbeispiel[368] die Kinder im Sinne einer Pluralisierung auf äußerliche Unterschiede, genauer: Hautfarben, aufmerksam zu machen um gleichzeitig gegen einen rassistischen Diskurs ansprechen zu können. In bester Absicht basiert hier, was nicht intendiert wird: Die Pädagogin reproduziert (zumindest in der Erzählung) nicht nur den rassistischen Diskurs sondern auch eine rassistische Praxis. Hier wird die Macht öffentlicher Diskurse besonders deutlich. Die Pädagogin möchte zeigen, dass es normal ist, dass Kinder unterschiedliche Hautfarben haben und sie möchte zugleich gegen die negative gesellschaftliche Bewertung ansprechen, indem sie den Kindern erklärt, »*dass des a so guat is, und dass da nix falsch dran is.*« Daniela merkt, dass sie selbst in diesem Normalitätsdiskurs steht, weil sie das Wort »normal« ansetzt, sich aber im Sprechvorgang verbietet und bei einem »*norm*« abbricht. Mit der Vorführung (Exponierung) der Kinder, die im Gegensatz zu ihren El-

---

368 Da die Pädagogin von »*Kinder[n], die zum Beispiel adoptiert san*«, also von einem Plural und einem Beispiel spricht, nehme ich an, dass sie hier nicht von einer konkreten Begebenheit aus der Praxis erzählt, sondern dass sie mit diesem Beispiel ihre subjektive Theorie zum Ausdruck bringen möchte.

7. Interviews mit Elementarpädagoginnen

tern ein dunkles Gesicht haben, werden diese Kinder einer rassistischen Praxis ausgeliefert, die sie verletzlich macht und als »fremd« markiert – mitsamt der gesellschaftlichen Bewertung, selbst wenn die Pädagogin sich dieser widersetzen möchte. Der rassistische Diskurs wird hier unweigerlich reproduziert.

Im folgenden Beispiel möchte die Pädagogin die Exponierung oder Sonderstellung einzelner Kinder vermeiden und ist sogar bereit, für dieses Ziel zentrale Traditionen aufzugeben.

> »I hob's nu nie ghobt, dass des Kind an Papa net kennt hot. Heuer hob i des. Heuer hob i des, de, da kennt glaub i des Kind den Papa gar net, oder zumindest, wie er gaunz kloa war, oiso der is ja ganz weit weg, die haum gar koan Kontakt, und wir haum des heuer aber a bissl entschärft, irgendwie, wir machen heuer ein Familienfrühstück und koa Muttertags- und Vatertagsfeier. Wir haum des jetzt zaum glegt auf oans amoi, wo an diesem Vormittag zwei Personen von der Familie kommen dürfen, des kau Mama und Papa sei, des kau Mama und Oma, oder Papa und Opa, oder Mama und Opa sei, des is, oder a die Godi sei, des is gaunz wurscht. Zwoa Leit hoit von der Familie.« (D, 743–751)

Die Pädagog_innen möchten hier die Sonderstellung eines Kindes verhindern, dessen familiäre Situation nicht der Homogenität der Kindergruppe entspricht, weil es keinen Vater in der Nähe hat, der den Vatertag besuchen könnte. Daniela will vermeiden, dass das Kind in eine unangenehme Situation kommt, weil statt des Vaters der Opa kommt oder niemand oder das Kind gar zu Hause bleiben muss, da es sonst als einziges ohne Vater erscheinen würde.

> »Wo des Kind daun dahoam bleibt, weil Opa hot a koana Zeit, dann muaß des Kind dahoam bleibn, weil ma sagn, waun die Möglichkeit is, bringts es daun net in Kindergarten, weil des is ja a net fein für des Kind, waun von jedem wer da is nur von dem Kind net.« (D, 756–759)

Die Pädagogin ist bereit, für dieses Ziel (für die Individualisierung und Pluralisierung) die Tradition der Muttertags- und Vatertagsfeier aufzugeben und stattdessen ein Familienfrühstück zu etablieren. Mit dieser Anerkennung und Bedürfnisorientierung verwirklicht sie das Prinzip der Inklusion.[369]

Die Überwindung traditioneller Denk- und Gestaltungsformen zeigt sich auch in folgender Erzählung: In den Kindergarten soll ein Kind aufgenommen werden, das zwei Mütter hat.

> »Mia haum gsogt, de nemman mir, de wolln wir, ja, es is spannend, wie machst du des, Muttertag, bastelst zwoa Geschenke? Bastelst oa Geschenk? Irgendwie komisch! Oiso, weils einfach a neiche Situation is, weil des gibt's glaub i a nu net so oft, und, (…)« (D, 707–710)

---

369 Inklusion ist als grundlegende Haltung anzusehen, die über Integrationsbemühungen hinausgeht, weil sie alle Menschen als Individuen mit unterschiedlichen Bedürfnissen, Fähigkeiten und Voraussetzungen ansieht, auf die individuell reagiert wird. Dies soll durch gemeinsame Lernprozesse, verstärkte Partizipation sowie durch die Abschaffung von Selektion in der Bildung erreicht werden. Vgl. Sulzer, Inklusion, 13.

Die zum Ausdruck gebrachte Irritation zeigt, wie sehr die Pädagogin in den Vorstellungen traditioneller Familienformen und den dazugehörigen Festen verortet ist und wie schwer ihr das Verlassen dieser Diskurse fällt. Daniela nimmt Pluralität (Heterogenität) wahr, merkt, dass sie nicht im traditionellen Normalitätsdiskursen bleiben kann und ist bereit, Herausforderungen anzunehmen sowie Alternativen zu entwickeln.

Zusammenfassung – diskursiver Kontext

Beim Berufsort von Daniela handelt es sich um einen traditionellen Landkindergarten, in dessen diskursiver Ordnung regionale Bräuche und Traditionen einen hohen Stellenwert einnehmen. Daniela steht in diesem Homogenisierungsdiskurs, wobei sie zugleich versucht, eine moderne, zeitgemäße und veränderten Familiensituationen gerechte Pädagogik zu verwirklichen. Dennoch wird die »Heile Welt« im Kindergarten über Tradition, Beständigkeit und Ordnung definiert und Pluralität zunächst in Form des »Fremden« und »Exotischen« in der Ferne liegenden vorgeführt. Die Erzählungen weisen aber auch viele Beispiele der Individualisierung und Pluralisierung auf, Diskurse werden punktuell irritiert und transformiert. Daniela verwirklicht den in der Bildungseinrichtung dominanten Homogenisierungs- und Traditionsdiskurs in ihrem Gruppenraum, den sie in kleine, klar voneinander abgegrenzte Bereiche gliedert, die während eines Kindergartenjahres in der Regel nicht verändert werden. Es ist ihr wichtig, den Raum »*im Griff*« zu haben und Beständigkeit durch homogene Raumverhältnisse zu garantieren. Inhaltlich geht Daniela dem Diskurs der Einrichtung mittels zwei Jahresprojekten nach: In der »Reise um die Welt« versucht sie, den Kindern mit großem Engagement andere Kontinente und Länder zu erschließen, indem sie ihnen Vorstellungen von deren Kulturen, Lebensweisen und Bräuchen präsentiert, die sehr stereotyp, exotisch und reduziert ausfallen. Daniela bedient dabei einen starren, ahistorischen und essentiellen Kulturbegriff, der sich auch im zweiten Projekt *»Bräuche in [der Region]«* zeigt. Hier greift sie regionale Traditionen auf, deren unterschiedliche Ausprägungen sie zwar thematisiert, aber letztlich auf nostalgische Bräuche reduziert. Aktuelle, gegenwärtige Familientraditionen, Interessen oder Vorlieben der Kinder scheinen dabei nicht thematisiert zu werden. In den beiden Jahresprojekten wird eine Dichotomie zwischen Österreich (und seinen regionalen Bräuchen) und anderen (fernen und exotischen) Ländern aufgemacht. Dadurch kommt ein Orientalismus zum Zug, der den Homogenisierungsdiskurs untermauert. Obwohl in der »Reise um die Welt« versucht wird, die traditionell-homogene Ordnung des Bildungsortes durch Pluralisierung zu erweitern, mündet dieses Vorhaben in einer Reproduktion gesellschaftlicher Normalitätsdiskurse. Bemerkenswert ist in diesen Erzählungen allerdings die Irritation, welche durch den »türkischen Vater« ausgelöst wird, der sich – entgegen der Erwartungen von Daniela – nicht mit seinem Herkunftsland zu identifizieren scheint. Die Pädagogin nimmt diese Distanz zum Migrationshintergrund (trotz Verwunderung) zur Kenntnis und stellt auch im Rahmen des Projektes *»Eine*

7. Interviews mit Elementarpädagoginnen

Reise um die Welt« keinen Bezug seines Kindes zur Türkei her. Sie respektiert die Differenz und beansprucht nicht die Definitionsmacht über die nationale Zugehörigkeit des Kindes. Eine Identitätszuschreibung zu einem kulturellen Raum – der Türkei – kommt nicht zum Zug, wodurch eine Fremdmarkierung des Kindes vermieden wird. Hier tritt eine Überraschung auf, die einen Zwischenraum eröffnet. Daniela erweist sich hier als differenzsensibel und ambiguitätstolerant, weil sie die Distanz der Familie zur Türkei als solche stehen lassen kann, auch wenn dies ihrer Normalitätsvorstellung widerspricht. Ein zweites beachtliches Ereignis stellt die situationsorientierte Einbindung der peruanischen Lebenswelt eines Kindes und dessen Mutter dar. Hier gelingt es der Pädagogin, das Kind an der Schwelle des kulturellen Zwischenraumes abzuholen, in dem es sich durch die zeitnahe Migration von Peru nach Österreich gerade befindet. Daniela nutzt und unterstützt das Ankommen des Kindes in die bereits bestehende Kindergruppe, indem sie die Aktualität seines kulturellen Bezuges zu Peru in das Projekt der *»Reise um die Welt«* einbindet. Dadurch werden bei den Kindern Interesse und Wertschätzung der kulturellen und sprachlichen Besonderheiten des peruanischen Kindes und seiner Mutter hervorgerufen, wodurch das Kind vor einer Isolation aufgrund seiner »Fremdheit« bewahrt wird. Diese Aufmerksamkeit auf die aktuelle Situation des Kindes und seiner kulturellen Bezüge haben die Qualität eines Zwischenraums, so es nicht zu einer Fixierung auf die peruanische Identität bei gleichzeitiger Ausblendung seiner österreichischen Lebenswelt kommt. Die exotische und ausschließliche Vorführung der peruanischen Kultur birgt die Gefahr einer dauerhaften Fremdmarkierung (*Othering*) des Kindes. Ob in Bezug auf dieses Kind der Pluralisierungsdiskurs oder ein Zwischenraum (Aushandlungsraum von Identitäten) in dem von Traditionen geprägten Kindergarten eine Chance hat, sich zu etablieren, oder sich letztlich der Homogenisierungsdiskurs durchsetzt, der das Fremde zur Konstituierung und Stabilisierung des Eigenen, der Einheimischen und der regionalen Traditionen instrumentalisiert, bleibt offen. Der Homogenisierungs- und Traditionsdiskurs wird in dieser Bildungseinrichtung jedenfalls durch veränderte Lebens- und Familienrealitäten der Kinder irritiert und transformiert. Die Pädagogin möchte sich als modern und offen gegenüber Pluralität präsentieren und ist bereit, althergebrachte Traditionen aufzugeben, um den familiären Gegebenheiten der Kinder gerecht zu werden. Die Verstörung des Homogenisierungsdiskurses durch die unausweichliche Pluralität versucht die Pädagogin durch eine neue Homogenität zu bewältigen, die aber einen Zwischenraum eröffnet. Das Aufgeben der traditionellen Muttertags- und Vatertagsfeste zugunsten eines Familienfrühstücks ermöglicht allen Kindern (auch jenen ohne greifbaren Vater oder jenen mit zwei Müttern) die Teilnahme. Familie wird nicht mehr traditionell-normativ definiert sondern in ihrer Pluralität erfasst: Die Kinder dürfen mit zwei Familienmitgliedern (Vater, Mutter, zwei Mütter, Oma, Opa, Godi) am Familienfest teilnehmen. Das homogen-traditionelle Bild der »Heilen Welt« in Bezug auf Familie hat sich gewandelt.

7.5 Die Orte von Franziska

Über die Sprecherin

Franziska ist zur Zeit der Interviewaufnahme Anfang vierzig. Sie hat zahlreiche Berufsjahre als Kindergarten- und Sonderkindergartenpädagogin und viele zusätzliche Ausbildungen absolviert. Ihre Schwerpunkte liegen im Bereich der interkulturellen und vorurteilsbewussten Pädagogik sowie in der Elternbildung. Das Interview mit Franziska findet im Büro ihrer neuen Arbeitsstätte statt. Im Interview erzählt sie vorrangig von ihren Erfahrungen am ehemaligen Berufsort, einem Kindergarten, der sich laut Franziska in einem »*Brennpunkt*«[370] *(F, 261)* in einer Großstadt befindet. Im benannten Kindergarten hatte sie die Leitung inne. Die Zusammensetzung der Kindergruppen weist in dieser Bildungseinrichtung eine hohe Pluralität an kulturellen und religiösen Prägungen auf. Laut Franziska »*war'n 20% Österreicher, 80% Migranten*« *(F, 291–292)*, wobei die Interviewpartnerin häufig die Differenzkategorie »*Österreicher [mit] Zuwanderungsgeschichte*« *(F, 319–320)* benützt. Die Interviewpartnerin führt die »*Zuwanderungsgeschichte*«, die man als Österreicher_in haben kann und die eine Familie prägt, als Normalität ein, die allerdings aufgrund gesellschaftlicher Ansichten betroffene Menschen daran hindert, »*in Österreich anzukommen*« *(F, 335–336)*. Pluralität hat für sie einen positiven Wert, was sich auch in der Beschreibung der Räume äußert.

Räume und Raumgestaltung

Pluralität ist willkommen, die Handschrift der Kinder prägt die Räume der Bildungseinrichtung.

> »*Für mi warn Räume immer so wichtig, oiso, dass sie, dass die Kinder ganz vü Handschrift a in den Raum hineinlegen konnten, also des, dass Räume gestaltbar und flexibel waren, so wie's die Kinder eben gebraucht haum*« *(F, 13–15)*.

Im Gegensatz zu Daniela, die ihre Räume einmal im Jahr strukturiert und dann nicht wieder verändert, ist es Franziska wichtig, dass Räume entsprechend der Bedürfnisse der Kinder und durch sie fortlaufend verändert und gestaltet werden können (Pluralisierung). So gibt es im Kindergarten Erker, die immer wieder für unterschiedliche Spielinhalte umfunktioniert werden.

> »*Amoi war der Erker war a Puppenstube drin, ah, a Monat später war die Werkbank drin, oiso des hat se, hat se immer verändert und die Kinder haum einfach glernt, mit diesem Raum a umzugehn. Und sozusagen den Raum für sich zu adaptieren*« *(F, 59–61)*.

---

[370] Mit dieser Bezeichnung wird landläufig ein Kontext mit hohem Anteil an Menschen mit Migrationshintergrund in sozial prekärer Lage assoziiert.

Die Räumlichkeiten des Kindergartens beschreibt Franziska als sehr großzügig und großflächig, während Daniela ihre beruflichen Räume als begrenzt und eng erlebt. Dennoch erweitert Franziska, wie auch Daniela, die vorgesehenen Spielräume der Kinder um weitere Spielbereiche, indem sie ihr Büro öffnet und als »*große[n] Kinderraum*« *(F, 20)* zur Verfügung stellt. Räume bezeichnet die Pädagogin (in Anleihe an die Reggio-Pädagogik) als »*dritte[n] Erzieher*«[371] *(F, 167)*.

Hinsichtlich der Gestaltung der Räume verlässt die Interviewpartnerin ihren pluralisierenden Zugang, weil sie möglichst auf Dekoration verzichten möchte. Sie verfolgt eine klare Linie und setzt diese gegenüber ihren Mitarbeiter_innen durch (Homogenisierung).

> *»Des is sehr individuell, des hoaßt, oiso es gibt nicht das, und ich hoffe, es bleibt a so, dass durch, dass ma eini kummt und daun hängan 150 Drachen und ah die Kinder wissen gar nimma wos ihrer is.« (F, 138–141) »Oba i hob zumindest des durchgesetzt, dass i gsogt hob, und ich will nichts, was, wo ans wie's andere ausschaut. Und ich will auch nicht, dass die Kindergartenpädagogin irgendwelche Bastelstücke fertig macht. Oiso. Um beim Kind zu bleiben. Jo.« (F, 153–156)*

Franziska möchte nicht, dass 150 gleich aussehende Bastelarbeiten ausgestellt werden, die noch dazu von den Pädagog_innen fertig gestellt wurden, um ein möglichst homogenes, perfektes Bild zu erzielen. Was hier eigentlich der Pluralisierung und Individualisierung dienen soll, wird laut Erzählung gegenüber dem Team durchgesetzt, wodurch Franziska eine Homogenisierungsstrategie bedient.

Pädagogische Konzeption der Einrichtung

Als pädagogische Leitkonzepte nennt Franziska das teiloffene Raumsystem und den situationsorientierten Ansatz. Beide Konzepte sind auf Pluralität ausgerichtet. Das teiloffene Raumsystem schließt eine zumindest teilweise freie Nutzung und Wahl der Spielbereiche durch die Kinder ein. Im situationsorientierten Ansatz stehen die Themen der Kinder im Zentrum, sie bestimmen die Planung der pädagogischen Arbeit. Die Projektpädagogik als Bestandteil dieses Ansatzes nennt Franziska selbst als zentral für ihre Arbeit. Die pädagogische Ausrichtung der Bildungseinrichtung funktioniert nach einer pluralisierenden Ordnung.

> *»Der Überbau war ja im Konzept, […] a situationsorientierter Ansatz. Und do gheat einfach die Projektpädagogik dazua. Oiso des hauma durch dieses Platzangebot, des muaß ma scho sogn, obwohl's net unbedingt s'Platzangebot sei muaß, oba in dem Fall war's des Platzangebot a, war einfach wirklich a intensives Projektarbeiten a möglich, gö. Wo se hoit daun gaunz bewusst Kinder einlassn haum auf des, und des*

---

[371] Diese Metapher wurde in der Reggio-Pädagogik geprägt und umfasst über die Räume und Ausstattung der Bildungseinrichtung hinaus den räumlichen Kontext des Kindes, seinen Lebens- und Spielbereich.

war a net, des war manchmoi gruppenorientiert oba es war meistens übergreifend. Diese Projektarbeit.« (F, 120–127)

Die Interviewpartnerin stellt einen Zusammenhang zwischen den räumlichen Strukturen und den Möglichkeiten pädagogischen Arbeitens her.[372] Die Tendenz zur Pluralisierungsstrategie erweist sich hier – selbst aus der Sicht der Interviewpartnerin – als abhängig von den räumlichen Gegebenheiten sowie von den diskursiven Ordnungen, die den Räumen anhaften.[373]

Interkulturelles Arbeiten

Das »*interkulturelle*« *(F, 243)* Arbeiten beschreibt Franziska als einen persönlichen Lernprozess, dessen Beginn sie mit einer gewissen Ironie ausführlich schildert.

»Mir san jo da a in des Interkulturelle eini, oiso des war scho so, oiso echt massiv, gö, du bist eina kumma und du bist durch an Fahnenwald gaunga, oiso so von wegen Deko (lacht) Und überall, fast ois hauma mehrsprachig daun gmocht, und so, oiso bis hin dass ma beim Martinsfest, des ma damals a Laternenfest gnannt haum, dass ma daun a die Eltern gebeten haum, ob's uns die Texte, oiso von ›Ich geh mit meiner Laterne‹ übersetzen. Des war daun, gö, es war, oiso es war sowas von daneben, von uns, gö, es war sowas von hatschat, wie wir daun bosnisch und türkisch (lacht) gsungen haum, des war echt, oiso, dass einfach daun, des war den Eltern, des war wie a Schock, oiso des war wie a culture clash im umgekehrten Sinne (lacht) weil, weil wir da, oiso so übermäßig vü an an, oiso Interkulturalität jetzt plakativ gmocht haum, gö, ah, des hauma oba noch am dreiviertel Jahr, na net amoi, sama wieder, oiso, bin i oba gfoan mit dem (lacht). Oba guat.« (F, 242–254)

Der kulturellen Pluralität in der Einrichtung begegnet Franziska mit ihrem Team zunächst in einer stark pluralistischen Haltung. Sie versuchen, kulturelle Vielfalt plakativ sichtbar zu machen und regelrecht zu inszenieren. Motiviert ist diese multikulturalistische Vorgehensweise durch das Anliegen, den zugewanderten Besucher_innen der Bildungseinrichtung zu vermitteln, dass sie hier willkommen sind und sich zugehörig fühlen sollen. Die vorhandene Diversität wird wertgeschätzt und als Bereicherung für alle begriffen.[374] Mittels Pluralisierung wird ein homogenisierendes Ziel verfolgt, nämlich die Zugehörigkeit aller zu

---

372 Ähnliche Zusammenhänge artikulieren Christa, Daniela und Helena.
373 Die Wechselwirkung zwischen räumlichen Strukturen und diskursiven Ordnungen zeigt sich in allen Interviews.
374 Diese Ansicht erinnert an die *Diversity* Konzepte. Im Allgemeinen zielt Diversity auf die Anerkennung, Wertschätzung und einen positiven Umgang mit Diversität sowie auf die Entwicklung entsprechender Diversity-Kompetenzen. Vielfalt wird als Ressource angesehen, die für Bildungsprozesse nutzbar gemacht werden kann. Kritisiert wird an Diversity-Ansätzen der utilitaristische Zugang bei einer Ausblendung von Macht- und Ungleichheitsverhältnissen. Vgl. Walgenbach, Heterogenität, 120 f.

einer großen, bunten Gemeinschaft herzustellen. Dieses Wechselspiel von Pluralisierung und Homogenisierung drückt sich in folgender Passage aus:

> »*dieses, wir holen alle herein, und schaut's mal, wir sind so offen*« (F, 392).

Die hegemoniale Position der Pädagog_innen verbirgt sich in der pluralistischen Selbstdarstellung, sie präsentieren sich als einladend und weltoffen. Der Pluralisierungsdiskurs greift auf die Mitarbeiter_innen der Bildungseinrichtung zu, die ihn mit extremem Engagement bedienen. Er bezieht sich auf Differenzkategorien wie Nationalität, Sprache oder Ethnie, was sich am »*Fahnenwald*« und der Übersetzung des traditionellen Laternenliedes in unterschiedliche Sprachen zeigt. Der erzeugte Kulturrelativismus greift auf regionale Traditionen zu, weshalb versucht wird, das Martinsfest in ein Lichterfest zu neutralisieren. Die Übersetzung des traditionellen Liedes führt zu einer Verfremdung desselben, das Martinsfest wird einem multikulturellen Schmelztiegel preisgegeben. Entsprechend irritiert reagieren die Eltern auf diese Vorgehensweise.[375]

> »*Und damit war einfach a bissl a so a Unsicherheit do. Meint se's jetzt wirklich ehrlich, oder is jetzt des nur weil's hoit irgendwie jo, wos Besonderes darstellen, keine Ahnung, wos se se [die Eltern] gedacht haum*« (F, 254–256). »*Am nächsten Tag war a Vater beim Vizebürgermeister und hat si beschwert, ah, des is a Wahnsinn do in dem Kindergarten, do wird den Ausländern ois [...] gsteckt.*« (F, 301–303)

Während sich die Zielgruppe der multikulturellen Pädagogik, nämlich die Familien, denen eine »*Zuwanderungsgeschichte*« zugeschrieben wird, nicht ernst genommen fühlt und solche Aktionen als unehrlich empfindet, schürt die übertriebene Aufmerksamkeit gegenüber den »*Ausländern*« Unmut bei jenen, die sich in der Minderheit der Österreicher_innen (ohne Migrationshintergrund) befinden. In beiden Positionen wird ein *Othering* produziert. Die Zielgruppe reagiert irritiert auf die Fremdmarkierung bzw. Vereinnahmung, die mittels Übersetzung des Liedes vollzogen wird. Die betroffenen Eltern können sich derselben nicht entziehen. Der österreichische Vater wiederum fühlt sich in der Minderheit und durch die erhöhte Aufmerksamkeit gegenüber den »*Fremden*« benachteiligt. Hier wird sichtbar, dass eine pluralistische, multikulturalistische Vorgehensweise die Dichotomie zwischen »*Einheimischen*« und »*Fremden*« verstärkt und letztlich über das vollzogene *Othering* Exklusionen Vorschub leistet.

---

375 Wiederum geht es in der Analyse nicht darum, die enormen Bemühungen der Pädagoginnen um die Anerkennung von Multikulturalität zu karrikieren oder bloß zu stellen, sondern die diskursiven Mechanismen aufzuzeigen, die mit einer bestimmten Haltung – hier einer engagierten Pluralisierung – ihre Wirkung entfalten und auf das pädagogische Geschehen zugreifen.

Von plakativer Multikulturalität zu Differenzsensibilität

In der Rückschau steht Franziska einer »*plakativ[en]*« »*Interkulturalität*« *(F, 252)* kritisch gegenüber. Die Fixierung der Eltern und Kinder auf die Unterschiede behindert ihrer Ansicht nach die Betroffenen darin, im Zielland anzukommen und sich in Österreich zu beheimaten.

> »*Weil einfach [...] viele Leute a wirklich herkommen und einfach dazugehören wollen. Also so dieses Grundbedürfnis von Kindern, in Sozialsystemen dazu zu gehören, des is ja a Erwachsenen eigen. [...] Und dann is eben oiso des wirklich oiso ahm, wollten die a net auffallen, Ja? Also möglichst schnell a gut Deutsch können, ah, um eben anerkannt zu sein. Wos jo a wie gsogt a ganz a natürliches Bedürfnis is und trotzdem werdn's immer wieder auf des zurück geworfen, jo, spätestens in der Schule, aber wie gsogt, wir haum ja des im Kindergarten a.*« *(F, 271–288)*

Hier problematisiert die Interviewpartnerin das Bestreben von Migrant_innen nach Zugehörigkeit und Integration, welches mit Assimilation gleichgesetzt wird. Die Anerkennung im Aufnahmeland korreliert mit einer möglichst hohen Anpassung, die sich darin äußert, »*möglichst schnell a gut Deutsch [zu] können*«. Franziska spricht hier das Integrations-Paradox an, wonach immigrierte Menschen das ablegen sollen, was sie ausmacht und zugleich immer das bleiben müssen, was die Mehrheitsgesellschaft in ihnen sehen will, nämlich Menschen mit Migrationshintergrund.

Auf der Basis eigener subjektiver Theorien und interkultureller Ansprüche kritisiert Franziska im Interview wiederholte Male ihre Berufskolleg_innen.

> »*Weil es gibt so nette Fragen von ah, von Pädagoginnen: ›Woher kommst du?‹ Und das Kind kommt aus der [Marktstraße] ja, und sagt: ›Ich komm aus Bosnien.‹*« *(F, 311–313)*

Die Interviewpartnerin nimmt die Fremdmarkierung in der häufig gestellten Frage nach der Herkunft von Menschen, die aufgrund ihres Aussehens, ihrer Sprache oder einer Zuschreibung als Migrant_innen identifiziert werden, wahr und erwartet dieselbe Reflexionskompetenz von ihren Berufskolleg_innen. In der vermeintlichen Reaktion des Kindes auf eine solche fiktive Frage macht Franziska deutlich, dass Kinder bereits über gesellschaftliche Normalitätsvorstellungen Bescheid wissen. Sie kennen die damit verbundene Erwartung und unterwerfen sich der hegemonialen Ordnung, indem sie der Fremdmarkierung gemäß antworten.[376] Womöglich, so gibt die Interviewpartnerin in ihrer Reflexion zu bedenken, ist aber auch die Identifikation mit der nationalen Herkunft der Familie so hoch, dass sich das Kind mit derselben identifiziert, obwohl es in Österreich geboren wurde. Sie sieht es daher als Aufgabe des Kindergartens an, den Kindern das Gefühl zu vermitteln, »*in Österreich anzukommen.*«

---

376 Mit Gramsci gesagt unterwirft sich das Kind, um durch das angepasste Verhalten Zugehörigkeit zu erlangen.

7. Interviews mit Elementarpädagoginnen

> *»Viele Kinder san do in Österreich scho geboren und san Österreicher. Und wir arbeiten a gaunz stark an dem Gefühl ah, oiso, ah, in Österreich anzukommen.« (F, 309–311)*

In diesem Bemühen bedient die Pädagogin selbst (unbewusst) den Diskurs der Nicht-Zugehörigkeit von Menschen mit Zuwanderungsgeschichte, gegen den sie eigentlich anspricht. Selbst wenn sie »*scho[n]*« in Österreich geboren wurden, müssen sie dort erst ankommen. Dieser zirkuläre Mechanismus in der Argumentation führt zur Viktimisierung von Menschen mit »*Zuwanderungsgeschichte*«, dem mit einem Paternalismus begegnet wird.

> *»Und ah, des is für die Kinder, i denk unsere Unterstützung sollt sein, wie können si die Kinder hier in Österreich als Österreicher fühlen, weil auf dem Papier san s'es. Und dass eben Österreicher einfach a Zuwanderungsgeschichte haben können, die eben heißt, die Mama kommt aus Bosnien, [...] aber mei Papa is in Österreich geboren. Und des denk i ma, also des Gefühl zu prägen, wo ghör i hin, wo bin ich zu Hause?« (F, 317–323)*

Hier kommt ein Homogenisierungswunsch der Interviewpartnerin zum Ausdruck, der aus der Pluralisierungsstrategie erwächst, nämlich, dass sich jede und jeder in Österreich beheimaten kann, der/die dieses Land als seinen/ihren Lebensmittelpunkt gewählt hat. Der Homogenisierungsdiskurs fixiert die österreichische Nationalität, der Pluralisierungsdiskurs wiederum, der mit dem Homogenisierungsdiskurs in Wechselwirkung steht, operiert mit Nationalitäten als fixe, distinkte Größen, die nicht in Verbindung zueinander gedacht werden können. Ein Zwischenraum, ein Aushandeln von Identitäten, eine Mehrfachzugehörigkeit oder multiple Identität sind in diesem Normalitätsdiskurs nicht denkbar. Es gibt nur ein Entweder-Oder. Auf der Basis dieses gesellschaftlichen Diskurses erklärt Franziska auch die Entstehung von Subkulturen:

> *»sonst passiert genau des, [...] diese Subkulturen, die entstehen, und, weil viele einfach sogn, jo, ah, wenn i jetzt heim fahr nach Bosnien, daun bin i Besucher dort, ja? I hob zwar ein Haus dort gebaut, oder i unterstütz meine Großeltern, um dort des, ah, nu zu erhalten, aber i bin nimmer daheim, i bin Gast! Und daun kum i wieder und krieg wieder so des Gastgefühl. Net? Und ka Wunder, dass dann die Leute unter Anführungszeichen, ihren eigenen Clan wieder suchen. Jo, irgendwas brauch i, wo i daheim bin, wo i mi wohl fühl. Und es heißt dann, ›de wolln se net integrieren‹.« (F, 323–330)*

Wenn die Anerkennung im Zielland ausbleibt, so kommt es auch bei den immigrierten Menschen zu einer Fixierung auf ihre Herkunfts-Nationalität, so die subjektive Theorie der Pädagogin. Die mangelnde Integration durch das Zielland führt zur Bildung von Subkulturen. Zuletzt bringt zugewanderten Menschen der Rückzug in ihre »herkunfts-nationalen« Gemeinschaften wiederum den Vorwurf ein, dass sie sich nicht anpassen wollen. In dieser dichotomen Sichtweise wird die Zielgruppe wiederum viktimisiert, die betroffenen Menschen haben aus der Sicht der Interviewpartnerin keine Chance, sich zu »*integrieren*«. Franziska verbindet auch das »*Gastgefühl*« mit der Erfahrung, nirgendwo richtig dazu zu gehören. Das Prinzip der Gastfreundschaft, auf das sie hier Bezug nimmt, ist in interkulturellen und interreligiösen Konzepten als eine Möglichkeit der Begegnung etabliert, die einen unbefangenen Kontakt ohne Assimilation charakterisiert.[377] Hier wird durch die Interviewpartnerin eine Kehrseite dieses Prinzips thematisiert, nämlich das damit verbundene und unüberwindbare Gefühl, nicht dazu zu gehören.

Die Interviewpartnerin wirft den Berufskolleg_innen vor, das »Ankommen« im Zielland durch überfordernde Erwartungen an die Familien zu erschweren.

> »Dieses Unverständnis zu Kindern [...] a zu der ganzen Familie hin, wenn ah Kinder ah, mit mit ah keiner deutschen Vorbildung kommen obwohl die Eltern beide hier geboren san und hier hier ah auch also gut Deutsch sprechen, ah, also a dieses Unverständnis hin zum Familiensystem, warum des is. Und a net dieses Nachvollziehn können, wie anstrengend des wirklich is, wenn ma ununterbrochen eine andere Sprache spricht, wenn die Familiensprache jetzt, was i, Türkisch, Bosnisch, Urdo is, wos a immer. Oiso dieses diese Sensibilität für etwas, ja. Wir taten uns alle viel leichter, oder a bei der Anmeldung: ›I hob der Mama gsogt, ah, sie soll sich mit dem Kind hinsetzen, und ah, so Basissätze eben. Ich muss auf's Klo. Bitte anziehen. Naseputzen.‹ Wos a immer. (...) Absolut irre, oder? Ah, wenn a Kindergartenpädagogin so etwas sagt, wenn sie über Entwicklungspsychologie Bescheid wüsste, dann wüsste sie, dass das Kind immer im Hier und Jetzt is, in ana, in ana Transitionsphase, Krisenphase is, und daun soll's drüber nachdenken, wie der Satz im Deutschen haßt? Oiso, jo. Des san hoit so die Sachen (lacht), wo ich immer hadere. Jo.« (F, 345–359)

Franziska unterstellt den Berufskolleg_innen mangelndes Professionswissen und fehlende Empathie. Wiederholt gelingt ihr die Pluralisierung gegenüber ihren Kolleg_innen nicht, stattdessen verfällt sie in den Homogenisierungswunsch eines gemeinsamen Wissens und Zugangs gegenüber Migration sowie damit einhergehender pädagogischer Implikationen. Zugleich konstruiert sie ein Kollektiv der Familien mit »Zuwanderungsgeschichte«, die sich scheinbar dauerhaft in einer Transitions- und Krisensituation befinden, »obwohl die Eltern beide hier geboren san und hier hier ah auch also gut Deutsch sprechen«. Hier entsteht eine Dichotomie zwischen den viktimisierten Familien mit »Zuwanderungsgeschichte«, die als »fremd« markiert werden, und den Berufskolleg_innen als Repräsentant_innen der hegemonialen Kultur, aus der sich die Interviewpartnerin selbst herauszunehmen scheint. Mit ihrer Argumentation begibt sie sich in eine paternalistische Haltung gegenüber den betroffenen Familien. Ihren Umgang mit den unmittelbaren Berufskolleg_innen im Team reflektiert sie im Gespräch:

> »Da war i vielleicht i fatalistisch a bissl (lacht) oiso, oder, ›wir san wertschätzend, wir gehn ordentlich miteinander um‹, und des war hoit so mei, mein (...) es war mir des wichtigste, einfach die, eine Haltung« (F, 519–521).

---

377 Vgl. Harz, Interkulturelles und interreligiöses Lernen, 102.

Franziska vertritt als Leiterin eine klare Haltung, die sie im Kindergarten durchzusetzen versucht. Das Team hat offenbar Schwierigkeiten, die Vorstellung von interkultureller Pädagogik, wie sie Franziska vertritt, umzusetzen.

> *»Oba, wie gsogt, scho unter dem, ah, unter dem Aspekt a, wenn's net gaungan is, ›warum geht's net‹, und ›wos san die die Vorbehalte‹, wir haum gaunz vü ah über des a gredet«* (F, 521–523).

Auf abweichende Ansichten im Team reagiert die Leiterin mit Teamgesprächen, die zugleich der Stärkung ihrer eigenen Position dienen. Pluralisierungs- und Homogenisierungsdiskurse kommen sich hier in die Quere. Einen Aushandlungsraum mit dem Team scheint Franziska nicht zu eröffnen. Sie setzt ihre pädagogische Orientierung und damit eine hegemoniale Position gegenüber pluralen Sichtweisen durch.

Interkulturelle Pädagogik

Interkulturelle Pädagogik heißt für Franziska »*offen [zu] sein für den Mensch, egal mit welchen Wurzeln er kommt*«. (F, 172–173) Die Pädagogin bedient hier die landläufige Metapher der »*Wurzeln*«, wodurch eine ursprüngliche, naturgegebene und gewachsene Kultur oder Nationalität eines Menschen markiert wird. Sie reproduziert damit einen essentialistischen, naturalistischen Kulturbegriff, der wie oben in eine Dichotomie der Zugehörigkeit versus Fremdheit mündet. Interkulturelles Arbeiten ist für Franziska mit einer pluralisierenden Haltung verbunden, die sich in einer grundsätzlich wertschätzend-neugierigen Offenheit äußert.

> *»Für mi hoaßt interkulturell eigentlich nur des Offen-Sein für den Menschen und so a, und a, jo, a Stück weit neugierig sein aber net jetzt, oiso Neugier im Sinne von von i wü jetzt ois wissen oder ois hinterfrogn, sondern a Offenheit zu zeigen, ah, und do kaun se gaunz gaunz vü entwickeln. [...] Des hoaßt für mi net oiso oi diese Parameter die do irgendwo in Büchern drinnen stehen, sondern einfach amoi die Haltung, grundsätzlich amoi eine wertschätzende Haltung gegenüber Menschen. Und daun kaun glaub i Interkulturalität oder Inklusion, ah, hot daun die Möglichkeit, se zu entwickeln.«* (F, 175–188)

Interkulturalität oder Inklusion beschreibt sie als einen Prozess, der sich entwickeln kann. Praktisch setzt die Pädagogin diese wertschätzend-neugierige Haltung in sogenannten »*Erziehungsinterviews*« (F, 195) um, in denen sie versucht, die Diversität der Familien wahrzunehmen. Sie frägt die Eltern nach ihren Werten, ihrer religiösen Verortung, nach Erziehungsvorstellungen, Erwartungen an den Kindergarten und nach ihren Ängsten.

> *»Und, für mi haßt eben Offenheit, a zu sein, zu fragen, a, wos is eich wichtig, wos erwartets ihr sozusagen von von dem Kindergarten, von den Entwicklungsbegleiterinnen und wos ahm, wos san eure Werte? Wie schaut Erziehung bei eich aus? Welchen Stönwert hat Religion, wos is euch wichtig, ah, wos, wo hobts ihr a Ängste? Des haßt für mi Interkulturalität.«* (F, 180–184)

Im Rahmen dieser »*Erziehungsinterviews*« versucht die Pädagogin, die Eltern als Erziehungspartner_innen wahrzunehmen und mit ihnen über ihre Vorstellungen, Werte und Weltanschauungen in einen Dialog zu treten.

> *»Und es ging mir darum, a wirklich, oiso jetzt net wieder do elitär zu arbeiten, und zu sagen, i hoi ma jetzt do nur die, ah, begabteren Deutschsprecher, oder oder oder oder bildungsnäheren, ah, Migranten, sondern, dass man wirklich alle miteinbezieht.« (F, 230–232)*

Die Pädagogin vertritt hier die Ansicht, dass alle Eltern etwas zu sagen haben, sie spricht immigrierten Menschen eigenständige Positionen und Sprachfähigkeit zu und unterläuft damit einen gängigen Normalitätsdiskurs. Durch die »*Erziehungsinterviews*« ermächtigt sie die Eltern, ihre Bedürfnisse und Anliegen zu artikulieren. Wo nötig, zieht sie dafür Dolmetscher_innen heran. Gleichwohl gelingt es Franziska nicht, alle Eltern zu erreichen, was sie als Tatsache im interkulturellen Dialog anerkennt. Mit der Praxis der »*Erziehungsinterviews*« will die Pädagogin das Interesse der Eltern für den Kindergarten wecken und dem Vorurteil entgegen wirken, türkische Eltern würden sich nicht für ihre Kinder und die Arbeit im Kindergarten interessieren.

> *»A des is, also was i von Müttern waß, zum Beispiel aus der Türkei, do frogt ma net noch im Kindergarten. Vü Kolleginnen sagn oft, ›a, die frogn net amoi noch, wos eigentlich, ja, was eigentlich, wo sie mitarbeiten könnten oder sie interessiern se net für Kinder.‹ Na, des is bei vielen überhaupt net Usus, sondern do is der Kindergarten, die Schule, des des is ein sehr autoritäres System und des is in der Hierarchie san die Lehrer und die Kindergartenpädagogin, oiso, anerkannte Persönlichkeiten, wo die Familien davon ausgehn, die werdn scho wissen, wos tuan, ja, da brauch ma net hinterher fragen, oder beziehungsweise fühln si die Pädagoginnen daun ah angegriffen, ja, und oiso a dieses, wobei viele viele Eltern mir a rückgemeldet haum, dass sie des ah sehr wohl immer wieder erfahren, dass sie, ah, dass es besser is, dass sie nicht nachfragen, weil a die Pädagoginnen dann a a Stück weit vielleicht verunsichert san und geradezu beleidigt san, wo's glauben dass, ob sie nicht gut genug für ihre Kinder sind.« (F, 201–213)*

Hier spricht die Interviewpartnerin das Dilemma unterschiedlicher (kulturell bedingter) Ansichten einer Beteiligung am Bildungssystem an. Während es in der Türkei vielfach aus Respekt vor der Professionalität des pädagogischen Personals nicht üblich ist, in Schule oder Kindergarten nach dem Bildungsgeschehen nachzufragen, wird dieses Fernbleiben der Eltern in Österreich oftmals als mangelndes Interesse der Eltern am Kindergarten oder den Kindern selbst bewertet. Ein Dilemma kann auch entstehen, wenn immigrierte Eltern dann doch nachfragen und dies wiederum die Pädagog_innen verunsichert, weil sie sich in ihrer Kompetenz angefragt erleben. Wie immer die Eltern ihre Bildungspartnerschaft praktizieren, so Franziska, es kann in ein kulturell bedingtes Missverständnis zwischen ihnen und den Pädagog_innen münden.

Als kulturell ausgeprägte Differenzen, die zu Irritationen auf beiden Seiten führen können, zählt Franziska auch unterschiedliche Gepflogenheiten in der Kommunikation, etwa die Meidung des Hand- oder Augenkontaktes.

7. Interviews mit Elementarpädagoginnen

>*»Väter haum manchmal scho, oiso wie gehn sie mit sozusagen, mit europäischen, österreichischen Frauen um, oiso. Und des war am Anfang einfach a bissl a, a, jo, a distanziertes höfliches Verhältnis, und ahm, dann irgendwie, hob i also natürlich aufgrund meiner Position an andern, hob i an andern Stellenwert ghobt, gö, und deswegen haum se mi a sehr ernst genommen teilweise a, (...) aber trotzdem, ah, hob i des respektiert, dass i zum Beispiel net de Hand gebn hob, oder dass i einfach guat damit umgehn hab können, dass mi Frauen net angschaut haum, gö?«* (F, 544–551)

Franziska steht hier in der hegemonialen Position und weiß auch darum. Sie wird ihr von den Eltern zugestanden. Trotzdem fordert sie nicht ihre gewohnten kulturellen Verhaltensweisen ein, sondern respektiert, dass türkisch geprägte Männer nicht die Hand reichen wollen und Frauen den Augenkontakt meiden. Sie übt nicht – etwa durch Ignorieren der kulturell bedingten Gepflogenheiten – hegemoniale Macht aus, sondern nimmt eine demütige Position gegenüber den »fremd« geprägten Eltern ein. Im nächsten Abschnitt erzählt die Interviewpartnerin davon, dass sie im Kontakt mit einem muslimischen Vater einmal auf diese Regeln vergessen hatte, wodurch eine Begegnung der besonderen Art entsteht:

>*»Und amoi is am Papa passiert, der hot sei drittes Kind angmeldet, und der is eben in a (...) in der Moschee, woaß i jetzt gar net wo, i glaub in der (...) [...] Und, na des is die bosnische. Na, die türkische, des türkische Gebetshaus, foit ma jetzt net ei, egal. Ah, jedenfalls, ah, is der daun s'dritte Kind anmelden kommen und i hob mi so gfreit, dass i ihn wieder seh, und bin normalerweise immer, und i tua so, gö, (streckt die Hand nach vor) und er gibt mir die Hand, gö, und i nimms (lacht). Dann hob i bei der Anmeldung, ›na es tuat ma total leid, i muaß mi entschuldigen dafür dass i jetzt sofort, aber i hob mi so gfreit, dass i Sie wieder gsehn hob, und dass sie wieder, wieder a Kind anmödn bei uns‹, und daun hot a gsogt: ›wissen Sie was, ich weiß es is, normalerweise bin ich schon streng, aber wenn so jemand so nett is wie Sie, dann geb ich auch gerne die Hand.‹ Und des war für mi daun scho so a ein ein a so a Beweis des Vertrauens und des a, jo. (...) Oiso des war für mi ein ein sehr beeindruckendes Erlebnis. Oiso a des, wos er dann gsogt hot«* (F, 554–568).

Hier entsteht ein Zwischenraum zwischen der strengen, homogenisierenden Regel, den Handkontakt zu meiden, sowie der pluralisierenden Sichtweise, die Verschiedenheit kultureller Gewohnheiten zu respektieren. Beide, Pädagogin wie Vater, können sich keine abweichenden Verhaltensweisen vorstellen. In der geschilderten Situation überschreiten sie unvermittelt ihre Grenzen und begegnen einander in einem Raum, der für beide eigentlich tabu ist: *»Des des war a absolutes No-go. Gö? (...) Jo.«* (F, 570) Die überraschende Geste verursacht eine Begegnung der besonderen Art, die keine der beteiligten Personen erschrickt, obwohl sie im Moment des Kontaktes etwas Neues, Überraschendes hervorbringt. Hier vollzieht sich jene Form von Interkulturalität, die Franziska vorhin angesprochen hat: *»Und daun kaun glaub i Interkulturalität oder Inklusion, ah, hot daun die Möglichkeit, se zu entwickeln.«* (F, 186–188) Die Basis für eine solche Entwicklung sind laut Interviewpartnerin die wechselseitige Anerkennung und das dadurch entstehende Vertrauen zwischen den Kommunikationspartner_innen.

Die geschilderte Begegnung passiert nicht einfach zwischen zwei kulturell verschieden geprägten Personen, sondern wird hier auf einer religiösen Ebene verortet, weil die Pädagogin den Vater als Angehörigen einer muslimischen Gemeinde einführt.

Umgang mit religiöser Pluralität

Im Umgang mit religiösen Traditionen vollzieht Franziska eine Öffnung von der homogenen Durchführung der Feste des christlichen Jahresfestkreises hin zu einer Pluralisierung, nämlich der Beachtung und später auch Durchführung von Festen anderer Religionen im Sinne der Lebensweltorientierung. Zunächst wurde den Kindern und Eltern zu deren jeweiligen Festen gratuliert, später wurden auch Bairam, Divali und andere Feste in den Ablauf des Kindergartenjahres aufgenommen.

> »*Es gab alle christlichen Feste, also angfangen von Erntedank, [...] daun hauma ebn angfangen, eben zusätzlich ebn ah Feste mit rein zu nehmen. Oiso so so a, zerst amoi Scheka Bairam, dann eben Bairam, [...] grundsätzlich war's so, dass wir wussten, welcher Tag des is, dass de Kinder auch erzählt haum, Geschenke mitbringen konnten, sofern's welche kriegt haum, und dass a, wir den den Familien alles Gute gewünscht haum, zu Bairam. Jo. Gleichzeitig haum se daun a uns ebn, oiso zu Weihnachten ois Guate gwünscht, und ah, an Nikolaus war im zweiten Jahr full Haus. [...] wir haum eben a das Holi-Fest gmocht, des indische oder Divali, das Lichterfest, des indische*« (F, 445–465).

Während sie in ihrem ersten Jahr in der Bildungseinrichtung den religiösen Gehalt des Martinsfestes ausklammert und dieses Fest als »*Laternenfest*« (F, 246) begeht, schenkt sie später der religiösen Bedeutung aller in der Einrichtung gefeierten Feste Aufmerksamkeit (von Relativierung zu Identität). Grundsätzlich reagieren die Eltern mit hoher Akzeptanz gegenüber der religiösen Praxis im Kindergarten, wobei Franziska hier eine Relativierung vornimmt:

> »*Najo, vieles war ihnen gar net so klar, was was ois passiert, i hob's se zwar vorbereitet, und hob gsogt, oiso des is da, und und ah, bei jedem Fest, des wir machen, is einfach a religiöser Hintergrund da, den wir einfach auch miteinbeziehen möchten, net nur weil's a schens Fest is, weil Kinder im Grunde herzlich gerne Feste machen, und ah, des war für sie in Ordnung.*« (F, 490–494)

Das den Eltern vieles »*gar net so klar*« war, zeigt, dass die Pädagog_innen sich in einer hegemonialen Position befinden und entscheiden, wie sie die religiöse Bildung im Kindergarten handhaben. Die Eltern sind gezwungen – manchmal aufgrund fehlender Kenntnis – sich dieser Ordnung zu unterwerfen.

Franziska erzählt von einer religiös kompetenten Kollegin, die unterschiedliche Feste aufgegriffen und eine religiöse Ecke im Kindergarten eingerichtet hat, in der alle in der Gruppe vertretenen Religionen Repräsentanz fanden.

»Die ane Kollegin, [sie] is bosnische Kroatin, war eben a Jahr bei mir im Kindergarten, und die is gaunz, oiso, ah, sehr taff in ihrem Glauben, oiso woaß a ganz vü, die hat des wunderbar mit den Kindern machen können. Oiso, da gab's a dann Ostern den Einzug in Jerusalem am Tempelberg, die hat des so toll gmocht, gö, da gab's a a Ecke, da gab's das Kreuz, da gab's es Auge, da gab's ah buddhistische Bilder, oiso die hot einfach alle Religionen, die da warn, einfach in ana so ana religiösen Ecke a zaumbrocht, und die hot des ganz ganz guat vermitteln können. Wie die dann weg war, war's nimma so, weil einfach kana von uns des so toll hat vermitteln können, wie sie, und so authentisch darin war.« (F, 466–474)

Später hat sie zur Durchführung religiöser Feste katholische, serbische, bosnische, kroatische und muslimische Religionslehrer_innen in den Kindergarten eingeladen, um ein authentisches Begehen der Feste zu gewährleisten (Pluralisierung).[378] Auch Besuche in diversen Gotteshäusern wurden von den Pädagoginnen der Einrichtung praktiziert. Franziska begründet diese Öffnung nach außen damit, *»dass ma möglichst weg von dieser Inselpädagogik im Kindergarten kummt, sondern dass ma einfach die Lebenswelt rein holt.« (F, 714–715)*

»Oiso, do war i zwar net mit, aber die Kinder warn, warn ah im Gebetshaus, die Kinder warn hoit a in der Kirche, mit dem Erfolg, dass a muslimisches Mädchen an totalen Schreianfall kriegt hot in der Kirche (lacht) des hauma dann lassn (lacht). A des passiert bei aller Neugierde, jo. Und daun samma ebn eingladn worden in an indischen Tempel und so, des haßt, wir haum, oiso, all des was da war, hauma einfach a mit, miteinbezogen. Des einzige, wer si damals eben net erwärmen konnte, war der Pfarrer [...]. Gö. Und do samma hoit daun ausgewichen, aber, aber wie gsogt, ah es warn, ah (...) jo (...) des war sehr präsent.« (F, 716–723)

Die Interviewpartnerin erzählt davon, dass ihre Bemühungen nicht immer zum erwarteten Ergebnis führen und kann Ambiguitäten aushalten. Sowohl das Verhalten des muslimischen Mädchens als auch die Unerreichbarkeit des Pfarrers veranlassen sie dazu, solche Aktivitäten dann zu unterlassen oder auszuweichen. Zugleich lässt sie sich nicht in dem beirren, was möglich ist.

Eine komparative Religionsbegegnung

Ein besonders interessantes Beispiel aus ihrem Berufsalltag ist die Erzählung von der Begegnung unterschiedlich religiöser Eltern beim Martinsfest. Zunächst scheint es keine Probleme zu machen, dass zwei türkische Mädchen die Rollen der Protagonisten der Martinsgeschichte (Hl. Martin und Bettler) übernehmen, was verwundert. Unter den Gästen verschiedener Religionszugehörigkeiten kommt es im Rahmen des Festes zu einem komparativen Austausch über diverse Glaubensinhalte.

---

378 Auch Doris Ziebritzki schlägt vor, fremdreligiöse Feste nicht selbst auszurichten, sondern Eltern oder Religionsexpert_innen dafür einzuladen. Vgl. Ziebritzki, Wir wollen zusammen feiern, 66.

»Wir haum einfach daun die Martinsgeschichte gspüt und zwoa türkische Mädchen, gö, Martin und Bettler, und daun einfach wirklich dieses, dieses Teilen sehr zelebriert. Also, und damit hauma dann immer die Verbindung gschofft, oiso worum geht's eigentlich? Es geht um des für andere do sein, anderen zu helfen, auch wahrzunehmen, wenn's jemandem net so gut geht und des is eigentlich wie gsogt, des war zufällig des Jahr, wo Bairam gar net so lange, und daun und daun is des entstanden, und daun haum die an von von Bairam erzählt, die anderen haum hoit des vom Martin und und wie sie des ah, wie sie des erleben und wie se's angehn und dass eigentlich dann gar net so vü wissen drüber, und so is daun, und daun wollten also sozusagen, mehrere Glaubensgruppen wollten dann eigentlich wirklich über die, über die Legende vom Martin und den eigentlichen Hintergrund des Festes erfahren. Also, so diese, diese Offenheit und Neugier, und i denk ma, ma hot scho, oiso im Kindergarten scho vü Möglichkeiten, das a auf eine natürliche ah Art und Weise und eben a net so, wie soll i sagen, fatalistisch fast scho, weiter zu geben, sondern im Sinne des Füreinanders und der Menschlichkeit.« (F, 500–514)

Im Rahmen der Feier stellen die Pädagog_innen die Werte heraus, um die es ihrer Ansicht nach beim Martinsfest geht. Hier finden muslimische Eltern einen Anknüpfungspunkt zu ihrer Religion und stellen dem Martinsfest ihr Bairam (das Opferfest) gegenüber. Da die Eltern in christlicher Tradition gar nicht so genau Bescheid wissen über das Martinsfest, kommt es in diesem komparativen Austausch unter den Eltern dazu, dass Menschen unterschiedlicher Glaubenszugehörigkeit mehr über dieses Fest wissen möchten und sich die je eigene Tradition über die Schilderungen der anderen erschließen.[379] Hinter der Pluralisierungsstrategie der Interviewpartnerin verbirgt sich das Bedürfnis nach Homogenität, nach gemeinsamen Werten wie *»Menschlichkeit«* und ein *»Füreinander«*.

Pädagogische Ausrichtung – Diversität

Franziska plädiert dafür, nicht nur kulturell oder religiös bedingte Unterschiede in den Blick zu nehmen, sondern von der prinzipiellen Diversität der Menschen auszugehen und mit ihr umzugehen. Interkulturelle und interreligiöse Konzepte erscheinen ihr zu eng und in gesellschaftlichen Diskussionen schon etwas unpopulär geworden zu sein. Für die Zukunft möchte die Pädagogin in ihrer Arbeit mit elementarpädagogischen Einrichtungen den Schwerpunkt auf Diversität legen, also weg von diesem *»Schubladendenken«* (F, 83) der religiösen oder kulturellen

---

379 Diese Erzählung bietet eine Anschlussstelle an das Modell der »komparativen Theologie«. Winkler definiert sie als eine »teilnehmerorientierte Partizipation anderer Religionen.« Winkler, Wege der Religionstheologie, 381. In der geschilderten Religionsbegegnung im Kindergarten erschließen sich die jeweiligen Religionsangehörigen ihre eigene religiöse Tradition über diejenige des Gegenübers (– aus der Perspektive muslimischer Eltern auch teilnehmend). Dies verlangt den Gesprächspartner_innen einen Perspektivenwechsel ab, weshalb ich zumindest eine Nähe zu einer »komparativen« Form der Religionsbegegnung konstatiere.

Unterschiede hin zu einer breiteren Sichtweise auf Verschiedenheit (von pluralistischen Ansätzen zur Beachtung von Pluralität/Differenz).

> »*Also es wird den Schwerpunkt auf Diversity geben. [...] Und, des wär hoit einfach so a Wunsch, dass si des verändert und deshalb a ah, soll net der Schwerpunkt jetzt sein auf auf ah Umgang mit Interkulturalität und Interreligiosität, sondern einfach auf auf des Umgehen mit der Vielfalt. Wie tu i do? Und dazu ghört, da ghört einfach soziale Herkunft, do ghört einfach kulturelle Herkunft, do ghört oba a religiöse Herkunft hin.*« (F, 615–630)

Die Pädagogin wünscht sich also weiterhin eine pluralisierende Wahrnehmung von Differenzen, wobei sie in diesem Abschnitt die Kategorien »*Interkulturalität*« und »*Interreligiosität*« um die Differenz der sozialen Herkunft erweitert und gängige Kategorien in den Begriff »*Diversity*« aufzulösen versucht. Für die Anforderungen des Umgangs mit Diversität entfaltet sie ein umfassendes Profil:

> »*Oiso in dieser Position, glaub, bin i gaunz überzeugt davon, dass ma persönlich sehr stabil sein muaß. Oiso, (...) weil, weil einfach andere Herausforderungen san. Und, i muaß a relativ guate Pädagogin sein im Sinne von, dass i einfach wirklich ah pädagogisch gut gesettelt bin, im Sinne von, dass i de Entwicklungspsychologie weiß, jo, dass i, dass i woaß, wie Methodik, Didaktik funktioniert, dass i von Sprachentwicklung ebn Bescheid waß, dass i einfach über genügend Repertoire verfüge um den nonverbalen Bereich anzusprechen, dass i echt in der Lage bin, amoi wirklich, auch wenn i Sprachförderung mach, amoi den Fokus von der Sprache weg zu legen. Um daun resilienzfördernd wirken zu können. Oiso Resilienz is sozusagen mein letztes Thema. Ja. Mhm. Oiso des is für mi die Basis, guat entwickeln kau ma se eh nur, wenn ma resilient is, und jo.*« (F, 792–802)

Die Interviewpartnerin legt hier ihr Bildungsgut dar. Sie hat selbst sehr viele verschiedene Aus-, Fort- und Weiterbildungen absolviert und fordert auch von Berufskolleg_innen ein umfassendes Professionswissen ein.

Plädoyer für Religion im Kindergarten

In ihrer neuen Arbeitsstelle spielt die christliche Religion eine große Rolle. Der damit verbundene Diskurs dringt in den Schlusspassagen des Interviews durch, wo die Pädagogin einen überraschenden Wandel von ihren durchgängig pluralisierenden Erzählungen zu einem homogenisierenden Statement vollzieht. Franziska räumt hier dem (christlichen) Glauben einen hohen Stellenwert im Kindergarten ein. Sie plädiert dafür, den Kindern die Begegnung mit Religion und Glaube nicht vorzuenthalten.

> »*Ich finde man soll es nicht vorenthalten. Auf keinen Fall. I find des ganz a, (...) i mein, wie gsogt, ma kann zu fatalistisch werden, also des, des find i a net guat, ma, i find, ma soll a den Kindern a beibringen, Fragen zu stön und sie dürfen ruhig moi was anzweifln, oiso des is net, oiso i find a des, dieses unkritische einfach nur Konsumieren ganz schlimm, des wär ma scho a ganz wichtig, oba i find, ah, Glauben*

is etwas, wo wo ma se, wo ma se wieder hin besinnen kann, wenn, wenn einfach wirklich, jo (...)« (F, 670–676)

Kirchlichen Kindergärten schreibt sie die Stärke zu, hinsichtlich Religion ein klares Profil zu haben, das den Eltern von vornherein transparent gemacht wird.

»Oiso, des find i des tolle an kirchlichen Kindergärten, dass ma ganz a klare Werteorientierung hat. So ganz eine klare Orientierung hat, ah, wos heißt des ah, wenn i mein Kind in an kirchlichen Kindergarten, oiso für Eltern ah, was heißt des? Worauf lass ich mich ein, und ah, es san einfach ganz ganz schöne Werte, die da auch erwartet werden von den Eltern.« (F, 594–599)

Hier nimmt die Pädagogin eine überraschend homogenisierende Position ein und vereinheitlicht kirchliche Kindergärten zu einem homogenen Kollektiv mit einer ganz »*klare[n]*« Wert-orientierung, die sie als Chance für die Orientierung der Eltern vorführt. Von einem interreligiösen Setting ist hier keine Rede mehr. Der »christliche« Wertekanon, den sie nicht näher definiert, wird hegemonial eingeführt, auch die Eltern scheinen diesen zu erwarten. Die Interviewpartnerin konstruiert hier ein homogenes »Wir« kirchlicher Identität, das zugleich eine Abgrenzung zu anderen (die diese oder ähnliche Werte nicht haben? – könnte man hier fragen) inkludiert. Homogenisierung erleichtert die Orientierung.

Zusammenfassung – diskursiver Kontext

Franziska erzählt aus ihren Erfahrungen in einem Kindergarten mit hoher Anzahl an Kindern und Familien mit »*Zuwanderungsgeschichte*«. Die »*Kinder aus Österreich*« stellen die Minderheit dar, der Kindergarten befindet sich in einem »*Brennpunkt*«. Die Interviewpartnerin vertritt einen pluralisierenden Ansatz, sie möchte vor allem den immigrierten Familien gerecht werden und die Kinder dabei unterstützen, »*in Österreich anzukommen*«. Dieses Ziel formuliert sie auch gegenüber Kindern, deren Eltern bereits in Österreich geboren sind, die aber laut Pädagogin eine »*Zuwanderungsgeschichte*« haben. Ihren Umgang mit kultureller und religiöser Pluralität beschreibt Franziska als einen Lernweg: Zunächst nimmt sie eine stark pluralistische Haltung ein, was sich in einer plakativen multikulturellen Pädagogik äußert. Um die nationalen Hintergründe der (großteils in Österreich geborenen) Kinder sichtbar zu machen, gestaltet die Pädagogin – wie sie mit Selbstironie erzählt – den Vorraum als »*Fahnenwald*« d. h., sie bringt die Nationalflaggen der Länder, mit denen die Kinder identifiziert werden, im Eingangsbereich an. Zudem versucht sie, die Eltern und Kinder zum Mitfeiern der traditionellen Feste des kirchlichen Jahreskreises zu gewinnen, wodurch sie in einen Kulturrelativismus gelangt. Das Martinsfest muss zu einem säkularen Lichterfest umbenannt werden und *das* traditionelle Laternenlied »Ich geh' mit meiner Laterne« wird in alle möglichen Sprachen übersetzt. Dieser extreme Pluralismus und Kulturrelativismus löst bei den Eltern Irritationen aus: Sie fühlen sich nicht ernst genommen und bezweifeln die positiven Absichten der Pädagogin. Eltern der »österreichischen Minderheit« wiederum fühlen sich benachteiligt und kritisieren diese Bevorzugung der Migrant_innen. Auch wenn das pädagogische Team mit dem Kurs der Leiterin nicht mitzukommen scheint, setzt sie sich mit ihrer pluralistischen Haltung durch. Schon nach einem halben Jahr verändert Franziska ihren Multikulturalismus und nimmt eine gemäßigtere pluralisierende Haltung ein. Sie greift die nichtchristlichen Religionen auf, die von den Kindern her in der Gruppe vertreten sind und lädt zur Umsetzung entsprechender Feste jeweilige Religionsexpert_innen ein. Von einer Inszenierung kultureller Unterschiede, etwa im Rahmen multikultureller Feste oder einer »Reise um die Welt«, berichtet die Interviewpartnerin nicht. Ihre Erzählungen bleiben auf die religiöse Pluralität beschränkt. Die Eltern mit »Zuwanderungsgeschichte« scheinen im Besonderen ihre Zielgruppe zu sein. Dabei neigt Franziska stellenweise dazu, diese zu viktimisieren. Zugleich wirft sie ihren Berufskolleg_innen zu wenig Empathie, interkulturelle Kompetenz und insgesamt einen Mangel an professionellem Wissen vor. Die Interviewpartnerin konstruiert dabei eine Dichotomie zwischen diesen beiden Kollektiven, wobei sie sich selbst nicht zu den Repräsentant_innen der hegemonialen Kultur zählt, aber eine paternalistische Haltung gegenüber Migrant_innen einnimmt.

In ihrer offenen Haltung gegenüber Eltern mit »*Zuwanderungsgeschichte*« eröffnet Franziska bemerkenswerte Räume, etwa indem sie mittels »*Erziehungsinterviews*« deren kulturelle Prägungen, familiäre Bedürfnisse und Werte, Erziehungsvorstellungen und Vorbehalte gegenüber dem Kindergarten erfragt. Mit dieser Vorgehensweise ermöglicht sie den immigrierten Eltern, ihre Sichtweisen zur Sprache und in das Kindergartengeschehen einzubringen. Sie versucht damit, der häufigen Sprachlosigkeit immigrierter Eltern entgegen zu treten und eröffnet einen Raum für Menschen, die oftmals hinsichtlich Partizipation und Mitsprache marginalisiert werden. Franziska versucht ihnen – wenn auch aus einer hegemonialen Position heraus – auf Augenhöhe zu begegnen und ihre Anliegen aufzunehmen. Dabei ist es ihr wichtig, alle Eltern zu befragen und sprachliche Barrieren zu überwinden. Sie nimmt aber auch zur Kenntnis, dass ihre Bemühungen an Grenzen stoßen und es ihr nicht gelingt, alle zu erreichen.

Die Begegnung mit dem muslimischen Vater, der normalerweise die Hand nicht reicht, wird zu einer Schlüsselsituation ihrer interkulturellen Arbeit. Die Pädagogin hat eine fixe Vorstellung von muslimischen Männern und ihren Regeln, eine Abweichung kann sie sich nicht vorstellen. Auch der Vater scheint in einem starren Diskurs zu stehen. In der überraschenden Situation, in der sie sich entgegen ihrer Konventionen die Hand reichen, überschreiten beide ihre Vorstellungs- und Diskursgrenzen. Dadurch entsteht ein dritter Raum, der eine Begegnung mit besonderer Qualität ermöglicht.

Ein Zwischenraum eröffnet sich auch beim Martinsfest, wo sich muslimische Eltern und Eltern, die in der christlichen Tradition stehen, wechselseitig ihre Religion erschließen. Die Pädagogin eröffnet den Raum dafür.

Etwas überraschend schließen sich an die Erzählungen aus dem ehemaligen Berufsort die aktuellen Einstellungen der Interviewpartnerin gegenüber Religion im Kindergarten an. Spricht sie in Bezug auf ihre Tätigkeit im multikulturellen

Kindergarten ausschließlich aus einer pluralisierenden Haltung, so scheint ihr die neue Aufgabe im kirchlichen Kontext einen Homogenisierungsdiskurs aufzudrängen. Er bewegt sie dazu, die Ordnung und Wertorientierung kirchlicher Kindergärten radikal zu vereinheitlichen und als positiv darzustellen. Der Homogenisierungsdiskurs erscheint zuletzt als Ideal pädagogischer Arbeit.

7.6 Die Orte von Helena

Über die Sprecherin

Helena befindet sich zur Zeit des Interviews im ersten Dienstjahr. Sie hat nach der Ausbildung zur Kindergartenpädagogin ein Studium absolviert und den Schwerpunkt *Migration Studies* belegt. Die Interviewpartnerin erzählt von zwei Bildungseinrichtungen, die sie während ihres ersten Dienstjahres wechselt. Das Interview findet in meinem Büro an der Theologischen Fakultät der Universität Salzburg statt. Dieser Raum ist vermutlich prägend für den Verlauf des Interviews. Die Interviewpartnerin wechselt immer wieder für ganze Absätze in eine Theoretisierung und positioniert sich auch persönlich im Umgang mit religiöser Pluralität im Kindergarten.[380] Da das Interview nicht in den Räumen der Pädagogin stattfindet, ist es mir nicht möglich, einen direkten Eindruck von denselben zu bekommen.

Muslimischer versus städtischer Kindergarten

Beide Bildungseinrichtungen der Interviewpartnerin befinden sich in einer Stadt. Ihre erste Dienststelle bezeichnet Helena als einen »*muslimischen Kindergarten*« *(H, 6)* in privater Trägerschaft, von dem sie im Halbjahr in einen »*städtischen Kindergarten*« *(H, 247)* wechselte. Diese Unterscheidung ist interessant, weil *eine* Bildungseinrichtung mit Religion in Verbindung gebracht wird, die andere hingegen nicht. Die Interviewpartnerin schildert ihre Wahrnehmung der beiden elementarpädagogischen Bildungseinrichtungen sehr bildreich. Sie stellt den »*muslimischen Kindergarten*« entlang dichotomer Zuschreibungen dem »*städtischen Kindergarten*« gegenüber. »*Also ich merk wirklich ganz ganz große Unterschiede.*« *(H, 265)* Während die Interviewpartnerin ersterem eine homogenisierende Ausrichtung zuschreibt, streicht sie die Pluralisierung im städtischen Kindergarten hervor. Diese dichotome Gegenüberstellung zeigt sich bereits in der Beschreibung der Räume und setzt sich im Interview weitgehend fort.

---

380 Womöglich verlangt dies der Ort der Interviewaufnahme – die Universität, genauer: Räume in denen Religionen und Identitäten verhandelt werden – ab.

7. Interviews mit Elementarpädagoginnen

Gestaltung und Ausstattung der Räume

Im »*muslimischen Kindergarten*« nimmt die Interviewpartnerin eine Zweiteilung der Räumlichkeiten in einen Bereich der Erwachsenen und einen Bereich für die Kinder wahr, wobei sich jener der Kinder in den hinteren Räumen befindet. Vorne ist also eine Art *Repräsentationsbereich*, ein *öffentlicher* Bereich, weil dort die Eltern Einsicht haben, während der hintere Bereich eher nicht von den Eltern frequentiert wird.

> »*Wir ham [im muslimischen Kindergarten] wirklich so a bissl den strukturierten Erwachsenenbereich geteilt ghabt, wo auch die Eltern Einsicht hatten, und weiter hinten so der Bereich für die Kinder eigentlich, ja.*« (H, 28–30)

Offenbar sind beide Raumteile unterschiedlich strukturiert. Die räumliche Angabe »weiter hinten« markiert eine Hierarchie zwischen den beiden Bereichen, die sich im Laufe der Beschreibung bestätigt. Im vorderen Raum, der »erwachsenengerecht« strukturiert und für die Eltern einsichtig ist, werden vorwiegend Regelspiele und von den Pädagoginnen angeleitete Tätigkeiten bei Tisch ausgeführt.

> »*Des eine war der vordere, wo quasi auch der Essbereich war, wo die Kinder Sachen gmacht ham am Tisch, ahm, oiso des war des, wo, wie soll ich sagen, wo die Kinder sehr strukturiert, nach meinen Vorgaben oder äußeren Vorgaben auch gearbeitet haben, also Puzzles gemacht haben, Spiele gmacht haben, wo's um gewisse Regeln ging und so weiter*« (H, 11–16).

Die Vorgaben scheint nicht nur die Interviewpartnerin zu machen, die sich hier offenbar der strukturellen Ordnung des Raumes unterwirft, sondern es wird dort auch nach »*äußeren Vorgaben*« gearbeitet. Aus dem Kontext des Interviews liegt nahe, dass hier die Leiterin angesprochen ist, die diese »*äußeren Vorgaben*« macht, es könnten aber auch die räumlichen und materiellen Strukturen gemeint sein. Der Diskurs im Raum ist hier ein Homogenisierungsdiskurs, es herrscht eine geregelte, vorgegebene und strukturierte Ordnung vor. Helena beschreibt diesen vorderen Bereich als »*Machtbereich*« der Leiterin.

> »*Während halt das vorne wirklich eher der Bereich, wo halt auch die Leiterin dann (lacht) quasi ah, ihr Machtbereich eher war, kann man irgendwie sagen.*« (H, 40–42)

Mit dem Begriff »*Machtbereich*« wird eine Hierarchie zwischen der Leiterin und der Pädagogin eingeführt. Helena kann hier zwar auch Vorgaben machen, aber die Leiterin gibt die Gestaltung dieses vorderen Bereiches vor, wie die Interviewpartnerin im nächsten Abschnitt beschreibt:

> »*Die Wanddeko, die wir Pädagoginnen machen mussten, ahm, also da durft ma nix mit den Kindern machen sondern nur so irgendwelche ah, Tiere, die jetzt, ich weiß nicht, im Winter zum Beispiel auf am Schlitten fahrn, und halt mit ganz großen Augen, also dieses typische Kindchen Schema, ah, die wirklich, sehr (lacht) sehr übertrieben manchmal waren, ahm, das würd ich sagen, weil sie [die Leiterin] hat gsagt, es soll so bunt wie möglich sein, so viel wie möglich, denn das mögen türkische Eltern. Das war so der (lacht) der Gedanke dahinter, ja.*« (H, 202–209)

Der Repräsentationsbereich soll also einer Ästhetik entsprechen, welche laut Helena die »*türkische Leitung*« (H, 58) mit dem Geschmack der türkisch geprägten Erwachsenen verbindet, die den überwiegenden Anteil der Elternschaft ausmacht. »*Türkische Eltern*« wird hier als Kollektiv mit einer eigenen Ästhetik aufgerufen, die als bunt, üppig und kindchenhaft charakterisiert wird, wobei nicht ersichtlich ist, ob die Leiterin diese Verallgemeinerung anstellt oder die Interviewpartnerin ihr diese Ansicht zuschreibt. Es scheint einen Konflikt zwischen der Pädagogin und der Leiterin zu gehen, wobei Helena der Leitung unterstellt, dass sie eine Ästhetik vertritt, die nicht dem Level aktueller pädagogischer Ansichten entspricht, weil die Kinder nicht an der Gestaltung beteiligt werden dürfen. Der Subtext könnte lauten: »Das ist eine Vorgehensweise, die wir hier in Österreich schon überwunden haben, wir lassen die Kinder arbeiten.« Hier wird eine Differenz eingeführt zwischen einer vormodernen, türkischen und einer modernen, weil kindorientierten, österreichischen Pädagogik.

Im Folgenden benennt die Interviewpartnerin *ihren* »Machtbereich«, in welchem sie eine Pädagogik umsetzt, mit der sie sich identifizieren kann.

> »*Meine Handschrift, find ich, merkt man eher im hinteren Bereich, wo ich den Kindern eigentlich Freiräume gegeben hab, weil ich find es ist wichtig, was von den Kindern kommt. Man muss das aufnehmen, was von den Kindern kommt und nicht so sehr das Eigene quasi drüber stülpen über die Kinder.*« (H, 33–36)

Helena präsentiert den hinteren Bereich der Kinder als ihren Gestaltungsbereich. Hier findet die pluralisierende pädagogische Haltung der Interviewpartnerin, die eine Orientierung am Kind (wie sie es vermutlich in der Ausbildung gelernt hat) in den Mittelpunkt stellt, ihren Ort im sonst von einer homogenisierenden Ordnung strukturierten Bildungseinrichtung. Für die Umsetzung ihrer pädagogischen Orientierung fehlt es der Pädagogin an kindgerechten Materialien.

> »*Wir hatten zum Beispiel eine Puppenküche, die zu groß war für die Kinder, das heißt, die Kinder mussten immer auf an Sessel steigen, um rauf zu kommen, solche Dinge, also wo das Kind schon mal zu klein ist um überhaupt spielen zu können, was ja für das Kind schon, ja (lacht)*« (H, 260–263). »*Ja, wobei's schon ein paar Dinge gab, die ich sehr vermisst hab, also wirklich dieses Konstruktionsmaterial, weil wir ham zum Beispiel, dadurch das wir kleinere Kinder hatten, hab ich mir eher erhofft, dass wir größere Legobausteine zum Beispiel kriegen, wir ham aber nur diese ganz kleinen Lego bekommen. Das wars. Sonst hatten wir kein Konstruktionsmaterial, ahm, als, ja es war hauptsächlich IKEA-Dinge, die wir hatten, ich hab auch am Anfang, wie ich kommen bin, 17 Barbiepuppen (lacht) raus gegeben*« (H, 212–217).

Die Spielmaterialien in der Bildungseinrichtung entsprechen nicht den pädagogischen Ansprüchen der Interviewpartnerin. Sie hat ganz klare Vorstellungen über kindgerechte Spielsachen. Ihr Bemühen um andere Materialien bleibt weitgehend erfolglos. Helena erzählt andererseits davon, dass ihr ein Budget für den Ankauf von altersgerechten Bilderbüchern zur Verfügung gestellt wurde, wodurch sich ein Widerspruch in ihren Aussagen einstellt. Diese Ambivalenz verstärkt die Vermutung eines Konfliktes zwischen der Leiterin und der Interviewpartnerin. Wo es geht, entfernt Helena, was nicht in ihre Ordnung passt (etwa 17 Barbiepuppen), wie auch die Leiterin das Arche Noah Puzzle entfernt, nachdem es von Helena als »religiös« konnotiert wurde (siehe unten). Die Eltern sind mit dem Spielangebot im Kindergarten ebenfalls nicht zufrieden. So fordert eine Mutter mehr Spielmaterialien für Buben ein.

> »Und wir haben auch die Beschwerde einer Mutter ghabt, die gsagt hat, wir ham viel zu viel Mädchenspielzeug, ihr Sohn weiß nicht, womit er spielen soll. Was natürlich überhaupt net gstimmt hat, aber, also da merkt man ganz ganz klare Rollenvorstellungen, die den Kindern selbst aber wirklich wurscht waren. Also hab ich echt den Eindruck ghabt.« (H, 537–541)

Diese Forderung der Mutter, die sich mehr »*Autos. Autos. Ja, Autos.*« (H, 546) für ihren Sohn wünscht, ordnet die Interviewpartnerin »*ganz ganz klare[n] Rollenvorstellungen*« zu, während sie den Kindern eine neutrale Haltung gegenüber Geschlechterrollen unterstellt. Mit den »*ganz ganz klare[n] Rollenvorstellungen*« ruft die Interviewpartnerin eine klischeehafte, in der Gesellschaft vertretene, Vorstellung über türkisch-muslimische Familien auf und führt damit ein Ressentiment gegenüber denselben ein, das wiederum die Dichotomie von modern versus vormodern, traditionell versus geschlechtergerecht bedient.[381] Die Kinder sind ihrer Vorstellung nach vorurteilsfrei, als würden sie aus einem zuschreibungsfreien Raum und einer bewertungsfreien Sozialisation kommen.

Die Fixierung der Eltern auf geschlechtertypische Rollenzuschreibungen findet Helena darin bestätigt, dass die Eltern es nicht akzeptieren würden, wenn Buben mit Puppenwägen spielen.

> »Wobei, wir haben so Puppenwagen ghabt, ahm, wo wirklich auch Puppen drin warn, ahm, mit dem haben ausschließlich Buben gspielt. Und die Reaktion der Eltern war alles andere als positiv.« (H, 532–534)

Die Eltern werden hier als Kollektiv angerufen, welches im »Nicht-Gesagten« der westeuropäischen, aufgeklärten Gesellschaft gegenübergestellt wird, die solche Rollenbilder längst überwunden zu haben scheint. Eine andere Interpretation des Spieles der Buben mit den Puppenwägen zieht Helena nicht in Betracht, etwa dass sie ihrer altersgemäßen Entwicklung nach im Funktionsspiel die Puppenwägen zweckentfremden und als »Autos« nützen, oder dass es einfach lustvoll ist, etwas Rollendes durch den Raum zu schieben und dabei seinem Bewegungsbedürfnis Raum zu verschaffen.

Diese Lesart würde obendrein zu der Aussage passen, dass die Kindertageseinrichtung keinen Bewegungsraum für die Kinder zur Verfügung hat.

> »Wir ham auch keinen Garten ghabt, keinen Bewegungsraum, nichts (lacht). Also es war schon sehr, sehr einengende Situation auch für mich« (H, 95–96).

---

381 Ähnliche Zuschreibungen finden sich im Interview mit Britta.

Helena erlebt die Situation in diesem »*private[n] Kindergarten*« (H, 154) nicht nur räumlich, sondern auch hinsichtlich ihrer pädagogischen Orientierung und der damit verbundenen Diskursordnung als einengend. Die fehlenden Bewegungsmöglichkeiten stehen hier auch für den fehlenden Freiraum der Pädagogin.

> »*Ich hab auch das Gfühl ghabt, dass ich meine pädagogischen Ansprüche irgendwo einfach nicht ganz verwirklichen konnte.*« (H, 76–77)

Ihr Unbehagen in diesem Kindergarten schreibt die Pädagogin der vormodernen pädagogischen Ausrichtung und letztlich der türkisch-muslimischen Kultur zu, für die die Leiterin und die Eltern stehen. Schließlich trifft Helena die Entscheidung, ihre Anstellung im »*muslimischen Kindergarten*« aufzukündigen und in einen »*städtischen Kindergarten*« zu wechseln, wodurch auch alle ihre Probleme überwunden zu sein scheinen. Den öffentlichen Kindergarten beschreibt Helena in kontrastierender Abgrenzung zur privaten Bildungseinrichtung. »*Also ich merk wirklich ganz ganz große Unterschiede.*« (H, 265) Hier sei schon an den Räumen abzulesen, dass »*die Kinder [...] im Zentrum stehen*«.

> »*Ich merk einfach, dass einfach die Kinder hier im Zentrum stehen, ganz ganz klar, das merk ich alleine am Raum*« (H, 248–250).

Dass die Interviewpartnerin hier den Raum ins Spiel bringt, könnte daran liegen, dass ich meine erste Interviewfrage nach den Räumen der Bildungseinrichtungen gestellt habe und Helena mein Interesse für die Raumgestaltung erkannt hat. Sie macht die Orientierung an den Kindern (als pädagogisches Prinzip) an der Aufteilung der Räume in Spielbereiche und Nischen fest, die unterschiedliche Beschäftigungsmöglichkeiten für die Kinder eröffnen und für sie zugänglich sind.

> »*Also es gibt so den Hauptbereich, quasi, wo eben da Tische stehen, wo eben verschiedene Bastelsachen und so weiter zur Verfügung stehen, und dann gibt's, ah, auf der Längsseite des Raumes, die ist dann noch in drei so, wie soll ich sagen, Nischen unterteilt, eigentlich, wo zum Einen, ah, die halt unterschiedlich genutzt sind, je nach Gruppe, aber da ist zum Beispiel, ah, eh Konstruktionsspiel, also jetzt so die Bauecke a bissl drinnen, ah, oder die Kuschelecke, im andern is die Puppenecke drinnen, solche Dinge, also wo ich schon merk, da wird viel viel mehr auf die Kinder eingegangen, es is auch so, dass die Kinder Zugang haben zu allem*« (H, 250–257).

Zuvor hat Helena auch den privaten Kindergarten von den Räumlichkeiten her »*Grundsätzlich [...] wie ein typisch österreichischer Kindergarten, also auch so wie ich's erlebt hab immer wieder in der Schule*« (H, 200–201). beschrieben. Auch der »*Hauptbereich*« mit Tischen weist eine Ähnlichkeit zur privaten Bildungseinrichtung auf. Jetzt führt sie die räumliche Strukturierung als Differenz zwischen »*muslimischem*« und »*städtischem Kindergarten*« ein, wo »*viel viel mehr auf die Kinder eingegangen*« wird.

In der Erzählung über die Gestaltung des Kindergartens bemüht die Interviewpartnerin ebenfalls einen Kontrast zur privaten Einrichtung, weil diese im öffentlichen Kindergarten »*definitiv von Kindern*« ausgeführt wird.

> »Ahm, ein Fenster ist, definitiv von Kindern gestaltet, ohne Vorgabe, also die, die in den Garten raus gehn, und dann sind die, die Richtung (lacht) Eltern raus gehn, da merkt ma wieder so a bissl die Vorgaben, also so Art Blumenwiese is das, wo sie halt mit Handabdruck die Blüten gmacht ham und mit Fingern dann die die Grashalme dazu.« (H, 572–576)

Während der Erzählung fällt der Pädagogin selbst die Parallele zum privaten Kindergarten auf: Auch im städtischen Kindergarten weist der für die Eltern einsichtige Bereich eine durch Erwachsene kontrollierte Ästhetik auf. Zwar handelt es sich um Arbeiten aus Kinderhand, die Gestaltung geschieht aber unter Anleitung der Pädagog_innen. Im Repräsentationsbereich bestimmt also auch den öffentlichen Kindergarten eine homogenisierende Ordnung. Diese ähnliche Ordnung in den beiden Bildungseinrichtungen irritiert die kontrastierende Darstellung der Interviewpartnerin. Sie zeigt dies an einem Lachen und am Versuch, die Ähnlichkeit durch eine Relativierung abzuschwächen: »*Da merkt ma wieder so a bissl die Vorgaben*« (H, 573–574).

Zur materiellen und strukturellen Ausstattung der städtischen Bildungseinrichtung erzählt Helena, dass den Kindern Bastelmaterialien aber auch personelle Ressourcen zur Verfügung stehen, um individuelle, kreative Ideen umzusetzen.

> »Ich merk auch, dass die Ideen der Kinder angenommen werden. Zu mir ist ein Kind gekommen und hat gsagt, na, ich will ein Buch machen. Und da hat die Pädagogin gleich gsagt, ja, passt, die [Helena] ist eh da, mach das, weil ich bin Springerin, das hab ich vergessen zu sagen. Ich bin Springerin im neuen Kindergarten, und, ja, die [Helena] hat eh kurz Zeit, die macht das jetzt mit dir, und das ist wirklich sofort aufgegriffen worden, und das Kind hat Tacker, Kleber, Papier, alles sich nehmen können, und und hat dann selbst halt so ein kleines Heftchen ah, gemacht.« (H, 266–272)

Dass ihr in dieser Kindertageseinrichtung offensichtlich von einer Kollegin ein Auftrag erteilt wird und sie als Springerin in der Hierarchie des pädagogischen Personals die niedrigste Stellung einnimmt, scheint Helena an dieser Stelle nichts auszumachen.

Pädagogische Orientierung

Die Orientierung an den Interessen der Kinder entspricht der pädagogisch-diskursiven Ordnung der Interviewpartnerin, mit dieser identifiziert sie sich. In der privaten Bildungseinrichtung vermisst sie hingegen eine kindzentrierte Pädagogik und unterstellt, dass dort eine Orientierung an den Eltern vorherrsche. Die Ziele der Leiterin beschreibt sie wie folgt:

> »*Die Eltern sollen zufrieden sein, und Förderung, Forderung des Kindes war jetzt nicht so (lacht), war nicht ihrs.*« (H, 152–153)

Der türkischen Leiterin wird von der österreichischen Pädagogin Bildungsferne unterstellt. Ihr scheint es nach den Schilderungen der Interviewpartnerin lediglich um die Grundversorgung und Pflege der Kinder zu gehen. Die Frage nach der Ausbildung der Leiterin beantwortet Helena so:

> »*Sie hat zu mir gsagt, sie hat die Ausbildung in der Türkei gemacht, aber in Österreich das Ganze, sie hat's nicht wirklich nostrifizieren können, sondern hat die Ausbildung in Österreich nochmal gemacht, wobei ich ihr das ehrlich gsagt nicht ganz glaube.«* (H, 122–125)

Die Ausbildung in Österreich wird der Leiterin abgesprochen, die türkische Ausbildung qualifiziert sie in den Augen der Interviewpartnerin jedoch auch nicht für eine zeitgemäße Elementarpädagogik. Hier zeigt sich wieder der orientalistische Diskurs, durch den die Stärken österreichischer Pädagogik mittels der Abwertung der türkischen Ausbildung hervorgehoben werden. Diese kulturelle Zuschreibung ist vermutlich mit einem Konflikt zwischen Helena und der Leiterin verbunden, was die folgende Interviewpassage zeigt:

> »*Sie hat grundsätzlich gsagt, mein, meine Aufgabe is es, ahm, den Eltern das Kind sauber zurück zu geben, das heißt, das Kind muss gegessen haben, es muss gewickelt sein und ah, es darf nirgendwo Schmutz haben. Das ist quasi die wichtigste Aufgabe, und ich soll nicht glauben, dass ich irgendwelche pädagogisch groß was machen soll, weil das ist eigentlich unwichtig, den Eltern geht es wirklich darum, ahm, dass das Kind sauber ist.«* (H, 87–92)

Das klingt nach einer scharfen Zurückweisung, die Helena abspricht, in der Funktion tätig zu werden, für die sie angestellt ist: nämlich als Elementarpädagogin. Die Eltern werden hier wieder als Kollektiv mit einer bestimmten Erwartung an den Kindergarten angerufen. Helena charakterisiert sie als ausschließlich an der körperlichen Versorgung ihrer Kinder interessiert. Pädagogische Interaktionen scheinen hingegen keine Bedeutung zu haben. Die Interviewpartnerin erzählt allerdings, dass die Leiterin auf Plakaten darüber informiert hat, dass im Kindergarten Deutsch gesprochen wird, weil hier eine Deutsch sprechende Pädagogin angestellt ist.

> »*Das hat sie auch ganz groß auf alle Plakate geschrieben, dass die Kinder hier Deutsch sprechen, weil eine Deutsch sprechende Pädagogin drin ist*« (H, 138–139).

Erst auf Nachfragen, ob die Eltern tatsächlich keine Bildungserwartungen an den Kindergarten hätten, erzählt Helena:

> »*Also es ist eigentlich unterschiedlich. Da kam von ein paar Eltern gar nix, andere ham schon immer wieder nachgefragt, na, wie geht's meinem Kind motorisch? Ah, spricht mein Kind schon ein bisschen Deutsch? Wie geht's ihm so? Wie hat er sich entwickelt? Durchaus, hat's durchaus geben, ahm, ja, war ganz unterschiedlich eigentlich, ja. Muss ich sagen.«* (H, 179–183)

Hier sind Widersprüche in den Erzählungen über die Bildungserwartungen im Kindergarten wahrnehmbar. Einerseits erzählt Helena, dass die Leiterin meint, den Eltern sei nur Pflege wichtig, andererseits gestaltet die Leiterin den Repräsentationsraum des Kindergartens so, dass er dem Eindruck einer Bildungseinrichtung gerecht wird (wenn man davon ausgeht, dass landläufig mit Bildung strukturierte Arbeitsphasen bei Tisch verstanden werden). Sie bemüht sich darum, den Eltern den Eindruck zu vermitteln, dass in der Bildungseinrichtung Deutsch gesprochen wird und auch die Eltern erkundigen sich zumindest vereinzelt nach der Entwicklung ihres Kindes. Helena muss ihre Behauptung der Bildungsferne und des fehlenden Interesses an Bildung korrigieren, ausdifferenzieren und pluralisieren. Der orientalistische Diskurs über die türkischen Eltern und die Leitung, also über die türkische Kultur, funktioniert hier nicht. Es geschieht ein Wechsel vom Homogenisierungsdiskurs zu Pluralisierung, ein Zwischenraum stellt sich ein, der die Interviewpartnerin irritiert. Der lange Nachsatz »*Durchaus, hat's durchaus geben, ahm, ja, war ganz unterschiedlich eigentlich, ja. Muss ich sagen.*« zeigt, dass sie ihre Position abschwächen muss.

Sprache

Deutsch-Lernen scheint sowohl für die Leiterin als auch für die Eltern einen besonderen Stellenwert zu haben. Die Interviewpartnerin stellt diesbezüglich allerdings ernüchternd fest:

> »*Es ist nur so, dass die Assistentin, ahm war Türkisch sprechend, die hat mit den Kindern Türkisch sprechen dürfen, auf Grund dessen haben die Kinder auch kaum mit mir kommuniziert, und wenn dann halt nur mich angstoßen oder auf irgendwas gedeutet, und wenn ich dann zum Kind gsagt hab, ja sags, was du willst, dann sind's zur Assistentin (lacht). Also insofern war das a bissl, ja*« (H, 139–144).

Hier tritt ein neues Moment auf, die Interviewpartnerin erweist sich als »die Fremde« im türkisch-sprechenden Kontext. Sogar die Kinder kommunizieren kaum mit ihr. Dass ihre Aufforderung »*ja sags, was du willst*« nicht sehr einladend klingt, nimmt die Interviewpartnerin nicht wahr. Stattdessen macht sie ihren Misserfolg und jenen der Einrichtung am privaten Kindergarten und dessen Pädagogik fest. Da der Kindergarten zu 80% von »*Kinder[n] mit türkischen Wurzeln, die auch ausschließlich Türkisch gesprochen haben*« (H, 59–60) besucht wird, haben laut Interviewpartnerin »*die Kinder [...] untereinander auch nur mehr Türkisch gesprochen, es hat sogar, die tschetschenischen Kinder ham dann Türkisch gelernt, anstatt Deutsch zu lernen.*« (H, 71–73)

Helena hat von ihrer Assistentin verlangt, dass sie auch Deutsch mit den Kindern spricht, um dem Versprechen gegenüber den Eltern gerecht zu werden. Aber auch die Assistentin hört nicht auf die »Fremde«.

> »*Ich hätt's auch von meiner Assistentin eigentlich verlangt, ah, weil eben auch ahm (...) groß aufm Plakat gstandn is, die Kinder lernen Deutsch, aber wichtig ist, oder wär mir gewesen, keine Hierarchisierung der Sprachen vorzunehmen, sondern [...] aufzuzeigen, was verschiedene Sprachen sind, [...] wichtig wär einfach, ja, aufzuzeigen, es gibt verschiedene Sprachen, wir meinen, ja, ah, gleiche Dinge, und und, ja. Ja, so eigentlich, glaub ich wär's sinnvoll. Mhm.*« (H, 415–426)

Hier wechselt die Interviewpartnerin auf die Theorie-Ebene und spricht vom Ideal eines hierarchiefreien Umgangs mit Sprachen, das sie selbst nicht einlöst.

Es erscheint ihr ganz selbstverständlich, dass die Kinder Deutsch lernen sollen und unmöglich, dass sie türkisch miteinander sprechen, obwohl die Kinder ja eine gemeinsame Spielsprache brauchen und es von daher naheliegend ist, dass auch die tschetschenischen Kinder Türkisch lernen. Das passt (analog zu gesellschaftlichen und bildungspolitischen Diskursen) nicht in ihre Ordnung. Obwohl sie eine Pluralisierungsstrategie verfolgt, kann sie dieses Phänomen nicht in ihre Pluralitätsvorstellung integrieren.

Im städtischen Kindergarten findet Helena eine Pluralität von Sprachen bei einer Gleichwertigkeit derselben vor, wie sie berichtet. Die Zusammensetzung der Kinder beschreibt sie als sehr divers:

> *»Kinder mit Migrationshintergrund sind in den meisten Gruppen 80, 85%, es ist aber so, dass die sehr sehr divers sind. Ahm, die kommen aus den verschiedensten Teilen der Welt, ahm, und es gibt keine Konzentration auf auf irgendeine Nationalität, auf irgendeine Herkunft. Das ist einfach der große Vorteil, weil die Kinder untereinander sofort auch Deutsch sprechen, es gibt auch keine Hierarchisierung irgendwo, ah, dieser, der Sprache, oder der verschiedenen Herkünfte, und dadurch hab ich das Gefühl, is auch jeder gleich wert hier irgendwie.«* (H, 277–283)

Der Interviewpartnerin fällt es nicht auf, dass sie selbst eine Hierarchisierung der Sprachen vornimmt, indem sie betont, dass *»die Kinder untereinander sofort auch Deutsch sprechen«*. Sie ist in diesem Kindergarten nicht die *»Fremde«*, sie hat (selbst als Springerin) einen hegemonialen Platz und muss nicht um die deutsche Sprache ringen. Zugleich führt sie die *»Kinder mit Migrationshintergrund«* als Bereicherung ein.

Verschiedenheit im Kindergarten

Die Normalitätsvorstellung der Elementarpädagogin lautet: Pluralität soll als normal und positiv wahrgenommen und Unterschiede als gleichwertig behandelt werden. Die Ordnung des Diskurses verlangt nach Pluralisierung bei gleichzeitiger Homogenisierung. Die Interviewpartnerin nimmt an, dass Kinder, die in einer pluralisierenden Ordnung aufwachsen, also im Kindergartenalltag mit unterschiedlich geprägten Kindern in Kontakt kommen, Verschiedenheit als Selbstverständlichkeit wahrnehmen und Unterschiede weder thematisieren, noch bewerten oder präferieren würden. Bleiben Kinder hingegen in einer monolithischen, weitgehend einsprachigen und homogenen Umgebung, so sind sie eher durch Unterschiede irritiert, thematisieren diese und neigen zu Vorurteilen, so die subjektive Theorie der Interviewpartnerin. Sie ist daher über die Beobachtung irritiert, dass im städtischen Kindergarten, der eine pluralisierende Umgebung darstellt, *»Kinder mit gleicher Muttersprache halt eher gemeinsam spielen«* (H, 444–445), also für ihr alltägliches Spiel doch eine sprachliche Homogenität bevorzugen.

> *»Aber es [Vielfalt] wird auch von den Kindern nicht, nicht thematisiert, hab ich den Eindruck. Ahm. Also während das im anderen [im muslimischen] Kindergarten schon*

der Fall war (...) dass das auch von den Kindern selbst irgendwie gekommen ist, also grad von den türkischen Kindern, die ham gsagt, der spricht nicht so, ungefähr, nicht so wie wir, gegenüber den tschetschenischen Kindern zum Beispiel, so ist das jetzt eigentlich überhaupt kein Thema, obwohl zum Beispiel Kinder schwarzer Hautfarbe dabei sind. Was auch ein sehr starkes Signal eigentlich für die Kinder wär, aber ich, ich hab den Eindruck, für die Kinder ist das völlig normal, also.« (H, 312–319)

Die Annahme des direkten Zusammenhangs zwischen Umgebung und Umgang mit Heterogenität expliziert Helena wiederum in der Gegenüberstellung der beiden Bildungseinrichtungen. Während die Pluralisierung im städtischen Kindergarten laut Interviewpartnerin dazu führt, dass Kinder Unterschiede nicht wahrnehmen, so werden die Kinder in der Homogenität der privaten Bildungseinrichtung bereits durch eine ihnen fremde Sprache irritiert. Den *»türkischen Kindern«* wird sogar ein offener Rassismus unterstellt. Dabei müssten die Kinder der städtischen Einrichtung, so Helena, eigentlich wahrnehmen, dass die Gruppe von Kindern mit schwarzer Hautfarbe besucht wird. Die Interviewpartnerin benennt dies als *»starkes Signal«* und ruft damit einen landläufigen Alltagsrassismus ab, der mit »schwarzer Hautfarbe« per se eine Fremdmarkierung verbindet. Dass die Kinder diese Konnotierung und damit verbundene Bewertungen nicht thematisieren, sieht Helena als Beleg dafür an, dass eine plurale Umgebung zur Normalisierung von Diversität führt. Sie nimmt dabei nicht wahr, dass im städtischen Kindergarten Deutsch die Norm ist, sie selbst Teil dieser normgebenden Kultur ist und Normalität oder Hegemonialität nicht thematisiert werden.

»Wo a bissl das Unverständnis von türkischen Kindern da war, warum versteht mich der nicht. Das, das hab ich erlebt. Also sie haben im Kindergarten nicht dieses Aha-Erlebnis ghabt, aha ok, es gibt Menschen, die sprechen eine andere Sprache (lacht). Das hams irgendwie nicht ghabt. Also sie sind wirklich in ihrem Umfeld, in dem sie vorher waren, auch geblieben. Vor allem im sprachlichen Umfeld. Und das ist schon etwas wo ich, wo der Kindergarten, den ich ja doch als Bildungseinrichtung seh, was schon auch seine Aufgabe wär auch irgendwie, mit der gesellschaftlichen Realität zu konfrontieren, die Kinder. Irgendwo. Ja.« (H, 403–410)

Die rassistische Zuschreibung an die *»türkischen Kinder«* wird hier etwas abgeschwächt und dem pädagogischen Umfeld verantwortet. Die Erzählung ist widersprüchlich, denn das beschriebene Unverständnis der Kinder entsteht ja gerade in der Auseinandersetzung mit der Erfahrung, dass es Menschen gibt, die eine andere Sprache sprechen. Mit der gesellschaftlichen Realität werden die Kinder auch insofern konfrontiert, dass sie eine Erzieherin haben, nämlich Helena, die Deutsch spricht und von ihnen abverlangt, ebenfalls diese ihnen fremde Sprache zu sprechen, während etwa die tschetschenischen Kinder nicht Türkisch lernen sollen. Eine pädagogische Begleitung der Kinder in der Begegnung mit Heterogenität und damit verbundenen Erfahrungen oder Irritationen bleibt offenbar in beiden Einrichtungen aus. Helena ist der Ansicht, dass die bloße Anwesenheit von Pluralität ausreicht, damit Kinder keine Vorurteile entwickeln.[382] Während der städtische Kindergarten der Normalitätsvorstellung der Interviewpartnerin entspricht, in welchem Vielfalt als Normalität erfahrbar wird, werden die Kinder im privaten Kindergarten nicht aus ihrer homogenen (türkisch-muslimischen) Umgebung herausgeführt, lernen Pluralität nicht als Normalität kennen, wodurch sie auch keine neutrale bzw. wertschätzende Haltung gegenüber Diversität entwickeln können, so die subjektive Theorie der Interviewpartnerin. Helena steht in einem Pluralisierungsdiskurs, der ihre Vorstellung von pädagogischer Arbeit im Kontext kulturell und religiös geprägter Gesellschaft bestimmt. Sie kann sich nicht vorstellen, dass Abseits dieser Ordnung eine pluralitätsbewusste Bildung oder Sprachbildung geschehen kann.

Aus ihrer pädagogischen Haltung (Pluralisierungsstrategie) kritisiert Helena allerdings nicht nur den privaten, sondern auch den städtischen Kindergarten – hier in Bezug auf den Umgang mit Geschlechterrollen, wo eine pluralisierende Pädagogik im Sinne von Helena, also ein bewertungsfreier Umgang mit Diversität, nicht zu gelingen scheint.

> *»Ija, das ist etwas, was ich bei den Pädagoginnen (lacht) wahrnehme, was ich nicht ganz gut heiße manchmal, ah, und zwar haben wir ein Mädchen dabei, von dem die Pädagoginnen immer sagen, die verhält sich wie ein Bub! Die is wie ein Bub! So ungefähr: Schaut's die Exotin an, mit der stimmt irgendwie was nicht, die is ja wie ein Bub! So, und das find ich schon ein bissl problematisch, grad im Kindergarten, diese ganz klar zugeschriebenen Geschlechterrollen, ahm, wie sich ein Bub zu verhalten hat, wie sich ein Mädchen zu verhalten hat. Und, ja. (lacht) Das ist etwas, was ich ein bissl problematisch manchmal finde, aber unter den Kindern eigentlich, ist mir nichts aufgefallen.«* (H, 498–506)

Die Interviewpartnerin kritisiert den homogenisierenden Umgang mit Geschlechterrollen. Der Begriff »Exotin« deutet darauf hin, dass auch im Zusammenhang mit Geschlechterrollen ein *Othering* erzeugt werden kann, dass das Mädchen als »fremd« und »andersartig« markiert. Davon wendet sich die Interviewpartnerin entschieden ab. Pluralisierung bedeutet für sie eine positive Bewertung von Diversität, ein Zulassen derselben und die Gleichbehandlung aller Kinder, unabhängig ihrer Prägungen und Verhaltensweisen. Die Kinder setzen laut Beobachtung der Pädagogin keine Unterschiede.

---

382 Wagner, Expertin für vorurteilsbewusste Bildung und Inklusion, hält dagegen, dass Kinder bereits sehr früh, mit zweieinhalb/drei Jahren, erste Vorurteile entwickeln. Sie beobachten ihre Umgebung aufmerksam, nehmen gesellschaftliche Bewertungen wahr und bilden auf der Basis ihrer kognitiven und körperlichen Entwicklungen Urteile über Unterschiede. Kinder brauchen reflektierte Erwachsene, die mit ihnen Unterschiede thematisieren, Benachteiligungen wahrnehmen und wissen, was man gegen Diskriminierung tun kann. Ein bloßes Nebeneinander von Vielfalt reicht dafür nicht aus. Vorurteisbewusste Bildung beschreibt Wagner als einen höchst aktiven, politischen Ansatz. Vgl. Wagner, Handbuch Kinderwelten sowie: Wagner, Handbuch Inklusion.

7. Interviews mit Elementarpädagoginnen

Religion

Im Umgang mit Religion und religiöser Vielfalt gibt es Gemeinsamkeiten zwischen beiden Bildungseinrichtungen. Beide Kindergärten meiden die Thematisierung von Religion und religiösen Traditionen, beide verstehen sich oder präsentieren sich als säkular. Obwohl im privaten Kindergarten fast alle Kinder muslimisch sind, wird Religion aus dem Kindergartenalltag ausgespart.

> »Ahm, was vielleicht noch ganz interessant ist, es war ahm, ich glaube es waren, bis auf das eine Deutsch sprechende Kind, warn alle Kinder muslimische, also warn alle Kinder muslimisch, ahm, es war der Leiterin trotzdem wichtig, dass es ganz klar in dieser Gruppe nichts Religiöses gibt. Also alles, was mit Religion irgendwie zu tun hatte, sollte sofort raus, hatte da überhaupt nichts verloren, ich kann mich erinnern, wir hatten einmal ahm ein Puzzle, wo die Arche Noah drauf war, sie hat nicht gwusst, was, was das wirklich ist, und ich hab ihr halt dann gsagt, dass das eigentlich biblischen Ursprung hat, woraufhin sie's sofort gnommen hat und raus damit« (H, 98–106).

Die Interviewpartnerin setzt hier die Differenz nicht zwischen »christlichen« und »muslimischen« Kindern, sondern zwischen muslimischen und Deutsch sprechenden. Die islamische Religion wird hier als Differenzmerkmal verwendet, das von der Mehrheitsgesellschaft der Deutsch-Sprechenden unterscheidet. Im privaten Kindergarten setzt sich eine streng homogenisierende, säkulare Ordnung durch, die jeden Bezug zu einer Religion verbietet. Vielleicht möchte sich die Trägerschaft als säkular präsentieren, um nicht unter Verdacht zu geraten, der Kindergarten könnte eine religiös beeinflusste, vormoderne Parallelgesellschaft bilden.[383]

Religiöse Bildung wird im privaten Kindergarten angeboten, allerdings auf den Nachmittag und in andere Räumlichkeiten ausgelagert.

> »Es gibt das Angebot in dem Kindergarten vom Koranunterricht, das wird aber außerhalb dieser ah, dieses, dieser Gruppe gemacht, also des wird exklusiv am Nachmittag, da werden wirklich nur Kinder, die auch angemeldet werden dazu, werden dort in einem eigenen Raum unterrichtet.« (H, 110–113)

Die Bildungseinrichtung verfolgt also eine klare Trennung zwischen einem säkularen Kindergartenalltag und religiöser Bildung, die separiert davon angeboten wird. Nachdem es sich um einen privaten Kindergarten mit mehrheitlich türkischen Eltern handelt, könnte dies auch aus einer türkischen Tradition kommen, wonach Religion und Staat (mit Atatürk) streng getrennt wurden. Dabei erweist

---

383 Kindertageseinrichtungen in muslimischer Trägerschaft geraten immer wieder in Verdacht, die Kinder ideologisch zu unterweisen, sie mit vormodernen religiösen Einstellungen zu konfrontieren und eine Parallelgesellschaft aufzubauen. Besonders medial aufgeheizt wurde in jüngster Zeit die 2015 veröffentlichte Vorstudie von Ednan Aslan über Islamische Kindergärten und -gruppen in Wien diskutiert. Vgl. Aslan, Projektbericht.

sich der Kindergarten nicht als bloß homogenisierend, also ausgrenzend gegenüber Religionen, sondern pluralisierend, weil er auch für die Bedürfnisse nach religiöser Erziehung Angebote macht.

Im städtischen Kindergarten werden zwar die Feste des kirchlichen Jahreskreises aufgegriffen, allerdings – nach Beobachtung der Interviewpartnerin – säkular begangen.

> »Aber was ich gesehen habe ist, dass sie ein Lichterfest gefeiert haben. Also kein Martinsfest oder so, sondern ein Lichterfest. Daher geh ich davon aus, dass das auch, ah, dass ma a bissl distanziert sich hat von der Religion oder von Religionen.« (H, 330–333)[384]

Helena unterscheidet ihren persönlichen Zugang zu Religion und religiöser Vielfalt von der Praxis beider Kindergärten. Damit zeigt sie, dass sie sich nicht (vollständig) den Diskursen in den jeweiligen Arbeitsstätten unterordnet, sondern eine eigenständige Position vertritt, die wiederum mit ihrer pluralisierenden pädagogischen Haltung korreliert.[385] Helena würde Religion und religiöse Vielfalt auf jeden Fall im Kindergarten thematisieren. Sie begründet dies mit dem pädagogischen Prinzip der »Lebensweltorientierung«[386].

> »Ich finde Aufgabe des Kindergartens ist es, die Lebensrealität, in der die Kinder sich bewegen, zu thematisieren, aufzuarbeiten und mit diesen Kindern das erleben und entdecken. Ahm, Kinder die in Österreich oder [hier] leben, hören jeden Tag oder an Sonntagen die Kirchenglocken, sehen, ich weiß net, Frauen, die ein Kopftuch tragen und so weiter. Sie sind mit dieser religiösen Vielfalt täglich konfrontiert und ich find, das ist auch etwas, das man thematisieren soll und kann. Ich, ich persönlich. Also ich find, dass alle Religionen, die in dieser Gruppe Platz haben, oder in dieser Gruppe vertreten sind, ah, sollen auch thematisiert werden.« (H, 335–343)

Religion erscheint hier als Ausdruck von Kultur, deren Symbole und Traditionen den Kindern auf der Basis eines Bildungsinhaltes expliziert werden sollen. Eine bekenntnishafte Vermittlung von Religion lehnt Helena ab, sie plädiert für eine distanzierte Religionen-Vermittlung.

> »Ich würd das jetzt nicht ahm wirklich theologisch, hm, wie soll ich sagen, was der Unterschied zwischen Theologie und Religionswissenschaft ist, das würd ich auch

---

384 Helena ist sich nicht sicher, wie im städtischen Kindergarten tatsächlich mit Religionen und Weltanschauungen umgegangen wird, sie ist zum Zeitpunkt des Interviews erst ein paar Monate in diesem Kindergarten tätig. Sie vermutet allerdings aufgrund ihrer Beobachtung ein distanziertes Verhältnis zu Religion(en).

385 Hier unterscheidet sie sich etwa von Anna oder Britta, die sich der diskursiv christlichen Ordnung ihrer Arbeitsstätte (aus Überzeugung oder im Widerspruch mit derselben) unterwerfen.

386 »Lebensweltorientierung« gilt als ein von Hans Thiersch geprägter Begriff der sozialen Arbeit und meint die Anknüpfung an den sozialen Alltagskontext und die individuellen Lebens- und Lernerfahrungen des Kindes. Vgl. Thiersch, Soziale Arbeit und Lebensweltorientierung.

7. Interviews mit Elementarpädagoginnen

> *im Kindergarten so a bissl umsetzen. Also ich würd a bissl an distanzierten Zugang, also informieren über die Religionen, aber jetzt nicht sagen so, zum Beispiel wenn's jetzt um's Christentum geht, Christus hat gelebt und er ist für uns gestorben oder so. Es ist was anderes, als wenn man sagt, die Christen glauben, dass so und so. Und ich finde, dass, eher dieser distanziertere Zugang, damit es wirklich für alle Kinder gleich erzählt wird.« (H, 345–352)*

Diese Verhältnissetzung ihrer Position zur Theologie könnte mit dem Ort der Interviewaufnahme zu tun haben. Wir sprechen in meinem Büro an der Theologischen Fakultät und Helena weiß, dass ich Theologin bin. Sie versucht eine religionsungebundene Position einzunehmen und sich in der Religionswissenschaft zu verorten. Damit soll gewährleistet werden, dass »*es wirklich für alle Kinder gleich erzählt wird.*« Der Pluralisierungsdiskurs, aus dem Helena spricht, verfolgt das Anliegen, Vielfalt – auch religiöse Vielfalt – sichtbar und erfahrbar zu machen und dabei alle Kinder gleich zu behandeln, sowie auch alle Religionen als gleichwertig zu präsentieren. Damit begibt sie sich erneut in das Spannungsverhältnis von Pluralisierung und Homogenisierung: Pluralisierung, also die Diversität vertretener Religionen aufzugreifen, dient einem Homogenisierungsanspruch, nämlich keine Unterschiede zu machen.

Umgang mit kultureller Vielfalt

Die Beantwortung der Frage nach dem eigenen Umgang mit kultureller Vielfalt fällt der Pädagogin schwer, was nicht zuletzt an den vielen Redepausen im Text ersichtlich wird.[387] Ich habe den Eindruck, Helena ringt danach, theoretische Zugänge, die sie im Rahmen ihrer Ausbildungen, speziell den *Migration Studies* erworben hat, mit ihren Vorstellungen über eine gelungene pädagogische Praxis zu verknüpfen.

> *»(…) Hm. Das das ist schwierig. Ahm, weil ich glaube, da kann man Grenzen schaffen, wo eigentlich keine sind.« (H, 370–371)*

Die Thematisierung von kulturellen Unterschieden im Kindergarten schätzt Helena als ambivalent ein, da man dadurch Differenzlinien (Grenzen) markieren kann, die Einschluss oder Ausschluss zur Folge haben. Helena spricht ein konkretes Beispiel an, wie mittels Stereotyp »Fremdheit« (re-)produziert werden kann:

> *»Ich denk jetzt grad an Kinder zum Beispiel mit schwarzer Hautfarbe, ich glaube, es ist wichtig, den Kindern zu vermitteln, dass, zum Beispiel, eben wenn jemand schwarze Hautfarbe hat, dass der nicht sofort aus Afrika kommt. Der kann genauso*

---

387 Nach dem Erkenntnisgewinn durch die Dissertation würde ich jetzt nicht mehr nach dem »Umgang mit kultureller Vielfalt« fragen, denn diese Frage (re-)produziert die Vorstellung von »Kultur« oder »kultureller Vielfalt« als distinkte, wesenhafte Größen mit der man auf irgendeine Weise »umzugehen« hat.

[hier] jetzt geboren sein und muss nicht unbedingt heißen, dass der jetzt einen Elefanten gesehen hat, um mal jetzt rassistisch (lacht) da so ah, im Extremen auszudrücken« (H, 371–376).

Die Pädagogin ist darum bemüht, landläufige Zuschreibungen und Rassismen aufzuklären. Sie reflektiert hier eine Differenzsetzung, die sie vorher selbst in ähnlicher Weise gegenüber türkischen Kindern vollzogen hat. Auf theoretischer Ebene befindet sich Helena wieder im Dilemma zwischen Homogenisierung (Zugehörigkeit) und Pluralisierung (Benennen von Unterschieden).

»*(…) Hm. (…) Das ist schwierig. Ahm, ich denk, das kann man bei Kindern sagen, wo's wirklich so is, wo sie ahm, die wirklich zugewandert sind, die selbst vielleicht auch ah das erlebt haben oder wo's die Eltern erlebt ahm haben, aber da muss man sehr, sehr sensibel sein, glaub ich. Hmm. Das ist ein schwieriges Thema. Ahm.*« (H, 376–379)

Helena spricht gegen stereotype Zuschreibungen an und möchte zugleich kulturelle Diversität thematisieren. Dabei ringt die Pädagogin nach Zwischenformen und fordert schließlich einen Biographiebezug ein. Die Zweifel bleiben, Helena mahnt Sensibilität ein.

»*(…) Hm. Na ich denk ma könnt so grundsätzlich, man könnt sehr allgemein ansetzen, welche Religionen der Erde es gibt, wie dort gefeiert, wie dort gelebt wird, wie die Kinder dort leben und so weiter, und wenn man jetzt ein Kind hat, das wirklich konkret aus diesem Land kommt, (…) ja, würd ich's schon thematisieren*« (H, 382–386).

In einem weiteren Lösungsversuch wechselt Helena wiederum auf eine allgemeinere Ebene und setzt auf eine sachliche, objektive Vermittlung kultureller und religiöser Unterschiede. Wenn es die Biographie eines Kindes nahelegt, können Zusammenhänge hergestellt werden.

Gleich darauf problematisiert sie aber die Fremdmarkierung von Kindern, die mit solchen Zuschreibungen einhergehen (können). Sie verwendet dafür den Fachterminus »*Othering*«.

»*(…) wobei ich halt a bissl die Gefahr sehe, dass es immer, dass man dadurch Dinge halt verstärkt, die später grade in der Schule dieses, dieses Othering, das man sagt, ok, wir sind Österreicher und du bist der von vom Ausland, du bist der vom Ausland und dass das so quasi im immer der Ausländer bleibt. Obwohl jetzt, ahm, das nicht mehr der Realität entspricht […] das nichts mehr mit dem Kind selbst jetzt zu tun hat, das Kind sich auch nicht mehr so sieht, und damit stigmatisiert ma das Kind und schiebt es in ein Eck und und schafft Ausgrenzung, wo eigentlich keine sein sollte.*« (H, 386–395)

Dass im »*Othering*« etwas »*verstärkt*« wird, weist darauf hin, dass offenbar manchen Kindern doch gesellschaftliche Diskurse anhaften, die nicht vom Kindergarten produziert werden. Die Pädagogin gibt zu bedenken, dass mittels »*Othering*« eine Dichotomie zwischen einem »*Wir*« der Österreicher_innen und einem »*Du*« als »*der von vom Ausland*« verstärkt wird. Eine solche Zuschreibung geht womöglich an der Lebensrealität des betroffenen Kindes vorbei, bedeutet aber eine Stigmatisierung, mit der dem Kind ein sozial marginalisierter Platz zugewiesen und Fremdmarkierung reproduziert wird. Dass das Vom-Ausland-Sein »*nicht mehr der Realität entspricht*«, verweist darauf, dass hier eine Zuwanderungsgeschichte von der Pädagogin angenommen wird, die zwar in die Vergangenheit gehört, dem Kind aber offenbar doch irgendwie anhaftet, auch wenn sie »*nichts mehr mit dem Kind selbst jetzt zu tun hat*«. Hier wird wiederum ein gesellschaftlicher Diskurs sichtbar, der unabhängig vom pädagogischen Handeln dem Kind bereits anhaftet. Im Versuch, die Zuwanderungsgeschichte oder gesellschaftliche Markierung weg zu reden gerät die Interviewpartnerin in ein binäres Denken: Entweder man hat eine Zuwanderungsgeschichte und identifiziert sich damit, oder sie hat nichts mehr mit einem zu tun und darf damit auch nicht thematisiert werden. Übergangsformen, Transformationsprozesse oder andere »Zwischenräume« werden hier nicht angedacht. So gibt es letztlich doch nur die Möglichkeit, dazu zu gehören, was bedeuten würde, dass kulturelle Prägungen nicht erwähnt werden sollen, oder man benennt die Unterschiede und trägt dadurch zu einer Fremdmarkierung, Stigmatisierung und schließlich zu einer Ausgrenzung bei. Helena befindet sich in ihrer Argumentation in einem Zwischenraum von Homogenisierung und Pluralisierung, der durch eine Pendelbewegung zwischen beiden Polen charakterisiert ist. Sie wünscht sich eine Pluralisierung, die nicht in eine Dichotomie mündet, sie wünscht sich ein Benennen der Vielfalt ohne gleichzeitiger Bewertung und Hierarchisierung. Auf der Basis der Verschiedenheit ihrer Lebensrealitäten sollen alle Kinder gleich betrachtet und behandelt werden. Gesellschaftliche Diskurse und die Reproduktion einer Fremdmarkierung stehen diesem Ideal entgegen.

Zuletzt fasst die Interviewpartnerin nochmals ihre pädagogische Ausrichtung im Zusammenhang mit kultureller und religiöser Pluralität unter dem Prinzip der »Lebensweltorientierung« zusammen:

> »*Na also grundsätzlich, was bei allen Dingen eigentlich, die mit dem Kindergarten ah zu tun haben, is es wichtig, die Lebensrealität der Kinder ah zu beleuchten und die aufzuarbeiten. Keine Erwachsenenrealität oder keine Realität, wie sie sein sollte, sondern die Realität der Kinder sehn, und und mit dieser arbeiten. Und […] ich find's ganz wichtig einfach, den Blickwinkel des Kindes einzunehmen und und zu schauen, was sieht das Kind, was erlebt das Kind. Und das dann aufgreifen. […] Und wenn das die Vielfalt ist, dann die Vielfalt thematisieren, wenn das, ja, was auch immer. Also an der Lebensrealität des Kindes orientieren. Ist glaub ich, zentral, ja.*« (H, 608–618)

Hier versucht die Interviewpartnerin noch einmal, »*die Realität der Kinder*« von der »*Erwachsenenrealität*« abzugrenzen und die »Heile Welt« zu retten, in der man Vielfalt thematisieren soll, wo sie auftritt. Die Verwobenheit der Lebensrealität der Kinder mit jener der Erwachsenen und die Durchkreuzung derselben von gesellschaftlichen Diskursen wird hier nochmals ausgeblendet, weil sie nicht in die Normal- oder Idealvorstellung der Pädagogin passt.

Zusammenfassung – diskursiver Kontext

Helena steht in der Diskursposition einer Pluralisierung. Vielfalt hat für sie einen positiven Wert und soll für Kinder erfahrbar gemacht werden. Die Orientierung an der Lebensrealität des einzelnen Kindes und eine kindorientierte Pädagogik sind ihr dabei ein großes Anliegen. Ziel der Pluralisierung ist letztlich eine Gleichbehandlung aller Kinder. Sie sollen nicht aufgrund äußerlicher, sprachlicher, kulturell oder religiös geprägter Unterschiede fremd markiert, stigmatisiert und ausgegrenzt werden. Dass dies durch die bloße Thematisierung von Unterschieden passieren kann, ist der Pädagogin bewusst. Sie entscheidet sich deshalb auch nur sehr vorsichtig dafür, das biographische Ereignis einer realen Zuwanderung zu thematisieren. Sobald der Kontext des Kindes als »anders« oder »besonders« dargestellt wird, sieht Helena die Gefahr eines *»Othering«*, also einer dauerhaften Fremdmarkierung des Kindes und fordert deshalb Sensibilität ein. Sie ist (wie die anderen Interviewpartnerinnen) darum bemüht, gesellschaftlichen Bewertungen, Zuschreibungen und Alltagsrassismen entgegen zu wirken. Die Herstellung von Differenzen verortet die Interviewpartnerin im Kindergarten. Gestaltet dieser die Umgebung so, dass kulturell und religiös geprägte Vielfalt für die Kinder als Selbstverständlichkeit erfahrbar wird, so thematisieren sie diese nicht und äußern sich in der Regel auch nicht vorurteilsbehaftet. Bleibt ein Kindergarten allerdings in einer kulturell homogenen Ordnung, so trägt dies zu Irritationen gegenüber Diversität, zu Rassismus und zur Abgrenzung gegenüber »Anderen« bei. Die Interviewpartnerin scheint nicht davon auszugehen, dass Kinder in einem gesellschaftlichen Bewertungssystem stehen und bereits mit Vorstellungen und Urteilen über »Eigenes« und »Fremdes« in den Kindergarten kommen. Sie misst dem Kindergarten diesbezüglich eine hohe Prägungsmacht bei. Der städtische Kindergarten scheint ihrer Ansicht nach die Bedingungen für eine positive Entwicklung der Kinder hinsichtlich gesellschaftlicher Pluralität zu gewährleisten, während der private Kindergarten dieser Verantwortung aufgrund seiner homogenen und bildungsfernen Strukturierung nicht gerecht wird. Letzterer entspricht nicht den Normalitätsvorstellungen der Interviewpartnerin, weshalb sie eine Dichotomie zwischen den beiden Bildungseinrichtungen bemüht, die den städtischen Kindergarten als idealen, den *»muslimischen«* als nicht gelungenen Ort für die Kinder konstruiert. Die Markierung als muslimisch (versus städtisch) zeitigt eine Instrumentalisierung von Religion als soziale Differenzkategorie.[388] Die dichotome Darstellung des guten versus schlecht geführten Kindergartens widerspricht dem Pluralisierungsideal der Interviewpartnerin und steht in der Homogenisierungstradition, die dem gesellschaftlichen Normalitätsdiskurs entspricht. Alternativen sind für diese Position undenkbar, deshalb wird das Gegenüber zum »Normalen« in Form einer binären Codierung abzuwerten gesucht. Widersprüche, die sich aufgrund argumentativ erzeugter Gegenüberstellungen ohne Entsprechungen in der Praxis

---

388   Vgl. Lingen-Ali/Mecheril, Religion als soziale Deutungspraxis.

7. Interviews mit Elementarpädagoginnen 185

aufdrängen (etwa die durch Erwachsene angeleitete Fenstergestaltung), werden mittels Relativierungen abgeschwächt. Die im gesellschaftlichen Normalitätsdiskurs stehende Pädagogin erlebt sich selbst als »fremd« in der Ordnung des »*muslimischen Kindergarten[s]*«, sie fühlt sich dort »*verloren*«[389]. Mit ihren pädagogischen Ansichten und ihrem theoretischen Wissen fühlt sich Helena der Leiterin, der Assistentin und den türkischen Eltern gegenüber als überlegen und beansprucht daher in der privaten Einrichtung den Bildungsauftrag für sich. Sie scheitert aber hinsichtlich kindgerechtem Arbeiten und dem Vermitteln der deutschen Sprache, weil weder die Leiterin (erteilt eine Zurechtweisung), noch die Assistentin (verweigert die deutsche Sprache), die Eltern (kritisieren das Spielmaterial) oder die Kinder (meiden Kommunikation) ihre pädagogischen Bemühungen ernstnehmen. Im »*muslimischen Kindergarten*« wird Helena keine hegemoniale Position zugestanden, sie wird ihr gleichsam von der gesamten Einrichtung abgesprochen. Die mit dieser Fremdheitserfahrung einhergehende Kränkung veranlasst die Pädagogin dazu, so eine postkoloniale Lesart, alles in diesem Kindergarten abzuwerten und die gesamte Belegschaft in ein türkisch-muslimisches Kollektiv zusammen zu fassen, dass sie als vormodern und pädagogisch rückständig charakterisiert. Die vorhandene Pluralität in diesem Kindergarten (etwa in der Raumgestaltung, der Zusammensetzung der Kindergruppe, den Bildungsbemühungen der Leiterin und dem Interesse der Eltern) kann sie nicht wahrnehmen oder anerkennen. Mit der bewertenden Gegenüberstellung beider Einrichtungen nimmt sich die Interviewpartnerin selbst aus dem favorisierten Pluralisierungsdiskurs heraus, nach dem Diversität positiv und Unterschiede als gleichwertig zu betrachten sind. Ihr eigener pädagogischer Anspruch und ihr hohes theoretisches Reflexionsniveau scheitern an dieser Praxiserfahrung. Zugleich verstellen ihr im städtischen Kindergarten die hegemoniale Position und die Vertrautheit mit der Normalitätsvorstellung, die dessen Räumen anhaften, auch dort den Blick auf eine Reflexion ihrer Wahrnehmungen und Ansichten. Helena idealisiert den städtischen Kindergarten fast uneingeschränkt (bis auf den Umgang mit Geschlechterrollen) und erkennt die vielen Gemeinsamkeiten der beiden Einrichtungen in ihrer konstruierten Dichotomie nicht. Aus den Schilderungen Helenas und den sich offenbarenden Fremdheitserfahrungen der Pädagogin lässt sich schließen: Weder eine extreme Fremdheit noch eine fast uneingeschränkte Vertrautheit scheinen für eine reflektierte pädagogische Haltung förderlich zu sein. In beiden Einrichtungen hat sie der gesellschaftliche Normalitätsdiskurs erfasst.

Eine Schlüsselstelle im Interview stellt das Ringen um den rechten Umgang mit kultureller Diversität dar. Helena sucht auf theoretischer Ebene zwischen Möglichkeiten der Thematisierung von Unterschieden bei gleichzeitigem Ver-

---

[389] Auf meine Anmerkung im Interview, dass ihre Erzählungen so klingen, als sei sie dort ein wenig »*verloren*« (H, 145) gewesen, antwortet Helena: »*Ja, ja, ja, genau, kann ma schon sagen, kann ma schon sagen.*« (H, 146)

meiden von Otheringprozessen. Dabei wird sie zwischen Homogenisierung und Pluralisierung einerseits, zwischen Theorie und Praxis andererseits hin und her gezogen. Der Zwischenraum, der sich dabei einstellt, hätte das Potential für einen Theorie-Praxistransfer, den Helena durch die eigene Betroffenheit (massive Fremdheitserfahrung im »*muslimischen Kindergarten*«) nicht schafft. Sie bleibt nicht im Zwischenraum, im Aushandlungsprozess, sondern fällt zuletzt wieder in die Idealisierung der Pluralisierungsstrategie zurück, von der sie sich eine »heile Welt« verspricht.

Im Folgenden werden die Ergebnisse der Interviewanalyse auf einen theologischen Fokus hin verdichtet. Leitend ist die Frage, was diese Ergebnisse für interkulturelle Theologien bedeuten und welche Antworten für die Praxis im Kindergarten von solchen Theologien zu erwarten sind. Der Kindergarten wird daraufhin untersucht, ein *locus theologicus*, eine Fundstelle für theologische Erkenntnisse zu sein.

IV. Der Kindergarten als locus theologicus alienus

8. Der Kindergarten als Fundstelle für Theologie

8.1 Die Komplexität kultureller Diversität und religiöser Pluralität im Kindergarten

Der Kindergarten erweist sich in der Interviewanalyse als hoch komplexer Ort und Kontaktzone interkultureller Diversität sowie religiöser Pluralität. An diesem in der Theologie weitgehend unbeachteten Ort der Kinder[390] vollziehen sich gesellschaftliche Transformationsprozesse und neue Formen der Identitätskonstruktion. Im Kindergarten stellt sich die Frage nach dem Verhältnis der Religionen *konkret*, an diesem Ort haben interkulturelle Problemlagen einen *realen* Ort. In ihm prägen sich die Folgen von Migration *praktisch* aus, gleichzeitig greifen Migrationsprozesse und damit verbundene Diskurse auf die Akteur_innen zu und beeinflussen deren Denkweisen und Interaktionen. Elementarpädagog_innen sind in diesem Interaktionsraum mit Heterogenität im Sinne einer unausweichlichen und widersprüchlichen Pluralität konfrontiert, die sie in ihrer pädagogischen Praxis bewältigen *müssen*. Auch die Frage nach der Religion lässt sich aus ihrem Berufsfeld nicht ausklammern. Die religiöse und weltanschauliche Pluralität der Gesellschaft ist mit den Kindern und Eltern, die den Kindergarten besuchen, aber auch mit dem Personal selbst, oder eben diskursiv (wie im sogenannten »*muslimische[n] Kindergarten« (H, 6)*) bereits in den Räumen vorhanden – man kann sich ihr gegenüber nicht neutral verhalten, sondern muss Position beziehen. Dabei sind Elementarpädagog_innen mit unterschiedlichen, mitunter ambivalenten, Erwartungen von vielen Seiten konfrontiert: Neben den Bedürfnissen, die von den Familien heran getragen werden, greifen auch

---

390 Die Arbeit im Kindergarten wurde zwar bislang aus theologischer Perspektive als wichtiger pädagogischer Kontext gesehen und vorwiegend als Gegenstand religionspädagogischer wie – didaktischer Überlegungen in den Blick genommen, aber nicht wirklich als gesellschaftspolitisch relevante Praxis oder gar als Beitrag zur theologischen Erkenntnis anerkannt.

Ordnungen der Trägerschaft sowie öffentliche Ansichten über Religion(en) auf sie zu. Die Heterogenität familiärer Prägungen und damit einhergehende kulturelle Codierungen, Schwierigkeiten der Kommunikation angesichts vorhandener Sprachenvielfalt, Berührungsängste hinsichtlich religiöser Zugehörigkeit, neue Familienformen sowie die öffentliche Diskursivierung von »Fremden«, »Migration« und »Islam« sind im Kindergarten unausweichlich präsent und verkomplizieren den beruflichen Alltag der Pädagog_innen. Bis in ländliche Gebiete Österreichs hinein sind Kindergärten zu kulturellen Kontaktzonen geworden, in denen das »Ideal einer kulturell homogenen Nation« konterkariert wird. Auch dort trifft die »Heile Welt«-Idealisierung auf Kinder, Eltern, Partnerschaften und Lebensformen, die kulturell anders geprägt sind und die nicht selten auch andere Religionsformen in den Bildungsraum des Kindergartens einbringen.[391] Die Versuche der Elementarpädagog_innen, gewohnte Ordnungen zu erhalten und sich zugleich gegenüber der präsenten Vielfalt zu öffnen, setzt sie der Dynamik von Homogenisierungs- und Pluralisierungsstrategien aus. Die vorhandene Komplexität jedoch führt dazu, dass sie nicht über längere Zeit bei einer Strategie bleiben können, sondern zu einem »Hin-und-Her« genötigt werden, das ihnen mitunter als prekäre Herausforderung erscheint. Gegen die Homogenisierungsstrategie widersetzen sich die Heterogenität der Kindergruppe sowie familiäre und gesellschaftliche Ansprüche, gegen Pluralisierungsstrategien drängen Gewohnheiten, Tradition und gesellschaftliche Normalisierungsdiskurse. Wo immer sich Pädagog_innen positionieren, das jeweils andere steht ihnen entgegen und erzeugt einen Spannungsraum diskursiver wie praktischer Auseinandersetzungen. Wenn sie den Ambiguitäten Stand halten, entstehen mitunter Aushandlungsräume, in denen Verschiebungen in Gang gebracht und Ordnungen transformiert werden.

Elementarpädagog_innen können dieser komplexen Dynamik nicht ausweichen, weil sich im Kindergarten gesellschaftliche Fragestellungen präsentieren, die über die unmittelbare Praxis weit hinausgehen. Auf den Kindergarten greifen Themen und Dynamiken zu, die als exemplarisch für größere gesellschaftliche, mitunter globale Kontexte stehen und Problemstellungen aufwerfen, mit denen sich im Besonderen interkulturelle Theologien befassen. Diese Theologien ent-

---

391 Möchte man meinen, ein Kindergarten sei aufgrund seiner Abgeschiedenheit nicht mit diesen Problemlagen konfrontiert, weil die kulturelle und religiöse Diversität nicht (explizit) über die Zusammensetzung der Kindergruppe präsent ist, so ist doch keine elementarpädagogische Bildungseinrichtung von den aktuellen gesellschaftlichen Diskursen über Migration und damit verbundenen Problemlagen abgeschnitten. Einerseits tragen die Erwachsenen, die öffentliche und mediale Diskurse in ihren sozialen Gemeinschaften diskutieren, die damit verbundenen Sorgen, Ängste, Hoffnungen und Erfahrungen in die Räume des Kindergartens ein. Andererseits verarbeiten Kinder im Spiel, was sie in ihren Normalitätsvorstellungen irritiert, seien es Bilder aus den Medien oder Fragmente, die sie aus den Gesprächen Erwachsener aufnehmen. Dazu kommt, dass gerade in Gemeinden ohne (sichtbare) Migrant_innen in der Bevölkerung die (nicht erfahrungsgebundenen) Ängste besonders ausgeprägt zu sein scheinen.

8. Der Kindergarten als Fundstelle für Theologie

springen schließlich der intensiven Beschäftigung mit kultureller Diversität und religiöser Pluralität, die sich global ausbreiten und ausweisen. Sie sind davon in Anspruch genommen. Man kann also erwarten, dass interkulturelle Theologien etwas zur Analyse und Auseinandersetzung mit der Diversität im Kindergarten beitragen können. Der Kindergarten stellt sozusagen einen sehr markanten gesellschaftlichen »Anwendungsfall« interkultureller Theologien dar und weist vor allem mit seiner praktischen Perspektive über diese hinaus. Es stellt sich daher die Frage, ob sich an diesem Ort Kindergarten gerade jene Problemlagen lokalisieren, von denen Interkulturelle Theologie (als Disziplin) spricht und ob daher der Kindergarten und Interkulturelle Theologie sich wechselseitig etwas zu sagen haben. Beide Größen sind von der aktuellen gesellschaftlichen (bzw. globalen) Situation angefragt, und beide sind auf der Suche nach Lösungen bzw. Antworten, die für eine gegenwärtige Identitätsfindung und für die kulturellen Ausverhandlungen solcher Identitätsfindungen wichtig und geradezu unumgänglich sind.

Welche Beiträge halten sie für einander in dieser Suche bereit, wenn man sie miteinander vermittelt? Was hat eine pädagogisch-sozialwissenschaftliche Analyse der kulturellen Diversität und ihrer Diskurse mit Theologie zu tun? Kann der Kindergarten als gesellschaftlicher (vordergründig nicht explizit theologischer) Ort der Theologie überhaupt etwas sagen? Wie ist das Verhältnis dieses Außen zum Innen der Kirche und ihrer Theologie als Glaubenswissenschaft zu bestimmen? Die Tradition der *loci theologici* hilft meines Erachtens weiter, um auf diese Fragen Antworten zu finden. In ihnen wird theologische Erkenntnis mit Orten als Fundstellen für Quellen verbunden, die etwas zu diesem Erkenntnisvorgang beitragen können.

8.2 Die Lehre der *loci theologici*

Die Lehre von den *loci theologici* stammt aus dem 16. Jahrhundert, sie hat aber seit den 1960er Jahren eine erstaunliche *relecture* erfahren.[392] Bernhard Körner verweist auf eine wichtige Unterscheidung von Orten theologischer Erkenntnis:

---

392 *Loci theologici* sind als Orte theologischer Erkenntnis zu verstehen, die vor allem im 16. Jahrhundert auf beiden Seiten der damals miteinander ringenden Kirchen entwickelt wurden. Sowohl protestantische wie katholische Theologen nahmen damit einerseits die Topik des Aristoteles und andererseits die humanistisch geprägte Rhetorialdialektik auf und formten so einen neuen theologischen Ansatz. Solche Orte sind eine Fundstelle für Theologie, tragen zum Verständnis des Glaubens bei und sind ihm zudem, laut Körner, »eine unvermeidliche Bewährungsprobe.« Melchior Cano, ein spanischer Dominikaner und ausgewiesener Thomist, nahm im 16. Jahrhundert eine Systematisierung der loci theologici vor, wobei er zwischen *loci theologici proprii* (die Autorität der Heiligen Schrift, der Überlieferung Christi und der Apostel, der Katholischen Kirche, der Konzilien, der Römischen Kirche, der Kirchenväter und Theologen) und *loci theologici alieni* (die Autorität der menschlichen Vernunft, der Philosophie und der Geschichte) unter-

»Einerseits gibt es Orte, die von vornherein als Archive des Wissens konzipiert oder erkennbar sind; die Gewinnung von Erkenntnis ist an diesen Orten in der Regel methodisch einfach. In der Theologie kann man z. B. an die Konzilien und ihre Akten denken. Andererseits gibt es aber auch Orte, die von sich aus nicht unbedingt auf Erkenntnisse ausgerichtet sind, aber durch bestimmte Umstände zu Kontexten werden, an denen neue Erkenntnisse gewonnen werden. [... Sie] können je auf ihre Weise Rückwirkungen auf den Glauben haben und zu neuen Einsichten führen. In diesen Fällen kann man zwar für die Gewinnung solcher Einsichten sinnvolle und aussichtsreiche methodische Schritte benennen, vieles wird sich freilich mehr oder weniger unvorbereitet ergeben bzw. von nicht planbaren Intuitionen abhängen.«[393]

Der Kindergarten kann sicherlich nicht als theologischer Ort, »der von vornherein als Archiv des Wissens konzipiert ist«[394], gefasst werden. Er ist weder im traditionellen Bereich autoritativer Glaubensquellen angesiedelt noch ausdrücklich von einer von ihnen her entwickelt worden. Auch die relative methodische Einfachheit, die Körner für diese erste Art von Orten anspricht, gilt nicht für seine komplexe räumliche und interaktionale Struktur, die in den Interviews zutage getreten ist. Aus meiner Sicht kann er aber sehr wohl der zweiten Kategorie zugeordnet werden. Der Kindergarten (auch im Fall einer dezidiert kirchlichen katholischen Trägerschaft) ist zwar nicht unbedingt auf theologische Erkenntnis hin ausgerichtet, aber bereits ein oberflächlicher Blick in die Praxis zeigt, dass man dort auf Fragestellungen trifft, die Glaubenspositionen herausfordern. Man denke nur an die unterschiedlichen Wege der Vorbereitung und Erschließung der Feste des kirchlichen Jahreskreises bei gleichzeitiger öffentlicher Infragestellung ihrer Legitimität.[395] In dieser Diversität geht es um *loci alieni*, um menschliche Geschichte, also um zeitliche Ereignisse und Vorgänge, die wir als geschichtlich bedeutsam erachten. Das gilt auch für den Migrationshintergrund, den Menschen

---

scheidet. Vgl. Körner, Orte des Glaubens, 108 f. (Übersetzung durch die Autorin). Mit der Darstellung der loci unterstreicht Cano die Verwiesenheit theologischer Erkenntnis auf Tradition und Geschichte. Er gehörte als Humanist zur Bewegung derer, die sich mit Geschichte als Erkenntnisquelle nicht nur abgefunden haben, sondern dieser Quelle eine besondere Bedeutung gaben. Für seine Konzeption der loci stellt er die beiden Grundprinzipien *auctoritas* und *ratio* vor. Im Vergleich zur Autorität durch die göttliche Offenbarung zählen vor allem die *loci alieni* zu den schwächsten Beweisen. Hier setzt Cano auf den Autoritätserweis, der sich darauf stützt, dass ein Erkenntnisort wie ein *locus theologicus* zu Anfragen etwas *Wesentliches* zu sagen hat. Vgl. Körner, Orte des Glaubens.

393 Körner, Orte des Glaubens, 61 f.
394 Körner, Orte des Glaubens, 61.
395 Fast alljährlich entfacht sich ein medialer Disput über die Feier des traditionellen St. Martinsfestes. Dabei wird immer wieder die Frage gestellt, wieviel christlich religiösen Gehalt dieses Fest angesichts der religiösen Pluralität in den Kindergruppen noch behalten darf. Vielerorts ist es längst zu einem »religionsneutralen« Lichterfest geworden. Ähnliche Diskussionen werden um die Feier des Hl. Nikolaus geführt.

in kulturelle Kontaktzonen wie den Kindergarten einbringen. Migration ist ein geschichtlich bedeutsamer Vorgang. Es gilt ebenso für religiöse Bekenntnisse, die unabhängig von Migration einbrechen, aber durch bestimmte historische »Ereignisse« oder Diskurse zu Minderheitenbekenntnissen geworden sind oder werden.[396]

Der Kindergarten wird so – in der Sprache Körners – »durch bestimmte Umstände zu [einem] Kontext«[397], an dem sich Quellen der Erkenntnis für den Glauben einstellen können. Diese Setzung wird insbesondere durch die gewonnenen Einsichten in den *Zwischenraum* durch die Interviews bestärkt. Auf ihn trifft zu, was Körner über die zweite Kategorie theologischer Erkenntnisorte sagt: »In diesen Fällen kann man zwar für die Gewinnung solcher Einsichten sinnvolle und aussichtsreiche methodische Schritte benennen, vieles wird sich freilich mehr oder weniger unvorbereitet ergeben bzw. von nicht planbaren Intuitionen abhängen.«[398] Der Zwischenraum im Kindergarten lässt sich, wie in dieser Arbeit gezeigt, methodisch sinnvoll herausarbeiten, fordert aber zugleich die Intuitionen der Beteiligten heraus. Er stellt sie auf die Probe, ob sie über Kompetenzen verfügen, auftretenden Überraschungen gerecht zu werden. Der Zwischenraum betrifft das Suchen und Verhandeln von Identitäten. Hieran lässt sich die Kompetenz entwickeln, mit Heterogenität zu rechnen und zu leben. Man kann daran aber auch scheitern. Wer in diese Diversität persönlich und professionell verstrickt ist, wie es die Elementarpädagog_innen sind, wird auf die eigene Kompetenz hin herausgefordert. Kindergartenpädagog_innen können nicht ausweichen, weil sich an der Bewältigung der Herausforderungen rund um kulturelle Diversität und religiöse Pluralität ihre Professionalität zeigt oder mitunter sogar entscheidet.

8.3 Zeichen der Zeit

Für geschichtliche Vorgänge, die integrale Bedeutung gewinnen können, hat das Zweite Vatikanische Konzil – das ja als »konzipiertes Archiv von Wissen«[399] Quelle theologischer Erkenntnis ist, wie Körner die erste Kategorie beschreibt – den Terminus »Zeichen der Zeit« eingeführt. In den autoritativen Erkenntnisorten der zweiten Kategorie, die unter die Autorität menschlicher Geschichte eingeordnet werden können, steht man vor solchen Zeichen der Zeit. Vor diesem Hintergrund ist der Kindergarten als mögliche Fundstelle für Theologie, als theologischer Erkenntnisort des Glaubens, in einem größeren Kontext zu betrachten,

---

396 Hier ist etwa an protestantische oder jüdische Kinder und deren Familien zu denken, neuerdings v. a. an muslimische Menschen.
397 Körner, Orte des Glaubens, 61.
398 Körner, Orte des Glaubens, 62.
399 Körner, Orte des Glaubens, 61.

der mit der *relecture* der *loci*-Tradition der Theologie unmittelbar zu tun hat. Nach Hans-Joachim Sander gewinnt der Glaube dort Autorität, wo er sich im »Außen des Glaubens«, in der Gesellschaft bewährt. Zugleich macht diese Autorität »eine Wissenschaft [die Theologie] notwendig, welche eine Darstellung des Glaubens zur Überprüfung ihrer Thesen jenseits des Glaubens fertigt. Die Instanz dieser Überprüfung, die sie eben auch falsifizieren kann, ist selbst ein Ort in der Theologie: die Geschichte.«[400] Weil Cano in seiner Darstellung der *loci theologici* nicht nur die innerkirchlichen (*loci proprii*) sondern auch außerkirchlichen Quellen (*loci alieni*) aufnimmt, hat er – in der Deutung Sanders – in die Konstitution der Theologie das Argumentieren in der Differenz aufgenommen. »Theologie ist die Kunst des Argumentierens in der Differenz der loci proprii und loci alieni. Sie bildet im Glauben einen Begriff im Zeichen der Zeit und wird dadurch selbst geschichtsmächtig.«[401] Der formale Aspekt (die legitimierende Funktion) ist dabei nicht ausreichend. Die Autorisierung hängt an den Orten, in denen sich diese Herausforderungen einstellen. Daher sagt Körner: »Für die Einsicht im und für den Glauben sind Orte des Glaubens und der Theologie nicht nur als formale Verbürgungsinstanzen (loci ab auctoritate) interessant, sondern als Räume, an denen sich Glaubenseinsichten in vielfältiger und manchmal gar nicht vorhersehbarer Weise Bahn brechen.«[402] Diese Verschiebung, »von Bezeugungsorten zu den Kontexten in denen der Glaube sein aktuelles Verständnis gewinnt, wirksam werden und sich darin bewähren kann und soll«[403], mache ich mit meiner Arbeit am Ort Kindergarten sichtbar. Nicht nur aufgrund seiner expliziten Thematisierung von Religion und der ihm eingeschriebenen Suche nach einem entsprechenden Umgang mit Religionspluralität (also aus religionspädagogischer und -didaktischer Perspektive) erweist sich der Kindergarten daher als ein Ort, an dem sich theologische Fragen stellen. Vielmehr interessiert er theologisch deshalb, weil sich in seiner Komplexität kultureller Diversität und religiöser Pluralität Überraschungen, Themen und Dynamiken zeigen, die exemplarisch für größere, gesellschaftliche, mitunter globale Kontexte stehen und Problemstellungen aufwerfen, mit denen sich im Besonderen interkulturelle Theologien befassen (müssen).

---

400 Sander, Das Außen des Glaubens, 250.
401 Sander, Das Außen des Glaubens, 254.
402 Körner, Orte des Glaubens, 137.
403 Körner, Orte des Glaubens, 140.

9. Diskussion der Ergebnisse vor dem Hintergrund interkultureller Theologien

Da sich *Zeichen der Zeit* und *loci theologici* an konkreten Orten zeigen, sollen im Folgenden in den jeweiligen Berufsorten der Interviewpartnerinnen und ihren Erzählungen über alltägliche Interaktionen theologische Fragen, Ansprüche und Impulse – exemplarisch und problemorientiert – aufgesucht werden. In ihnen zeigen sich die Komplexität und die Schwierigkeit eines solchen Ortes. Der Kindergarten ist daher nicht einfach ein »Steinbruch« für theologische Argumente, sondern zeigt die Problemlagen, Hindernisse und mitunter auch das Scheitern im Bemühen, die vorhandene Komplexität zu bewältigen. In der Diskussion geht es keineswegs darum, die Arbeit in diesem Feld abzuwerten, vielmehr soll aufgezeigt werden, inwiefern gesellschaftlich oder institutionell geprägte Diskurse und Machtverhältnisse pädagogische Interaktionen beeinflussen und daher auch auf die Akteur_innen zugreifen. Wiederum steht hier ein *topologisches* Interesse im Vordergrund, also das, was sich in den Erzählungen über gesellschaftliche Ordnungen zeigt, nicht die individuellen Sichtweisen der Erzählerinnen. Kritische Lesarten sind notwendig, um post-koloniale Verhältnisse in modernen Gesellschaften aufzuzeigen bzw. zu dekonstruieren und damit hegemonialen Verhältnissen entgegen zu wirken. Nur was ins Licht gerückt wird, kann auch bearbeitet werden. Die Problemlagen und Zwischenräume, die sich in den Erzählungen der Interviewpartnerinnen einstellen, werden daher zu bedeutsamen Fundstellen, auf die in der folgenden Darstellung, die den einzelnen Interviews folgt, besonderes Augenmerk gelegt wird.

9.1 Annas Kindergarten: eine kleine, christliche, heile Welt mit Blick in die ferne Fremde [404]

Anna arbeitet in einem kirchlichen Kindergarten, mit dessen christlich homogenen Diskurs sie sich hoch identifiziert. Sie repräsentiert in ihren Erzählungen ein bürgerliches, finanziell gut situiertes, bildungsnahes, traditionell-christliches Milieu und lässt sich von Anderen, die nicht dieser Normalitätsvorstellung entsprechen, kaum irritieren. Von Kindern aus anderen sozialen Milieus wird nicht berichtet. Selbst wenige muslimische Kinder, die die Gruppe besuchen, verstören ihre tägliche, christliche Gebetspraxis und die exklusive Orientierung am kirchlichen Jahresfestkreis nicht. Auch von säkular geprägten Kindern ist keine Rede. Dem kulturell und religiös Fremden nähert sich Anna im Projekt »Einmal

---

[404] Die Überschriften sind als *verdichtete Charakterisierungen* der jeweiligen Analyseergebnisse zu verstehen.

um die Welt« (A, 120), in dem sie den Kindern ferne, fremde Kulturen und Religionen über reduzierte Bilder und Vorstellungen vermittelt. Der dominante Homogenisierungsdiskurs wird nur durch unauffällige Vorkommnisse irritiert, wie etwa dem (verdeckten) Widerstand einer Mutter gegen einen Friedhofsbesuch der Kinder. Anna weiß solche »Störungen« zu relativieren. Das Interview lässt wenig Zwischenraum für die Aushandlung alternativer Ordnungen erkennen. Die christliche »Heile Welt« von Anna erscheint harmonisch und sicher. Sie lässt sich in ihrer christlich monoreligiösen Haltung nicht irritieren.

Und doch, oder gerade deshalb, wirft dieses Interview Fragen an interkulturelle Theologien auf. Wie ist es möglich, dass sich in einem städtischen Kindergarten die kulturelle Diversität und religiöse Pluralität der hiesigen Gesellschaft kaum abbildet bzw. von der christlich monoreligiösen Ordnung (so gut wie) nicht wahrgenommen wird? Die homogene Struktur lässt fragen, ob und warum die Diskurse der Pfarre *keine* Öffnung und Einladung gegenüber anders geprägten und sozialisierten Menschen aussprechen. Anna erzählt, dass der Kindergartenbesuch für sozial benachteiligte Familien, die auf die Berufstätigkeit beider Eltern angewiesen sind, aufgrund der gesetzten Öffnungszeiten nicht möglich ist. Berufliche Bedürfnisse solcher Eltern werden also offensichtlich in diesem Kindergarten nicht wahrgenommen, diesbezüglich ist für ihre Hoffnungen, Ängste und Sorgen (GS 1) hier kein Platz. Das »Andere« wird damit in dieser kirchlichen Einrichtung strukturell und diskursiv ausgeschlossen. Dadurch werden auch die Chancen verringert, dass eine andere kulturelle oder religiöse Ordnung überhaupt verstörend auftreten kann, das befremdliche Potential kann hier nicht wirken. Die Kirche, für deren Selbstverständnis der Anspruch durch das Andere konstitutiv ist, bleibt hier hinter ihren eigenen Ansprüchen zurück. Zwar besuchen hin und wieder muslimische Kinder den kirchlichen Kindergarten, ihre religiöse Identität erhält aber keine beachtenswerte Aufmerksamkeit. Die Kinder dürfen (sollen) lediglich im Rahmen des täglichen Gebetes ihre Gebetspraxis vorzeigen. Damit ist dem Anspruch nach der Beachtung dessen, »was in diesen Religionen wahr und heilig ist«[405] (NA 2) noch nicht Rechnung getragen. Von Dialogen oder einem wechselseitigen Austausch wird nicht erzählt. Der kirchliche Kindergarten als Repräsentant von »Kirche in der Welt von heute« (GS) wird hier seinem interreligiösen Anspruch nicht gerecht, auch wenn er sicherlich eine »kleine, heile Welt« für alle, die sich dieser Ordnung unterwerfen und sich mit ihr identifizieren, bereitstellt.

Daraus ergeben sich einige Anfragen an interkulturelle Theologien und Kirche: Wie wird die Kirche auf ihre strukturellen und diskursiven Macht- und Ausschlussmechanismen an so unbeachteten Orten wie dem Kindergarten aufmerksam? (Wie) Können christlich-homogene und letztlich ausschließende Diskurse, wie sie hier den pfarrlichen Räumen und damit dem Kindergarten anhaften, geöffnet und transformiert werden und wer nimmt sich dessen an?

---

405 Rahner/Vorgrimler, Konzil, 356.

Wie kann es interkulturellen Theologien gelingen, ihre Ansprüche in Bezug auf »Andere« in solche (marginalisierte) kirchliche Orte und bis zu den handelnden Personen zu transportieren? Als Anspruch an interkulturelle Theologien kann formuliert werden, dass es nötig ist, theologisch marginalisierte Orte wie Kindergärten aufzusuchen und sie als *locus theologicus* fruchtbar zu machen. Die religionstheologische Fragestellung prägt sich an solchen Orten praktisch aus, weshalb ein Theorie-Praxis-Transfer nötig ist.

9.2 Brittas Kindergarten: christlich selbstbestimmt und definitionsmächtig

Britta ist ebenfalls in einem kirchlichen Kindergarten tätig. Die vorhandene dominante christliche Ordnung wird aber durch die hohe Anzahl an Kindern mit Migrationshintergrund verstört. Mehr als die Hälfte der Kinder gehört außerdem laut Interviewpartnerin einer islamischen Religionsgemeinschaft an. Darüber hinaus sind noch andere Religionen durch die Kinder vertreten. Dennoch setzt der Kindergarten seine christliche Ordnung gegenüber den Familien durch:

> »Unsere Aufnahmebedingungen san im Kindergarten, dass die Kinder bei diesen christlichen Festen teilnehmen. [...] Aber es wird eana [den Eltern] a ganz klar gmocht, es is a christlicher Kindergarten, a katholischer Kindergarten, wir feiern die Feste des Jahreskreises, des kirchlichen Jahreskreises, da gibt's nix« (B, 310–322).

Diese »christliche Selbstbehauptung«[406] repräsentiert eine exklusivistische und damit vorkonziliare Religionsposition, die in Form der Verpflichtung auf die christlichen Feste einen massiven Zugriff auf die religiöse Identität der zur Unterwerfung gezwungenen Menschen darstellt und zudem die Pflicht zur (negativen) Religionsfreiheit (DH 2) übergeht. Widerstand seitens der Eltern, die mitunter doch von den Festen fernbleiben, nimmt die Interviewpartnerin nicht wahr, sie stellt sich dem Anspruch der Fremden nicht. Auch der Pfarrer kommt alle fünf bis sechs Wochen in den Kindergarten, um mit den Kindern – ungeachtet der vorhandenen Religionspluralität – eine Bibelkatechese durchzuführen. Gemeinsam mit den Kindern sucht er *»den Gott«* im Garten und kommt auf das Ergebnis, dass der Gott überall ist. Diese örtliche Vereinnahmung durch den christlich geprägten Gott bringt die exklusivistische Position des kirchlichen Kindergartens auf den Punkt. Die Interviewpartnerin erzählt allerdings davon, dass den Kindern gesagt wird, dass es nicht nur *»den Gott«* gibt.

> »[O]iso, es is, mir san gaunz kloar, mir san, mir, bei uns gibt's den Gott, ›ich glaube an Gott‹. Der Kahn glaubt vielleicht an den Allah und, ahm, die Sindy auch. Ahm, des

---

406 Schweitzer, Religion in pluraler Gesellschaft, 47. Schweitzer benennt diese Kategorie als einen von vier »Typen der Reaktion auf religiöse Vielfalt«.

sagma gaunz kloar, dass des net für jeden is. Das jeder an was anders glaubt, manche glauben auch an nichts, oiso des is die Kinder scho klar, dass's net nur den Gott gibt. [...] Oiso hoit für uns schon, aber, für andere Religionen nicht.« (B, 444–451)

In dieser Pluralisierung steckt eine Relativierung, die aber durch die gleichzeitige Konstruktion eines »Wir« wieder aufgehoben wird. Die Identifikation lautet: »Wir in diesem Kindergarten glauben an *den einen Gott*, der überall ist.« Diese Zugehörigkeitsmarkierung impliziert eine Fremdmarkierung aller anders- oder nichtgläubigen Kinder. Die religiöse Identität fungiert hier als Exklusions- und Bewertungsinstrument. Im Kindergarten wird eine tägliche, christliche Gebetspraxis vollzogen, die im dominanten Homogenisierungsdiskurs zum Disziplinierungsmoment wird: Alle Kinder müssen mitmachen, sonst wird das Gebet wiederholt. Auch wenn es hier vordergründig um eine Disziplinierung geht, bezieht diese Praxis – zumindest performativ – einen Gebetsvollzug mit ein und muss deshalb als religiös übergriffig eingestuft werden. Sie widerspricht dem Prinzip der Religionsfreiheit, »so dass in religiösen Dingen niemand gezwungen wird, gegen sein Gewissen zu handeln«[407] (DH 2). Religiös codierte Begriffe wie »muslimisch« kommen im Interview als »soziale Differenzkategorie«[408] zum Einsatz: Britta schreibt den Buben aus *»diese[n] islamischen Länder[n]«* (B, 266) ein autoritäres und frauenfeindliches Verhalten zu und reproduziert damit die gesellschaftlich vorhandene Fremdmarkierung muslimischer Menschen als vormodern und unaufgeklärt. Zugleich präsentiert sie zwei Kopftuchträgerinnen als emanzipiert und modern, womit sie hier (bei bester Absicht) ebenfalls die Definitionsmacht beansprucht. Mit beiden Zuschreibungen bemüht die Interviewpartnerin gängige gesellschaftliche Diskurse über »den Islam« (als Kollektiv) und reproduziert damit hoch problematische Identitätskonstrukte, wodurch zugleich die Religion des Kindergartens und ihre Ausprägung als ihr (positives) Gegenteil konstituiert werden (Orientalismus). Die Macht hegemonialer Diskurse zeigt sich auch im Bemühen der Pädagoginnen, den »Fremden« gerecht zu werden und national-kulturelle Unterschiede wertzuschätzen. Im Rahmen des Elternabends befragen sie die Eltern nach der Herkunft ihrer Kinder, behalten sich aber die Definitionsmacht derselben vor. So wird einer *»Mutter aus dem Iran oder Irak«* die österreichische Zugehörigkeit ihrer Kinder abgesprochen, auch wenn diese in diesem Land geboren worden sind. Die Mutter ringt beim Elternabend um die Anerkennung der österreichischen Herkunft ihrer Kinder, kommt aber mit ihrer Selbstdefinition nicht durch. Auch die Pädagoginnen ringen um die Anerkennung ihrer Bemühungen – es geht also um Identitätsfragen auf beiden Seiten. In Bezug auf Sprachen beanspruchen die Pädagoginnen ebenfalls eine hegemoniale Position, indem sie das Sprechen in nichtdeutschen Sprachen verbieten, was zugleich eine Degradierung dieser Sprachen bedeutet. Das Diktat der deutschen Sprache nötigt die Pädagoginnen allerdings dazu,

---

407 Rahner/Vorgrimler, Konzil, 662.
408 Vgl. Lingen-Ali/Mecheril, Religion als soziale Deutungspraxis.

fallweise Kinder als Dolmetscher_innen einzusetzen. Dass dieser ambivalente Umgang mit den Familiensprachen einen enormen Zugriff auf die Identität der Kinder bedeutet, zeigt sich im leisen (verschämten) Sprechen der Kinder, wenn sie dazu aufgefordert werden, in der eigentlich verbotenen Sprache zu reden. Darin lässt sich ein Ringen um die Anerkennung ihrer Würde und zugleich um Zugehörigkeit vermuten.

Die Anfragen an interkulturelle Theologien und an die Kirche sind angesichts der Erzählungen über diesen Kindergarten vielfältig. Hier lässt sich eine vorkonziliare, hegemoniale, christliche Selbstbehauptungspraxis lokalisieren, die hinter den Ansprüchen interkultureller Theologien zurück bleibt. Wer verantwortet, dass die Pädagoginnen in ihrer (vermutlich unreflektierten) Unterwerfung unter die christlich dominante Ordnung des kirchlichen Kindergartens die Kinder und Eltern zur christlich-religiösen Feier- und Gebetspraxis nötigen? Diese Praxis – inklusive der Katechese durch den Pfarrer – wirft die Frage nach der Wahrung der (negativen) Religionsfreiheit und einem qualitätsvollen Umgang mit religiöser Pluralität auf. Dieser Ort lässt daher nach einem Theorie-Praxis-Transfer der Problemstellungen und Theoriebildungen interkultureller Theologien fragen. Die machtvollen (hegemonialen) Identitätskonstruktionen und Repräsentationen im Kindergarten unterstreichen den Anspruch interkultureller Theologien, eine kritische Auseinandersetzung mit Identitätskonstruktionen anzustreben und gesellschaftskritische Positionen einzunehmen.[409] Hierfür ist auch eine intersektionale Perspektive fruchtbar zu machen, welche die Verwobenheit menschlicher Identitätsaspekte in ihrer Wechselwirkung untersucht.[410] In diesem Kindergarten sind Menschen mehrdimensional – zumindest in ihrer national-kulturellen, sozialen, religiösen und sprachlichen Identität von Machtzugriffen betroffen. Die Frage nach der Vulnerabilität von Kindern und der potentiellen Verletzlichkeit von Menschen in marginalisierten gesellschaftlichen Positionen müsste an diese Forschung angeknüpft werden. Von kirchlicher Seite stellt sich in diesem Kindergarten die Frage nach einer umfassenden (nicht nur punktuellen) Identifikation mit den Hoffnungen, Freuden, Sorgen und Ängste der Eltern und Kinder (GS 1), sowie nach der Anerkennung ihrer Würde und kulturell-religiösen Identität (GS 4). Dabei empfiehlt es sich, an den Bemühungen der Pädagoginnen anzusetzen und die Brüchigkeit des dominanten Homogenisierungsdiskurses zu verstärken. Dort, wo Öffnung für das Andere – sei es in Form des Dolmetschens durch die Kinder oder in der Würdigung der Barbie-Torte der »*Mutter aus dem Iran oder Irak*« – geschieht, ist der Ort, an dem die dominante Ordnung aufbricht

---

409 Vgl. Winkler, Zentrum Theologie Interkulturell; Gmainer-Pranzl, Fremdheit; Gmainer-Pranzl, Welttheologie; Gruber, Postmodernität – Postkolonialität; Rettenbacher, (De)Konstruktion von Identitäten; Nausner, Postkoloniale Theologien; Nehring/Tielesch, Theologie und Postkolonialismus u. a.

410 Gmainer-Pranzl fordert eine Aufnahme der intersektionalen Perspektive in die Überlegungen interkultureller Theologien ein. Vgl. Gmainer-Pranzl, Theologie Interkulturell und Intersektionalität.

und eine pluralitätsbewusste Theologie ansetzen kann: Eine Theologie, die der Heterogenität Platz einräumt, Komplexität nicht reduziert und Überraschungen als Momente der interkulturellen bzw. interreligiösen Begegnung begreift. In der Wertschätzung der Barbie-Torte durch die Pädagogin – obwohl das »*jetzt net direkt was aus ihrer Heimat*« *(B, 687–688)* ist (also der hegemonialen Definitionsmacht widerspricht) – erfährt die »*Mutter aus dem Iran oder Irak*« die Anerkennung ihrer Identität, nach der sie schon beim Elternabend ringt.

9.3 Christas Kindergarten: kunterbunt, unkonventionell und (weitgehend) religionsneutral

Der elternverwaltete Kindergarten, in dem Christa tätig ist, wird durch die Anbindung an eine international besuchte Universität von einer hohen nationalkulturellen und sprachlichen Pluralität geprägt. Dennoch fragen die Pädagoginnen in dieser Bildungseinrichtung nicht nach der kulturellen oder religiösen Zugehörigkeit der Kinder. Sie möchten dadurch eine Fixierung auf klischeehafte Identitätsvorstellungen vermeiden. Kulturelle und religiöse Unterschiede werden nur dann explizit thematisiert, wenn sie von den Kindern her oder im Rahmen von Bildungsinhalten zum Thema werden. Die Vielfalt der Sprachen scheint hingegen im Kindergartenalltag einen hohen Stellenwert einzunehmen. Die Kinder finden spielerische Möglichkeiten zur wechselseitigen Verständigung trotz sprachlicher Diversität, welche Christa von ihnen übernimmt. Religiöse Bildung und Erziehung ist von den Statuten des elternverwalteten Kindergartens her nicht vorgesehen, sie plädieren – mit Schweitzer gesagt – für eine »religionspädagogische Zurückhaltung«[411]. Dennoch feiert die Pädagogin mit den Kindern die Feste des kirchlichen Jahreskreises. Lediglich bei Ostern spart sie den religiösen Gehalt aus, weil sie mit den Kindern ungern über den Tod sprechen möchte. Die Kinder stellen mitunter religiöse Fragen, die Christa – wie sie sagt – in schwierige Situationen bringen. So äußert etwa ein Kind die Irritation über gegensätzliche Erklärungsmodelle hinsichtlich der Entstehung der Welt. Die Pädagogin drängt ihm weder eine naturwissenschaftliche Antwort auf, noch entkräftet sie die Glaubensposition und damit die Autorität seiner Oma. Stattdessen eröffnet sie dem Kind einen Raum, der mehrere Antwortmöglichkeiten bereithält. Damit löst sie die Komplexität der Frage weder für sich selbst, noch für das Kind auf. Sie erspart dem Kind die Auseinandersetzung mit der offenen Identität nicht. Die Identitätsfrage stellt sich auch für jenes Kind mit heller Hautfarbe, das überlegt, mit welcher Farbe es sein Selbstportrait ausmalen soll. Das Kind weiß um den gesellschaftlichen Normalisierungsdiskurs und dessen Anspruch, kann aber mithilfe der behutsamen Begleitung durch die Pädagogin die gängige biologistische und rassistische Identitätsfixierung überschreiten. Auch hier gibt Christa keine Lösung vor, sondern

---

411 Schweitzer, Religion in pluraler Gesellschaft, 47.

9. Diskussion der Ergebnisse vor dem Hintergrund interkultureller Theologien

hält den Raum konkurrierender Diskurse offen für eine Positionierung durch das Kind selbst. In anderen Zusammenhängen zeigt sich, dass auch Christa in übliche Normalitätsdiskurse verstrickt ist und in Differenzdilemmata gerät, sobald sie Komplexität (auf eine simple Bewertung) reduziert. Sie erklärt etwa den Kindern, weshalb manche Kinder eine »*andere Hautfarbe*« *(C, 340)* haben und bewertet diese Vielfalt mit »*Ist ja toll, oder?*« *(C, 346–347)*. Damit reproduziert sie in ihrem Bemühen, gegen einen rassistischen Diskurs und dessen Bewertung anzusprechen, die implizite Fremdmarkierung, aber auch die Bewertung derselben. Die hegemoniale Diskursposition der Interviewpartnerin wird in ihrem Unverständnis über das Bildungsverständnis immigrierter Eltern aus dem Sudan deutlich, das der Normalitätsvorstellung von Christa widerspricht.

Welche Anfragen und Impulse halten die Erzählungen von Christa an (interkulturelle) Theologien bereit? Zunächst ist die Kirche hier nicht unmittelbar betroffen, weil es sich nicht um einen Kindergarten in kirchlicher Trägerschaft, sondern um eine sich als (weitgehend) säkular verstandene Bildungseinrichtung handelt. Die Verantwortung über die Hoffnungen, Freuden, Ängste und Sorgen der Menschen in der Welt von heute (GS 1) sowie über die Anerkennung ihrer Würde (GS 4) stellt sich aber auch hier. Auch dieser Ort ist von Fragen kultureller und religiöser Identität geprägt, die sich als bedrängend erweisen und deshalb nicht einfach weggeschoben werden können. Die Theologie kann von der Interviewpartnerin, die sich selbst als religiös bezeichnet, lernen, dass sie Kinder nicht auf Identitäten fixiert, sondern ihnen Räume eröffnet, um sich in der Komplexität religiöser und weltanschaulicher Möglichkeiten selbst zu positionieren. Das ist weder für die Pädagogin noch für die Kinder einfach. Dennoch reduziert Christa die vorhandene Komplexität nicht. In Bezug auf die sprachliche Vielfalt zeigt sich, dass man von den ganz Kleinen in der Gesellschaft Formen des *Empowerments* lernen kann. Christa lässt sich auf solche Räume des spielerischen Umgangs mit Differenzen ein und erfährt dabei unerwartete interkulturelle Begegnungen. Ob ein Verschweigen der nationalen und religiösen Hintergründe der Kinder *der* Weg ist, um ein Klischeedenken und Identitätsfixierungen zu vermeiden, sei angefragt. Schließlich dringen gesellschaftliche Rassismus- und Normalisierungsdiskurse auch ohne deren explizite Thematisierung in die Bildungseinrichtung ein. Eine Nichtbearbeitung von Identitätslogiken und Plausibilitäten verhindert auch eine Korrektur kindlicher Konstruktionen und Welterklärungen.[412] Die Kinder bleiben dann womöglich mit ihren Fragen bezüglich Selbst- und Weltverständnis alleine. Dass dies hier (jedenfalls punktuell) nicht der Fall ist, zeigt das Beispiel der sensiblen Begleitung beim Ausmalen des Selbstportraits. Hier gelingt es dem Kind mithilfe der Begleitung durch die Pädagogin sogar, rassistische Normalisierungsdiskurse zu überschreiten.

---

412 Dass das Nicht-Thematisieren von Unterschieden und damit verbundenen Bewertungen eine wirkungsvolle Positionierung darstellt, die Eindruck bei den Kindern hinterlässt und zudem eine Korrektur ihrer Weltbilder und Wertvorstellungen verunmöglicht, problematisiert Wagner in ihrem Entwurf einer vorurteilsbewussten Bildung. Vgl. Wagner, Handbuch Kinderwelten.

9.4 Danielas Kindergarten: von der Sicherheit durch Traditionen zur Öffnung für Diversität

Im Gemeindekindergarten von Daniela werden Traditionen hoch gehalten. Sie sichern die Ordnung in dieser Bildungseinrichtung – bis in die Räume hinein. Das Bedürfnis nach Ordnung und Sicherheit setzt sich in der Erschließung des »Fremden« im Rahmen des Projektes »*Eine Reise um die Welt*« (D, 491) fort. Kulturelle Diversität und religiöse Pluralität können in einem solchen Projekt (aus einer hegemonialen Position heraus) definiert, kategorisiert, kontrolliert und zugleich auf Distanz gesetzt werden. In einer imaginären Reise werden den Kindern (wie Tourist_innen) Objekte, Sprachen, Bilder, Speisen und Kulturgüter anderer, ferner Länder präsentiert. Pluralisierung in diesem Sinne dient einer Reduktion von Komplexität, weil sie an essentiellen, naturalisierten und distinkten Größen festgemacht wird und dadurch kontrollierbar erscheint. Die Verortung des Fremden in der Ferne ermöglicht, der Thematisierung der Anderen und Fremden in der eigenen Gruppe weitgehend auszuweichen.[413] Und doch kommt es auch hier zu unhintergehbaren Irritationen, wie sich an dem aus der Türkei immigrierten Vater zeigt, der den von der Pädagogin hergestellten Bezug zu diesem Land nicht aufnimmt. Dass Daniela hier bereit ist, mit ihrer subjektiven Zuschreibung zurückhaltend zu sein, um seinem Kind keine Fremdmarkierung anzulasten, ist außergewöhnlich in den sonst eher starren Identitätszuschreibungen ihrer Praxis. Das Kind aus Peru wird dagegen ganz auf seine Herkunft fixiert, was ihm zwar augenblicklich dabei hilft, einen anerkannten Platz in der bereits bestehenden Kindergruppe zu finden, der Fortbestand dieser Positionszuweisung kann aber für seine weitere Identitätsentwicklung problematisch sein. Im Zuge des Projektes »*Eine Reise um die Welt*« (D, 491) thematisiert Daniela auch religiöse Pluralität, wobei sie hier einerseits eine relativistisch-synkretistische Position einnimmt, wenn sie das Martinsfest mit Lichterfesten anderer Religionen zusammenfasst, »*wo gaunz vü ja eh gleich is*« (D, 184). Andererseits erzählt die Pädagogin den Kindern auch von der kulturellen Ausprägung des Weihnachtsfestes, das in verschiedenen Ländern ganz unterschiedlich gefeiert wird. Damit bringt sie eine interkulturelle, kontextuelle Religionsperspektive ein. Zuletzt zieht sie sich auf eine klare, christliche »Wir«-Position zurück, indem sie das Christkind für »*uns*« beansprucht, während sie betont: »*dieser Santa Claus den gibt's zwoar, ober bei uns kummt der net!*« (D, 190). Ähnlich reduzierte und stereotype Vorstellungen von Kultur wie beim Projekt »*Eine Reise um die Welt*« bedient Daniela in ihrem Jahresthema »*Bräuche [der Region]*«, das sie an das erstgenannte Projekt anschließt. Durch diese zeitlich getrennte Gegenüberstellung der beiden Projekte wird eine Dichotomie erzeugt, welche die Positionierung eines kollektiven »Wir« gegenüber den »Anderen« bedient. Im Rahmen der beiden Projekte wird dieser (gesellschaftlich übliche) Diskurs

---

413 Zur Kritik einer solchen Praxis vgl. Wagner, Handbuch Kinderwelten, 25.

anschaulich und performativ zelebriert, die »ganzheitliche«[414] Vermittlung prägt die binäre Identitätskonstruktion bei den Kindern ein. Die traditionelle Ordnung des Kindergartens wird durch plurale Lebens- und Familienrealitäten der Kinder verstört und aufgebrochen. Daniela ist um die Anerkennung der (abnormalen) Lebensverhältnisse der Kinder bemüht und lässt sich davon beanspruchen. Muttertags- und Vatertagsfest werden zu einem Familienfrühstück vereint, um allen Kindern – auch jenen, die nicht gemeinsam mit ihrer Mutter und ihrem Vater, sondern mit einem Elternteil oder bei ihrer Mutter und ihrer Partnerin leben – eine Teilnahme ohne Fremdmarkierung zu ermöglichen. Dem Problem wird also mit der Anerkennung eines Zusammenhangs begegnet, der gegenüber der »eigentlich vorgesehenen« Mutter-Vater-Relation komplexer ist. Erst auf dieser komplexen Stufe kann die Pädagogin der Herausforderung gerecht werden.

Interkulturelle Theologien könnten sich angesichts der Praxis in diesem Kindergarten anfragen lassen, inwiefern sie selbst dazu neigen, ihr Problembewusstsein auf »ferne« Länder zu beziehen, um den Problemstellungen vor Ort auszuweichen.[415] Zweifelsohne ist die Reflexion der Kolonialgeschichte und eigener Schuldverstrickungen in ehemaligen Kolonien nach wie vor von hoher Bedeutung gerade für die Identitäten, die davon betroffen sind. Zugleich erfordern (neo-)kolonialistische Epistemologien, wie sie sich vor Ort erhalten und nach wie vor etablieren, eine Auseinandersetzung mit hegemonialen Zusammenhängen in der unmittelbaren Nähe. Eine solche Konfrontation erfordert die Bereitschaft, sich der eigenen Ohnmacht und Verletzlichkeit zu stellen, denn man kann der unmittelbaren Betroffenheit nicht so leicht ausweichen, wenn man den räumlich nahen Unzulänglichkeiten erst einmal Raum eröffnet hat.[416] Zu fragen wäre auch, wo Kirche und Theologie selbst Dichotomien und Fremdmarkierungen erzeugen sowie Ausschlussmechanismen reproduzieren, weil sie komplexen Fragestellungen ausweichen und den darin anwesenden Zeichen der Zeit keine Geltung verschaffen. Die Identitätskonstruktionen, die in diesem Interview reproduziert werden, weisen auf die Unverzichtbarkeit kulturwissenschaftlichen Problembewusstseins in der Theoriebildung interkultureller Theologien hin, wollen sie ihrem Anspruch nach einer gesellschaftskritisch-politischen Per-

---

414 »Ganzheitlich« bedeutet in der elementarpädagogischen Fachsprache die Anregung eines Lernprozesses durch die Aktivierung möglichst aller Sinne.
415 Die Beobachtung, dass ein postkoloniales Problembewusstsein in Bezug auf die deutschsprachige Theologie – mit Ausnahme der Salzburger Interkulturellen Theologien – noch weitgehend ausbleibt, konstatieren Nausner, sowie Nehring und Tielesch. Vgl. Nausner, Postkoloniale Theologien, 131 sowie: Nehring/Tielesch, Theologie und Postkolonialismus, 9.
416 Diese Herausforderung an Theologie thematisieren v. a. Vertreter_innen Interkultureller Theologien. Vgl. Gruber, Postmodernität – Postkolonialität; Rettenbacher, (De)Konstruktion von Identitäten; Nausner, Postkoloniale Theologien; Nehring/Tielesch, Theologie und Postkolonialismus.

spektive gerecht werden.⁴¹⁷ Zweifelsohne müssen einseitige, essentialistische, ahistorische und distinkte Kultur- und Identitätsvorstellungen problematisiert und kritisiert werden.⁴¹⁸ Zugleich bedarf es m. E. einer Bereitschaft, unterschiedliche Identitätskonstellationen sensibel, differenziert und in ihrer jeweils kontextuellen Bedeutung wahrzunehmen (das Mädchen aus Peru braucht in der biographischen Situation anderes als der Sohn des türkischen Vaters). Die Komplexität von Identität soll weder auf wenige Aspekte reduziert, noch in ihrer jeweiligen zeiträumlichen Bedeutung für das einzelne Individuum missachtet werden. Vielmehr ist es wegen der komplexen Identifizierungsdiskurse im Kindergarten nötig, an der Etablierung hybrider, multipler und differenzierter Identitätsvorstellungen mitzuwirken. Die Reduktion und Vorführung »fremder« Religionen mittels weniger, vorzeigbarer, vergleichbarer Materialien und Bräuche, wie sie im genannten Projekt praktiziert wird, ist wiederum religionstheologisch interessant. Hier müssen sich auch interreligiöse und religionstheologische Modelle anfragen lassen, die beanspruchen, durch die Bildung von Kategorien, komplexe religiöse Bedeutungssysteme miteinander vergleichen zu können.⁴¹⁹ Die Reduktion von Komplexität – auch zum Zwecke der Vergleichbarkeit – muss sich immer des Überhanges bewusst sein, der sich nicht limitieren, definieren und damit verfügbar machen lässt. Zudem sind Religionsvergleiche von Machtverhältnissen durchzogen und bedürfen der Reflexion von Deutungshoheiten, epistemologischen Zugriffen und hegemonialen Ordnungen. Interreligiöse Begegnung besteht gerade nicht in der Verfügbarmachung des »Fremden« (mittels Definierung, Kategorisierung etc.), sondern – mit Gmainer-Pranzl gesprochen – im »Anspruch«, der mir vom »Anderen« entgegen kommt, mein Selbstverständnis anfragt und mich unweigerlich in eine demütige Haltung gegenüber seiner/ ihrer Fremdheit versetzt.⁴²⁰ Die Lösung der Pädagogin, religiöse Verschiedenheit synkretistisch-relativistisch zu vermischen und zusammenzuführen, ist eine Praxis, die dem komplexen Diskurs ausweicht, der im Raum steht. Die Vermischung ist immer einfacher als das, was sie nicht zulässt und zugleich auch nicht zu trennen in der Lage ist. Komplexität ist nicht Synkretismus. Das Fehlen einer entsprechenden Reflexion kann man der Elementarpädagogin, die keine Theologin ist, nicht anlasten. Vielmehr ist danach zu fragen, welche Wege pluralitätsoffene Religionstheologien und religionspädagogische Konzepte für eine

---

417 Diese interdisziplinäre Öffnung wird wiederum von Vertreter_innen Interkultureller Theologien eingefordert. Vgl. Winkler, Zentrum Theologie Interkulturell; Gmainer-Pranzl, Fremdheit; Gmainer-Pranzl, Welttheologie; Gruber, Postmodernität – Postkolonialität; Rettenbacher, (De)Konstruktion von Identitäten; Nausner, Postkoloniale Theologien; Nehring/Tielesch, Theologie und Postkolonialismus; Jahnel, Interkulturelle Theologie und Kulturwissenschaft; Eckholt, Poetik der Kultur u. a.
418 Vgl. Gmainer-Pranzl, Fremdheit.
419 Vgl. Perry Schmid-Leukels christlich pluralisitische Religionstheologie. Vgl. Schmid-Leukel, Gott ohne Grenzen sowie: Leimgruber, Interreligiöses Lernen.
420 Vgl. Gmainer-Pranzl, Auf dem Weg.

Religionsbegegnung an solchen Orten finden und wie der Transfer in die Praxis geschehen kann.

9.5 Franziskas Kindergarten: von multikulturell zu christlich monoreligiös

Franziska setzt in ihrem Kindergarten aufgrund der großen vorhanden Pluralität kultureller und religiöser Prägungen vorerst auf einen plakativen Multikulturalismus. Dem sich dabei einstellenden Kulturrelativismus gibt sie auch das Martinsfest preis, das sie zu einem »Lichterfest« umbenennt. Die Übersetzung des traditionellen Laternenliedes in die Landessprachen der Kinder mit Migrationshintergrund bringt die kulturalistische Inszenierung auf den Punkt und bewirkt einen Identitätsverlust bei den Eltern: Jene, denen das Martinsfest vertraut ist, erfahren eine Bedeutungsentleerung des Festes zugunsten eines Relativismus, den Eltern, denen das Fest »fremd« ist, wird eine unechte Vertrautheit durch die Übersetzung des fremden Liedes in »ihre« Sprachen aufgezwungen. Die Eltern fühlen sich nicht ernst genommen. In den folgenden Dienstjahren greift die Pädagogin den religiösen Gehalt der Feste auf und begeht – neben den christlichen – auch Feste anderer Religionen im Kindergarten. Sie berichtet vom Besuch unterschiedlicher Gebetshäuser und von einer »*religiösen Ecke*« *(F, 471–472)* im Kindergarten, in der sämtliche religiöse Symbole ausgestellt werden. Dass sie denselben religiösen Bereich nur wenig später im Interview mit »heidnische[r] Ecke« (F, 484) bezeichnet, zeugt von einer *relativistischen* Position. Der multireligiöse Ansatz favorisiert die Gleichbehandlung aller Religionen und erweckt den Anschein, dass alle Religionen auch irgendwie gleich sind. Später positioniert sich die Pädagogin stärker religiös und legt auf den religiösen Gehalt der Feste großen Wert. Zum Besuch des Martinsfestes lädt sie auch muslimische Eltern ein. Dabei entsteht die Situation, dass sich die Eltern gegenseitig über die jeweilige Bedeutung ihrer religiösen Feste befragen. Sie erschließen sich über die Erzählungen anderer »Religionsvertreter_innen« ihre eigene religiöse Tradition. Die Pädagogin schafft den Raum für diese komparative Religionsbegegnung:

> »*Des war zufällig des Jahr, wo Bayram gar net so lange [her war] und daun und daun is des entstanden, und daun haum die an [Eltern] von Bayram erzählt, die anderen haum hoit des vom Martin [erzählt] und wie sie des [...] erleben und wie se's angehn und dass eigentlich dann gar net so vü wissen drüber, und [...] mehrere Glaubensgruppen wollten dann eigentlich wirklich über die, über die Legende vom Martin und den eigentlichen Hintergrund des Festes erfahren.*« (F, 505–510)

Am Ende des Interviews geht die Pädagogin auf eine christlich-monoreligiöse Position über, wobei sie deren »*ganz [...] klare Werteorientierung*« (F, 595) und die »*ganz ganz schönen Werte*« (F, 598) unterstreicht, ohne zu benennen, worin diese bestehen. Religiöse Pluralität ist hier kein Thema mehr.

Franziska durchläuft während ihrer Tätigkeit in diesem Kindergarten sämtliche pädagogischen und religionspädagogischen Zugänge zu kultureller Diversität und religiöser Pluralität. Hier ergibt sich ein Anspruch an die Religionspädagogik nach einer Begleitung der Elementarpädagog_innen in ihrer heterogenen Praxis. Handreichungen und Konzepte für interreligiöses Lernen im Kindergarten liegen vor, sie auf ihre expliziten und impliziten Identitätskonstruktionen und religionstheologischen Positionen hin kritisch zu befragen, wäre nicht nur ein spannendes Forschungsprojekt, sondern auch eine angezeigte Aufgabe für eine pluralitätsbewusste Religionsdidaktik. Praxisanleitungen müssten auf die Komplexität des Kindergartenalltags hin validiert werden. Komparative[421] und polyloge Modelle[422] für den Kindergarten könnten dabei verstärkt fruchtbar gemacht werden, wie dies etwa in Konzepten des Theologisierens mit Kindern bereits geschieht – wobei auch dort die Macht- und Ungleichheitsfrage zu stellen ist.[423] Franziska berichtet über eine Begegnung mit einem muslimischen Vater, dem sie aus Freude über das Wiedersehen und unbedacht – sie weiß, dass er Frauen aus einer Konvention heraus nicht die Hand gibt – spontan die Hand reicht. Der Vater beantwortet diese einladende Geste der Pädagogin mit einem Händeschütteln, obwohl das für ihn laut Interviewpartnerin normalerweise ein »*absolutes No-go« (F, 570)* ist. Hier überschreiten beide Kommunikationspartner_innen ihre Konventionen, wodurch es zu einer Begegnung der besonderen Art kommt, die zugleich das Vertrauensverhältnis zwischen Vater und Pädagogin zum Ausdruck bringt. Religionsbegegnung braucht Vertrauen und die Bereitschaft, von fixen Identitätsvorstellungen Abstand zu nehmen sowie sich auf Überraschungen einzulassen – das könnte man aus dieser Begegnung lernen. Auf das Gespräch mit den Eltern lässt sich Franziska in ihren sogenannten *»Erziehungsinterviews« (F, 195)* ein, eine Praxis, in der sie nach den Wünschen, Erziehungsvorstellungen, religiösen Einstellungen aber auch Ängsten der Eltern fragt. Sie überwindet dabei nicht nur sprachliche Hürden, indem sie teilweise Dolmetscher_innen einsetzt, sondern auch gängige Vorurteile und Identitätsvorstellungen, die sie bei Kolleg_innen insbesondere gegenüber türkischen Eltern wahrnimmt und wie folgt umschreibt: *»Die frogn net amoi noch, wos eigentlich, ja, was eigentlich, wo sie mitarbeiten könnten oder sie interessiern se net für Kinder.« (F, 203–204)* In Form der Erziehungsinterviews lässt sich die Pädagogin auf die Freuden, Hoffnungen, Sorgen und Ängste der Anderen ein (GS 1), inwiefern sie sich davon beanspruchen lässt, bleibt offen. In ihrer Sorge um die Menschen mit *»Zuwanderungsgeschichte«*, die sie dabei unterstützen möchte,

---

421 Vgl. Winkler, Wege der Religionstheologie.
422 Vgl. Gmainer-Pranzl, Auf dem Weg.
423 Grümme kritisiert an dieser Methode, dass durch ihre Ausrichtung auf kognitiv-sprachliche Kommunikationsprozesse Kinder aus bildungsferner Herkunft benachteiligt werden und Kindertheologie dadurch zur Reproduktion von Bildungsungleichheit beiträgt. Vgl. Grümme, Bildungsungerechtigkeit, 205 ff.

in Österreich anzukommen, läuft die Interviewpartnerin Gefahr, ihre Zielgruppe zu viktimisieren, sie auf eine kollektive, vorurteilsbehaftete Identitätsvorstellung sowie auf eine Generationen überdauernde Schwellenposition zu fixieren, um sodann mittels Paternalismus auf die konstruierte Situation zu reagieren. Dabei spricht sie den fokussierten Menschen Autonomie ab, aber auch das, was sie eigentlich für diese erreichen möchte, nämlich eine Zugehörigkeit zu den Österreicher_innen. Die damit einhergehende Fremdmarkierung und Reproduktion der »Wir«-»Ihr«-Dichotomie ist ihr nicht bewusst. Ihre Fokussierung auf die Eltern mit »*Zuwanderungsgeschichte*« bewirkt eine »Zielgruppenpädagogik«[424], wohingegen ausgeblendet wird, dass von den diversitätsbedingten Transformationsprozessen der Gesellschaft *alle* Mitglieder derselben (und nicht nur immigrierte) betroffen sind. Ein unausgewogener Dialog zeigt sich auch in Bezug auf die Gesprächsführung mit den Berufskolleg_innen im Team hinsichtlich der Bewältigung der Komplexität im Kindergarten.

Wieder lautet die Anfrage an die Kirche, welche Identitätskonstruktionen sie favorisiert, wo sie selbst Gefahr läuft, Menschen zu viktimisieren, ihnen ihre Stimme abzusprechen um schließlich (unter dem Motto der Nächstenliebe) für sie sprechen und handeln zu können. Wenn Kirche die Freuden, Hoffnungen, Ängste und Sorgen aller Menschen zu den eigenen erklärt (GS 1), dann geht es nicht um eine »Zielgruppenpädagogik«, sondern um einen Anspruch, der die eigene Konstitution zutiefst in Frage stellt. Gefragt ist nicht nur Fürsorge, sondern auch Selbstreflexion und die Bereitschaft voneinander zu lernen. Die Praxis der »*Erziehungsinterviews*« könnte hierfür – trotz der benannten Schwächen – ein Impulsgeber sein. Die Positionierung von Franziska zum Schluss des Interviews wirft die Frage auf, warum sie gerade im Diskurs ihrer neuen, kirchlichen Anstellungen zu einer monoreligiösen Einstellung wechselt und zugleich die Religionspluralität in elementarpädagogischen Bildungseinrichtungen aus dem Blick verliert. Die vielerorts postulierten christlichen Werte, auf die sich die Interviewpartnerin bezieht, haben zurzeit in politischen und gesellschaftlichen Debatten Hochsaison und werden vielfach für Exklusionen instrumentalisiert. Aber worin genau besteht dieser Wertecodex, von dem die Rede ist? Interkulturelle Theologien weisen darauf hin, dass man Werte-Pluralität nicht so einfach reduzieren kann, will man hegemoniale oder einengende Positionen vermeiden. Sie plädieren dafür, die Komplexität des Zusammenlebens nicht zu vereinfachen, sondern einander in einer offenen, dialogischen bzw. polylogen Haltung zu begegnen und gemeinsam im Raum einer suchenden Auseinandersetzung zu bleiben.[425]

---

424 Mecheril, Mitschrift beim Eröffnungsvortrag des ZIMT (Zentrum für Interreligiöses Lernen, Migrationspädagogik & Mehrsprachigkeit) der Privaten Pädagogischen Hochschule der Diözes Linz am 24.3.2014.
425 Vgl. Winkler, Zentrum Theologie Interkulturell; Gmainer-Pranzl, Fremdheit; Gmainer-Pranzl, Welttheologie; Gruber, Postmodernität – Postkolonialität; Rettenbacher,

9.6 Helenas Kindergärten: vormodern, homogen, eng versus plural, zeitgemäß und perfekt

Helena erzählt von zwei Kindergärten, in denen sie (zeitlich nacheinander) tätig ist. Ihre Beschreibungen der beiden Arbeitsstätten erzeugen ein dichotomes Bild. Den *»muslimischen Kindergarten« (H, 6)* charakterisiert sie als vormodern, mit einer nicht zeitgemäßen Pädagogik, der keinen Bildungsanspruch verfolgt, sondern eher als Bewahranstalt anzusehen ist (die Grundbedürfnisse der Kinder sollen gestillt werden). Der Kindergarten verfügt ihrer Ansicht nach weder über ein adäquat ausgebildetes Personal noch über kindgerechte Spielmaterialien. Anstatt einer Orientierung am Kind bemühe man sich dort, den Eltern gerecht zu werden. Die homogene Zusammensetzung der Kindergruppe (*»Bis auf das eine Deutsch sprechende Kind, warn alle Kinder muslimisch […]«* (H, 99–100) unterstützt die Pluralitätsfähigkeit der Kinder laut Helena nicht, stattdessen bewirkt sie Vorurteile und sogar rassistische Ansichten. Anstatt im Kindergarten Deutsch zu lernen, erwerben selbst die tschetschenischen Kinder die türkische Sprache von den anderen – vorwiegend »türkischen« – Kindern in der Gruppe. Laut Schilderungen der Interviewpartnerin erscheint der *»muslimische Kindergarten«* als durch und durch misslungen. Würde man es bei dieser Charakterisierung des Kindergartens durch Helena belassen, ohne die konträren Aussagen der Interviewpartnerin ebenfalls sichtbar zu machen, so entstünde der Eindruck, es handle sich hier um ein Exemplar jener Bildungseinrichtungen in muslimischer Trägerschaft, wie sie die »Evaluierung ausgewählter islamischer Kindergärten und -gruppen in Wien«[426] kritisiert.[427] Unter den von Helena genannten Charakteristika entspricht dieser private Kindergarten dem Vorurteil, in »islamischen Kindergärten« würde eine gesellschaftliche Isolation stattfinden. Verstärkt wird dieses Bild durch die konträre Gegenüberstellung des »städtischen Kindergartens«, der auf der Basis der Abwertung des *»muslimischen Kindergarten[s]«* als »perfekt« erscheint. Lenkt man den Blick allerdings auf andere Hinweise aus dem Interview über den *»muslimischen Kindergarten«*, ergibt dies ein völlig anderes Bild über diese private Bildungseinrichtung. Postkoloniale Analysemethoden sind darauf ausgerichtet, gerade das, was verschwiegen wird oder werden soll, offen zu legen und Repräsentationen kritisch zu hinterfragen. Mit einer

---

(De)Konstruktion von Identitäten; Nausner, Postkoloniale Theologien; Nehring/Tielesch, Theologie und Postkolonialismus; Jahnel, Interkulturelle Theologie und Kulturwissenschaft u. a.

426 Aslan, Projektbericht.
427 Die Vorstudie dieser Evaluierung löste in Österreich eine medial und politisch intensive Diskursivierung »islamischer Kindergärten« als absolute und nachhaltige gesellschaftliche Problemlage aus, die unbedingt abzustellen sei. Vgl. Informationsdienst der Plattform Educare vom 14.12.2015 mit Schwerpunkt »Aktuelle Kindergartendiskussion«. Im Zuge der Nationalratswahlen 2017 wurde dieses Urteil erneut für eine Forderung nach der Schließung von Kindergärten in islamischer Trägerschaft aufgerufen.

9. Diskussion der Ergebnisse vor dem Hintergrund interkultureller Theologien

postkolonial-diskurskritischen Perspektive ergibt sich folgendes Bild auf der Basis desselben Interviews: Die Leiterin des Kindergartens hat die Ausbildung zur Kindergartenpädagogin sowohl in der Türkei als auch in Österreich absolviert (letzteres glaubt ihr Helena nicht). Sie stattet »*ihren Machtbereich*«, d. h. die Räumlichkeiten im Kindergarten, in denen sie mit den Kindern tätig ist, mit Tischspielen aus, also jenen, die landläufig als »Lernspiele« bezeichnet werden. Die Leiterin informiert die Eltern darüber, dass die Kinder im Kindergarten Deutsch lernen, weil eine österreichische Pädagogin angestellt ist. Sie setzt also auf Bildung und gesellschaftlichen Aufstieg. Die Eltern erwarten nicht nur eine gute Pflege ihrer Kinder, sondern fragen (zumindest punktuell) nach der Entwicklung und den Bildungserfolgen ihrer Kinder. Die Zusammensetzung der Gruppe erscheint daher zumindest vom sozialen Milieu her eine Heterogenität aufzuweisen. Nachdem Helena für die jüngeren Kinder zuständig ist, ist (zumindest) mit ihr auch eine kindorientierte Pädagogik gesichert, wie sie erzählt. Sie hat ein Budget für Bilderbücher zur Verfügung und entfernt Spielsachen, die sie als pädagogisch nicht wertvoll einstuft (*»17 Barbiepuppen«*). Im Kindergarten wird (mit Ausnahme von Nachmittagseinheiten, die nach Anmeldung erfolgen) auf Religion verzichtet, er präsentiert sich offenbar bewusst säkular, modern und gesellschaftlich anschlussfähig.

Wie ist es möglich, dass auf der Basis der Interviewzitate zwei so konträre Charakterisierungen über ein und dieselbe Bildungseinrichtung herauszulesen sind? Helena merkt während des Gesprächs selbst einige Brüche und Widersprüche in ihrer Argumentation, kann ihre dichotome Ordnung aber trotzdem nicht verlassen. Den städtischen Kindergarten konstruiert sie als modern, plural, zeitgemäß und kindorientiert und bedient damit jenen Mechanismus, den Said als »Orientalismus« bezeichnet. Die Abwertung des »*muslimischen*« Kindergartens lässt den »*städtischen*« Kindergarten perfekt erscheinen. Hier entfaltet sich eine soziale Differenzsetzung, die entlang der Kategorie »muslimisch« vollzogen wird.[428] Das Wissen darum, dass die Interviewpartnerin neben dem Studium der Soziologie den Studienschwerpunkt *Migration Studies* absolviert hat und mit Diversitätstheorien und diskriminierenden Mechanismen theoretisch vermutlich bestens vertraut ist, wirft die Frage auf, warum es ihr nicht gelingt, eine Metaperspektive einzunehmen und ihre dichotome Gegenüberstellung wahrzunehmen und zu reflektieren. In der Validierungsgruppe sahen wir uns mit der Irritation konfrontiert, warum es hier zu einer so massiven Reproduktion eines öffentlichen Diskurses über »*den Islam*« als vormodern, bildungsfern, unaufgeklärt etc. kommt. Als Antworten bieten sich mehrere Möglichkeiten an: In der Analysegruppe wurde ein Konflikt zwischen der Interviewpartnerin und der Leiterin des »*muslimischen Kindergarten[s]*« aufgespürt, der vermutlich mit einer tiefen persönlichen Verletzung einhergeht. Helena erhält in diesem Kindergarten keine Anerkennung, ihre pädagogische Position wird nicht wahrgenommen und ihr

---

428 Vgl. Lingen-Ali/Mecheril, Religion als soziale Deutungspraxis.

Bildungsanspruch von der Leiterin abgelehnt. Selbst seitens der Kinder, der Assistentin aber auch einiger Eltern erfährt sie keine Bestätigung ihrer gesellschaftlich hegemonialen Position. Ob sie deshalb das gesamte »muslimisch-türkisch« codierte System ablehnt? Vielleicht scheitert sie auch als Expertin für Migrationsfragen an ihren eigenen Ansprüchen in diesem Kindergarten und verfällt deshalb einem vereinfachenden Diskurs über »die Muslime«. Möglicherweise möchte sie ihre pädagogische Position herausstellen, indem sie die Stärken der städtischen Einrichtung auf den Schwächen der privaten Einrichtung hervorhebt. Aus welchen Gründen auch immer, dieser abwertende Diskurs greift massiv auf die Interviewpartnerin zu.

Was gibt diese Begebenheit einer interkulturell orientierten Theologie zu denken? Zunächst zwingt diese Erzählung eine demütige Haltung auf. Selbst theoretisches Wissen und hohe Reflexionsfähigkeit bieten offenbar keine Gewähr, problematischen öffentlichen Diskursen, Identitätskonstruktionen und Exklusionsmechanismen zu entgehen. Im wissenschaftlichen Diskurs ist die Gefahr einer einseitigen Darstellung allgegenwärtig, weil man Argumente, die die eigene Position stützen, herausgreift und stärkt, womit andere Argrumente unbeachtet bleiben oder auch eine Abwertung erfahren. Die Dekonstruktion eigener Diskurspositionen und das Bewusstsein um die eigene Perspektivität werden daher von postkolonialen Theoretiker_innen zu Recht massiv eingefordert.[429] Die Schilderungen verweisen zudem auf die Notwendigkeit einer interdisziplinären Erforschung solcher komplexer Zusammenhänge.[430] Die Erzählung fordert zugleich dazu auf, gerade als Wissenschafter_in, beständig eigene Theoreme, Vorannahmen und Diskurspositionen zu überprüfen und offen zu legen.[431] Nehring und Tielesch konstatieren, »dass von denjenigen, die postkoloniale Forschung betreiben, in einem erhöhten Maß eine selbstreflexive Haltung erwartet wird, indem sie ihre Position als Wissenschaftler gegenüber ihrem Gegenstand und den Menschen, über die sie sprechen, stets mit bedenken.«[432] Auch bei diesen

---

429 Die Liminalität der eigenen Reflexionsfähigkeit habe ich im Rahmen dieser Forschungsarbeit immer wieder und bis zuletzt erfahren. Mit jeder Schleife des Erkennens postkolonialer Strukturen und Epistemologien werden einem auch die eigenen blinden Flecken bewusst. Dieser Prozess nimmt kein Ende, sodass man im Moment der Fertigstellung der Arbeit schon wieder mit der Überarbeitung beginnen müsste. Die selbst hervorgebrachten Unzulänglichkeiten und Widersprüchlichkeiten kann ich auch in der Publikationsfassung nicht zur Gänze aufheben – auch mir bleibt lediglich die demütige Haltung gegenüber meinen eigenen Perspektiven, Reflexionsmöglichkeiten, Ressourcen und Entwicklungsprozessen.

430 Forschungen, die sich mit Vulnerabilität auseinandersetzen, aber auch jene, die Ursachen von Radikalismen und Fundamentalismen untersuchen, könnten in solchen Zusammenhängen sicherlich Aufschlussreiches beitragen.

431 Jäger fordert deshalb, »die politisch-ideologische Diskurs-Position der AnalytikerIn [...] bei jeder Analyse mit zu reflektieren«. Jäger, Kritische Diskursanalyse, 11.

432 Nehring/Tielesch, Theologie und Postkolonialismus, 23.

9. Diskussion der Ergebnisse vor dem Hintergrund interkultureller Theologien

Erzählungen ist wiederum die Erforschung komplexer Identitätskonstruktionen gefragt. Die Reproduktion des öffentlichen Diskurses über »Muslime« ruft zu Differenzsensibilität in der Analyse gesellschaftlicher Handlungsfelder auf. Im genannten Beispiel hat die Bezeichnung »muslimisch« zunächst gar nichts mit Religion zu tun, sondern fungiert hier als soziale Differenzkategorie, mittels der eine dichotome, exkludierende Argumentation (re-)produziert wird. Zugleich ist mit dieser religiösen Konnotation ein massiver Zugriff auf jene Menschen verbunden, die »dem Islam« zugerechnet sind, denn sie werden implizit mit der Reproduktion des abwertenden Diskurses als Zugehörige zu diesem Kollektiv – ohne jede Differenzierung – ebenso abwertend charakterisiert und stigmatisiert. Die Reflexion solcher Identitätszugriffe wird von interkulturellen Theologien eingefordert und beansprucht.[433] Zum Umgang mit Religion(en) bringt der *muslimische Kindergarten* eine neue Perspektive ein. Alles, was irgendwie mit Religion zu tun hat, wird in dieser Bildungseinrichtung gemieden, selbst ein Puzzle, das die Arche Noah abbildet, wird von der Leiterin sofort entfernt. Religiöse Bildung wird hingegen zeitlich und räumlich begrenzt am Nachmittag für jene Kinder angeboten, die dafür angemeldet sind. Obwohl es sich laut Interviewpartnerin um einen Kindergarten in konfessioneller Trägerschaft handelt, verläuft der Kindergartenalltag streng säkular. Die Leiterin beansprucht eine »religiöse und religionspädagogische Zurückhaltung«[434] in ihrer Bildungseinrichtung. Womöglich sieht sie sich aufgrund öffentlicher Generalverdächte zu einer solchen Praxis gezwungen. Helena positioniert sich bezüglich Religionspluralität im Kindergarten anders, als es in ihren beiden Arbeitsstätten praktiziert wird. Sie würde im Kindergartenalltag alle Religionen, die von den Kindern her vertreten sind, thematisieren und legt zudem Wert auf das Aufgreifen lebensweltlicher Erfahrungen der Kinder mit »Religion«. Die Interviewpartnerin steht einer bekenntnishaften religiösen Erziehung distanziert gegenüber, sie plädiert für eine religionswissenschaftlich-informierende Position. Auch in diesem Interview stellt sich also wieder die Frage nach dem Ort von Religion(en) in elementarpädagogischen Bildungseinrichtungen. Soll Religion, wie vielfach gefordert, aus dem Bildungsbereich exkludiert werden? Sind eine Form von ethischer Unterweisung oder ein religionswissenschaftlicher Zugang geeignete Modelle, um die gesellschaftlichen Spannungen religiöser Pluralität angemessen mit den Kindern zu bearbeiten? Wie könnte ein Modell für die Elementarpädagogik aussehen, das gesellschaftliche Macht- und Ungleichheitsverhältnisse miteinrechnet und wie müsste es didaktisch umgesetzt werden?[435] Zuletzt soll hier noch die Position der Interviewpartnerin in Bezug auf den Umgang mit kulturellen Differenzen im Kindergartenalltag genannt werden. Helena sucht einen

---

433 Vgl. Gmainer-Pranzl, Fremdheit.
434 Schweitzer, Religion in pluraler Gesellschaft, 47.
435 Eine entsprechende Untersuchung könnte ein fortführendes Forschungsprojekt bearbeiten.

Weg zwischen der Thematisierung von Unterschieden und ihrer Unterlassung, wobei sie theoretisch reflektiert argumentiert. Mit der Benennung von Differenzen befürchtet die Pädagogin ein »*Othering*« *(H, 388)*, eine Fremdmarkierung betroffener Kinder. Hier kommt die Komplexität dieser Fragestellung – gerade im Hinblick auf einen praktischen Umgang (der im Kindergarten immer auch gefordert ist) – zum Ausdruck. Die Interviewpartnerin ringt zwischen Normalisierungsdiskursen und Alternativen. Auf der Suche nach adäquaten Lösungen pendelt sie zwischen Theorie und Praxis aber auch zwischen Homogenisierungs- und Pluralisierungsvorstellungen hin und her. Das Hin- und Hergezogen-Sein zwischen diesen Polen fällt schwer, Helena wagt es nicht, in dieser Dynamik zu bleiben. Gerade dort aber verbirgt sich der *locus theologicus*, eine Fundstelle, um pluralitätssensible Theologien voran zu treiben.

10. Ansprüche aus dem Kindergarten

10.1 Der Anspruch durch die Anderen

In der durchgeführten Studie wurde herausgearbeitet, dass Pädagog_innen in ihren Berufsfeldern vor dem Anspruch stehen, kulturell und religiös verschieden geprägte Menschen in ihren Bedürfnissen wahr und ernst zu nehmen sowie deren Erwartungen an den Kindergarten gerecht zu werden. Diese Anforderungen kommen den Professionellen durch verpflichtende Bildungsrahmenpläne zu, aber auch von der zunehmenden öffentlichen Aufmerksamkeit auf den Kindergarten, den Familien selbst, sowie von ihrem eigenen Berufsbild und Selbstverständnis. Elementarpädagog_innen müssen in ihrem Berufsfeld allen Kindern und deren Familien gerecht werden, auch und besonders jenen, die nicht der Normalitätsvorstellung entsprechen. Diese können schwer in eine konstruierte Homogenität assimiliert werden, sodass Unterschiede in einer kleinen, harmonischen »heilen Welt« verschwinden. Ebenso wenig kann ihr »Anderssein« auf kulturelle Produkte und Vorführungen reduziert und als solche etwa in multikulturellen Projekten pluralisierend präsentiert und damit auf bestimmte Zeiträume isoliert werden – will man den komplexen Identitäten in ihrer Vielfalt gerecht werden. Elementarpädagog_innen müssen sich mit den »Anderen« auseinandersetzen, mit ihnen in Dialog treten, deren Freuden, Hoffnungen, Ängste und Sorgen (GS 1) wahr- und in ihre Bildungs- und Erziehungsarbeit aufnehmen, und sie tun dies auch.[436] Die Heterogenität der Kindgruppen ist dabei nicht unbedingt die neue Erfahrung im Kindergarten, sondern der *Anspruch*, der sich durch die Anderen bzw. durch die Diskursivierung der »Anderen« aufdrängt und dem in einer zeitgemäßen Elementarpädagogik nicht mehr ausgewichen werden kann. Diese Diskursivierung lässt eine Reduzierung der pädagogischen Komplexität auf ein einfaches Anderes nicht zu, vielmehr wird eine komplexe Verhältnisbestimmung nötig. Die Pädagog_innen sind mit dem Anderen zwangsläufig *befremdlich* konfrontiert und von ihm beansprucht, weil es sich nicht *verfügen* lässt, sondern sich immer auch entzieht.[437] Wie soll im Kindergarten auf diesen Anspruch geantwortet werden? Welche Impulse haben interkulturelle Theologien für diese Problemlage bereit?

---

436 Dieser Anspruch ist etwa in den »Prinzipien für Bildungsprozesse in [österreichischen] elementaren Bildungseinrichtungen« verortet, die etwa eine Orientierung an der Lebenswelt der Kinder, eine Individualisierung, Differenzierung, Partizipation und Bildungspartnerschaft mit den Eltern einfordern. Vgl. Hartmann, Bundesländerübergreifender BildungsRahmenPlan, 3 f.

437 Das Fremde stellt durch seine Entzogenheit eine permanente Beunruhigung dar, wodurch es der Sehnsucht nach einer harmonischen »Heilen Welt« entgegen läuft. Vgl. auch Gmainer-Pranzl, Fremdheit.

10.2 Prekäre Identitätskonstruktionen

Um die Anderen in die gewohnte Ordnung integrieren zu können, werden sie häufig mit (gesellschaftlich etablierten) Definitionen belegt. Sie werden identifiziert, kategorisiert und einem sozialen Platz in der Gesellschaft zugewiesen. Dieser gesellschaftlich übliche Habitus reduziert die Komplexität im Kindergarten, aber auch die Identitäten der betroffenen Personen. Sie müssen um die Anerkennung ihrer Würde durch andere ringen (GS 4). Zudem sind solche Praktiken mit Macht- und Herrschaftsverhältnissen verbunden, die hegemoniale und marginalisierte Positionen und entsprechende Bewertungen hervorbringen. Dichotome Diskurse, Exklusionsmechanismen sowie Viktimisierung und Paternalismus bestimmen über die Partizipations- und Aufstiegschancen von Kindern, denen man unterschiedliches zutraut und zumutet. Der Kindergarten kann also nicht als machtfreier Raum bestimmt werden, weil die jeweils beteiligten Personen unterschiedliche Diskurspositionen einnehmen und deshalb mehr oder weniger Macht über Definitionen, Zuschreibungen und soziale Platzzuweisungen einnehmen. An diesem Ort werden (neo-)koloniale Machtverhältnisse reproduziert und kulturelle sowie religiöse Identitäten (re-)konstruiert. Mecheril fordert eine transformative Strategie ein, die »der verführerischen Kraft des Identitätsdenkens« widersteht und ein drittes Element zwischen der binären Codierung bejaht, »zwischen *anders* und nicht *anders*«.[438]

Mittels postkolonialen Theorien können dichotome Epistemologien sowie deren machtvolle und unterdrückende Mechanismen offengelegt, Identitätskonstruktionen problematisiert und marginalisierte Diskurse in die Aufmerksamkeit gerückt werden. Dabei geht es nicht darum, Opfer und Täter_innen zu bestimmen, sondern darum, Möglichkeiten zu eröffnen, um produktiv an den vorhandenen gesellschaftlichen Ungleichheitsverhältnissen zu arbeiten.[439] Es stellt sich die Frage, inwieweit subalterne Menschen als akzeptierte Mitglieder der sozialen Gemeinschaft angehört und gesehen werden, sodass Subalternität in Bildungsfragen zu einer wichtigen Dimension interkultureller Auseinandersetzung wird. Die Interviews geben Impulse, wie ein solcher Dialog mit den jeweils als fremd bzw. anders erlebten Personen geführt werden kann (GS 9), der sie nicht auf Probleme und Defizite festlegt, sondern ihre Wünsche und Bedürfnisse lokalisiert. Theologie ist dazu aufgefordert, hegemoniale Diskurse, besonders auch jene, die sie selbst vorantreibt und (mit)verantwortet, zu erkennen, ihre Mechanismen offen zu legen und zu transformieren. Dazu ist es nötig, den Subjekten vor Ort Gehör zu verschaffen, besonders auch jenen Stimmen, die verschwiegen sind oder lediglich eine marginalisierte Repräsentanz erfahren. Die

---

438 Mecheril zit. in: Gomolla, Barrieren auflösen, 64. (Hervorhebung im Original)

439 Von Bhabha lässt sich lernen, dass die Bestimmung von Opfer und Täter gar nicht so einfach auszumachen ist, weil (post-)koloniale Strategien immer auch Widerstand, Empowerment und subversive Strategien hervorgerufen haben. Vlg. Bhabha, Die Verortung der Kultur.

Salzburger interkulturellen Theologien fokussieren postkoloniale Problemlagen und prekäre Identitätskonstruktionen in besonderer Weise und sollen deshalb auf diese Problemstellungen im Kindergarten hin befragt werden.

10.3 Verhältnis der Religionen im Kindergarten

In den kirchlichen Kindergärten zeigt sich exemplarisch, wie der Kirche ihre verheißungsvolle Öffnung auf die Welt von heute (*Aggiornamento*), die sich im Zweiten Vatikanischen Konzil ankündigt, praktisch gelingt.[440] Die Pädagoginnen in den beiden kirchlichen Kindergärten der befragten Personen zeigen enormes Engagement, mittels Projekten wie »Eine Reise um die Welt« oder einem »multikulturellen Sommerfest« die kulturelle wie religiöse Vielfalt in ihren Gruppen anzuerkennen und sichtbar zu machen. Dennoch muss aus machtkritischer Perspektive angemerkt werden, dass dies unter dem Vorbehalt der Akzeptanz, ja, Unterwerfung der Anderen unter die vorhandene dominante monokulturell-christlichen Ordnung geschieht. Damit werden diese kirchlichen Einrichtungen dem Anspruch interkultureller Theologien nicht gerecht. An diesen Orten steht eine interkulturell informierte Verhältnisbestimmung der Kirche zur Welt im Allgemeinen und zu nichtchristlichen Religionen im Besondern aus. Zu fragen ist auch, welche Impulse für einen Transfer zwischen theologischen Überlegungen und der alltäglichen Praxis an kirchlich so marginalisierten Orten wie dem Kindergarten gefunden werden können. Zudem stellt sich an den genannten Beispielen vehement die Frage nach der Religionsfreiheit (DH 2), weil Kinder häufig noch nicht für sich entscheiden und einfordern können, was sie ihrer religiösen Tradition nach machen dürfen und was nicht und daher der Begleitung und des Schutzes durch Erwachsene bedürfen. Diese Anfrage führt über in die Religionspädagogik mit ihren bisherigen interreligiösen bzw. pluralitätsoffenen Entwürfen.

10.4 Anfragen an die Religionspädagogik

Die Interviewpartnerinnen weisen in ihrer Reaktion auf religiöse Pluralität ein Spektrum von »religiöse[r] und religionspädagogische[r] Zurückhaltung«, »[...] Information über religiöse Fragen«, »dialogische Begegnung der Religionen« und »christliche Selbstbehauptung«[441] ebenso auf, wie eine *religionswissenschaftliche Thematisierung der Religionen,* eine *synkretistisch-*

---

440 Wie sehr eine solche Umsetzung im Kindergarten gelingt, kann vor allem an den Dokumenten *Gaudium et spes* (GS), *Nostra aetate* (NA) und *Dignitatis humanae* (DH) gegengelesen und überprüft werden. Vgl. Rahner/Vorgrimler, Konzil.
441 Typenbezeichnungen nach Schweitzer, Religion in pluraler Gesellschaft, 47.

relativistische Religionsvermischung oder eine Form der *komparativen Begegnung von Religionen*. Die Frage nach dem Umgang mit Religion(en) im Bildungssystem wird immer wieder heiß diskutiert und muss aus religionspädagogischer Perspektive angesichts der offengelegten Problemlagen auch eingefordert werden. Welche Modelle aber erweisen sich für die Elementarpädagogik als sinnvoll und hilfreich? Wo wird die Machtfrage gestellt und kritisch auf die immanente Reproduktion fixierender Identitäten oder Ungleichheitsverhältnisse reflektiert?[442] Vielleicht wären vorhandene Modelle auf die Berücksichtigung von Aushandlungsprozessen zwischen Kulturen, Religionen und Identitäten zu befragen und ein Zwischenraum fruchtbar zu machen, der über eine Begegnung von Kindern mit unterschiedlichen religiösen und weltanschaulichen Prägungen hinausgeht.[443] Zuletzt muss hinsichtlich Kindergarten immer auch die Frage nach einer angemessenen Didaktik gestellt werden, also wie ein Theorie-Praxis Transfer gelingen kann und wer ihn verantwortet.[444]

Diese und andere Fragen und Impulse eröffnen den Weg, den Kindergarten als einen *locus theologicus* für Theologien zu begreifen, die für sich eine Pluralitäts- und Differenzsensibilität beanspruchen. In dieser Arbeit können nur einzelne Aspekte skizziert werden, um die Ansprüche und Impulse an wenigen Stellen zu konkretisieren. Es handelt sich dabei jeweils um die Steigerung der Komplexität von Identität, die durch interkulturelle und religionsplurale Kontaktzonen entsteht. Im Kindergarten zeigt sich, wie komplex die Ausgangs- und Durchgangsbedingungen sind. Ob und wie sich Homogenisierungs- und Pluralisierungsstrategien auch in theologischer Theoriebildung einschreiben und ob dort mit Zwischenräumen gerechnet wird, soll im Folgenden an exemplarischen Theologien der Salzburger interkulturellen Forschungsplattform untersucht werden.

---

442 Bernhard Grümme bietet hierfür interessante Perspektiven: Grümme, Heterogenität.

443 Die Frage nach einer angemessenen Religionspädagogik im Kindergarten kann nur noch weiter geöffnet, aber im Rahmen dieser Arbeit nicht beantwortet werden. Die Korrelation von religiösen Narrativen und individuellen Lebenskontexten, der sich Religionspädagogik auf eine die beteiligten Subjekte bestärkende Weise widmet, würde dabei auf die Diskursivierung von Identität hin weiter getrieben. Diese Diskursivierung verlangt nach einer veränderten Professionalität im religionspädagogischen Aufbau eines Kindergartens. Dieses Thema kann aber im Rahmen der vorliegenden Forschung nur angerissen werden. Es fordert zu einer fortsetzenden theologischen Auseinandersetzung mit dem Zwischenraum an diesem Ort heraus.

444 In der österreichischen Ausbildungform ist ein Kompetenzerwerb hinsichtlich Religion(en) im Didaktik- und vor allem im Religionsunterricht verortet, von dem man sich allerdings in nichtkonfessionellen Schulen abmelden kann. In der Repräsentativbefragung von Erzieher_innen des Tübinger Projektes stellen Schweitzer, Edelbrock und Biesinger fest, dass nur Minderheiten der Befragten sich für die interkulturelle und interreligiöse Situation in ihrer Praxis entsprechend ausgebildet fühlen. Vgl. Schweitzer/Edelbrock/Biesinger, Interreligiöse und Interkulturelle Bildung, 204 f.

V. Der Kindergarten im Spiegel interkultureller Theologien[445]

11. Validierung der Ergebnisse entlang interkultureller Theologien der Salzburger Forschungsplattform

Wenn man den Kindergarten als *locus theologicus* fruchtbar zu machen sucht, ergeben sich Anfragen an Theologien, die für sich eine Pluralitäts- und Differenzfähigkeit beanspruchen. Zugleich erweist sich der Kindergarten als eine Fundstelle für solche Theologien, weil er Argumente eröffnet, die für deren

---

445 An der Salzburger Theologischen Fakultät ist von »Theologie interkulturell« als »eine[r] Haltung, aus der jegliche Theologie getrieben wird«, die Rede. Gmainer-Pranzl, Welt-Theologie, 423. Eine *adverbiale* Bestimmung des Terminus meint nicht ein spezielles Kennzeichen für bestimmte Theologien, sondern eine notwendige Eigenschaft jeder Theologie, insofern sie sich von fremden Theologien beanspruchen lässt, die ihr zu denken geben. Vgl. Udeani, Theologie Interkulturell, 69. Mit Gruber müsste sich *jede* Theologie *interkulturell* ausrichten, d. h., im Bewusstsein um ihre Geschichte, das eigene Geworden-Sein und ihre Hybridität die je *inhärente* Interkulturalität anerkennen und sich daher von hegemonialen Ansprüchen distanzieren. Vgl. Gruber, Theologie nach dem Cultural Turn, 69 bzw. 206. Obwohl der Anspruch nach einer interkulturellen Art und Weise, Theologie zu betreiben, alle Theologien betrifft und tw. auch aufgenommen wird, wähle ich im Folgenden nur einige, in Salzburg im Kontext des »Zentrums Theologie Interkulturell und Studium der Religionen« entwickelte Theologien aus, um die Ergebnisse der empirischen Studie zu validieren und nach theologischen Antworten bzw. Resonanzräumen auf die Anfragen des Kindergartens als *locus theologicus* zu suchen. Zum einen füge ich damit meine Arbeit in die Tradition vor Ort – also an der Theologischen Fakultät der Universität Salzburg – ein, zum anderen weisen Nausner, Nehring und Tielesch den Salzburger Theologien eine besondere Vorreiterrolle bezüglich der Rezeption postkolonialer Theorien zu, weshalb es naheliegt, die Überlegungen in dieser Arbeit an ihnen zu validieren. Vgl. Nausner, Postkoloniale Theologien, 131 sowie: Nehring/Tielesch, Theologie und Postkolonialismus, 9. In der Diskussion religionspädagogischer Konzepte werde ich mich allerdings auf zwei Entwürfe beziehen, die keine dezidierte Nähe zum Fach Theologie

Ansprüche relevant sind. Der Kindergarten als ein der Theologie Interkulturell bislang fremder Ort stellt also Ansprüche, die eine Antwort erhoffen, ja, zu Responsionen herausfordern. Die Ergebnisse der Studie können nicht unkommentiert bleiben. Zugleich beansprucht dieser Ort Theologien, die sich als interkulturell verstehen, sich also als konstitutiv auf das kulturell und religiös Fremde verwiesen begreifen, weil es ihnen etwas zu denken gibt, was ihnen von sich aus nicht zukommt. Beide Orte – sowohl der Kindergarten als auch interkulturelle Theologien – können also für einander fruchtbar gemacht werden. Dafür benötigt es eine Vermittlung zwischen diesen Orten, der der folgende Teil meiner Arbeit gewidmet wird. Im vorherigen Abschnitt wurde noch einmal gesichert, was der Kindergarten als ein *locus theologicus* an Fragen und Ansprüchen aufwirft. Darauf soll nun mit Überlegungen aus interkulturellen Theologien geantwortet werden, wobei die Wechselwirkung zwischen beiden Orten herausgestellt wird. Ich werde mich im Folgenden nur auf Salzburger Theoreme und Überlegungen beziehen, wie sie sich im Kontext des *Zentrums Theologie Interkulturell und Studium der Religionen* herausgebildet haben und möchte damit an die Tradition der hier üblichen Aufnahme kulturwissenschaftlicher Erkenntnisse in die theologische Theoriebildung anschließen. Zugleich soll an diese Theologien die zentrale Erkenntnis dieser Forschungsarbeit angelegt werden, nämlich dass die Konfrontation mit kultureller Diversität und religiöser Pluralität im Kindergarten nicht nur zu homogenisierenden oder pluralisierenden Strategien führt, sondern ein dynamisches Wechselverhältnis zwischen diesen Polen bewirkt. In dieser Dynamik – so man sie zulässt und sich nicht auf nur eine Strategie zurückzieht – stellen sich Zwischenräume ein, in denen Diskurse, Ordnungen und Machtverhältnisse irritiert, angefragt, verschoben und transformiert werden. Diese Zwischenräume sind als konfliktive und kreative Aushandlungsräume zu verstehen, in denen Normalitätsvorstellungen irritiert, Selbstverständnisse korrigiert und Identitäten neu ausverhandelt werden. Insofern sie Orte sind, in denen Selbstüberschreitungen passieren, wo Menschen in ihrer Identitätssuche über sich selbst hinaus wachsen und sich auf andere zubewegen, kann hier eine Anschlussstelle für Theologie insgesamt lokalisiert werden. Diese Dynamik von Homogenisierung und Pluralisierung im Zwischenraum, die sich im Kindergarten als *locus theologicus* zeigt, soll exemplarisch an den interkulturellen Theologien der Salzburger Universität validiert werden.

Interkulturell aufweisen und auch nicht in Salzburg verortet sind, aber als interkulturell in oben beschriebenem Sinne gelesen werden können. Leimgruber, Interreligiöses Lernen und Schweitzer, Interreligiöse Bildung.

11. Validierung der Ergebnisse entlang interkultureller Theologien

11.1 Beanspruchung durch die Welt – »Welt-Theologie« als Antwort (Franz Gmainer-Pranzl)

Dem Anspruch durch den Anderen oder Fremden widmet sich theologisch insbesondere Franz Gmainer-Pranzl. In seinem Entwurf einer »Welt-Theologie«[446] expliziert er, was die im Zweiten Vatikanischen Konzil angekündigte Öffnung der Kirche gegenüber der Welt von heute aus seiner Sicht gegenwärtig bedeutet. Er konstatiert, dass die Perspektive christlicher Theologie heute eine *globale* sein muss, dass sich Kirche heute vor der Welt und ihren Entwicklungen, also auch vor der gesellschaftlichen Diversifizierung und religiösen Pluralisierung verantworten muss.[447] Durch diese Öffnung kommt der Kirche seitens der Welt ein Anspruch entgegen, den Gmainer-Pranzl als *konstitutiv* für das Selbstverständnis christlich-katholischer Theologie in der gegenwärtigen Zeit wahrnimmt. Dabei verfolgt er konsequent die Linie des Zweiten Vatikanischen Konzils, dass den Umbruch geltender kultureller Plausibilitäten und den Einbruch nichtchristlicher Religionen nicht als »Problem«, »sondern als Herausforderung, die dem eigenen Glaubensverständnis etwas Entscheidendes zu sagen hat« ansieht.[448] Durch das Andere kommt der Theologie etwas zu, was sie nicht aus sich selbst hat und haben kann. Sie ist *wesentlich* auf die Begegnung und Auseinandersetzung mit dem ihm Fremden angewiesen. Der Anspruch bedeutet hier mehr als ein bloßes zur Kenntnis nehmen anderer Plausibilitäten, er fordert das eigene Selbstverständnis heraus, verstört die eigenen Denkmuster und bringt gewohnte Ordnungen durcheinander. Hier begegnet im Entwurf von Gmainer-Pranzl die Dynamik, die entsteht, wenn Pluralisierung auf Homogenisierung trifft. Sie irritiert und hinterfragt die gewohnte Ordnung. Gmainer-Pranzl plädiert dafür, angesichts des Anspruches durch den Anderen weder mit Vereinnahmung noch mit Exklusion zu reagieren, sondern sich *tatsächlich* beanspruchen zu lassen und den »Logos christlicher Hoffnung«[449] vor den Ansprüchen der Welt zu verantworten. Damit ist keineswegs eine Expansion des Christentums, etwa in Form von Unterwerfungsstrategien wie sie sich im kirchlichen Kindergarten von Britta zeigen, gemeint, sondern im Gegenteil: eine Haltung christlicher Theologie, die sich von den Problemstellungen und den Perspektiven der Welt herausfordern lässt, sich als Lernende begreift und in (selbst-)kritischer Aufmerksamkeit die Plausibilitäten der eigenen Tradition anfragen, irritieren und aufbrechen lässt.[450] »An der konkreten Realität dieser Welt erschließt sich die Bedeutung des christlichen Glaubens. [...] An und in dieser unserer Welt lernen wir Theologie«.[451]

---

446 Gmainer-Pranzl, Welt-Theologie.
447 Vgl. Gmainer-Pranzl, Welt-Theologie, 408.
448 Gmainer-Pranzl, Auf dem Weg, 77.
449 Gmainer-Pranzl, Welt-Theologie, 417.
450 Gmainer-Pranzl, Welt-Theologie, 408.
451 Gmainer-Pranzl, Welt-Theologie, 412.

Damit kommt der Kindergarten ins Spiel, weil er ein solcher konkreter Ort mitten in der Welt ist. Als Ansprüche der Welt von heute nennt Gmainer-Pranzl die »kulturelle Diversität«, die mit der Aufladung kultureller Identitäten einhergeht, sowie die »religiöse Pluralität« und die »säkulare Rationalität«, welche dem Selbstverständnis christlicher Theologie entgegenstehen, und eine »politische Praxis«.[452] Der Kindergarten ist mit denselben Herausforderungen konfrontiert, die Gmainer-Pranzl benennt und erweist sich zugleich als ein Ort, an dem diese für die Theologie relevant werden. Es lässt sich daher fragen, welche Lernimpulse diese Orte jeweils für einander eröffnen.

Der Anspruch kultureller Diversität

Ich beginne mit der Herausforderung durch die kulturelle Diversität, der sich beide Orte stellen müssen. Sie geht mit einer »Aufladung kultureller Identität«[453] einher, wie Gmainer-Pranzl mit Samuel Huntington feststellt. Demzufolge wird heute nicht mehr danach gefragt, wofür jemand (ein-)steht, sondern stattdessen, *wer jemand ist*. In den Interviews zeigt sich, dass sich die Frage zusätzlich verschoben hat. Dort wird nicht gefragt, wer jemand ist, sondern *woher jemand kommt*. Identität wird entlang des Ortes konstruiert, der jemandem zugeschrieben wird. Von daher verstärkt sich das Identitätsproblem, das Gmainer-Pranzl beschreibt. Angesichts der kulturellen und ethischen Identitätszuschreibungen, die seit den neunziger Jahren des 20. Jahrhunderts eine Zunahme erfahren, warnt Gmainer-Pranzl die Theologie davor, in eine »Identitätsfalle« zu tappen, also sich in die »Illusion einer einzigartigen Identität« zurückzuziehen.[454] Diese Zeitdiagnostik spiegelt sich im Kindergarten wider, das Forschungsmaterial bietet zahlreiche Beispiele der ethnisch-national-kulturellen Identifizierung entlang der Frage: »Woher kommst du?« Diese Frage macht die Diversität zu einer prekären Anfrage, denn sie fixiert Betroffene auf verkürzte Identitätskonstruktionen. Da nach dem *cultural turn* Kulturen im wissenschaftlichen Diskurs nicht mehr als Container oder distinkte, unveränderliche Größen, sondern als »sinn- und bedeutungsgebende Netzwerke«[455] verstanden werden, die sich fortwährend verändern und ausgehandelt werden, fordert Gmainer-Pranzl für die Theologie ein, sich dieses Problembewusstsein aktueller Kulturtheorien anzueignen, um adäquat über »Kultur« und »interkulturelle« Theologie sprechen zu können. Er verweist diesbezüglich auf die unverzichtbare interdisziplinäre Perspektive gegenwärtiger Theologie. Gmainer-Pranzl konstatiert zudem, dass kulturelle Differenzen nicht nur ein Forschungsthema der Theologie, sondern ihr konstitutiv eingeschrieben sind. »Die Verantwortung des christlichen Glaubens gestaltete

---

452 Vgl. Gmainer-Pranzl, Welt-Theologie, 412 ff.
453 Gmainer-Pranzl, Welt-Theologie, 417.
454 Amartya Sen, zit. in: Gmainer-Pranzl, Welt-Theologie, 417.
455 Mit Verweis auf Clifford Geertz: Gmainer-Pranzl, Welt-Theologie, 418.

sich von jeher als interkulturelle Vermittlung, in der Menschen aus unterschiedlichen Traditionen beeindruckende Verständigungs- und Übersetzungsprozesse leisteten, aber immer auch Missverständnissen und Fehlinterpretationen ausgesetzt waren.«[456]

Der Theologie kann also aufgrund dieses Geworden-Seins eine besondere Expertise für die interkulturelle Vermittlung aber auch für Erfahrungen des Scheiterns in Bezug auf kulturelle Aushandlungsprozesse zugestanden werden. Diese Kompetenzen könnten und sollten in den Kindergarten eingespielt werden. Denn auch Elementarpädagog_innen sind mit Erfahrungen des Scheiterns konfrontiert und werden nicht selten durch ambivalente Ansprüche verunsichert. Das Problembewusstsein des *cultural turns* muss ebenso für den Kindergarten fruchtbar gemacht werden, damit an diesem Ort statt fixierender Vorstellungen von Identitäten eine Vielfalt erprobt und ausverhandelt werden kann. Die Pädagog_innen, die im Kindergarten vielfach diese Übersetzungsarbeit leisten, von der Gmainer-Pranzl spricht, brauchen Ermutigung, um Missverständnisse und Ambiguitäten auszuhalten sowie Widersprüche in der interkulturellen Vermittlung produktiv nützen zu können. Eine Begleitung durch Expert_innen bedarf es m. E. besonders in Fragen religiöser Pluralität, weil Elementarpädagog_innen aufgrund begrenzter Möglichkeiten in der Ausbildung (sie sind keine Theolog_innen!) diesbezüglich mit Verunsicherungen und mitunter auch mit Verletzungen, die aus Missverständnissen erwachsen, konfrontiert sind.

Der Anspruch religiöser Pluralität

Die religiöse Pluralität stellt sich im Kindergarten mit Gmainer-Pranzl gesprochen als »dichte Präsenz unterschiedlicher religiöser Bekenntnisse innerhalb von Gesellschaften«[457] ein. Im Kindergarten kann Religionsgemeinschaften in der Regel kein sozialer Ort zugewiesen werden (wie etwa in der Schule durch konfessionellen Religionsunterricht). Elementarpädagog_innen sind daher mit einer besonderen Dichte an religiöser Pluralität konfrontiert, zudem Ansprüche seitens der Eltern oder Irritationen von den Kindern meist unvermittelt und spontan geäußert werden (wie etwa die Frage nach der Entstehung der Welt bei Christa). In der Regel können sich Pädagog_innen weder auf solche Fragen vorbereiten noch verfügen sie zumeist über eine ausgewiesene theologische Expertise für deren professionelle Beantwortung. Umso ermutigender klingt die Einladung von Gmainer-Pranzl, »sich mit einer gewissen Selbstverständlichkeit in einem religiös pluralen Umfeld zu bewegen«.[458] Entgegen einer Zurückhaltung religiöser Überzeugungen plädiert Gmainer-Pranzl im interreligiösen Dialog dafür, einander mit seinen konkurrierenden Totaldeutungen zu begegnen und

---

456 Gmainer-Pranzl, Welt-Theologie, 418.
457 Gmainer-Pranzl, Welt-Theologie, 419.
458 Gmainer-Pranzl, Welt-Theologie, 421.

sich inkompatiblen Weltinterpretationen und Heilsansprüchen auszusetzen. Die Herausforderungen des interreligiösen Dialoges sieht er nicht in der Angleichung religiöser Differenzen an eine gemeinsame Identität, sondern in der Auseinandersetzung mit der Inkommensurabilität unterschiedlicher Überzeugungen. Auf diesen theologischen Anspruch hin müssten religionspädagogische Konzepte und Handreichungen für die Kindergartenpraxis validiert werden. »Theologie *muss* eine Antwort auf die schwierige Frage finden, wie sich eigene und fremde religiöse Traditionen zueinander verhalten« und sie tut dies, indem sie weder die Differenzen zwischen den Religionen verharmlost, noch Identitäten eines »Anderen« aufbaut.[459] Von Volker Küster übernimmt Gmainer-Pranzl den Begriff der Verwundbarkeit im interreligiösen Kontext und konstatiert: »Gerade diese ›Verwundbarkeit‹ ist Kennzeichen einer Welt-Theologie, die sich der Pluralität des Religiösen und der Präsenz des Säkularen aussetzt und die eigene Glaubensüberzeugung im Licht dieser bedrängenden Ansprüche verantwortet.«[460]

Für den Umgang mit religiöser Pluralität im Kindergarten gibt Gmainer-Pranzl die Anregung, die Differenzen zwischen den Religionen weder zu verwischen, noch Identitäten eines »Anderen« aufzubauen, also weder mit Homogenisierung noch mit Pluralisierung zu reagieren. Er bietet auch eine Antwort an, wie sich dieser Anspruch in der konkreten Alltagspraxis verwirklichen lässt: im Polylog. Was die Verwundbarkeit betrifft, so ist auch diese Erfahrung den Pädagog_innen im Kindergarten nicht fremd. Franziska erfährt in ihrem Bemühen, das Martinsfest für alle Eltern, besonders für jene mit *»Zuwanderungsgeschichte« (F, 319–320)* zugänglich zu gestalten, eine Ablehnung von allen Parteien. Die »Fremden« empfinden die Übersetzung des Martinsliedes in ihre Sprachen als übergriffig und die »Einheimischen« beklagen den Verlust »ihres« Festes beim Vizebürgermeister. Was hier von Gmainer-Pranzl theologisch thematisiert wird, entspricht einer ganz konkreten und schmerzlichen Erfahrung im Kindergarten.

An diesem frühkindlichen Bildungsort hat man es aber nicht nur mit religiös verschieden geprägten Kindern und deren Familien zu tun, sondern mit einem großen Anteil an Personen, die sich als säkular verstehen. Auch diese Realität nimmt Gmainer-Pranzl als Anspruch für eine »Welt-Theologie« wahr.

Der Anspruch säkularer Rationalität

Er weist darauf hin, dass sich Theologie weltweit mit der Tatsache auseinanderzusetzen hat, »dass viele Lebensbereiche eigenständig und unabhängig von religiösen Vorgaben ablaufen«.[461] Anstatt sich von säkularen Rationalitä-

---

459 Gmainer-Pranzl, Welt-Theologie, 421.
460 Gmainer-Pranzl, Welt-Theologie, 421.
461 Gmainer-Pranzl, Welt-Theologie, 413. In ihrer Auseinandersetzung mit »Religion in einer postsäkularen Gesellschaft« konstatiert auch Rettenbacher, dass Theologie sich nicht

ten abzugrenzen (etwa durch Homogenisierung) oder diese gar zu verurteilen, geht er mit Jürgen Habermas davon aus, dass die gegenwärtige religiöse und weltanschauliche Pluralität ein reziprokes Lernen voneinander erfordert und christliche Theologie von »säkularen Lebens- und Denkformen vieles lernen kann«.[462] Will Theologie in dieser Welt Relevanz haben, so erreicht sie dies nicht indem sie Anderen religiöse Antworten überstülpt, sondern die konkreten Fragen und Probleme von Menschen ernstnimmt. Sinnfragen sollten nicht dafür genutzt (oder missbraucht) werden, Individuen mit einer »christlichen Antwort« zu bevormunden, »sondern als Ausdruck einer offenen Identität des Menschen, die *als solche* anzuerkennen ist«[463] wahrgenommen werden. Ein Beispiel aus der Kindergartenpraxis bietet Christa, die das Kind in seiner religiös-weltanschaulichen Frage nach der Entstehung der Welt begleitet und sie als eine Identitätsfrage ernst nimmt. Die Pädagogin weicht der Frage des Kindes nicht aus, nimmt sie ernst und lässt die Antwort im Suchprozess des Kindes offen. Gerade hinsichtlich gegenwärtiger Identitätsfragen und prekärer Identitätskonstruktionen, wie sie in der Gesellschaft und damit auch im Kindergarten vorkommen, muss sich Theologie als politische Praxis erweisen.

Der Anspruch politischer Praxis

So konstatiert Gmainer-Pranzl: »Christliche Theologie darf sich neuen Entwicklungen der Gesellschaft, unvertrauten kulturellen Kontexten und fremden religiösen Heils- und Wahrheitsansprüchen gegenüber nicht taub stellen, sondern muss wahrnehmen, wozu sie angesichts dieser ›Zumutungen‹ herausgefordert ist.«[464] Mit dieser politischen Option hat vor allem die Befreiungstheologie ernst gemacht, die für sich beansprucht, den Akt des Engagements für den Befreiungsprozess vor die Theologie zu stellen.[465] Gutiérrez, der als einer der wichtigsten Begründer der Befreiungstheologie gilt, stellt die »Reich Gottes« Theologie ins Zentrum und bringt das Wachsen des Reiches Gottes mit der

---

mehr auf die Auseinandersetzung mit Religionsgemeinschaften beschränken kann, sondern ebenso das Gespräch mit säkularen, nichtreligiösen, atheistischen oder agnostischen Zeitgenossen und Zeitgenossinnen zu suchen und theologisch zu reflektieren hat. Auch bezüglich alternativer Weltanschauungen darf die Frage nach wechselseitigen Identitätskonstruktionen nicht ausgeblendet werden. (Vgl. Rettenbacher, (De)Konstruktion von Identitäten, 81) Dasselbe Desiderat gilt für eine Religionspädagogik, die der religiös und weltanschaulich pluralen bzw. säkularen gesellschaftlichen Realität gerecht werden will. Dies gilt insbesondere für den Bereich der Elementarpädagogik, weil dort keine Selektion in konfessionelle Religionsunterweisungen (wie etwa in der Schule) vollzogen wird.

462 Gmainer-Pranzl, Welt-Theologie, 414.
463 Gmainer-Pranzl, Welt-Theologie, 414. (Hervorhebung im Original)
464 Gmainer-Pranzl, Welt-Theologie, 432.
465 Vgl. Gustavo Gutiérrez, zit. in: Gmainer-Pranzl, Welt-Theologie, 415.

sich geschichtlich ereignenden Befreiung des Menschen in unmittelbaren Zusammenhang. Er nimmt christlichen Glauben als eine Praxis wahr, die an der gesellschaftlichen Praxis der Befreiung teilnimmt, »weil sie sich [...] als ›Ort‹ der anfanghaften Verwirklichung des ›Reiches Gottes‹ erfährt«.[466] Diese Charakteristik von Gutiérrez versteht Gmainer-Pranzl als »fundamentales Prinzip einer ›Welt-Theologie‹«[467]. Die Theologie sollte »dieser innigen Nähe zwischen dem Reich Gottes und unserer Welt durch eine offene, kritische und sensible Auseinandersetzung mit der Realität, in der wir leben, gerecht werden«.[468]

In der vorliegenden Arbeit wird eine politische Herangehensweise an die Alltagsrealität im Kindergarten beansprucht und die »Heile Welt«-Vorstellung dekonstruiert, indem ein kritischer Fokus an diesen Ort angesetzt und aufgespürt wird, ob und wo der Kindergarten Befreiung im Sinne von möglichst freier Identitätsentwicklung und Partizipation nötig hat. Zugleich wird herausgestellt, wo Elementarpädagog_innen die »Heile Welt«-Ordnung verschieben und »Reich Gottes« verwirklichen – ohne damit zu beanspruchen, dass dies nur von gläubigen Menschen vollzogen werden kann. Im Zwischenraum kann sich »Reich Gottes« ereignen, weil dort Normen und Werte umgekehrt werden und Entwicklung ermöglicht wird.

Interkulturelle Theologie als Haltung und Methode

Für die Herausforderungen durch die Welt an die Theologie findet Gmainer-Pranzl eine Lösung in der Interkulturellen Theologie, die er als Haltung und Methode beschreibt:

»Interkulturelle Theologie« ist für Gmainer-Pranzl »zuerst eine Einstellung zur Wirklichkeit, ein Habitus der Begegnung und Interpretation, und von daher eine Methode, die bestimmte Kriterien und Regeln interkultureller Begegnung voraussetzt.«[469] Interkulturelle Theologie ist demnach nicht als ein Sonderfach innerhalb des theologischen Fächerkanons zu verstehen, sondern eine Haltung, die jeglicher Theologie inhärent sein soll(te). Sie steht in einem reziproken Austausch (inter) mit heutiger Welterfahrung und ist charakterisiert durch »eine Haltung (selbst-)kritischer Lernbereitschaft und Aufmerksamkeit für die vielfältigen Bezüge, Bedingungen und Vermittlungsfelder, in denen Theologie getrieben wird.«[470] Die Haltung Interkultureller Theologie charakterisiert Gmainer-Pranzl mit Kommunikation, Partizipation und Mission.

Der kommunikative Aspekt formt sich darin aus, dass »die ›bleibende Nichtkorrelierbarkeit‹ ins Zentrum theologischer Aufmerksamkeit« rückt und »[n]icht

---

466 Gmainer-Pranzl, Welt-Theologie, 416.
467 Gmainer-Pranzl, Welt-Theologie, 416.
468 Gmainer-Pranzl, Welt-Theologie, 417.
469 Gmainer-Pranzl, Welt-Theologie, 423.
470 Gmainer-Pranzl, Welt-Theologie, 422.

Homogenität, Harmonie, sondern Differenz, Konflikt und Provokation« für die theologische Kommunikation konstitutiv sind.[471] Statt des Verwischens von Differenzen soll Theologie die Position des Gegenübers mit Respekt anerkennen, angesichts bestehen bleibenden Differenzen eine »Ambiguitätstoleranz«[472] entwickeln und sich selbst der Verwundbarkeit aussetzen, weil sie dadurch einen »Raum für den Dialog«[473] schafft. Mit Partizipation meint Gmainer-Pranzl die »Teilnahme am Leben, Glauben und Denken anderer.«[474] Theologie soll wesentlich eine zuhörende sein, die den/die Andere_n in seiner/ihrer Lebenssituation sensibel wahrnimmt und seine/ihre Fragen ernst nimmt. Mit dem Auftrag zur Mission verbindet Gmainer-Pranzl nicht das höchst umstrittene Verständnis der Mission in der Kolonialgeschichte sondern den Auftrag, sich von einer Sendung zu Anderen in Anspruch genommen zu fühlen und den »Logos christlicher Hoffnung« (1 Petr. 3,15), der von einer neuen Freiheit spricht, zu bezeugen.

Was bedeuten diese Charakteristika im Kindergarten? Mission im Sinne von »Zeugnis geben von einer besseren Welt« meint im Kindergarten nicht, eine »heile Welt« zu konstruieren oder aufrecht zu erhalten, sondern vielmehr diese disziplinierende Ordnung den Eltern, Kindern und sich selbst erst gar nicht aufzubürden, sondern befreiende Räume zu eröffnen, in denen die Umkehrung und Verschiebung von Ordnungen möglich ist, in denen Identitäten – bei allem Konfliktpotential – erprobt und ausverhandelt werden können. Natürlich müssen Kinder dabei vor Verletzungen geschützt werden, zugleich gehören schmerzliche Erfahrungen des Nicht-Verstanden-Werdens oder der Verweigerung von Zugehörigkeit zu den alltäglichen Erfahrungen von Kindern, insbesondere dann, wenn wiederkehrende Diskriminierungen von Erwachsenen übersehen werden. Die Kinder in solchen Erfahrungen zu begleiten und sich – mit Wagner gesprochen – aktiv gegen Ungerechtigkeiten einzusetzen, verlangt den Pädagog_innen ab, was Gmainer-Pranzl unter »Kommunikation« formuliert. Dieser Aspekt erfordert eine Offenheit für Überraschungen, die Fähigkeit zur Ambiguitätstoleranz und zur produktiven Gestaltung von Widersprüchen – Eigenschaften, welche die Ermöglichung von oben skizzierten Zwischenräumen charakterisieren. Partizipation als Zuhören und Teilnehmen an den Lebensverhältnissen von Kindern und deren Familien ist eine Kompetenz, die m. E. Elementarpädagog_innen besonders auszeichnet, zugleich wird diese Fähigkeit durch dominante Diskurse im Kindergarten kontrolliert. Alle drei Aspekte einer »interkulturellen Haltung« bedürfen einer hohen Professionalität im Kindergarten. Es braucht Pädagog_innen, die in komplexen Situationen nicht auf eingeübte Handlungsstrategien zurückgreifen, sondern zwischen den gebotenen Möglichkeiten einen Raum offen halten, der Differenzierung, Situationsorientierung und überraschende Entwicklungen ermöglicht.

---

471 Gmainer-Pranzl, Welt-Theologie, 424.
472 Bolten, Interkulturelle Kompetenz, 112.
473 Küster, Einführung in die Interkulturelle Theologie, 209.
474 Gmainer-Pranzl, Welt-Theologie, 425.

Methoden Interkultureller Theologie

Für die Methodik Interkultureller Theologie bietet Gmainer-Pranzl den Polylog, die Dekonstruktion und Responsivität an.

Polylog

Der »Polylog«[475], eine Wortschöpfung vom Wiener Philosophen Franz Martin Wimmer, geht von dem Anspruch der vollständigen Reziprozität in der Kommunikation mit anderen aus und kritisiert Zentrismen, die universalistische oder relativistische Positionen beanspruchen (*expansiver, integrativer* oder *separativer Zentrismus*). Vielmehr sollen eigene Ansprüche in einen »vollständig wechselseitigen, offenen und (selbst-)kritischen Prozess der Verständigung« eingebracht werden, in dem ausgehandelt wird, was als »universal« gelten kann.[476]

Die Methode des Polylogs würde ich im Kindergarten mit der bewährten Praxis des Theologisierens bzw. Philosophierens vergleichen. Nimmt man den Polylog nicht utopisch, dann schließt er an den Zwischenraum an, der in dieser Arbeit herausgearbeitet wird. Die Homogenisierung wird ständig plural durchkreuzt und die Pluralität fortlaufend homogenisierend überlagert – der Polylog enthält beide Richtungen. Was in dieses Konzept m. E. zu wenig Eingang findet, sind die Machtverhältnisse, die in jeder Wissensproduktion vorhanden sind. Wie im gesellschaftlichen Raum so sind auch im Kindergarten die Möglichkeiten des Sprechens und Gehört-Werdens ungleich verteilt – und das nicht (nur) aufgrund unterschiedlicher Sprachkenntnisse oder Ausdrucksmöglichkeiten. Deshalb kann auch kein noch so unbefangenes Theologisieren oder Philosophieren, kein Polylog, jenseits von Machtbeziehungen und Diskursen geführt werden. Läuft der Polylog auf einen herrschenden Diskurs hinaus, dann wird das polyloge Moment der Kommunikation zerstört. Wenn es aber ein transformierendes Überschreiten – auch von Machtverhältnissen – impliziert, wäre der Polylog ein charakteristisches Element des Zwischenraums.[477] Als praxisregulierende

---

475 Wimmer, Interkulturelle Philosophie.

476 Gmainer-Pranzl, Welt-Theologie, 428.

477 Wie schwierig es ist, dem hohen, ja utopischen Anspruch eines Polylogs gerecht zu werden, beschreibt Wimmer selbst in einem Beispiel aus dem Kontext eines Wiener Kindergartens. Er erzählt von einem Integrationshaus, das von Kindern mit unterschiedlichen familiären Hintergründen in Bezug auf Sprache, Ethnizität und Religion besucht wird. In dieser Situation verbinden sich die Pädagog_innen »zu der Maxime, dass keine Maßnahme gesetzt, kein Ziel verfolgt oder Mittel eingesetzt werden soll, welches nur aus einem einigen kulturellen, religiösen oder ethnischen Hintergrund, der in der Gruppe vertreten ist, begründet werden kann.« Wimmer bringt dies mit seiner Grundregel einer interkulturell orientierten Philosophie in Verbindung, die lautet: »Halte keine philosophische Aussage, These oder Theorie für gut begründet, deren Urheber ausschließlich einer kulturellen Tradition zuzurechnen sind.« Nun verhält es sich im besagten Integrationshaus allerdings so, dass sich alle Kinder, gleich welchen familiären Hintergrundes, darauf

Haltung ruft der Polylog den Anspruch hervor, die Ansicht des Anderen nicht nur wahrzunehmen, sondern als Anfrage und Anspruch zu erfahren, der zu eigenen Lernprozessen herausfordert.

Responsivität

Hier gibt es eine Anschlussstelle zur »responsiven Theologie«, wie Gmainer-Pranzl sie formuliert. Mit Responsivität bezeichnet Gmainer-Pranzl die Bereitschaft der Theologie, sich von anderen in Anspruch genommen zu wissen und bewegen zu lassen. »Anspruch« ist dabei als »genau das in der Frage« zu verstehen, »*worauf* die Antwort antwortet.«[478] Im Anspruch kann man auch mit Irritationen, mit Unverfügbarkeiten oder mit Erfahrungen des Fremden, die sich nicht bewältigen lassen, konfrontiert sein. »Interkulturelle Theologie«, so Gmainer-Pranzl, »versteht sich als prononciert *responsiver* Diskurs, der sich nicht nur für ›das Fremde‹ interessiert, sondern sich in der Begegnung mit dem kulturell und religiös Fremden *beansprucht* erfährt und sich ›verantwortlich‹ weiß.«[479] Interkulturelle Theologie sollte die Herausforderung des Fremden als Chance für die Öffnung des eigenen Horizonts wahrnehmen. Sie übt »*Kritik von Irresponsivität*, weil sie sich als Verantwortung eines Anspruchs versteht, der auch im kulturell und religiös Fremden zur Geltung kommt.«[480] Gmainer-Pranzl bringt das Anliegen einer responsiver Theologie in folgender Kurzformel zum Ausdruck: »Die Wahrheit des Glaubens kann auch in jenen befremdenden Erfahrungen zur Sprache kommen, die für Kirche und Theologie überraschend, ja unangenehm sind. Die Methodik Interkultureller Theologie, die sich darin bewährt, auch das Widerständige und Beunruhigende als möglichen ›*locus theologicus*‹ anzuerkennen, könnte von daher beispielgebend für eine gesellschaftliche und wissenschaftliche Auseinandersetzung mit dem Fremden sein.«[481]

---

einigen, dass »Abwasch Frauen- (und Mädchen-)sache sei«. Die Pädagog_innen, welche eine den Kindern gegenüberstehende Position einnehmen, vertreten hingegen die Ansicht, dass »Abwasch sowohl Frauen- (und Mädchen-) wie Männer- (und Buben-)sache« sei und zwar »gleicherweise«. Obwohl also die Position der Pädagog_innen als Ausdruck einer homogenen Kultur als einzige den Kindern als Gruppe mit pluralen kulturellen Hintergründen gegenüber steht, setzen sich die Pädagog_innen mit ihrer singulären Ansicht durch. Wimmer analysiert, dass sich hier ein monologes Vorgehen (ein *expansiver Zentrismus*) durchsetzt, während die Position der Kinder nicht als gleichrangig anerkannt wird, weil diese nicht gehört werden. Auf der Basis dieser Erzählung plädiert er (dennoch und gerade deshalb) für einen Polylog (zumindest als) praxisregulierende Idee, in der keine Position außer Frage steht sondern alle in den Dialog (bzw. Polylog, weil es sich um viele handelt) einbezogen werden. Vgl. Wimmer, Polylog, 312 ff.

478 Waldenfels, zit. in: Gmainer-Pranzl, Welt-Theologie, 431.
479 Gmainer-Pranzl, Welt-Theologie, 431. (Hervorhebung im Original)
480 Gmainer-Pranzl, Welt-Theologie, 432.
481 Gmainer-Pranzl, Welt-Theologie. (Hervorhebung im Original)

Diese Kurzformel erschließt die Erfahrungen der Pädagog_innen, denen es unangenehm ist, ständig aus ihren bestimmenden Diskursen hinausgedrängt zu werden. Die responsorische Einsicht von Gmainer-Pranzl hilft hier tatsächlich weiter, weil sie das Moment des Fremden in diesen Prozess einführt. Es bleibt den Pädagog_innen entzogen. Dieser Impuls von Gmainer-Pranzl könnte in einer Situation, wie Helena sie erlebt, fruchtbar gemacht werden. Sie erfährt die Situation im »*muslimischen Kindergarten*« als bleibend befremdlich, sie ist nicht in den Griff zu bekommen. Der Anspruch, den Gmainer-Pranzl formuliert, bestünde darin, dieses Befremdliche als solches anzuerkennen und von der Beunruhigung her eigene Ordnungen anzufragen, anstatt in eine »Identitätsfalle« auszuweichen. Eine Dekonstruktion der vorhandenen Diskurse und Mechanismen könnten hier weiter führen.

Dekonstruktion

Mit der Methode der Dekonstruktion und der Kritik an Essentialisierungen trifft der Ansatz von Gmainer-Pranzl das Anliegen meiner Arbeit, die sich eine kritische Auseinandersetzung mit Identitätskonstruktionen zum Ziel nimmt. Auch in der vorliegenden Untersuchung zeigt sich, das vielfach von totalen Identitäten und distinkten Größen ausgegangen wird, »die den Eindruck suggerieren, es prallten zwei geschlossene Welten aufeinander.«[482] Gmainer-Pranzl sieht eine Aufgabe Interkultureller Theologie darin, »in der Auseinandersetzung mit kulturellen, politischen und religiösen Identitätskonstruktionen eine hermeneutische Entpolarisierung und eine erkenntnistheoretische Dekonstruktion [zu] leisten, ohne Differenzen zu verschleiern.«[483] Deshalb ist künftig ein aus kultursoziologischer Einsicht gewonnener Kulturbegriff zu verwenden, »der Identitätsdenken (epistemologisch) vermeidet und der Identität (sozial) als Projekt begreift.«[484]

Die Methode der Dekonstruktion machen sich im Besonderen Postkoloniale Theologien zur Aufgabe. Das »Zentrum Theologie Interkulturell und Studium der Religionen« an der Universität Salzburg versteht die Beachtung und Anwendung von Kulturanalysen als integralen Bestandteil systematischer Theologie, insofern – mit Gruber – jede Theologie kulturell verankert ist.[485] Die Interkulturelle Theologie, die Theologie der Religionen bzw. die komparative Theologie weisen hier eine eingehende theologische Auseinandersetzung mit postkolonialen Perspektiven auf.[486] Sie sollen im Folgenden vor dem Hintergrund der Ergebnisse dieser Arbeit diskutiert werden.

---

482 Gmainer-Pranzl, Welt-Theologie, 429.
483 Gmainer-Pranzl, Welt-Theologie, 430.
484 Fuchs, Martin, zit. in: Gmainer-Pranzl, Welt-Theologie, 430.
485 Vgl. Gruber, Theologie nach dem Cultural Turn.
486 Diesen Befund konstatiert Nausner für das »Zentrum Theologie Interkulturell und Studium der Religionen« an der Universität Salzburg. Vgl. Nausner, Postkoloniale Theologien, 131.

11.2 Behauptung abgrenzbarer Identitäten – Alterität als Antwort (Sigrid Rettenbacher)

Die Aufnahme Postkolonialer Theorien in die Theologie wirft die Frage nach der (De-)Konstruktion religiöser Identitäten auf. Religionen sind nach dem *cultural turn* – ebenso wie Kulturen – nicht länger als distinkte, unveränderliche und essentielle Größen zu verstehen. Vielmehr sind sie als gewachsen, kontextuell, relational und liminal ausgehandelt zu bestimmen. Sigrid Rettenbacher beschäftigt sich aus einer ekklesiologischen Perspektive mit dem Verhältnis religiöser Identitäten zueinander.[487] Sie schlägt vor, im Zuge einer postkolonialen Revision die christliche Identität von ihren Ursprüngen her zu dekonstruieren, um so ihre diskursiven Konstruktionen und die wechselseitige Bedingtheit von anderen (etwa jüdischen) Identitäten, sowie eingelagerte Machtkonstellationen und Repräsentationen offen zu legen.[488] Heutigen Identitätskonstruktionen des Christentums gehen langjährige Prozesse der Ausdifferenzierung voraus, die sich relational, also in Auseinandersetzung mit anderen sozialen Identitäten, geschichtlichen Kontexten und religiösen Traditionen herausgebildet haben. Diesen Aushandlungsprozessen ist ein Wechsel von Dekonstruktionen und Konstruktionen inhärent, der sich etwa in der Relation zwischen Christentum und Judentum herausstellen lässt. Rettenbacher konstatiert, dass religiöse Traditionen zunächst in ein spezifisches soziales Gefüge mit kulturellen Bedeutungen und religiösen Traditionen einbezogen sind. Den Beginn jeder religiösen Tradition setzt »ein Moment der Dekonstruktion, ein kritisches Potential, das ein Hinterfragen der vorfindlichen gesellschaftlichen und religiösen Wirklichkeit zum Ziel hat«.[489] Der soziale Kontext, in dem diese Dekonstruktion stattfindet, ist ambivalent codiert, weshalb die neu entstehende Identität Teile des Kontextes produktiv nutzt, während sie sich von anderen abgrenzt. Diesen Aushandlungsprozess verortet Rettenbacher (mit Bezug auf Bhabha) in einem *third space*, in einem »Schwellenraum«, der von »einer Gleichzeitigkeit von Ungleichzeitigkeiten« charakterisiert ist.[490] Identitätsverhandlungen finden an der Schwelle, in Grenzbereichen oder Zwischenräumen statt und sind als dynamisches, relationales Geschehen zu bestimmen. Die Aushandlungsprozesse, die Rettenbacher hier beschreibt, sind von Homogenisierungs- und Pluralisierungsstrategien durchzogen, ja, vollziehen sich in einer dynamischen Hin- und Her-Bewegung dieser beiden Pole. Zunächst wird eine bestehende Homogenität laut Rettenbacher entlang ihrer Schwächen dekonstruiert, um sich von denselben abzuheben. Sodann werden

---

487 Die Dissertation von Rettenbacher mit dem Titel: »›Außerhalb der Ekklesiologie keine Religionstheologie.‹ Erkenntnistheoretische und ekklesiologische Reflexionen zu einer Religionstheologie in postkolonialer Perspektive« wird 2019 erscheinen.
488 Vgl. Rettenbacher, (De)Konstruktion von Identitäten, 81 f.
489 Rettenbacher, (De)Konstruktion von Identitäten, 103.
490 Rettenbacher, (De)Konstruktion von Identitäten, 103.

Alternativen eröffnet, in der auch Teile des kritisierten Konzeptes produktiven Eingang finden, wodurch ein Aushandlungsraum entsteht, der durch eine Pluralität an Alternativen charakterisiert ist. Angestrebt wird schließlich eine neue Positionierung, eine Homogenität, die sich in einer neuen religiösen Tradition ausformt. Nun lässt sich fragen, wie Rettenbacher diese Dynamik und den sich einstellenden Zwischenraum weiter bestimmt. Bedeutet die neue Positionierung einen Rückzug in eine abgeschlossene, stabile Identität, die essentialisiert und schließlich naturalisiert wird? Wird der einstmals vorhandene, für die neue Identität konstitutive Zwischenraum in die Vergangenheit abgedrängt?

Rettenbacher konstatiert in Bezug auf die Herausbildung von Identitäten, dass ein neu aufkeimendes Selbstverständnis nicht auf Dauer in der Schwellenposition bestehen kann. »[W]ill man diese neue Tradition an andere soziale Kontexte und nachfolgende Generationen vermitteln und weitergeben, kommt man – in einem langwierigen historischen Prozess – nicht umhin, Grenzlinien einzuziehen, die die neue Identität fixieren und als eigenständige religiöse Traditionen begründen.«[491] Damit scheint ein gewisser performativer Selbstwiderspruch als unvermeidlich: »Das dekonstruktive Potential des Anfangs wird in den Ausverhandlungsprozessen mit der Umwelt, die schließlich zur Herausbildung einer distinkten Identität führen, von einem Moment der Konstruktion überlagert.«[492] Im Zuge der Homogenisierung zu einer (eindeutigen) religiösen Identität wird also Pluralisierung ausgeschlossen, wodurch alternative Narrative und Positionen im neuen Selbstverständnis keinen Platz finden. Im Modus der Dekonstruktion lässt sich – so Rettenbacher – keine Identität konstruieren, weshalb man dazu gezwungen ist, »die Grauzonen an den Grenzen zu eliminieren und über die Einziehung von Trennlinien eine Tradition zu etablieren. [...] Soziale Identitäten werden durch Prozesse der Inklusion und Exklusion konstituiert, in denen zwangsläufig Ausgeschlossene und Ausgeschlossenes produziert werden.«[493] Rettenbacher stellt fest, dass für die Herausbildung einer distinkten Identität zwar Prozesse der Exklusion und Inklusion unausweichlich sind, die inhaltliche Präzisierung der normativen Trennlinien aber einem Moment der Kontingenz unterliegt: Sie werden diskursiv ausverhandelt. »Erst in einem Moment der Naturalisierung und Essentialisierung werden die neu gezogenen Grenzen und die mit ihnen einhergehenden Identitäten diskursiv als immer schon bestehende und damit normativ vorgegebene etabliert. Die Macht der Diskurse erweist gerade hier ihre wirklichkeitsschaffenden Potentiale.«[494] Mithilfe eines postkolonialen Problembewusstseins können der Blick für die diskursive und performative Konstruktion der eigenen Identität geschärft sowie inhärente Identitätskonstruktionen und die wechselseitige Bedingtheit offengelegt werden.[495]

---

491 Rettenbacher, (De)Konstruktion von Identitäten, 104.
492 Rettenbacher, (De)Konstruktion von Identitäten, 104.
493 Rettenbacher, (De)Konstruktion von Identitäten, 104f.
494 Rettenbacher, (De)Konstruktion von Identitäten, 105.
495 Vgl. Rettenbacher, (De)Konstruktion von Identitäten, 103.

Dabei gilt es immer auch nach denjenigen zu fragen, die keine Repräsentanz im Diskurs finden, nach den Verschwiegenen und nicht Gehörten. Da diskursive Identitätskonstruktionen mit Repräsentationen arbeiten, die konkurrierende Identitätsmodelle ausgrenzen, um den positiven Ausweis der eigenen Identität zu stärken, können in einer selbstkritischen Auseinandersetzung mit eigenen Identitätskonstruktionen die Mechanismen aufgedeckt werden, die durch die Betonung der Schwächen anderer die eigenen Schwächen zu verbergen und zu überlagern suchten.[496] Rettenbacher schlägt daher vor, die binäre Codierung von Eigenem und Anderem und die damit verknüpften einseitigen Zuordnungen von Stärken und Schwächen zu transzendieren, indem man sich über den Anderen zu sich selbst ins Verhältnis setzt. Den Weg bietet eine postkoloniale Dekonstruktion, die dem Anderen einen produktiven Raum im eigenen Selbstverständnis einräumt und die Stärken der Anderen bei gleichzeitiger Benennung der eigenen Schwächen sichtbar macht.[497]

Hier zeigt sich die Dynamik von Homogenisierung und Pluralisierung, in der es, so Rettenbacher, einen produktiven Raum, einen *third space* für die Anderen zu eröffnen gilt. Der Zwischenraum stellt den Ort dar, wo sich das eigene Selbstverständnis zum Anderen ins Verhältnis setzt. In diesem Entwurf werden Essentialismen nicht aufgehoben, sondern miteinander in ein Gravitationsfeld gebracht, wobei die eigenen Stärken von den Stärken des Anderen relativiert und nicht auf der Basis dessen Schwächen stabilisiert werden. Die Bearbeitung von Stärken und Schwächen ist auch ein Anliegen im Wechsel zwischen Homogenisierungs- und Pluralisierungsstrategie im Kindergarten. Die beiden Strategien können so miteinander in Beziehung gebracht werden, dass mit den Stärken der Homogenisierung die Schwächen der Pluralisierung und umgekehrt bearbeitet werden. Diese Dynamik stellt sich im Zwischenraum ein. Dies zeigt sich etwa in der Irritation von Daniela durch ungewohnte Familienverhältnisse. Die Pädagogin beharrt hier nicht auf starren Identitätskonstruktionen, sondern lässt sich auf die Relativierung ihrer Vorstellungen von Familie ein. Dabei bearbeitet sie die Schwächen ihrer homogenisierenden Identitätsvorstellungen und öffnet sich

---

496 Vgl. Rettenbacher, (De)Konstruktion von Identitäten, 105.
497 Vgl. Rettenbacher, (De)Konstruktion von Identitäten, 106. Als theologische Anschlussstellen nennt Rettenbacher die kritische Praxis Jesu und seinen Umgang mit Marginalisierten und Ausgeschlossenen, die Erfahrung des ganz anderen, verborgenen Gottes und die Selbstrelativierung der Kirche im Zweiten Vatikanischen Konzil (Anerkennungen eigener Verfehlungen und Schuldverstrickungen). Dazu ergänzt sie die Verhältnisbestimmung der offenbarungstheologischen Grammatik des Konzils von Chalcedon, die Jesus Christus nicht als reine Identität, sondern als Differenz fasst, als Gott und Mensch zugleich – ungetrennt und unvermischt. (Vgl. Rettenbacher, (De)Konstruktion von Identitäten, 106f.) Zu weiteren ekklesiologischen Ausführungen über Differenzen im Innen und Außen: vgl. Rettenbacher, Endlich endlich sowie die oben bereits erwähnte Dissertation.

für die Stärken von Pluralisierung, die ihr eine neue Form der Festgestaltung ermöglichen.

Mit den Ausführungen von Rettenbacher lässt sich fragen, wo im Kindergarten Identitäten mittels der Exklusion Anderer konstruiert werden, welche Personengruppen dabei marginalisiert und auf ihre Schwächen reduziert werden. Ein solches Beispiel zeigt sich etwa bei Helena, die durch die Abwertung des *»muslimischen Kindergarten[s]«* zwar keine religiöse Identität konstituiert, aber durch die Abgrenzung von demselben ihre pädagogische Ausrichtung als modern, kindzentriert, offen, pluralistisch und bildungsorientiert idealisiert. Mit der postkolonialen Reflexion wurden in der vorliegenden Arbeit Diskurse, die hier jeweils bestimmend wirken, offen gelegt und die hegemoniale Identitätskonstruktion Helenas von den Stärken des *»muslimischen Kindergarten[s]«*, die sich im Subtext der Interviewpartnerin verbergen, relativiert.[498]

Religionstheologisch und ekklesiologisch werden die Überlegungen von Rettenbacher im Kindergarten von Britta virulent. In diesem kirchlichen Kindergarten setzt sich die christliche Identität gegenüber anderen religiösen Identitäten durch. Hier kommen die Schwächen ins Spiel, die an den religiös-kulturell konnotierten Verhaltensweisen der Buben aus *»diese[n] islamischen Länder[n]«* konstruiert und expliziert werden. Wie aber kann eine solche monokulturelle christliche Dominanz relativiert und durchbrochen werden? Judith Gruber gibt dafür eine Antwort.

11.3 Sehnsucht nach homogener Identität – Interkulturalität als Antwort (Judith Gruber)

Während Rettenbacher eine ekklesiologische Verhältnisbestimmung christlicher Theologie zu nichtchristlichen Religionen in ihrer Abgrenzung nach Innen und Außen vornimmt, arbeitet Gruber die unhintergehbare interne Interkulturalität des Christentums heraus.[499] Auch sie untersucht die christliche Religion von ihren Ursprüngen her, fokussiert aber im Unterschied zu Rettenbacher nicht die aus- (und eingeschlossenen) nichtchristlichen Religionen, sondern ausgeschlossene christliche Narrative, die im Laufe der Geschichte zur Etablierung der heute vorliegenden Metaerzählung beigetragen haben.

Im Zuge gegenwärtiger kultureller Grenzüberschreitungen wird der christliche Glaube aus seiner je kulturellen Ausprägung angefragt. »[D]er für das Evangelium bezeugte universale Anspruch wird über seine pluralen Formulierungen mit der Partikularität – und damit Begrenztheit – seiner Formulierungen konfron-

---

498 Im Abschnitt: »Der Kindergarten als *locus theologicus*« wird auf der Basis von Interviewzitaten eine alternative Lesart zur beabsichtigten Darstellung des »muslimischen Kindergartens« durch Helena herausgearbeitet.
499 Vgl. Gruber, Theologie nach dem Cultural Turn, 138 ff.

tiert.«[500] Christentum wird je nach kulturellem Kontext und Bedeutungssystem immer wieder neu zur Sprache gebracht. In diesen unhintergehbaren Übersetzungs- und Vermittlungsprozessen gestaltet sich christliche Identität als diskursive Größe aus, die Gruber mittels theologischer Kriteriologie zu analysieren sucht.[501] An diesem Punkt setzt sie mit dem *Cultural Turn* und seiner Kritik an der Moderne und ihrer Meistererzählung (Walter Mignolo) an. Die Entdeckung der Pluralität der Kulturen relativiert die Beanspruchung einer Rationalität, die als allgemein gültig angenommen wird, sie kritisiert die Vorstellung souverän gesetzter Subjekte und unterläuft universal konzipierte sowie teleologisch ausgerichtete Metaerzählungen. Der *Cultural Turn* macht die Herstellung von Homogenität und Eindeutigkeit als das Strukturmerkmal der Moderne und ihrer Meistererzählung über sich selbst sichtbar.[502] Er legt ihre Kontextualität, Kontingenz und Geschichtlichkeit offen und zeigt die Partikularität jeder Wissensproduktion und Identitätskonstruktion auf.[503] Von daher sind Identitäten keine stabilen, essentialistischen und vorgegebenen Entitäten, sondern Diskurse, in denen Bedeutung ständig neu ausgehandelt wird. Identitäten werden performativ hervorgebracht, sie konstituieren sich relational in kulturellen Kontaktzonen und werden durch Abgrenzungsmechanismen produziert, weshalb sie von Differenzen durchzogen sind und »die ausgeschlossenen Anderen unhintergehbar in die eigene Identität eingeschrieben bleiben: jede kulturelle Identität verkörpert die Anderen-im-Eigenen.«[504] Daraus schließt Gruber: Kulturen sind immer schon ineinander verwickelt, »kulturelle Identität ist immer schon interkulturell.«[505] Wenn also Identitäten nach dem *Cultural Turn* als fluide und gebrochene Positionierungen zu verstehen sind, die in den Zwischenräumen der Interkulturalität fortwährend neu verhandelt werden, ist auch christliche Identität als »plural, fragmentiert [und] von Fremdem durchzogen« zu bestimmen.[506]

Gruber schlägt daher (wie Rettenbacher) eine Re-Lecture der Christentumsgeschichte nach dem *Cultural Turn* vor. In den Genealogien christlicher Identität können ihre Diskurse und Konstruktionsprozesse offen gelegt werden, wodurch »eine Pluralität an Christentümern anstelle ihres einheitlichen, authentischen Ursprungs« und die Kontingenz ihrer normativen Ansprüche aufgedeckt werden.[507] Das Projekt *Theologie interkulturell* versteht sie dabei als »Versuch, die Interkulturalität des Christentums theologisch zu reflektieren.«[508] Gruber nimmt Brüche und Differenzen christlicher Identität als erkenntnistheologische

---

500 Gruber, Interkulturalität, 53.
501 Vgl. Gruber, Theologie nach dem Cultural Turn, 76.
502 Vgl. Gruber, Theologie nach dem Cultural Turn, 86.
503 Vgl. Gruber, Interkulturalität, 56.
504 Gruber, Theologie nach dem Cultural Turn, 59.
505 Gruber, Theologie nach dem Cultural Turn, 59.
506 Gruber, Theologie nach dem Cultural Turn, 55.
507 Gruber, Interkulturalität, 60.
508 Vgl. Gruber, Theologie nach dem Cultural Turn, 85.

Ressource auf, sie erhalten nach dem *Cultural Turn* theologische Qualität.[509] Sie zeigt die Unverfügbarkeit des Zeugnisses auf, das selbst Interpretationsprozessen unterliegt. Mit Gregor Maria Hoff gesprochen ist Offenbarung eine »Interpretationsleistung, [die] unausweichlich Veränderungen, Um- und Neucodierungen unterliegt«.[510] Gruber verortet diese Aushandlung in den Zwischenräumen der Interkulturalität, die sie als »[Räume] der Differenz und Absenz« definiert.[511] »Er [der Zwischenraum] liegt nicht zwischen zwei Kulturen, um die Differenzen zwischen ihnen aufzuheben und zu versöhnen, sondern ist der konfliktive Raum wechselseitiger Differenzierungen und Abgrenzungen, der in der Produktion von kultureller Identität und damit kulturellem Wissen je neu konstituiert wird.«[512] Mit Bhabha begreift Gruber den *Zwischenraum* als *epistemologische Kategorie*, nicht als einen dritten Begriff, »der die Spannung zwischen zwei Kulturen [...] in einem dialektischen Spiel der Erkenntnis auflöst.«[513] In diesem Zwischenraum erweist sich das Christusereignis als stets entzogen. Da das Zeugnis die theologische Sprachform ist, in der die Interpretativität von Theologie in den Blick kommt, gibt es keinen direkten Zugriff auf das Christusereignis, es ist nur in Form von Interpretationen zu fassen und damit immer auch entzogen. Gruber konstatiert, dass das Ereignis selbst erst durch seine Be-Deutungen greifbar wird. Die Unverfügbarkeit entsteht nicht erst in der Übersetzung sondern ist ihr bereits in der Interpretation inhärent.[514]

Für das christliche Selbstverständnis ist eine derart vorläufige, gebrochene und unabgeschlossene Identität natürlich prekär. Wenn christliche Identität auf dem Entzug des Gründungsereignisses passiert, das unzählige Interpretationen hervorruft, dann bedeutet dies eine instabile Identität in doppelter Hinsicht: Weder wird mit dieser Identitätskonstruktion eine innere Homogenität produziert oder garantiert, noch bietet sie klare Grenzen nach außen gegenüber anderen Identitäten. Die Spannung zwischen angestrebter Homogenität und der Erhaltung interner Pluralität kann allerdings nicht preisgegeben werden, ohne die eigene Komplexität zu unterlaufen. Hier benennt Gruber das Spannungsmoment zwischen Homogenisierung und Pluralisierung. Welche Möglichkeiten der Lösung dieser theologischen Herausforderung bedenkt sie?

Zunächst markiert Gruber, was nicht geht, nämlich, auf die interne Homogenität zu setzen, indem die unhintergehbare Interpretativität und interkulturelle Konstitution christlicher Gottesrede ausgeblendet sowie interne Heterogenität verleugnet wird. Mittels binären Codierungen würde dann zwischen Orthodoxie und Häresie unterschieden und das Christusereignis durch normativ gesetzte

---

509 Vgl. Gruber, Theologie nach dem Cultural Turn, 154 ff.
510 Hoff, Offenbarungen Gottes, 126.
511 Gruber, Interkulturalität, 55; Vgl. Gruber, Theologie nach dem Cultural Turn, 125.
512 Gruber, Interkulturalität, 59.
513 Bhabha, Homi K., Die Verortung der Kultur, Tübingen 2007, 168.
514 Vgl. Gruber, Theologie nach dem Cultural Turn, 147.

Texte als ein eindeutiges Verfügungswissen konstruiert. Solche identitätspolitische Strategien führen zu homogenen Dominanzdiskursen, die interne Kohärenz suggerieren und über externe Abgrenzung funktionieren. Als solche treten sie etwa in den kirchlichen Kindergärten von Anna und Britta zu Tage.

Gegen eine hegemoniale Identitätspolitik schlägt Gruber vielmehr einen demütigen Umgang mit den eigenen historischen Entstehungsprozessen und der inhärenten Hybridität vor.[515] Anstatt einer Ausblendung postuliert sie die (postkolonial-postmodern informierte) Reflexion von Interkulturalität und geht daher also zunächst in eine Pluralisierung. Theologisches Sprechen soll die eigene Pluralität, interne Differenzen und hybride Verflechtungen reflektieren und als fruchtbare theologische Ressource begreifen, ohne ihr kritisches Potential auszublenden. »Interkulturell betriebene Theologie überwindet daher nicht die Begrenztheit partikularer Theologien«[516], sondern nützt die zwischen ihnen aufbrechenden Differenzen als produktiven Zwischenraum. Die Aushandlungsprozesse, die Gruber damit skizziert, enthalten m. E. jene Dynamik, die Pädagog_innen erleben, wenn sie zwischen Homogenisierung und Pluralisierung im Zwischenraum hin und her gezogen werden. Gruber argumentiert gegen eine Reduktion der Komplexität und für eine Pluralität an Narrativen.

Interkulturelle Theologie bedeutet für Gruber also nicht den Austausch zwischen zwei oder mehreren distinkten Größen. »Nur wenn modern-koloniale Wissensproduktionen im Spiel sind, kann Interkulturalität als ein Raum zwischen stabilen kulturellen Identitäten konzeptioniert werden. Wenn Interkulturalität als solch ein Zwischenraum verstanden wird, wurde die Ambivalenz, die im Herzen jeder Identität liegt, erfolgreich verdeckt, das hegemoniale Narrativ wurde erfolgreich naturalisiert und universalisiert, Alternativnarrative wurden erfolgreich ausgeschlossen.«[517] Gruber schlägt stattdessen vor, religiösen Identitäten im Rahmen einer *interkulturellen Theologie* (als einen erkenntnis-theoretischen Ort) mit einem postkolonial-postmodern informierten Fokus zu begegnen. Interkulturelle Theologie habe die Aufgabe, so die Theologin, das hegemoniale Narrativ einer Religion zu dekonstruieren und verschwiegene Alternativnarrative offen zu legen. Sie ist nicht als Metastrategie innerhalb der Theologie zu verstehen, sondern als ihre kritische Perspektive. »Um postkolonial-postmodern zu denken, können wir Interkulturalität nicht mehr materialiter als einen ontologisch greifbaren Raum begreifen, sondern müssen sie formaliter fassen, als einen epistemologischen Lokus verstehen. Interkulturalität wird zu einer kritisch-[de]konstruktiven [sic.] Perspektive, um hegemoniale Identitätsdiskurse zu analysieren und neu aufzustellen.«[518] Interkulturelle Theologie soll also die eigene interne Heterogenität, die *Hybridität* religiöser Traditionen sichtbar ma-

---

515 Vgl. Gruber, Postmodernität – Postkolonialität, 9.
516 Gruber, Interkulturalität, 72.
517 Gruber, Postmodernität – Postkolonialität, 6.
518 Gruber, Postmodernität – Postkolonialität, 7.

chen und dadurch aufzeigen, dass *alle* Narrative historisch und kontingent sind. Daraus resultiert, dass sich absolute und universelle Wahrheitsansprüche, ja das Wesen einer Religion selbst dem theologischen Zugriff entziehen. Theologie wird also eine demütige Theologie werden. Als solche hat sie das Potential, »höchst sensibel für die machtvollen Ausschließungsprozesse in der Formierung von Tradition« zu sein.[519]

Hier bietet Gruber eine Anschlussstelle an den Kindergarten an. In beiden kirchlichen Einrichtungen der befragten Interviewpartnerinnen wird die christliche Tradition zu einer machtvollen Größe, die sich als selbstverständliche, homogene Identität präsentiert und massiv normierend wirkt. Bei Anna werden baptistische Kinder, sowie alle anders- oder nichtgläubigen in die dominante Identität subsumiert. Bei Britta werden Kinder wie Eltern zur Teilhabe an dieser christlich religiösen Tradition verpflichtet. Da dieser Diskurs offensichtlich nicht nur von den Pädagog_innen der Bildungseinrichtung durchgesetzt wird, sondern auch vom Pfarrer der angeschlossenen Pfarre, geht m. E. der Bedarf einer »Übersetzung« interkultureller Theologie, wie Gruber sie konzipiert, über den Ort Kindergarten hinaus. Trägerkonferenzen könnten eine Schaltstelle solcher Klärungen sein. Zudem bedarf es, wie schon mehrmals konstatiert, einer Reflexion gängiger Identitätsdiskurse und damit verbundene Politiken am Ort Kindergarten, wie sie etwa in Fortbildungen und Teambegleitungen verortet werden könnten.

Für Gruber sind Identitäten keine fixen, essentialistischen, in sich homogenen Container, sondern Größen, die die Anderen immer schon einrechnen. Während distinkte Größen die hybride Lage ausschließen, nimmt Gruber das Andere als einen Teil des Eigenen wahr, der dem Eigenen schon immer inhärent ist. Diese Auflösung des binären Denkens kann auch auf die beiden Strategien der Homogenisierung oder der Pluralisierung angelegt werden. Pädagog_innen sehnen sich immer nach dem Einen, werden aber jeweils von dem Anderen, gegenüberliegenden ebenso beansprucht, wodurch sich eine Pendelbewegung zwischen den beiden Strategien ergibt – so die Beobachtung in dieser Studie. Mit Gruber lässt sich begreifen, dass die eine Strategie der jeweils anderen immer schon inhärent ist, dass also beide auf einander verwiesen sind, weil sie einander nicht nur bedingen, sondern ineinander verwoben sind, so dass man gar nicht so genau zwischen der einen und der anderen Strategie unterscheiden kann. So konstatiert Gruber, dass sich im Eingeständnis der eigenen Hybridität die Grenzen zwischen Eigenem und Anderem auflösen.[520] Die Ausgangssituation ist also das Hin und Her zwischen Homogenisierung und Pluralisierung, das zugleich den Zwischenraum zwischen beiden erzeugt. Elementarpädagog_innen (als Repräsentant_innen der Gesellschaft) wollen distinkte Identitäten, Größen, die man vergleichen und platzieren kann. Mit Gruber lässt sich sagen, dass es

---

519 Gruber, Postmodernität – Postkolonialität, 8.
520 Vgl. Gruber, Theologie nach dem Cultural Turn, 121.

solche nicht gibt, weil sie immer in einer hybriden Lage erscheinen, in die das andere jeweils zugleich eingelagert ist. Die Hin- und Her-Bewegung, die sich einstellt, formiert den Zwischenraum, der als soziale Lage im Kindergarten da ist und dem man nicht ausweichen kann. Wenn man etwa auf den Kindergarten von Britta schaut, so wird man sich der Frage nicht entziehen können, wo in dieser christlich dominanten Praxis der Ort der anders- und nichtgläubigen Kinder ist. Auch wenn die Dekonstruktion den dominanten christlichen Diskurs nicht aufhebt, so erscheint er doch als deplatziert und höchst fragwürdig.[521] Die Praxis am Ort Kindergarten erweist sich hier als *locus theologicus*, er konfrontiert Theologie mit Argumenten, die ihre hegemonialen Identitätspolitiken, welche mit distinkten religiösen Identitäten operieren, anfragen. An diesem Ort sind andere Wege notwendig, Identität zu denken. Er fordert eine demütige Theologie ein, die akzeptiert, dass es Andere, Fremde gibt, die nicht zu leugnen und auch nicht zu übergehen sind. Sie werden im Zwischenraum unausweichlich sichtbar und bleiben doch stets entzogen. Diesem bleibend entzogenen Moment des Fremden widmet sich im Besondern Gmainer-Pranzl.

11.4 Der Anspruch des Fremden – Responsive Theologie als Antwort (Franz Gmainer-Pranzl)

Besonders prekär werden Identitätsfragen, wenn sie in Form von Identitätspolitiken daher kommen, die zu einem radikalen Ausschluss von »Fremden«, zu Xenophobie, Fremdenhass und Feindbildern führen, wie sie sich gegenwärtig in (weltweiten) »antiislamischen« Vorurteilen zeigen.[522]

Gmainer-Pranzl setzt sich mit dem Phänomen der Xenophobie auseinander und stellt die Frage, warum die Begegnung mit dem Fremden einerseits zu einer Praxis des Dialogs, Engagements und wechselseitigen Lernprozesses führt, andererseits Formen der Xenophobie fördert. Mit Mecheril und Scherschel nimmt er Fremdenhass als gesamtgesellschaftliches Phänomen wahr, dem politisch-diskursive Konstruktionen zugrunde liegen.[523] In seiner Auseinandersetzung mit Samuel Huntingtons »Der Kampf der Kulturen«[524] und Thilo Sarrazins

---

521 Gruber konstatiert, dass sich hegemoniales Identitätsdenken durch Dekonstruktion nicht einfach auflöst, aber deplatziert wird und gerade dann, wenn es fortbesteht, seine Machtposition verliert. Vgl. Gruber, Theologie nach dem Cultural Turn, 100f.
522 Vgl. Gmainer-Pranzl, Fremdheit, 166.
523 Individuumszentrierte Ansätze verorten dieses Phänomen stärker im psychosozialen Kontext von Individuen. Vgl. Mecheril/Scherschel, zit. in: Gmainer-Pranzl, Fremdheit, 166.
524 Huntington, Samuel P., Der Kampf der Kulturen. The Clash of Civilizations. Die Neugestaltung der Weltpolitik im 21. Jahrhundert, München/Wien 1996.

»Deutschland schafft sich ab«[525] stellt er fest, dass beide Autoren mit einer Identitätskonstruktion arbeiten, die »Kulturen« als distinkte, ja, totalitäre Einheiten ansieht, die einander nur in einem Verhältnis der Rivalität begegnen können.[526] Sie setzen das, was aufgewiesen werden soll, bereits voraus, nämlich kulturelle Identitäten, die als fremd bewiesen sind. Diese eindeutige Identifizierung des Fremden, die seine Kategorisierung und Abspaltung ermöglicht und sogar rechtfertigt, scheint – so Gmainer-Pranzl – eine Grundkonstante xenophober Diskurse zu sein. Die Konstruktion von Identitäten als abgeschlossen, unhinterfragbar, unveränderlich und inkommunikabel eignet sich perfekt zur Reproduktion von Stereotypen, zur Separation und zu einer Auflagung antiislamischer Vorurteile. So stellt Gmainer-Pranzl ernüchternd fest: »Solange Politik in Theorie und Praxis von totalitären Identitäten ausgeht, die im Verhältnis der Konkurrenz und Rivalität zueinander stehen, werden xenophobe Verhaltensweisen nur rhetorisch zurückgewiesen, aber nicht in ihrer gewaltfördernden Logik aufgedeckt. Und solange ›das Fremde‹ als bloßer Angriff auf ›das Eigene‹ wahrgenommen wird und politische Ordnungen als künstlicher ›Überbau‹ über die ›eigentlichen‹ kulturellen Identitäten gesehen werden, sind Reaktionen wie Fremdenfeindlichkeit die logische Folge, und die Dynamik der Xenophobie setzt sich fort. Erst wenn ›Identität‹ als Folge und Ausgangspunkt eines vielseitigen, offenen, herausfordernden und bereichernden Lernprozesses wahrgenommen wird, erscheint der Stachel des Fremden nicht mehr als Bedrohung des Menschlichen, sondern als dessen Ressource.«[527]

Hier ist der Kindergarten gefragt: An diesem Ort findet sich ebenso beides: Elementarpädagog_innen zeigen extremes Engagement für »Fremde« und versuchen, vorurteilsbehaftete, rassistische oder stigmatisierende Diskurse rhetorisch zurückzuweisen. So bewertet Christa verschiedene Hautfarben mit: »*Ist ja toll, oder? Dann finden sie [die Kinder] das eigentlich immer ganz toll (lacht)*«

---

525 Sarrazin, Thilo, Deutschland schafft sich ab. Wie wir unser Land aufs Spiel setzen, München ⁶2010.

526 Huntington behauptet, dass sich nach 1989 die Frage nach der politischen Zugehörigkeit von Individuen zu einer Frage nach der kulturellen Identität verschoben hat. In seiner Darstellung verwendet Huntington einen totalitären Kulturbegriff, der häufig auch ethnische und religiöse Identitäten inkludiert. Er stellt Kulturen als distinkte Entitäten dar, deren Mitglieder über kollektive sinnproduzierende Wissensordnungen verfügen, die konsistente und homogene Strukturen bieten, welche wiederum eindeutige Handlungsanweisungen geben. Als solche geschlossenen Systeme stehen Kulturen einander als Gegenpositionen gegenüber, was nach Huntington unweigerlich zu Spannungen und Konflikten führen muss, die sich nicht durch Verhandlungen lösen ließen. Fremdenhass sei – nach dieser Konstruktion – unvermeidlich und »menschlich«. Sarrazin verschärft in seinem Buch »Deutschland schafft sich ab« diese Identitätspolitik, indem er sie mit biologistischen und rassistischen Erkenntnishaltungen stützt. Vgl. Gmainer-Pranzl, Fremdheit, 167 ff.

527 Vgl. Gmainer-Pranzl, Fremdheit, 171.

(C, 346–347). Zugleich werden im Kindergarten etwa im Rahmen des Projektes *»Einmal um die Welt«* essentialistische, reduzierte und distinkte Identitäten konstruiert, was zu einer Verstärkung der Dichotomie zwischen den »Eigenen« und den »Fremden« führt. Die Fremden werden – analog zu gesellschaftlichen Vorstellungen – in der Kindergartenpraxis nicht nur als »exotisches Faszinosum« eingeführt, sondern auch als Problem dargestellt, etwa wenn es um sprachliche Schwierigkeiten geht oder die Kinder Verhaltensweisen zeigen, die nicht der vorherrschenden Ordnung entsprechen. So berichtet Britta über die Buben aus *»diese[n] islamischen Länder[n]«*: *»Oiso, die Burschen kuman und sie ziehn se net amoi die Schuh an. Weil daham wird des ja gmocht. Sie raman den Platz net auf, weil daham wird des ja gmocht.«* (B, 266–269) Gmainer-Pranzl stellt fest, dass die Hermeneutik totalitärer Identitäten, die das »Eigene« als selbstverständlich und das »Fremde« als Problem erscheinen lässt, die Grundlage für die Abwertung, Exklusion und Bekämpfung von als »fremd« erscheinenden Menschen bildet. Im Kindergarten wird diese Logik über Prozesse der Homogenisierung, aber auch der exponierten Pluralisierung mit einhergehender Stereotypisierung und Separation gestützt. Die Gefahr, die in der Konstruktion solcher distinkten, essentialistischen, reduzierten und eindeutigen Identitäten liegt, müsste man an diesem Ort verstärkt bewusst machen.

Welchen Lösungsvorschlag bietet nun Gmainer-Pranzl aus der Perspektive der Theologie an? Zunächst anerkennt er, dass es auch in der Kirche diskursive Xenophobie immer schon gegeben hat und nach wie vor gibt. Zum einen engagierte sich christliche Praxis immer für die Fremden und schenkte den Armen, Migrant_innen und Ausgegrenzten Aufmerksamkeit, zum anderen weist Theologie die Tendenz auf, in einem Identitätsdiskurs zu bleiben, »der ›das Fremde‹ zwar durchaus wertschätzen kann, letztlich aber als ein Phänomen ansieht, das dem ›Eigenen‹ nachgeordnet – also prinzipiell sekundär – ist und am besten in die vertraute kulturelle oder religiöse Identität ›integriert‹ werden sollte.«[528] Wenn aber Kirche sich selbst in *Erga migrantes caritas Christi*[529] als Migrantin begreift, so kann der Anspruch des Fremden nicht länger auf sozialethischer Relevanz beschränkt bleiben und als ein Randthema fungieren, sondern muss sich als genuin theologischer Anspruch ins Zentrum theologischer Auseinandersetzung verschieben.[530] Gmainer-Pranzl sieht die Kirche dazu

---

528 Vgl. Gmainer-Pranzl, Fremdheit, 173.
529 Päpstlicher Rat der Seelsorge für die Migranten und Menschen unterwegs: Instruktion Erga migrantes caritas Christi (Die Liebe Christi zu den Migranten) vom 3. Mai 2004 (Verlautbarungen des Apostolischen Stuhls, 165), Bonn 2004, zit. in: Gmainer-Pranzl, Fremdheit, 180.
530 Eine ähnliche Forderung stellt Gruber, die konstatiert, dass in der deutschsprachigen Theologie kritische Ansätze, die verschwiegene, verdrängte oder marginalisierte Positionen in der theologischen Tradition explizit reflektieren, als »Randthemen« verhandelt werden. Durch die Marginalisierung postkolonialer oder feministischer Theologie werden zugleich ein Zentrum kreiert und »Kernthemen« konstituiert, die das hegemoniale –

herausgefordert, »sich dem Fremden zu stellen und sich dadurch verändern zu lassen.«[531] Seinen Ansatz einer *responsiven Theologie* entwickelt er auf der Basis der »Phänomenologie des Fremden«[532] von Bernhard Waldenfels. Waldenfels unterscheidet das »Fremde« vom »Anderen« und charakterisiert es als etwas, das sich entzieht, während einem der/die »Andere« auf der Basis einer gemeinsamen Ordnung begegnet. Der Anspruch des Fremden kommt mir als »Pathos« entgegen, als »Widerfahrnis«, als etwas, das meine Ordnung überrascht und mir eine Antwort abnötigt.[533] »Ich kann *nicht nicht* antworten, wenn ich von etwas getroffen bin, und dennoch bin *ich* es, der sich darauf einlässt oder sich verweigert.«[534] Antworten auf diesen Anspruch charakterisiert Waldenfels als unausweichlich und unmöglich zugleich, weil das, was man antwortet nie dem gerecht werden kann, worauf geantwortet wird. Diese »responsive Differenz«[535] hält zugleich einen Raum offen zwischen mir und dem Fremden, es bleibt unverfügbar. Laut Waldenfels ist das »Fremde« dadurch charakterisiert, dass es sich in seiner Anwesenheit gleichzeitig entzieht. Es kommt als Außerordentliches oder als Irritation der vorhandenen Ordnung daher und beunruhigt, weil es einen unmittelbar angeht. Gmainer-Pranzl konstatiert: »Die Sehnsucht, das Außerordentliche und Unerträgliche in eine ›Ordnung‹ zu bringen, hat oft dazu geführt, sich dem ›Fremden‹ nicht als einem Anspruch zu stellen und es so lange zu ›erklären‹, bis es verschwunden ist.«[536] Anstatt das Fremde in die eigene Ordnung zu integrieren, ihr unterzuordnen oder es zu neutralisieren verlangt eine »responsive Vernunft« ein differenziertes Problembewusstsein, das Raum gibt für Vieldeutigkeiten, alternative Möglichkeiten, für Unpassendes, Abweichendes und Überraschendes.[537] Responsivität bedarf einer antwortfähigen und lernbereiten Haltung.

Hier kommt der Zwischenraum ins Spiel, der sich zwischen Homogenisierung und Pluralisierung einstellt. Die angestrebte Homogenität erfährt durch die verstörende Pluralität eine Verschiebung in einen Zwischenraum, der aber nicht in eine wohlklingende Synthese aufgelöst werden kann. Unter dieser Perspektive begegnen auch die beiden Strategien einander in einer Fremdheit, die eine Zumutung bedeutet. Sie verhalten sich implizit responsiv zu einander, gestehen sich aber diese Responsivität nicht ein. Mit Gmainer-Pranzl lässt sich ein expliziter Umgang mit dem Fremden erlernen, der das Fremde als konstitutiv

---

der Theologie »Eigene« – stabilisieren. Vgl. Gruber, Judith, Wider die Entinnerung. Zur postkolonialen Kritik hegemonialer Wissenspolitiken in der Theologie, unveröffentlichtes Manuskript, 2.
531 Gmainer-Pranzl, Fremdheit, 181.
532 Waldenfels, Grundmotive einer Phänomenologie des Fremden.
533 Waldenfels, zit. in: Gmainer-Pranzl, Fremdheit, 185.
534 Gmainer-Pranzl, Fremdheit, 186.
535 Waldenfels, zit. in: Gmainer-Pranzl, Fremdheit, 186.
536 Gmainer-Pranzl, Fremdheit, 190f.
537 Vgl. Gmainer-Pranzl, Fremdheit, 188.

für das Eigene begreift, sich von ihm beanspruchen lässt und darauf antwortet, ohne die *responsive Differenz*, die Spannung des Zwischenraums aufzulösen. Im Raum der responsiven Vernunft, so hält Gmainer-Pranzl fest, können die Grenzen zwischen Eigenem und Fremdem nicht mehr gezogen werden. Wer sich auf den Zwischenraum einlässt, kann sich nicht mehr auf Homogenisierung oder Pluralisierung zurückziehen, sondern muss das jeweils Fremde in der favorisierten Strategie einrechnen und zugleich darauf antworten. Zudem können die Verschiebungen, die sich darin einstellen, für eine produktive Selbst- und Fremdüberschreitung genutzt werden.

Elementarpädagog_innen stehen selbst permanent in der Versuchung, die Komplexität in ihrem Berufsfeld zu reduzieren, indem sie mittels Rückzug auf Homogenisierung oder Pluralisierung versuchen, das »Fremde« in den Griff zu bekommen, es zu integrieren oder auf eine fixe Identität festzuschreiben und ihm einen Platz im Sozialgeschehen zuzuweisen. Der Kindergarten weist – wie sich in den Interviews zeigt – aber auch Beispiele auf, wo sich Pädagog_innen vom Fremden verstören lassen, Identitätsvorstellungen aufbrechen und sich auf Lernprozesse einlassen.

Gmainer-Pranzl stellt einem totalitären Identitätskonzept, das unweigerlich in eine Xenophobie führt, einen Identitätsbegriff gegenüber, der die Fähigkeit zur Selbstdistanzierung, zur Selbstreflexion und Selbstkritik impliziert, sich als kommunikationsfähig und lernbereit erweist.[538] Wenn man sich durch den Fremden anfragen, relativieren, beanspruchen lässt und der Antwort nicht ausweicht, so kann man gerade durch diese *Verschiebung* seiner selbst – so Gmainer-Pranzl – zu einer eigenen Identität finden.[539] »Fremdheit stellt eine *Ressource des Menschlichen* und einen *Schlüssel des Glaubens* dar.«[540]

Responsive Religionstheologie

Ob es der Theologie gelingt, sich vom Fremden beanspruchen zu lassen und zu einer Responsivität zu gelangen, wie Gmainer-Pranzl sie skizziert, zeigt sich vor allem am Prüfstein der Religionspluralität. Was heißt dies nun für den Umgang mit dem/der religiös Fremden?

Gmainer-Pranzl distanziert sich von den klassischen Positionen »Exklusivismus, Inklusivismus oder Pluralismus«.[541] Er gibt zu bedenken, dass diesen Positionen jeweils eine Identitätslogik zugrunde liegt, die das Fragwürdige und Irritierende nur außerhalb des Eigenen wahrnimmt. Der Exklusivismus entspricht dem jahrhundertealten Normalitätsdiskurs der katholischen Tradition. Er ist angesichts der Pluralität nichtchristlicher Religionen nicht zu halten. Dass

---

538 Vgl. Gmainer-Pranzl, Fremdheit, 171 f.
539 Vgl. Gmainer-Pranzl, Fremdheit, 188.
540 Gmainer-Pranzl, Fremdheit, 192.
541 Vgl. Gmainer-Pranzl, Auf dem Weg, 77 ff.

diese Position aber praktisch keineswegs obsolet geworden ist, zeigt sich an den monoreligiösen, christlichen Selbstbehauptungsdiskursen, wie sie in den Berufsorten von Britta, Anna und Daniela auftreten. Gmainer-Pranzl sieht im Beharren auf monoreligiöse Milieus oder in einer strukturellen Exklusion Anderer, wie dies etwa bei Anna der Fall ist, eine Reaktion auf die nicht zu leugnende Realität des unaufhebbaren Pluralismus. Für ihn stellen aber auch die Position des »Inklusivismus« und des »Pluralismus« keine befriedigenden Lösungen dar. Dem Inklusivismus hält er entgegen, dass er seinem Anspruch nach dem allgemeinem Heilswillen Gottes (LG 16) nicht gerecht werden kann, weil nicht alle Menschen dieser Welt mit dem Christentum in Berührung kommen. Diese Position bleibt mit anderen Worten in einem Homogenisierungswunsch verhaftet, den sie nicht einlösen kann. Die pluralistische Position wiederum sieht sich häufig dem Vorwurf eines Relativismus gegenüber. Gmainer-Pranzl distanziert sich von mengentheoretisch generierten Ansätzen, wie sie etwa Perry Schmidt-Leukel[542] vorlegt. Er sieht die fremde religiöse Lebensform als Ausdruck einer letzten Einheit an, die mich und den/die Fremde/n in einer Identität hinein aufhebt. Gmainer-Pranzl kritisiert hier die Normalisierung des Fremden an das »Eine« sowie die Verleugnung der Differenzen.[543] Ein Religionsvergleich, der letztlich keine Differenzen kennt, erinnert an die Praxis von Daniela, die die Lichterfeste unterschiedlicher Religionen zusammen nimmt, weil ja *»gaunz vü ja eh gleich is« (D, 184)*. Gmainer-Pranzl lehnt Formen der Religionsbegegnung, die auf eine interessante Folklore, nette Geste oder eine Inszenierung der *political correctness* verkürzt werden, ebenso ab, wie die historische und systematische Sicherung der eigenen religiösen Identität, die keine *wirkliche* Begegnung mit dem Fremdreligiösen ermöglicht.

In der vorgegebenen Alternative zwischen »Inklusivismus« und »Pluralismus« markiert Gmainer-Pranzl eine Bewegung zwischen Homogenisierung und Pluralisierung, deren Auflösung er als unbefriedigend bezeichnet. Für welche Position immer man tendiert, es bleibt das Gefühl zurück, »ein wichtiges Anliegen der jeweils anderen Seite nicht berücksichtigen zu können, also zwischen der Universalität des eigenen religiösen Wahrheitsanspruchs im Sinn des Inklusivismus und der vorbehaltlosen Anerkennung anderer religiöser Wahrheitsansprüche im Sinn des Pluralismus wählen zu *müssen*, aber nicht zu *wollen*.«[544] Das Problem an diesen Positionen verortet Gmainer-Pranzl an der binär angelegten Identitätslogik, die »das Fragwürdige, Irritierende und Verunsichernde des Religiösen *nur außerhalb des Eigenen*« sieht.[545] Ob sich diese Logik nun »inklusivistisch« – also in Form einer Assimilierung des Fremden an das Eigene, oder »pluralistisch« – als Normalisierung des Fremden an die »eine« Identität

---

542 Vgl. Schmidt-Leukel, Gott ohne Grenzen.
543 Vgl. Gmainer-Pranzl, Auf dem Weg, 77.
544 Gmainer-Pranzl, Auf dem Weg, 78. (Hervorhebung im Original)
545 Gmainer-Pranzl, Auf dem Weg, 79. (Hervorhebung im Original)

ausformt, sie wird das Fremde stets außerhalb seiner selbst ansiedeln. Stattdessen plädiert Gmainer-Pranzl dafür, eine Haltung einzunehmen, »die in der Erfahrung eines Fremden einen Anspruch an sich selbst wahrnimmt.«[546] Das Fremde ist für das eigene Glaubensverständnis konstitutiv, die Hinwendung zu den nichtchristlichen Religionen stellt, so Gmainer-Pranzl, eine innere Voraussetzung des christlichen Selbstverständnisses dar. Er plädiert daher (mit Rahner) dafür, sich als vorbehaltslos Hörende_r zu erweisen und sich (mit Waldenfels) auf die »Zumutung des Antwortens auf einen fremden Anspruch«[547] einzulassen. Sein Vorschlag für die Begegnung mit nichtchristlichen Religionen ist eine *responsiv* orientierte Religionstheologie, die sich auf den Anspruch durch den Fremden einlässt, auf das Andere hört, sich in Frage stellen lässt und zugleich anerkennt, dass sie mit dem, *was* sie antwortet niemals das einlösen kann, *worauf* sie antwortet.[548]

Das bedeutet ein Überschreiten der eigenen Grenzen hinaus auf etwas, das einem entgegen kommt, das einem aber zugleich entzogen bleibt. Zunächst kann man also nur horchen, weil man nicht weiß, ob sich eine Stimme hören lässt. Das trifft bildlich gesprochen die Situation im Kindergarten. Denn Kinder, die sich als fremd fühlen, sagen vermutlich nicht, was sie brauchen, sie fordern nicht ein, was ihrer Tradition entspricht.[549] Eltern, die fremd sind, sind vielleicht in einer demütigen Haltung, man muss horchen, was einem von ihnen entgegen kommt. Oft sind es nicht Worte, weil schlichtweg die Sprache fehlt. Was man in einer solchen Offenheit erspürt oder auch hört, fordert, so Gmainer-Pranzl, zu einer Antwort heraus, die nie das einholt, was der Anspruch verlangt. Und das ist auch gut so, könnte man weiter denken, denn dadurch bleibt dieser Begegnungsraum, der sich zwischen Anspruch und Response auftut, offen. Man muss also weiter horchen und immer wieder neu antworten, in dem Bewusstsein, dass die Antwort immer noch etwas offen lässt. Der/die Fremde kann (und soll auch nicht) verfügbar gemacht werden.

Aber kann nicht das Fremde im Zwischenraum überwunden werden, weil das Gegenüber immer noch viel mehr ist, als das Fremde, das mir entgegen kommt? Diese Frage könnte man an die Überlegungen von Gmainer-Pranzl richten. Meines Erachtens stellt sich bei Christa eine solche Erfahrung mit dem (wenn auch nicht religiös) Fremden ein: Sie erweist sich (im wahrsten Sinne des Wortes) als Hörende, wenn sie darauf achtet, wie die Kinder mit der Sprachlosigkeit aufgrund der sprachlichen Barrieren umgehen. Sie sprechen mit dem Kind, das eine für sie unverständliche Sprache spricht, ganz unbefangen und spielerisch,

---

546 Gmainer-Pranzl, Auf dem Weg, 79.
547 Gmainer-Pranzl, Auf dem Weg, 88.
548 Vgl. Gmainer-Pranzl, Auf dem Weg, 88.
549 Schweitzer, Edelbrock und Biesinger stellen in der Tübinger Studie fest, dass Kinder Themen und Fragen über ihre Religion und Tradition vermeiden, wenn sie merken, dass für entsprechende Fragen in der Einrichtung kein Platz ist. Vgl. Schweitzer/Edelbrock/Biesinger, Interreligiöse und Interkulturelle Bildung, 218.

so als würden sie es verstehen. Christa lässt sich auf dieses unkonventionelle »Sprachspiel« ein und überwindet dabei die Fremdheit, die zwischen dem Kind und ihr steht.[550] So kann sie dem Kind im unverständlichen Sprachraum begegnen, wodurch sie zugleich auf den Anspruch antwortet, der ihr von diesem fremden Kind entgegen kommt.

11.5 Religionsplurale Begegnung – Komparative Theologie als Antwort (Ulrich Winkler)

Ulrich Winkler geht in gewisser Hinsicht von einer ähnlichen Problemlage aus wie Gmainer-Pranzl und verortet komparative Theologie zwischen einer apologetischen Theologie, die ihre Identität verteidigt, und einer Religionswissenschaft, die sich als objektiv-distanziert gegenüber Religionen begreift und einen rein glaubensbasierten Religionsbegriff dekonstruiert.[551] Gegen Identitätsansprüche plädiert er für eine komparative Theologie, die sich durch eine spirituelle Kompetenz auszeichnet und eine teilnehmer_innenorientierte Partizipation anderer Religionszugehöriger anstrebt. Als konstitutives Spezifikum der komparativen Theologie begreift er »die verstehende und kritische Reflexion der eigenen Tradition im Lichte einer anderen.«[552] Komparative Theologie wird also aus der Innenperspektive des Glaubens betrieben, weist aber eine hohe Offenheit gegenüber anderen Glaubensressourcen auf, wobei diese in ihrem Anspruchscharakter wahr und ernst genommen werden. Sie braucht eine im positiven Sinn säkular arbeitende und kulturell fokussierte Religionswissenschaft, um zu einer vertieften Kenntnis anderer religiöser Traditionen zu gelangen. Das Vorgehen der komparativen Theologie beschreibt Winkler als prozesshaft, wobei Vergleiche in einem kreativen Verfahren über Intuitionen und originelle Bezüge erstellt werden.[553] Winkler konstatiert im Blick auf die bisherigen komparativen Auseinandersetzungen eine Textlastigkeit und fordert, dass künftig verstärkt »mündliche, symbolische, rituelle und andere Traditionen« integriert werden müssen.[554] So spielen etwa bereits interreligiöse oder mehr-

---

550 Christa lässt sich hier auch (pädagogisch) anfragen, d. h., sie stellt mögliche Strategien des Spracherwerbs o. ä. zurück und findet im Zwischenraum eine ganz andere, ihr (auch in strategischem Sinn) fremde Sprache. Bei Britta wäre eine solche Situation vermutlich nicht möglich, weil sie eine fixe pädagogische Identität beansprucht, die sich im Verbot nichtdeutscher Sprachen äußert. Die Offenheit, auf Fremdes zu hören, bleibt ihr dadurch verschlossen.
551 Vgl. Winkler, Wege der Religionstheologie, 380.
552 Winkler, Wege der Religionstheologie, 387.
553 Vgl. Winkler, Wege der Religionstheologie, 382.
554 Winkler, Wege der Religionstheologie, 382.

fach zugehörige Glaubensbiographien eine zunehmende Rolle.[555] Komparative Theologie geschieht an konkreten Orten und Auseinandersetzungen und ist daher als vorläufig und unabgeschlossen zu bestimmen.[556] Wahrheitsansprüche und Identitäten müssen in der Begegnung und Auseinandersetzung mit dem Anderen immer wieder neu buchstabiert werden.[557]

Winkler versteht komparative Theologie nicht als Alternative zur Religionstheologie, vielmehr schreibt er Letzterer zu, den Begründungsdiskurs für eine komparative Theologie bereitzustellen.[558] Religionstheologie definiert er als eine theologische Disziplin, die Rechenschaft des Glaubens ablegt, »(a.) über die Verhältnisbestimmung zu anderen Religionen und (b.) über das daraus resultierende eigene Selbstverständnis.«[559] Komparative Theologie ist für ihn also nicht eine Alternative einer pluralistischen Religionstheologie[560], sondern sie macht mit der pluralistischen Option ernst, indem sie sich anderen Wahrheitsansprüchen und Theologien lernbereit aussetzt und sich in diesem Sinne als fähig erweist, positiv mit Pluralismus zu arbeiten. Winkler konstatiert: »Eine solche Art von Theologie ist eine andere und angemessenere Form von Apologetik im positiven Sinn. Sie traut dem eigenen Glauben zu, dass er wahrheitsfähig, überzeugend *und* lernfähig, ausbaubar, bereicherbar ist, dass er seine Identität nicht verliert, wenn er wächst.«[561] Diese Form von Apologetik sieht Winkler vor allem in einer spirituellen Haltung verwirklicht.[562] »Theologie der Religionen ist [dann] kein rein akademischer Diskurs für eine kleine Denk- und Autorenelite an den Universitäten, sondern begründet eine theologische Haltung, die praktisch und somit auch spirituell einzulösen ist.«[563] Der Kindergarten, so lässt sich hier über Winkler hinaus anmerken, ist ein möglicher Ort solcher spiritueller Praktiken, weil er die Komparativität von verschiedenen religiösen Positionen und kulturellen Haltungen notwendig macht.

Da es bei komparativer Theologie um ein kreatives Verfahren geht, bedarf es, so Winkler, einer deutlichen methodologischen Reflexion. »Komparative

---

555 An der Universität Salzburg wird in einem aktuellen Forschungsprojekt die Biographie von Bettina Bäumer, einer aus Salzburg stammenden Theologin sowie Indologin, bearbeitet. Sie lebt und lehrt in Indien und hat aus ihrer multiplen religiösen Perspektive reflektierte Studien zum Hinduismus angelegt. Im Forschungsinteresse steht die spirituelle und interreligiöse Kompetenz an der Schwelle von zwei Religionen. Vgl. Interreligiöse Biographie der österreichischen Religionswissenschaftlerin Bettina Bäumer.
556 Vgl. Winkler, Wege der Religionstheologie, 382.
557 Vgl. Winkler, Wege der Religionstheologie, 456.
558 Vgl. Winkler, Wege der Religionstheologie, 419.
559 Winkler, Wege der Religionstheologie, 404.
560 Winkler distanziert sich hier von Klaus von Stosch, Vgl. Winkler, Wege der Religionstheologie, 380.
561 Winkler, Wege der Religionstheologie, 391.
562 Vgl. Winkler, Wege der Religionstheologie, 395.
563 Winkler, Wege der Religionstheologie, 403.

Theologie […] findet mit ›Scharfsinn und Witz‹ originelle und innovative Diskursordnungen.«[564] Gerade das intuitive, überraschende Moment bedarf einer kriteriologischen Rückbindung. Winkler schlägt vor, die von Charles Sanders Peirce entwickelte Abduktion für eine Methodologie der komparativen Theologie fruchtbar zu machen.[565]

Spätestens hier stellt sich eine Brücke zu Homogenisierung und Pluralisierung ein. Denn dort, wo eine Abduktion nötig wird, ist zugleich markiert, was nicht geht, nämlich einerseits eine Induktion, also im Verlauf von Einzelfällen auf das Allgemeine zu schließen und eine Extrapolation als generelle Regel zu definieren, sowie andererseits eine Deduktion, also über das Allgemeine auf das Einzelne zu schließen und darunter zu subsumieren. Abduktionen sind also erst bestimmbar, wenn das Negative als das akzeptiert wird, was sich an Schlussverfahren und konkreten Schlussfolgerungen nicht bewährt. Sie erschließen sich in einem Zwischenraum, der zuvor nicht hinreichend ausgelotet wurde, und kommen als Überraschungen daher, die eine neue Regel ermöglichen, an die zuvor nicht gedacht wurde. Es lässt sich fragen, ob komparative Theologie als Methode im Kindergarten anwendbar ist. Hier wären Theologien anschlussfähig, die Kinder als spirituell begabt[566] und theologisierend[567] begreifen, weil sie einen neuen Raum eröffnen, der zuvor so in der religiösen Praxis nicht gesehen wurde. Die Teilnehmer_innenperspektive muss dann auf der Basis familiärer Sozialisation angenommen und der Vergleich von religiösen Traditionen im Erleben der Kinder verortet werden. Deshalb ist besonders der *Habitus* einer komparativen Theologie im Kindergarten fruchtbar zu machen. Im Rahmen der Kindertheologie werden Kinder darin begleitet, Gemeinsamkeiten und Unterschiede von Religionen zu erfassen und eigene Formulierungen dafür zu finden.[568] Vorschläge für eine religionsvergleichende Praxis finden sich auch in Handreichungen für interreligiöses Lernen im Kindergarten. In der Befragung der Religionspädagogik werde ich zwei ausgewählte Modelle diskutieren.

---

564 Winkler, Wege der Religionstheologie, 477.
565 Vgl. Winkler, Wege der Religionstheologie, 390.
566 Vgl. Frick, Religionspädagogischer BildungsRahmenPlan, 15. Vgl. Habringer-Hagleitner, Zusammenleben im Kindergarten.
567 Vgl. Bucher, Kindertheologie.
568 Winkler entwickelt Kriterien, die für einen Vergleich vorauszusetzen sind. Es sind etwa Entitäten zu bestimmen, die sowohl Gemeinsamkeiten als auch Unterschiede aufweisen. Zudem sind Vergleiche auf Ergebnisse ausgerichtet, darauf, dass »*etwas Neues entsteht*«. Vgl. Winkler, Wege der Religionstheologie, 475.

11.6 Zusammenfassung der Validierung der Interviewergebnisse an ausgewählten Salzburger Theologien

In der Validierung der Ergebnisse der Studie entlang der ausgewählten Salzburger religionstheologischen Entwürfe erweist sich der Kindergarten als ein *locus theologicus alienus*. An ihm zeigen sich die Problemlagen, die in diesen Theologien verhandelt werden. Er bestätigt deren Anspruch, dass interkulturelle Theologie ein Querschnittsthema innerhalb der Theologie ist, und ihren Hinweis, dass ein interkultureller Habitus im Verhältnis zu religiöser Pluralität die Art und Weise bestimmt, wie Theologie in den Anforderungen komplexer Diversität betrieben werden kann. Denn Elementarpädagog_innen können das interkulturelle Moment nicht zu einem Randthema ihrer Arbeit machen, sondern sind ständig davon gefordert. Und die religionstheologisch einschlägigen Praktiken im Kindergarten lassen sich nicht mit Einzelaktionen bewältigen, sondern fordern eine grundlegende Haltung ein.

Im Kindergarten zeigt sich ebenfalls, dass der Anspruch durch den Anderen, wie Gmainer-Pranzl ihn formuliert, die eigene Selbstverständlichkeit in Frage stellt und das Verhältnis von Kulturen und Religionen zu einander stets neu von ihrer jeweiligen Andersheit her zu bestimmen sind. Mit den postkolonialen Theologien lässt sich die Dynamik von Identitätskonstruktionen zeigen, die von machtvollen Diskursen durchwoben sind und, wie Rettenbacher herausstellt, mit Exklusionen und Inklusionen arbeiten und deshalb nicht einfach als selbstverständliche Gegebenheiten genommen werden dürfen. Identitäten lassen sich hier mit Gruber von ihrer Interkulturalität her begreifen, von der aus überhaupt erst distinkte Größen zu bestimmen sind, die sich zugleich von Essentialisierungen absetzen und im hybriden Zwischenraum *agencies* anspornen. Besonders die Konfrontation mit dem Fremden, der, wie Gmainer-Pranzl herausstellt, Responsion beansprucht und doch ständig entzogen bleibt, ist für die Pädagog_innen in ihrem Praxisfeld valide. Das Verhältnis der Religionen zu einander erweist sich im Kindergarten aufgrund seiner Identitätspolitiken, so wie es Gmainer-Pranzl herausstellt, als prekär und bedarf einer Reflexion auf mehreren Ebenen. Die religiös-spirituelle Praxis der pädagogischen Arbeit im Begegnungsraum Kindergarten verlangt nach einer komparativen Auseinandersetzung mit religiöser Pluralität, wie Winkler sie entwirft. Zugleich erweist sich der Kindergarten als religionstheologisch relevanter Ort, der auf eine ständige dynamische Wechselseitigkeit zwischen Homogenisierung und Pluralisierung verweist, wie sie sich auch in den beschriebenen Theologien zeigt. An ihr lassen sich diese Theologien auf ihre Zwischenräume, Kontaktzonen und ihre Offenheit für produktive Aushandlungsprozesse überprüfen.

Alle vorgestellten Theologien beanspruchen für sich, keine abgeschlossenen, essentialisierten und hegemonialen Theoreme oder Identitäten zu repräsentieren, sondern problem- und prozessorientiert, politisch und lernbereit zu sein und sich insofern als pluralitätsfähig zu erweisen, als sie Räume für die Aushandlung von Identitäten und Wahrheitsansprüchen zur Verfügung stellen. Im Kindergarten zeigt und verdichtet sich, wo, ob und wie der Kirche und ihrer Theologie die Öffnung gegenüber dieser Welt und ihren interkulturellen sowie religionspluralen Problemlagen gelingt. Er bietet eine Fundstelle für die Überprüfung, Bearbeitung und Verbesserung dieser Theoreme. An ihnen lokalisiert sich, welche Bedeutungsbreite diese Theologien haben.

Mit den Salzburger religionstheologischen Theoremen ist damit der *locus theologicus* Kindergarten gesichert. An ihm finden sich Argumente, um den christlichen Glauben mit den interkulturellen Chancen in einen befreienden Raum hineinzuführen. Die praktische Verwendung dieser Argumente führt in eine andere theologische Disziplin hinüber, die von sich aus mit dem Kindergarten verbunden ist – die Religionspädagogik.

In ihr wird als praktischem Ort der Theologie ebenfalls mit Theoremen und Argumenten gearbeitet, um der kulturellen und religiösen Pluralität der pädagogischen Felder zu entsprechen. Zugleich wird ihrem Anspruch gemäß versucht, den Problemlagen kultureller Diversität und religiöser Pluralität *handlungsorientiert* zu begegnen. Im Folgenden sollen daher zwei ausgewählte Konzepte der Religionspädagogik mit den Ergebnissen der Studie befragt und zugleich erweitert werden. Es stellen sich dabei eine Reihe Fragen: Inwiefern werden sie dem Kindergarten als *locus theologicus* gerecht und was hat er ihrem interreligiösen Bildungsfokus zu sagen? Lässt sich die Dynamik von Homogenisierung und Pluralisierung an ausgewählten Theoremen validieren, die sich dem Kindergarten widmen, und vermag sie diese erweitert zu informieren? Stellen sich in ihren Anleitungen Zwischenräume ein? Und welche Antworten hat diese exemplarische Religionspädagogik für die Fragen, die sich aus den Interviews aufdrängen, also für den Kindergarten bereit?

12. Anfragen an eine pluralitätssensible Religionspädagogik

Die Anfragen an die Religionspädagogik stellen sich in den Interviews vor allem hinsichtlich einer angemessenen Religionsdidaktik für eine religiös und weltanschaulich heterogene Situation im Kindergarten. Die Interviews zeigen eine Vielfalt an Reaktionen und Umgangsweisen mit vorhandener religiöser Pluralität im Kindergarten, die neben religionsvermeidenden Praktiken von einer monoreligiösen Selbstbehauptung über Formen multireligiöser Performance zu interreligiösen Begegnungen reichen. Eine mögliche Kategorisierung dieser Praktiken wurde bereits in der Ergebnissicherung der Interviewanalyse unternommen.[569] Religionspädagogik wäre nun daraufhin zu befragen, welche Kriterien sie für deren Beurteilung heranzieht und welche Modelle sie selbst für die Praxis anbietet. In den letzten 20 Jahren ist eine beachtliche Anzahl an religionspädagogischen Ansätzen und didaktischen Anleitungen für die interreligiöse Praxis in elementarpädagogischen Bildungseinrichtungen publiziert worden.[570] In der Regel nehmen die Autor_innen eine enge Nähe zu den Anforderungen durch kulturelle Diversität wahr, weshalb sie ihre Entwürfe an interkulturellen Konzepten orientieren. Eine systematische Erarbeitung interreligiöser Bildung bzw. interreligiösen Lernens nehmen Schweitzer und Leimgruber vor.[571] Beide arbeiten zudem ihre Erkenntnisse in Handreichungen für den Kindergarten ein.[572] Da im Rahmen der vorliegenden Arbeit nur ein exemplarischer Einblick in religionspädagogische bzw. didaktische Überlegungen hinsichtlich Religionspluralität im Kindergarten geboten werden kann, sollen im Folgenden diese beiden Modelle diskutiert werden. Damit wird nur eine fokussierte Darstellung möglich, die

---

569 Die von den Interviewpartnerinnen genannten Umgangsweisen mit religiöser Pluralität wurden dabei angelehnt an die Typologisierung von Schweitzer kategorisiert. Vgl. Schweitzer, Religion in pluraler Gesellschaft, 47. Matthias Hugoth unterscheidet zwischen monoreligiösen, multireligiösen und interreligiösen Ansätzen. Vgl. Hugoth, Fremde Religionen, 24f. Frieder Harz ergänzt die Unterteilung von Hugoth um folgende Orts- bzw. Identitätsbestimmungen: (1) »Von der Verwurzelung zur Öffnung«, (2) »Von der Vielfalt zur Identität« und (3) »Gleichzeitigkeit von Beheimatung und Öffnung«. Vgl. Harz, Interkulturelles und interreligiöses Lernen, 97ff.
570 Vgl. Biesinger/Schweitzer, Religionspädagogische Kompetenzen; Edelbrock/Biesinger/Schweitzer, Religiöse Vielfalt in der Kita; Fleck/Leimgruber, Interreligiöses Lernen in der Kita; Haas, Glaubwürdig und kulturreich; Harz, Interreligiöse Erziehung und Bildung; Hugoth, Handbuch religiöse Bildung; Hugoth/Fritz, Ethik, Religion & Philosophie; Klissenbauer, Verschieden und doch gleich; Ziebritzki, Wir wollen zusammen feiern u. a.
571 Vgl. Leimgruber, Interreligiöses Lernen. Vgl. Schweitzer, Interreligiöse Bildung.
572 Vgl. Fleck/Leimgruber, Interreligiöses Lernen in der Kita. Vgl. Edelbrock/Biesinger/Schweitzer, Religiöse Vielfalt in der Kita.

der ganzen Vielfalt an religionspädagogischen Entwürfen nicht gerecht werden kann, aber doch das intensive und beachtliche Ringen des Faches um eine interkulturelle Transformation seiner Ziele deutlich machen soll. Dieses Ringen ist nicht abgeschlossen und findet im Kindergarten einen besonders herausfordernden Ort.

12.1 Interreligiöses Lernen als Begegnung homogener, geschlossener Religionen (Stephan Leimgruber)

Leimgruber entwarf seinen begegnungs- und dialogorientierten interreligiösen Ansatz bereits Mitte der 1990er Jahre und legt dann 2007 eine Neuausgabe vor. Dieser zeitliche Kontext (vor allem der ersten Ausgabe), der von regen »Differenzdebatten«[573], also der Suche nach angemessenen interkulturellen Konzepten in der Bildungslandschaft charakterisiert ist, prägt sein Modell, das er nach eigener Ortsbestimmung in enger Nähe zu interkulturellen Konzepten entwickelt.[574] Sein Verständnis von Interkultureller Pädagogik ist daher für den vorgelegten Entwurf interreligiösen Lernens konstitutiv. In den Arbeitshilfen »Interreligiöses Lernen in der Kita«[575], die er auf dieser Grundlage gemeinsam mit Carola Fleck entwickelt, definieren die beiden Autor_innen »Interkulturelles Lernen« als einen Prozess zwischen zwei Kulturen, der die Angehörigen dieser beiden Größen durch Wahrnehmen und Vergleichen verschiedener kultureller Aspekte zum Gewinn neuer Erkenntnisse führt. Der Lernfortschritt passiert durch Abgrenzung der eigenen Kultur von der anderen, indem »mehr oder weniger auffällige Differenzen oder Ähnlichkeiten […] sortiert und verarbeitet« werden.[576] Ziel interkulturellen Lernens ist die Kompetenz, mit einer gewissen Leichtigkeit zwischen zwei bestimmten Kulturen zu wechseln und sich dort verständigen und zurechtfinden zu können. Nach Leimgruber ist interkulturell gebildet, »wer das Besondere einer Kultur und Ähnlichkeiten zwischen zwei verschiedenen Kulturen erkennen kann und daraus Folgerungen für angemessene Verhaltens-

---

573 Vgl. Auernheimer, Interkulturelle Pädagogik, 40 f.
574 Leimgruber verortet sich nicht explizit in den pädagogischen Diskussionen dieser Jahre, aber seine Darstellungen interkultureller Ansätze spiegelt die rege Auseinandersetzung der 1990er Jahre um angemessene Entwürfe für die als multikulturell wahrgenommene Gesellschaft wider. In diesen Jahren waren defizitorientierte Modelle der sog. »Ausländerpädagogik« bereits von ressourcenorientierten Ansätzen einer »multikulturellen Pädagogik« abgelöst, »interkulturelle Entwürfe«, die einen wechselseitigen Austausch zwischen den Kulturen fokussierten, etablierten sich. Sie wurden aber wiederum von rassismus- und systemkritischen Ansätzen wie etwa von Annedore Prengls »Pädagogik der Vielfalt« angefragt. Vgl. Prengl, Pädagogik der Vielfalt.
575 Fleck/Leimgruber, Interreligiöses Lernen in der Kita.
576 Fleck/Leimgruber, Interreligiöses Lernen in der Kita, 15.

weisen zieht.«[577] »Multikulturelles Lernen« wird vom »interkulturellen Lernen« insofern unterschieden, als dort der Lernprozess in der Begegnung mit mehreren unterschiedlichen Kulturen zugleich geschieht. Leimgruber und Fleck befürchten durch die gleichzeitige Wahrnehmung von mehreren Differenzen eine Überforderung der Kinder im Kindergartenalter und halten Elementarpädagog_innen deshalb dazu an, »die komplexe Situation zunächst auf zwei differente Systeme zu vereinfachen und exemplarisch miteinander zu verbinden. Später kann eine dritte Kultur hinzugenommen werden.«[578] Die drittmögliche Lernform innerhalb der Begegnung von kulturell unterschiedlich zugehörigen Menschen wird von den Autor_innen als »Intrakulturelles Lernen«[579] bezeichnet und geschieht dann, wenn die Differenzen innerhalb der Teilkulturen einer übergeordneten Gesamtkultur zur Auseinandersetzung führen.

In diesen Ausführungen über interkulturelle, multikulturelle oder intrakulturelle Pädagogik zeigt sich, dass Leimgruber und Fleck von Kulturen als distinkten, essentiellen und containerhaften Größen ausgehen, die einander nur als abgeschlossene Systeme begegnen können. Speziell das additive Vorgehen belegt das; die dritte Kultur wird wie die anderen als gegeben anvisiert. Selbst kulturinterne Differenzen bilden ihrem Verständnis nach distinkte Teilkulturen heraus. Das Wechselverhältnis von Homogenisierung und Pluralisierung wird dabei epistemologisch stark diszipliniert, um die mit Diversität einhergehende Komplexität zu begrenzen. Die interkulturelle Begegnung ereignet sich in dieser Vorstellung zwischen zwei homogenen, abgeschlossenen Systemen, wobei deren Pluralität im Begegnungsgeschehen zeitlich auf je zwei begrenzt werden soll.

»Interreligiöses Lernen« wird von Fleck und Leimgruber demnach als ein »dynamische[r] Lernprozess zwischen Kindern mindestens zweier unterschiedlicher Religionen« bezeichnet.[580] Dabei geht es zunächst um ein »erstes Zur-Kenntnis-Nehmen der religiösen Andersheit«.[581] Ausgangspunkt ist die eigene Religiosität, die mit einer fremden konfrontiert wird. So konstatiert Leimgruber: »Nur dort kann interreligiös gelernt und Fremdheit respektvoll zur Kenntnis genommen werden, wo das Eigene bereits besteht, bekannt ist und gelebt wird.«[582] Den Pädagogen_innen kommt hierbei eine mäeutische Funktion zu. Sie sollen »oft bemerkte Differenzen, Besonderheiten oder vergleichbare Aspekte ansprechen, thematisieren und damit ins Bewusstsein heben«[583]. Durch Interreligiöses Lernen wird die je eigene, persönliche religiöse Identität gestärkt und zugleich das Wissen über andere Lebensformen und religiöse Vollzüge erweitert und

---

577 Leimgruber, Interreligiöses Lernen, 20.
578 Fleck/Leimgruber, Interreligiöses Lernen in der Kita, 15.
579 Fleck/Leimgruber, Interreligiöses Lernen in der Kita, 15.
580 Fleck/Leimgruber, Interreligiöses Lernen in der Kita, 16.
581 Fleck/Leimgruber, Interreligiöses Lernen in der Kita, 16.
582 Leimgruber, Interreligiöses Lernen, 15.
583 Fleck/Leimgruber, Interreligiöses Lernen in der Kita, 16.

vertieft. Als weitere Ziele interreligiösen Lernens nennen Fleck und Leimgruber Integration, Gleichberechtigung, Chancengleichheit, Konfliktfähigkeit sowie mit Andersheit und Fremdheit umzugehen.[584] Leimgruber schlägt vor, das Fremde als komplementär zum Eigenen zu sehen, damit es in seiner Besonderheit leichter entdeckt und gewürdigt werden kann. Fremdes sollte in der interreligiösen Begegnung weder ignoriert noch negiert werden, sondern als Herausforderung zur Überprüfung der eigenen Religiosität angenommen werden.[585] Verfehlte Ziele interreligiösen Lernens wären hingegen »Missionierung im Sinn der Überredung oder Abwerbung (Proselytismus), eine Einheitsreligion auf kleinstem gemeinsamen Nenner (›Religion light‹), die Vermischung der einzelnen Bekenntnisse untereinander und das Fördern einer Patchworkreligiosität bei den Kindern, die sich aus einigen Elementen mehrerer Religionen zusammensetzt«[586]. Fleck und Leimgruber unterstreichen die Bedeutung der Ausbildung interkultureller und interreligiöser Kompetenzen in der Kindheit und Jugend indem sie betonen: »Finden Kulturen und Religionen im jeweiligen Lernmilieu keine Aufmerksamkeit, dann können sich die betreffenden Fähigkeiten nur mühevoll entwickeln.«[587] Kulturen und Religionen scheinen dabei ganz selbstverständliche und klar bestimmbare sowie von einander abgrenzbare Größen zu sein. Als »Königsweg« interreligiösen Lernens sieht Leimgruber »die Begegnung von Angesicht zu Angesicht« an.[588] Er vermutet, dass sich nur durch Erfahrung die persönliche Einstellung gegenüber den Fremden erweitern und korrigieren lässt.[589] Interreligiöse Impulse zwischen unterschiedlich religiösen Kindern im Kindergarten- oder Schulalltag, wechselseitige Gastfreundschaft, den Besuch sakraler Räume, das Einladen von Expert_innen oder das Begehen gemeinsamer religiöser Feste und Feiern sieht Leimgruber als konkrete Praxismöglichkeiten der Begegnung und des Dialogs an.

> »Im Unterschied zu einem bloß religionskundlichen oder religionswissenschaftlichen Konzept des interreligiösen Lernens wird hier vertreten, dass Aspekte und Elemente einer fremden Religion gewürdigt und mit Ähnlichkeiten der eigenen Religion verglichen werden sollen. Es wird ein vergleichendes interreligiöses Lernen vertreten, nicht zuletzt deshalb, weil dadurch die eigene personale und religiöse Identität gestärkt werden kann. Erzieher/-innen und Kinder dürfen zu ihrer Religion stehen und sie auch bekennen.«[590]

Leimgruber fokussiert vor allem auf die Begegnung zwischen Vertreter_innen der Weltreligionen und entwirft sowohl für die Schule als auch für den Kinder-

---

584 Vgl. Fleck/Leimgruber, Interreligiöses Lernen in der Kita, 12.
585 Vgl. Leimgruber, Interreligiöses Lernen, 83.
586 Fleck/Leimgruber, Interreligiöses Lernen in der Kita, 12.
587 Fleck/Leimgruber, Interreligiöses Lernen in der Kita, 17.
588 Leimgruber, Interreligiöses Lernen, 21.
589 Vgl. Leimgruber, Interreligiöses Lernen, 90.
590 Fleck/Leimgruber, Interreligiöses Lernen in der Kita, 49.

garten eine »Didaktik der Weltreligionen«[591]. Dabei geht es ihm »um Verstehen und Anerkennen und auch darum, das Besondere der Religionen wie auch Parallelen und Ähnlichkeiten unter ihnen herauszufinden.«[592] Leimgruber anerkennt, dass Religionen geographisch, geschichtlich und soziokulturell gewachsen und verortet sind, was für ihn aber nicht bedeutet, dass sie sich kontinuierlich verändern und neu positionieren, sondern dass sie nur auf deren entsprechenden Hintergrund angemessen verstanden werden können. Interreligiöses Lernen kann einen neuen Zugang zu den Wurzeln der eigenen Religion ergeben, eine Kritik an der eigenen oder fremden Religiosität hervorrufen oder zu einem Neuaufbruch einladen.[593]

In diesem Ansatz von Leimgruber werden Religionen als holistische, essentialistische und distinkte Größen wahrgenommen, die sich zwar wechselseitig bereichern oder kritisieren, aber nicht grundlegend anfragen, irritieren und verändern. Eine hybride Kontrastierung ihrer Identitäten ist nicht im Blick. Obwohl Leimgruber von vergleichendem interreligiösem Lernen spricht, ist sein Ansatz nicht mit der komparativen Theologie von Winkler kompatibel, weil die Bereitschaft für einen Lernprozess in einem gemeinsamen Aushandlungsraum fehlt und ein abduktives Lernen nicht im Blick ist. Das »inter« bedeutet bei Leimgruber, zwischen zwei distinkten Kulturen oder Religionen angesiedelt zu sein, die einander mit neuen Entdeckungen bereichern können.

> »Es geht also um Lernprozesse, die sich im Hin und Her zwischen zwei Kulturen ereignen. Das ›inter‹ lässt Vergleiche zwischen zwei unterschiedlichen Kulturen denken und zielt auf ein Lernen an Differenzen, welches zu neuen Einsichten (insights) und korrigierten Verhaltensweisen führt.«[594]

Zwar beschreibt Leimgruber hier eine Hin- und Her-Bewegung, sie ereignet sich aber zwischen homogenen, in sich abgeschlossenen Systemen, die sich nicht wesentlich wechselseitig beeinflussen können. Pluralisierung kommt im Sinne eines mengentheoretischen Denkens zum Tragen, der die Vielfalt von Religionen anerkennt, sie aber als in sich geschlossene, intern homogene Systeme begreifen muss. Aushandlungsräume gibt es weder zwischen Kulturen und Religionen, noch in diesen Systemen selbst. Eine hybride Identität, wie sie mit Gruber im Kindergarten feststellbar ist, bleibt deshalb auch außen vor.

---

591 Leimgruber, Interreligiöses Lernen, 23.
592 Leimgruber, Interreligiöses Lernen, 23.
593 Vgl. Leimgruber, Interreligiöses Lernen, 23.
594 Leimgruber, Interreligiöses Lernen, 19.

12.2 Interreligiöse Bildung als Dialog zwischen sich orientierenden Identitäten (Friedrich Schweitzer)

Schweitzer sieht die Notwendigkeit einer interreligiösen Bildung vor allem in den Orientierungsbedürfnissen junger Menschen begründet.[595] Im Kontext des Kindergartens oder der Schule sind Kinder mit verschiedenen Religionen und Glaubensweisen konfrontiert, die ihre Sichtweisen auf Religionen und ihre Haltung andersgläubigen Menschen gegenüber herausfordern. Schweitzer plädiert deshalb dafür, dass eine interreligiöse Bildung neben Sachinformationen über Religionen vor allem existenzielle Orientierungsfragen in den Blick nehmen soll. »Eine solche Orientierung schließt die Einschätzung, Beurteilung oder Anerkennung und Achtung anderer ein, aber auch die für die eigene Person und die eigenen Überzeugungen aufbrechenden Fragen.«[596]

Dadurch wird eine andere Ausgangslage als bei Leimgruber bestimmt. Schweitzer nimmt nicht eine fertige religiöse Identität bei Kindern und Jugendlichen an, auf deren Basis anderen Religionen begegnet werden kann. Stattdessen charakterisiert er sie als Orientierung-Suchende im religiös pluralen Umfeld.

Aufgrund der gesellschaftlichen und religiösen Entwicklungen der letzten 15 Jahre sieht Schweitzer das Erfordernis einer interreligiösen Bildung als allgemeine Aufgabe an, die nicht nur auf den Religionsunterricht (oder auf religiöse Bildungseinheiten im Kindergarten) beschränkt bleiben darf, sondern als *Dimension von Bildung* zu verstehen ist. Als solche soll interreligiöses Lernen einen Beitrag zur Selbstwerdung des sich bildenden Subjekts im Sinne einer handlungsfähigen Persönlichkeit, sowie zur Welterschließung leisten. Schweitzer bezeichnet die persönliche und soziale Identitätsbildung als einen »Prozess des Aushandelns«[597], der sich auch in Gegensätzen zwischen Eigenem und Anderem vollzieht. »In diesem Sinne ist interreligiöse Bildung mit einem dynamischen, nämlich interaktiven und häufig konflikthaften Prozess der Herausbildung eines Selbst in Beziehungen verbunden.«[598] Diese Aushandlungsprozesse sieht Schweitzer im Alltag von Kindern verortet, sie werden nicht erst religionspädagogisch produziert. Interreligiöse Fragen tauchen spontan auf und können schwerlich auf einen späteren Zeitpunkt vertagt oder geplant werden.[599] Es kann deshalb nicht nur ein Lernen *über* Religionen bedeuten, sondern muss die persönliche Auseinandersetzung – also ein Lernen *von* Religionen – miteinbeziehen. Schweitzer distanziert sich daher vom Weltreligionen-Ansatz, wie Leimgruber ihn entwirft. Er kritisiert, dass in einem solchen Zugang die verschiedenen Religionen als in sich geschlossene, homogene Größen in ihren Glaubenssätzen,

---

595 Vgl. Schweitzer, Interreligiöse Bildung, 14.
596 Schweitzer, Interreligiöse Bildung, 14.
597 Schweitzer, Interreligiöse Bildung, 115.
598 Schweitzer, Interreligiöse Bildung, 115.
599 Vgl. Schweitzer, Interreligiöse Bildung, 116.

12. Anfragen an eine pluralitätssensible Religionspädagogik

Traditionen und Festen vermittelt und »als abstrakte Lehrgebäude präsentiert«[600] werden. Mittels schematischen Darstellungsformen werden Lehre, Ethik und Riten der Religionen unterschieden, die den Religionen in ihrer Komplexität und Unterschiedlichkeit selten gerecht werden und kaum zu deren lebendiger Wahrnehmung beitragen. Dabei wird der Eindruck vermittelt, dass es sich bei den verschiedenen Religionen doch nur immer um dieselben Elemente handelt. Den Interessen und Fragen der Kinder und Jugendlichen wird dadurch nur wenig begegnet, konstatiert Schweitzer.[601] Stattdessen spricht er sich für eine Religionsbegegnung nach Nipkow aus, der die geschichtlich gegebenen Verfasstheiten der Religionen und deren Verhältnis zueinander fokussiert. Nipkow zeigt sich darin einem Bildungsverständnis verpflichtet, »das in konstitutiver Weise auf den geschichtlichen Wandel des menschlichen Daseins und auch der Religionen eingestellt ist.«[602] Mit der Hinwendung zur gelebten Religion kommen auch die innere Vielfalt religiöser Traditionen und verschiedene Formen religiöser Phänomene in den Blick. Nach Schweitzer geht es um das Verhältnis zwischen unterschiedlichen religiösen Überzeugungen, wobei zu beachten ist, dass viele Kinder keine oder eine nur marginal ausgeprägte religiöse Sozialisation erfahren haben.[603]

Schweitzer zeigt hier ein Bewusstsein für den *Cultural Turn*, d.h. für die Geschichtlichkeit, kulturelle Kontextualität und Hybridität von Religionen. Dass er auch die diskursive und damit machtförmige Dimension von Religion im Blick hat, zeigt sein Hinweis auf die Differenz- und Urteilsfähigkeit der Kinder. Er konstatiert, dass Kinder bereits im Kindergarten religiöse Unterschiede wahrnehmen und über Differenzen nachdenken. Sie übernehmen soziale Kategorisierungen aus der Gesellschaft und ordnen Menschen religiösen Gruppen zu, indem sie das dichotome »Wir«-»Ihr«-Ordnungsschema bedienen. Kinder vermischen Nationalität mit Religionszugehörigkeit, wenn sie zwischen den »Muslim_innen« und den »Deutschen« unterscheiden und internalisieren gesellschaftlich vorhandene Vorurteile.[604] Schweitzer fordert daher eine pädagogische und religionspädagogische Begleitung der Entwicklung des Differenzbewusstseins von Kindern ein. Junge Menschen und Kinder sollten mit ihren Fragen über das Verhältnis verschiedener Glaubensweisen zueinander nicht alleine gelassen werden. Religionsbezogene Vorurteile begründen die Notwendigkeit einer *allgemeinen* interreligiösen Bildung.[605] Schweitzer sieht zudem interreligiöse

---

600 Schweitzer, Interreligiöse Bildung, 47.
601 Vgl. Schweitzer, Interreligiöse Bildung, 47.
602 Schweitzer, Interreligiöse Bildung, 50.
603 Vgl. Schweitzer, Interreligiöse Bildung, 67.
604 Vgl. Schweitzer, Interreligiöse Bildung, 18. Lingen-Ali und Mecheril weisen darauf hin, dass Religion in unserer Gesellschaft als soziale Deutungspraxis fungiert. Die Bezeichnung als »muslimisch« (versus »deutsch«) markiert hier eine soziale Unterscheidung. Vgl. Lingen-Ali/Mecheril, Religion als soziale Deutungspraxis.
605 Vgl. Schweitzer, Interreligiöse Bildung, 20.

Religionspädagogik als Querschnittsaufgabe in der Religionspädagogik an, da es kaum mehr Themen gibt, die nicht auch im Blick auf ihre interreligiösen Implikationen erschlossen werden müssen.[606]

Religionstheologisch verortet sich Schweitzer in einem pluralistischen Verständnis, »das nicht abstrakt eine Gleichheit oder Gleichwertigkeit der Religionen behauptet [...], sondern das ebenso von der Suche nach Gemeinsamkeiten bestimmt ist wie vom Bewusstsein bleibender Unterschiede.«[607] Für ihn zielt die Begegnung der Religionen im Stärken von Gemeinsamkeiten bei gleichzeitigem Gerecht-Werden von Unterschieden.[608] Schweitzer hat also Homogenisierung ebenso wie Pluralisierung im Blick. Dazu bedarf es Möglichkeiten des Vergleichens, der Kommunikation, des Reflektierens, Argumentierens, des Urteilens sowie der Perspektivenübernahme. Schweitzer verweist diesbezüglich auf die Methode der Kinder bzw. Jugendtheologie. Der Polylog oder eine komparative Theologie wären an sein Modell anschlussfähig. Pluralitätsfähigkeit setzt nach Schweitzer eine eigene Position voraus.[609] Ob allerdings von einer religiösen Identität im Sinne einer stabilen und dauerhaften persönlichen Identität überhaupt gesprochen werden kann, ist für ihn umstritten. Moderne oder postmoderne Gesellschaften sind durch ständige Ausdifferenzierungs- und Aushandlungsprozesse geprägt. Sie »weisen ein hohes Maß an Individualisierung auf, weil Lebensstile und sogar Biographien zum Gegenstand mehr oder weniger bewusster Auswahl geworden sind.«[610] Schweitzer spricht deshalb von Identitäten, die in sich selbst plural und auch in religiöser Hinsicht als pluriforme Identitäten zu erwarten sind und zudem ein ganzes Leben lang dem Wandel offenstehen.[611] Umso mehr »wächst der Bedarf an Urteils-, Orientierungs- und Verständigungsfähigkeit, für die Gesellschaft, aber eben auch für jeden einzelnen.«[612]

12.3 Fixe versus pluriforme Identitäten – eine Gegenüberstellung

Eine Gegenüberstellung der beiden religionspädagogischen Entwürfe von Leimgruber und Schweitzer zeigt, dass das Verständnis von (kultureller und religiöser) Identität die Ausrichtung pädagogischer und didaktischer Überlegungen maßgeblich bestimmt. Werden Kulturen und Religionen als essentielle, in sich homogene und einander gegenüberstehende distinkte Größen konstruiert, so führt das

---

606 Vgl. Schweitzer, Interreligiöse Bildung, 65.
607 Schweitzer, Interreligiöse Bildung, 131.
608 Vgl. Schweitzer, Religion in pluraler Gesellschaft, 50.
609 Vgl. Schweitzer, Interreligiöse Bildung, 134.
610 Schweitzer, Interreligiöse Bildung, 136.
611 Vgl. Schweitzer, Interreligiöse Bildung, 137.
612 Schweitzer, Interreligiöse Bildung, 137.

zu einer Reduktion der komplexen heterogenen Situation. Solche Identitätskonstruktionen stimmen nach wie vor weitgehend mit den landläufigen Redeweisen über Kulturen und Religionen überein und erleichtern in der pädagogischen Praxis die Anschlussfähigkeit an gesellschaftliche Vorstellungen, wie sie im Kindergarten begegnen. Sie ermöglichen eine unkomplizierte Selbstpositionierung, erleichtern die Zuordnung von Menschen und geben klare Charakteristika und Kategorien vor, mittels der man Kulturen und Religionen vergleichen und voneinander abgrenzen kann. Diesen distinkten Vorstellungen liegen vereinfachte Ordnungen zugrunde, die sich mittels Disziplinierung herstellen lassen. Kulturelle Diversität und religiöse Pluralität lässt sich so besser kontrollieren und bleibt überschaubar. Man kann sich problemlos auf die favorisierte Strategie, sei es eine Homogenisierung oder eine Pluralisierung, zurückziehen, weil die Größen, die den Ausgangspunkt bilden, als in sich homogen konstruiert werden und sich daher auch einander gegenüber stellen lassen. Multikulturelle und interreligiöse Projekte und Feste sind mit diesen kategorisierenden Vorstellungen unkompliziert zu organisieren, Expert_innengespräche und Besuche können auf eine gemeinsame Verständigung abgestimmt werden. Selbst der/die Fremde stellt sich nicht als Problem ein, weil er/sie als komplementäres Gegenüber bereits eine Zuordnung erfährt. Für die elementarpädagogische Praxis erweisen sie sich als beliebte Praktiken, um die kulturelle und religiöse Vielfalt im Kindergarten punktuell zu thematisieren und so dem Anspruch einer Weltoffenheit gerecht zu werden.

Die in dieser Arbeit ausgewerteten Interviews bestätigen diese Einschätzung, operieren ja auch alle befragten Interviewpartnerinnen, wenn auch nicht durchgängig, mit den gesellschaftlich etablierten, distinkten Vorstellungen von Kulturen und Religionen. Und doch gibt es Beispiele, wo die befragten Pädagoginnen eine Veränderung, Transformation und Überschreibung solcher Identitätsentwürfe wahrnehmen, zulassen und forcieren. Die Konfrontation mit den Fremden, die nicht in eine solche Ordnung passen, Irritationen und Verstörungen verursachen oder Widerstand leisten, lässt einen Rückzug auf homogene Vorstellungen und damit verbundene Strategien nicht zu. Das jeweils Andere, Plurale, ja Heterogene steht im Raum und beansprucht noch einmal auf ganz andere Weise, sodass die Problemlage mit einem komplexitätsreduzierenden Ansatz offenbar nicht zu fassen ist.

Schweitzer geht im Unterschied zu Leimgruber von unabgeschlossenen Identitäten aus, die sich in Orientierungsprozessen formieren, wobei Kinder auf eine kompetente pädagogische und religionspädagogische Begleitung durch Professionelle angewiesen sind. Kinder sind mit der gesellschaftlichen kulturell heterogenen und religiös pluralen Umgebung konfrontiert, sie nehmen Differenzen wahr und versuchen sie in ihre Welt-Bild-Konstruktionen zu integrieren. Dabei orientieren sie sich an den sozialen Kategorien ihrer Umgebung, deren Ordnungen und Bewertungen sie übernehmen. Um damit verbundene Vorurteile, stereotype Vorstellungen und fixe Zuordnungen bewusst zu machen und ggf. zu korrigieren, bedarf es einer professionellen Begleitung. Aushandlungsprozesse zwischen religiös verschieden geprägten Kindern geschehen im Alltag und sollen auch dort verortet bleiben. Schweitzer gibt zu bedenken, dass die initiierte Begegnung mit Religionsvertreter_innen keineswegs den Abbau von Vorurteilen oder Fremdheitsvorstellungen sichert, sondern auch zu deren Bestätigung oder Verfestigung führen kann. Er distanziert sich aber auch von einem performativen Zugang, etwa in Form von gemeinsamen Festen und Feiern, wenngleich er den Erlebniswert solcher Begegnungen würdigt.[613] Selbst eine Vermittlung der Welt-Religionen lehnt er ab und gibt zu bedenken, dass Religionen keine homogenen, geschlossenen Gebilde mit eindeutig vergleichbaren Riten und Lehren sind und solche Projekte demnach ihrer internen Komplexität nicht gerecht werden.

Diese Bilanz lässt zugegebenermaßen eine Praktikerin im Kindergarten etwas ratlos zurück, stehen doch gerade die interreligiösen Feste und Projekte im diversitätsbewussten Arbeiten hoch im Kurs. Und doch gibt auch Schweizer konkrete und praktikable Anregungen für die Praxis. Er spricht sich für dialogische Begegnungen im Alltag aus, für die Einbindung interreligiöser Perspektiven bei allen religionspädagogischen Themen und plädiert für die Erschließung unterschiedlicher religiöser Positionen sowie die Einübung von Perspektivenwechsel in Form von Kinder- und Jugendtheologie. Gemeinsam mit Edelbrock und Biesinger legt er zudem eine Handreichung mit zahlreichen *Best-Practice*-Beispielen für eine konkrete und alltagspraktische Umsetzung interkultureller und interreligiöser Bildung in Kindertageseinrichtungen vor.[614]

Nun wäre noch spannend, beide interreligiösen Modelle einer postkolonialen Revision zu unterziehen und zugrunde liegende Diskurse und Machtverhältnisse aufzuspüren und offen zu legen. Zudem liegen zahlreiche andere religionspädagogische Modelle und religionsdidaktische Entwürfe vor, deren Diskussion unter dieser Rücksicht spannend wäre. Dies kann im Rahmen der vorliegenden Arbeit nicht geleistet werden, aber die Bedeutung einer solchen Revision sei ausdrücklich benannt.[615]

---

613 Vgl. Schweitzer, Interreligiöse Bildung, 158.
614 Edelbrock/Biesinger/Schweitzer, Religiöse Vielfalt in der Kita.
615 Harz entwirft ein Modell Interreligiöser Erziehung und Bildung, dass das Prinzip der Gastfreundschaft hoch schreibt. Durch das Einüben in eine freiwillige und selbstbestimmte Beteiligung sollen Kinder zu einer mündigen Entscheidung über religiöse Zugehörigkeit befähigt werden. In einer gemeinsam praktizierten authentischen Religiosität können zudem neue Perspektiven gewonnen werden, welche die »Schnittmengen« des Gemeinsamen vergrößern. Vgl. Harz, Interreligiöse Erziehung und Bildung. Hugoth weist auf die gesellschafts- und kulturprägende Bedeutung von Religionen hin und entwirft einen sozialpädagogisch orientierten Zugang zu religiöser Bildung. Er sieht die Pluralitätsfähigkeit von Religionspädagogik als Querschnittsaufgabe an und bindet diesen Fokus konsequent in eine allgemeine Konzeption religiöser Bildung ein. Vgl. Hugoth, Handbuch religiöse Bildung sowie: Hugoth, Fremde Religionen. Ziebritzki bietet eine Praxisanleitung für das Feiern von Festen verschiedener Religionen an. Dabei versucht sie, neben den Kindern unterschiedlicher religiöser Zugehörigkeit auch säkulare

13. Zusammenführung – eine Kompetenz des Zwischenraums

Der Kindergarten als *locus theologicus* gibt interkulturellen Theologien einen konkreten Ort für ihre wissenschaftlichen Auseinandersetzungen. Er gibt ihnen zu bedenken, dass Ihre Forschungsansätze und Antworten, die sie erschließen, lokalisiert werden und sich am konkreten Ort bewähren müssen. Für den Kindergarten in seiner kulturell und religiös heterogenen Situation lassen sich allein aus den Forschungen der Salzburger interkulturellen Theologien folgende Kompetenzen formulieren, die einem solchen Theorie-Praxis-Transfer standhalten sollten:

Kinder einzubinden, ohne diese zu vereinnahmen. Mit ihrer Publikation möchte sie Pädagog_innen im Berufsalltag dazu ermutigen, (inter-)religiöse Themen aufzugreifen. Vgl. Ziebritzki, Wir wollen zusammen feiern. Weitere interessante Beiträge aus einer pluralitätssensiblen Religionspädagogik: Die Tübinger Studien (herausgegeben von Biesinger, Edelbrock, Kohler-Spiegel und Schweitzer) legen aufschlussreiche Studien zur Interreligiösen und Interkulturellen Bildung im Kindesalter vor. Besonders bemerkenswert für die vorliegende Arbeit ist die Repräsentativbefragung von Erzieherinnen in Deutschland (Band 3), mit dem Ergebnis, dass zwar 96% der Kitas Weihnachten feiern, aber nur ein Drittel der befragten Pädagog_innen über interreligiöse Aktivitäten berichtet. Schweitzer, Edelbrock und Biesinger konstatieren, dass sich nur wenige Erzieherinnen für die kulturell und religiös plurale Situation entsprechend ausgebildet fühlen. Vgl. Schweitzer/Edelbrock/Biesinger, Interreligiöse und Interkulturelle Bildung. Lisa Lischka-Eisinger kommt in ihrer Studie über »Sinn, Werte und Religion in der Elementarpädagogik« zu einem ähnlichen Ergebnis. Sie stellt fest, dass sich viele Erieher_innen für die Auseinandersetzung mit religiöser Vielfalt nicht als kompetente Ansprechpartner_innen verstehen. Als »sehr positiv« bewertet Lischka-Eisinger, dass viele Erzieher_innen dem deutlich werdenden Anspruch an sich selbst, »alle Kinder mit der christlichen Prägung der Kultur in Deutschland vertraut zu machen« gerecht werden wollen. Vgl. Lischke-Eisinger, Sinn, Werte und Religion. Helena Stockinger widmet sich in ihrem Forschungsprojekt der Differenzsensibilität von Kindern. Sie fordert Kindergärten dazu auf, einen *safe space* zur Verfügung zu stellen, einen Raum, in dem sich jedes Kind in seiner Differenz anerkannt und zugehörig fühlen kann und in dem Differenz wahrgenommen und thematisiert werden darf. Vgl. Stockinger, Elementare Bildungseinrichtungen als *safe spaces* sowie: Stockinger, Religiöse Differenz. Ihre Dissertation zum Thema »Umgang mit religiöser Differenz im Kindergarten. Eine ethnographische Studie an Einrichtungen in katholischer und islamischer Trägerschaft« erscheint im Waxmann-Verlag. Aus religionswissenschaftlicher Perspektive ist noch die Studie von Christa Dommel zu nennen, die Religions-Bildungsmodelle von England mit deutschen Modellen vergleicht und dabei jene bildungstheoretischen Schlüsselthemen fokussiert, die für eine religionswissenschaftliche Bearbeitung mit religiös und weltanschaulich heterogen geprägten Kindern relevant sind. Sie plädiert für eine inklusive Religions-Bildung als praktische Religionswissenschaft. Vgl. Dommel, Religionsbildung.

Elementarpädagog_innen brauchen, mit Gmainer-Pranzl gesprochen, an ihrem Berufsort *responsive Kompetenz*. Die Begegnung mit kulturell und religiös divers geprägten Menschen kann dann zu befruchtenden Selbstüberschreitungen und Entwicklungsprozessen führen, wenn sich die Pädagog_innen von den ihnen Fremden beanspruchen lassen und versuchen, auf die heterogenen Situationen, die in ihrem Berufsalltag auftreten, entsprechende Antworten zu finden, die Fremdes weder assimilieren noch disziplinieren. Zu dieser Kompetenz gehört die Bereitschaft, sich mit dem sich entziehenden Fremden auseinanderzusetzen und es auszuhalten, dass die Antworten, die man findet, stets eine responsive Differenz beinhalten, deshalb vorläufig sind, und zu immer wieder neuen Suchbewegungen herausfordern. Als Pädagog_in in diesem Berufsfeld muss man mit den Kindern und Eltern im Gespräch bleiben, wofür sich mit Gmainer-Pranzl eine *polyloge Kompetenz* als hilfreich erweist, also die Fähigkeit zu Begegnungen auf Augenhöhe, die Bereitschaft, einander zu verstehen, eigene Normalitätsvorstellungen und Konstruktionen anfragen zu lassen und von den jeweils Anderen zu lernen. Mit Rettenbacher lässt sich für die Kindergartenpraxis eine *Alteritätskompetenz* einfordern. Diese erweist sich in dem Bewusstsein, dass die eigene Identität stets von den Anderen her zu begreifen ist. Die eigene Identität ist konstitutiv auf die Anderen angewiesen, sie sind ihr von jeher eingeschrieben. Gruber eröffnet eine *Lokalisierungskompetenz für Hybridität*. Mit ihr lässt sich begreifen, dass Identitäten Ergebnisse von Identitätsverhandlungen an bestimmten Orten sind. Identitäten sind daher stets interkulturell zu denken. Der Kindergarten ist ein Ort, an dem Identitätsverhandlungen stattfinden. Winkler eröffnet für die Begegnung von religiös verschieden geprägten Menschen am Ort Kindergarten eine *komparative Kompetenz*. Im partizipierenden Vergleich wird das Eigene im Licht des Anderen gesehen, wodurch neue, abduktive Lösungen generiert werden können.

Die Gegenüberstellung von Leimgruber und Schweitzer zeigt auf, dass es im Kindergarten eine *Diversitätskompetenz* braucht. Während Leimgruber von fixen Identitäten ausgeht, die immer mit Inklusions- und Exklusionsmechanismen verbunden sind und zu einer Reduktion von Komplexität führen, lässt sich von Schweitzer lernen, mit pluriformen Identitäten zu rechnen, die stets einem Wandel unterliegen.

Aus der Synthese meiner Forschungsergebnisse füge ich zu diesen Kompetenzen eine weitere hinzu: eine *Kompetenz des Zwischenraums*. Sie bezieht sich sowohl auf den Zwischenraum, der sich zwischen Homogenisierung und Pluralisierung einstellt, als auch auf die eben beschriebenen Kompetenzen, die sich aus den Salzburger interkulturellen Theologien ergeben. Die Kompetenz des Zwischenraums befähigt, diese diversen Kompetenzen im Kindergarten situationsspezifisch einzusetzen. Sie ist damit eine Kompetenz auf einer Metaebene. Durch diese können Kindergartenpädagog_innen mit den Überraschungen umgehen, die sich durch kulturelle Diversität und religiöse Pluralität im pädagogischen Alltag einstellen. Sie besteht darin, der Gravitation von jeweils *nur* Homogenisierung oder *nur* Pluralisierung zu widerstehen und stattdessen beide in ein

13. Zusammenführung – eine Kompetenz des Zwischenraums

spezifisches Verhältnis zueinander zu bringen. Es liegt nahe, diese Kompetenz zunächst negativ zu beschreiben: Die Kompetenz des Zwischenraums verhindert *erstens* die Unterordnung der Pluralisierung unter die Homogenisierung oder der Homogenisierung unter die Pluralisierung. Zu dieser Kompetenz gehört folglich die Einsicht, dass es im Kindergarten niemals nur eine pädagogische Handlungsstrategie geben kann. Sie verhindert *zweitens*, dass eine Vermischung zwischen Homogenisierungs- und Pluralisierungsstrategien stattfindet, sodass die hybride Identität in diesem Zwischenraum keine Mimikry der jeweils anderen Strategie darstellt (es wird also nicht versucht, die eine durch die andere vorzutäuschen oder sie einander anzugleichen). Beide Strategien sind im Zwischenraum identifizierbar, ohne dass sie essentielle Identitäten darstellen. Daher verhindert die Kompetenz des Zwischenraums *drittens*, dass Homogenisierung und Pluralisierung einfach nebeneinander stehen, als wären sie voneinander zu trennen und als könnte man beliebig von der einen zur anderen wechseln. Es findet vielmehr eine Wechselwirkung zwischen beiden Strategien statt, wodurch die jeweils andere verändert wird. Die Interkulturalität, die damit im Kindergarten möglich gemacht wird, muss sich deshalb auf einer anderen Ebene bewegen, als in der Qualität einer bloßen Toleranz gegenüber dem jeweils Anderen. Es geht vielmehr um das Eröffnen eines polylogen Raums anlässlich interkultureller und religiös pluraler Überraschungen.

Damit habe ich die beiden Strategien aber noch nicht positiv aufeinander bezogen. In der positiven Zuordnung muss zwischen einer *formalen Verhältnisbestimmung* zwischen den für kulturelle Diversität einschlägigen Disziplinen und einem *Habitus für die tatsächliche Praxis* unterschieden werden. Als wissenschaftliche Disziplinen haben zumindest die Pädagogik und die Theologie, aber auch die Kulturwissenschaft und die Religionswissenschaft etwas beizutragen. Von der Pädagogik kommt die Aufmerksamkeit den beteiligten Subjekten zu, insbesondere den Kindern und Pädagog_innen. Ihre Entwicklungsmöglichkeiten aber auch -notwendigkeiten werden in der Kompetenz des Zwischenraums erschlossen. Sowohl die Homogenisierung als auch die Pluralisierung haben sich als Strategien erwiesen, die im pädagogischen Alltag nachgewiesen werden können. Zugleich sind die damit einhergehenden (Zu-)Ordnungen ein theoretisches und ein praktisches Problem für die Elementarpädagog_innen. Hier setzt der Anspruch der kulturwissenschaftlichen Analysen an, welche die diskursiven und machtförmigen Mechanismen an diesem Ort offen legen und Zwischenformen – alternative, verschwiegene und subversive Elemente – sichtbar machen. Die interkulturellen Theologien wiederum bringen Theorien ein, die erklären, wie in Wechselseitigkeiten das jeweils Eigenständige erhalten bleibt. Mit ihnen kann man erkennen, dass sich gerade dort, wo sich Ordnungen des Handelns nicht mehr bewähren, Ereignisse vollziehen, in denen die beteiligten Personen um Respekt und Anerkennung ringen. Während die Pädagogik den Blick darauf hat, wie sich Entwicklungen der Individuen vollziehen können, trägt die Kulturwissenschaft zur Sichtbarmachung bei, wo Überschreitungen der bisherigen Ordnung vollzogen werden müssen. Die Theologie wiederum bietet alternative

Formen der Entwicklung und der Überschreitung bisheriger Ordnungen an. Die Religionswissenschaft kann dabei die vielfältigen Erfahrungen und Traditionen einbringen, die in traditionellen und neueren Religionsformen bereitstehen. Die Theorie zur Erfassung dieser Zwischenraumkompetenz habe ich in dieser Arbeit zu entwickeln versucht. Es ist die Wechselseitigkeit von Homogenisierung und Pluralisierung, die nicht nur im Raum Kindergarten (erster Raum) und nicht nur in der diskursiven Einschätzung des Kindergartens (zweiter Raum), sondern in seinem dritten Raum – in den interaktiven Zwischenräumen – stattfindet. In meinem theoretischen Modell ist die Abbildung der Komplexität und eben nicht ihre Reduzierung entscheidend. Im Anerkennen der gegebenen Komplexität sind die Elementarpädagog_innen in ihrer Kreativität gefordert. Im Folgenden werden entsprechende Implikationen für die Praxis aufgezeigt.

Ausgangspunkt in der pädagogischen Praxis ist die unvermeidliche Überraschung, die sich einstellt, wenn Homogenisierung und Pluralisierung weder getrennt, noch vermischt, noch hierarchisiert werden. Daraus ergibt sich der erste Handlungsschritt: keine Scheu haben, von der einen Strategie zur anderen zu wechseln. Anstelle der Befürchtung, Bewährtes zu verlieren, das sich aus der Homogenisierung oder der Pluralisierung ergibt, plädiert dieser Handlungsschritt für einen Habitus, das eine jeweils auf das andere hin bewusst zu riskieren. In dieser Haltung werden die jeweiligen Schwächen in den Strategien ausdrücklich aufgegriffen (etwa die Schwäche der Homogenisierung, eine Disziplinarmacht aufzubauen oder die Schwäche der Pluralisierung, fixe und benennbare Zuschreibungen zu unternehmen). Entscheidend ist, dass nicht die Schwächen der einen mit den Schwächen der anderen Position kombiniert werden, sondern mit dem, was für die jeweils andere Handlungsstrategie spricht. Das ist im Fall der Homogenisierung etwa das Ansetzen an den Gemeinsamkeiten und im Fall der Pluralisierung das Differenzieren, konkret die kulturellen sowie religiösen Eigenheiten der Kinder zu identifizieren und zu beachten. Dabei werden diese Stärken aber nicht zu einer Utopie verbunden, vielmehr werden die Schwächen der einen Strategie durch die Stärken der anderen aufgefangen. Die Homogenisierung wird durch die Stärken der Pluralisierung bearbeitet und umgekehrt.[616] Dadurch wird eine andere Pädagogik möglich, eine interkulturelle Pädagogik auf dem Boden des Ringens der beteiligten Personen um Anerkennung und Würde in ihrer Identitätssuche.

Die Verschiebung der beiden Strategien in die jeweils andere, die sich aufdrängt, verhindert zugleich ein Verharren in nur einer dieser beiden Strategien

---

616 Die Bearbeitung von Schwächen der Strategien sei an einem Beispiel aus den Interviews verdeutlicht: In der Situation, wo Franziska dem muslimischen Vater begegnet und ihm spontan die Hand reicht, vergisst sie auf die Differenzierung (also auf die Pluralisierung) von Begrüßungsgesten, weil sie die Vertrautheit (also Homogenisierung) im Blick hat. Der Vater erwidert die Geste des Handreichens spontan und saniert mit dieser (seinerseits Pluralisierung) die eigentlich unangebrachte Geste der Pädagogin, indem er sich auf den homogenisierenden Habitus derselben einlässt.

und die Reproduktion damit verbundener Disziplinierungs- und Herrschaftsverhältnisse. Es stellt sich eine neue Ordnung ein, die zunächst die vorgestellte »Heile Welt«-Ordnung, auf die hin man sich eingerichtet hat, durcheinander bringt und sie als Utopie entlarvt. Im Zwischenraum wird diese Ordnung überschritten. In ihm werden Diskurse verstört, dort erfahren Machtlose Ermächtigung und es wird Verschwiegenes offenbar. Dort ist Befreiung möglich, weil Identitäten neu verhandelt und Zeichen der Zeit bearbeitet werden können. Den Zwischenraum bestimmt nicht eine »Heile Welt«-Vorstellung, die eine fixe, disziplinierende Ordnung aufdrängt, sondern die Bereitschaft für Verschiebungen. Homogenisierung und Pluralisierung verlassen dort ihren Gegensatz und gehen eine dynamische Wechselseitigkeit ein. Die am Kindergarten beteiligten Personen und insbesondere die Elementarpädagog_innen werden ermutigt, sich von den Stärken der Verschiebungen her zu verstehen. Sie werden über den Zwischenraum kompetent. Das macht ihr Arbeitsfeld komplexer, aber zugleich steigert es ihre Kompetenz für kulturelle Diversität und religiöse Pluralität. Das, was sie zunächst irritiert und überfordert, der Zwischenraum, wird zur Basis ihrer professionellen Kompetenz. Gerade weil sie sich darauf einstellen, an der Komplexität von Diversität und Pluralität beständig zu wachsen, entwickeln sie eine Kompetenz des Zwischenraums und werden so für andere kulturelle Begegnungsräume zu Vorbildern.

Die Elementarpädagog_innen zeigen am Ort Kindergarten, wie man in interkulturellen Feldern Erfahrungsräume für die lebendige Aushandlung von Identitäten eröffnen kann, ohne die damit verbundenen Problemlagen zu negieren. In diesen Zwischenräumen werden »Heile Welt«-Vorstellungen mit ihren engen, starren Ordnungen aufgebrochen, transformiert und in einen größeren Kontext überführt, der mit kultureller Diversität und religiöser Pluralität nicht nur rechnet, sondern sie produktiv nutzt. In ihm können sich Erfahrungen der Ermächtigung (*agency*) und der Befreiung einstellen.

Literatur

Aslan, Ednan, *Projektbericht. Evaluierung ausgewählter Islamischer Kindergärten und -gruppen in Wien. Tendenzen und Empfehlungen*, Universität Wien 2016, in: https://iis.univie.ac.at/fileadmin/user_upload/p_iis/Abschlussbericht__Vorstudie_Islamische_Kindergarten_WiWi_final.pdf (1.7.2017).

Auernheimer, Georg, *Einführung in die interkulturelle Pädagogik*, Darmstadt [5]2007.

Bachmann-Medick, Doris, *Cultural Turns. Neuorientierungen in den Kulturwissenschaften*, Reinbek bei Hamburg [4]2010.

Bhabha, Homi K., *Die Verortung der Kultur*, Tübingen [2]2011.

Biesinger, Albert/Schweitzer, Friedrich, *Religionspädagogische Kompetenzen. Zehn Zugänge für pädagogische Fachkräfte in Kitas*, Freiburg i. Br. 2013.

Brandstetter, Bettina, Zwischen Homogenisierung und Pluralisierung. Der Ort der Kindergartenpädagogin in der Heterogenität von Kulturen und Religionen, in: Gmainer-Pranzl, Franz/Gruber, Judith (Hg.), *Interkulturalität als Anspruch universitärer Lehre und Forschung* (Salzburger interdisziplinäre Diskurse 2), Frankfurt a.M. 2012, 89–104.

Bucher, Anton A., *Einführung in die empirische Sozialwissenschaft. Ein Arbeitsbuch für TheologInnen*, Stuttgart 1994.

Bucher, Anton A., Kindertheologie: Provokation? Romantizismus? Neues Paradigma?, in: Bucher, Anton A. u. a. (Hg.), *»Mittendrin ist Gott«. Kinder denken nach über Gott, Leben und Tod* (Jahrbuch für Kindertheologie 1), Stuttgart 2002, 9–27.

Castro Varela, María do Mar, Migration als Chance für die Pädagogik, in: *PR* 69 (2015), 659–672.

Castro Varela, María do Mar/Dhawan, Nikita, *Postkoloniale Theorie. Eine kritische Einführung* (Cultural Studies 36), Bielefeld [2]2015.

Chakrabarty, Dipesh, *Provincializing Europe. Postcolonial Thought and Historical Difference*, Princeton 1992.

Diehm, Isabell/Kuhn, Melanie, (Sozial-)Pädagogische Konstruktion vom Kind, in: *Neue Praxis* (Zeitschrift für Sozialarbeit, Sozialpädagogik und Sozialpolitik) Sonderheft 8 (2006), 140–151.

Diehm, Isabell/Kuhn, Melanie/Machold, Claudia, Ethnomethodologie und Ungleichheit? Methodologische Herausforderungen einer ethnographischen Differenzforschung, in: Budde, Jürgen (Hg.), *Unscharfe Einsätze: (Re-)Produktion von Heterogenität im schulischen Feld* (Studien zur Schul- und Bildungsforschung 42), Wiesbaden 2013, 29–51. https://doi.org/10.1007/978-3-531-19039-6_2

Dirim, İnci/Mecheril, Paul, Die Sprache(n) der Migrationsgesellschaft, in: Mecheril, Paul u. a. (Hg.), *Migrationspädagogik*, Weinheim/Basel 2010, 99–120.

Dommel, Christa, *Religions-Bildung im Kindergarten in Deutschland und England. Vergleichende Bildungsforschung für frühkindliche Pädagogik aus religionswissenschaftlicher Perspektive*, Frankfurt a. M./London 2007.

Eckholt, Margit, *Poetik der Kultur. Bausteine einer interkulturellen dogmatischen Methodenlehre*, Freiburg 2002.

Edelbrock, Anke/Biesinger, Albert/Schweitzer, Friedrich (Hg.), *Religiöse Vielfalt in der Kita. So gelingt interreligiöse und interkulturelle Bildung in der Praxis*, Berlin 2012.

Emmerich, Marcus/Hormel, Ulrike, *Heterogenität – Diversity – Intersektionalität. Zur Logik sozialer Unterscheidungen in pädagogischen Semantiken der Differenz*, Wiesbaden 2013. https://doi.org/10.1007/978-3-531-94209-4

Fegter, Susann u. a. (Hg.), *Erziehungswissenschaftliche Diskursforschung. Empirische Analysen zu Bildungs- und Erziehungsverhältnissen*, Wiesbaden 2015. https://doi.org/10.1007/978-3-531-18738-9

Fleck, Carola/Leimgruber, Stephan, *Interreligiöses Lernen in der Kita. Grundwissen und Arbeitshilfen für Erzieher/-innen*, Köln 2011.

Flick, Uwe/Kardorff, Ernst v./Steinke, Ines, Was ist qualitative Forschung? Einleitung und Überblick, in: Flick, Uwe/Kardorff, Ernst v./Steinke, Ines (Hg.), *Qualitative Forschung. Ein Handbuch* (Rowohlts Enzyklopädie), Reinbek bei Hamburg ³2005, 13–29.

Foucault, Michel, *Archäologie des Wissens*, Frankfurt a. M. 1981.

Foucault, Michel, *Die Ordnung des Diskurses,* Frankfurt a. M. 1991.

Foucault, Michel, *Schriften 3*, Frankfurt a. M. 2003.

Foucault, Michel, *Schriften 4*, Frankfurt a. M. 2005.

Frick, Eva u. a., *Religionspädagogischer BildungsRahmenPlan für elementare Bildungseinrichtungen in Österreich*, Wien/Linz 2010.

Friebertshäuser, Barbara, Interviewtechniken – ein Überblick, in: Friebertshäuser, Barbara/Prengl, Annedore (Hg.), *Handbuch Qualitative Sozialforschung in der Erziehungswissenschaft*, München 1997, 371–395.

Friebertshäuser, Barbara, Feldforschung und teilnehmende Beobachtung, in: Friebertshäuser, Barbara (Hg.), *Handbuch Qualitative Forschungsmethoden in der Erziehungswissenschaft*, Weinheim ³2010, 503–534.

Geertz, Clifford, *Dichte Beschreibung. Beiträge zum Verstehen kultureller Systeme*, Frankfurt a. M. 1987.

Glaser, Barney G./Strauss, Anselm L., *Grounded Theory. Strategien qualitativer Forschung*, Bern ²2005.

Gmainer-Pranzl, Franz, Von der potentia oboedientialis zum lógos apokritikós. Auf dem Weg zu einer responsiven Theologie der Religionen, in: *ZMR* 94 (2010), 74–89.

Gmainer-Pranzl, Franz, Welt-Theologie. Verantwortung des christlichen Glaubens in globaler Perspektive, in: *Interkulturelle Theologie. Zeitschrift für Missionswissenschaft* 38 (2012), 408–433.

Gmainer-Pranzl, Franz, Der »Logos christlicher Hoffnung« in globaler Verantwortung. Interkulturelle Theologie: historische und hermeneutische Grundlagen, in: *Interkulturelle Theologie. Zeitschrift für Missionswissenschaft* 40 (2014), 129–148.

Gmainer-Pranzl, Franz, *Theologie Interkulturell und Intersektionalität. race/class/gender als Analysekategorien theologischer Diskurse* (Salzburger interdisziplinäre Diskurse 5), Frankfurt a. M. 2014.

Gmainer-Pranzl, Franz, Fremdheit – Ein Problem der Gesellschaft als Anspruch der Theologie, in: Gmainer-Pranzl, Franz/Jacobsen, Eneida (Hg.), *Deslocamentos – Verschiebungen theologischer Erkenntnis. Ein ökumenisches und interkulturelles Projekt* (Salzburger Theologische Studien 54), Innsbruck 2016, 161–193.

Gomolla, Mechthild, Barrieren auflösen und Teilhabe gestalten: Ein normativer Reflexionsrahmen für eine heterogenitätsbewusste Organisationsentwicklung in (vor)schulischen Bildungseinrichtungen, in: Budde, Jürgen (Hg.), *Unscharfe Einsätze: (Re-)Produktion von Heterogenität im schulischen Feld* (Studien zur Schul- und

Bildungsforschung 42), Wiesbaden 2013, 53–79. https://doi.org/10.1007/978-3-531-19039-6_3

Gomolla, Mechthild, Fördern und Fordern allein genügt nicht! Mechanismen institutioneller Diskriminierung von Migrantenkindern und -jugendlichen im deutschen Schulsystem, in: Auernheimer, Georg (Hg.), *Schieflagen im Bildungssystem*, Wiesbaden 2013, 87–102. https://doi.org/10.1007/978-3-658-01828-3_6

Gruber, Judith, Interkulturalität als De-Konstruktion des Christentums. Die erkenntnistheologische Ressource der Zwischenräume, in: Gmainer-Pranzl, Franz/Gruber, Judith (Hg.), *Interkulturalität als Anspruch universitärer Lehre und Forschung* (Salzburger interdisziplinäre Diskurse 2), Frankfurt a. M. 2012, 53–73.

Gruber, Judith, *Theologie nach dem Cultural Turn. Interkulturalität als theologische Ressource* (Religionskulturen 12), Stuttgart 2013.

Gruber, Judith, *Von Modernität/Kolonialität zu Postmodernität/Postkolonialität. Interkulturelle Theologie als theologischer Paradigmenwechsel*, unveröffentlichtes Manuskript, Vortrag bei Forschungskolloquium: Methoden Interkultureller Theologie in Frankfurt a. M. am 11.12.2015.

Grümme, Bernhard, *Bildungsungerechtigkeit. Eine religionspädagogische Herausforderung* (Religonspädagogik innovativ 7), Stuttgart 2014.

Grümme, Bernhard, *Heterogenität in der Religionspädagogik: Grundlagen und konkrete Bausteine*, Freiburg i. Br. 2017.

Haas, Susanna u. a. (Hg.), *Glaubwürdig und kulturreich. Ein Leitfaden zur religiösen und kulturellen Vielfalt in der Elementarpädagogik*, Linz 2016.

Habermas, Jürgen, *Theorie des Kommunikativen Handelns 2*, Frankfurt a. M. 1988.

Habringer-Hagleitner, Silvia, *Zusammenleben im Kindergarten. Modelle religiospädagogischer Praxis*, Stuttgart 2006.

Hall, Stuart, *Rassismus und kulturelle Identität. Ausgewählte Schriften 2*, Hamburg 1994.

Hartmann, Waltraut u. a., *Bundesländerübergreifender BildungsRahmenPlan für elementare Bildungseinrichtungen in Österreich*, Wien 2009.

Harz, Frieder, Interkulturelles und interreligiöses Lernen in Kindertagesstätten, in: Schweitzer, Friedrich/Biesinger, Albert/Edelbrock, Anke (Hg.), *Mein Gott – Dein Gott. Interkulturelle und interreligiöse Bildung in Kindertagesstätten*, Weinheim/Basel 2008, 95–105.

Harz, Frieder, *Interreligiöse Erziehung und Bildung in Kitas*, Göttingen 2014. https://doi.org/10.13109/9783666701542

Hock, Klaus, *Einführung in die Interkulturelle Theologie*, Darmstadt 2011.

Hoff, Gregor Maria, *Offenbarungen Gottes? Eine theologische Problemgeschichte*, Regensburg 2007.

Hugoth, Matthias, *Fremde Religionen – fremde Kinder? Leitfaden für interreligiöse Erziehung*, Freiburg i. Br. 2003.

Hugoth, Matthias, *Handbuch religiöse Bildung in Kita und Kindergarten*, Freiburg i. Br. 2012.

Hugoth, Matthias/Fritz, Alexander (Hg.), *Ethik, Religion & Philosophie*, Berlin/Düsseldorf 2009.

Jäger, Siegfried, *Kritische Diskursanalyse. Eine Einführung*, Münster [7]2015.

Jahnel, Claudia, *Interkulturelle Theologie und Kulturwissenschaft. Untersucht am Beispiel afrikanischer Theologie*, Stuttgart 2016.

Kerner, Ina, *Postkoloniale Theorien. Zur Einführung*, Hamburg 2012.

Klein, Stephanie, *Erkenntnis und Methode in der Praktischen Theologie*, Stuttgart 2005.

Klissenbauer, Irene (Hg.), *Verschieden und doch gleich. Weltethos im Kindergarten*, Stiftung Weltethos, Wien o. J.

Koch, Anne, Jüngste religionswissenschaftliche Debatten zu Raum, in: *Raum – Der spatial turn in Theologie und Religionswissenschaft, Verkündigung und Forschung* 62 (2017), 6–18. https://doi.org/10.14315/vf-2017-0103

Köhnen, Ralph M., Diskursanalyse, in: Straub, Jürgen/Weidemann, Arne/Weidemann, Doris (Hg.), *Handbuch interkulturelle Kommunikation und Kompetenz. Grundbegriffe – Theorien – Anwendungsfelder*, Stuttgart 2007, 415–427.

Körner, Bernhard, *Orte des Glaubens – loci theologici. Studien zur theologischen Erkenntnislehre*, Würzburg 2014.

Kränzl-Nagl, Renate/Mierendorff, Johanna, Kindheit im Wandel. Annäherungen an ein komplexes Phänomen, in: *SWS Rundschau* 47/1 (2007), 3–25.

Kuhn, Melanie, *Professionalität im Kindergarten. Eine ethnographische Studie zur Elementarpädagogik in der Migrationsgesellschaft*, Wiesbaden 2013.

Küster, Volker, *Einführung in die Interkulturelle Theologie*, Göttingen 2011.

Lamnek, Siegfried, *Qualitative Sozialforschung. Lehrbuch*, Weinheim/Basel ⁴2005.

Langer, Antje/Wrana, Daniel, Diskursforschung und Diskursanalyse, in: Friebertshäuser, Barbara u. a. (Hg.), *Handbuch Qualitative Forschungsmethoden in der Erziehungswissenschaft*, Weinheim/München ³2010, 335–349.

Leimgruber, Stephan, *Interreligiöses Lernen*, München 2007.

Lingen-Ali, Ulrike/Mecheril, Paul, Religion als soziale Deutungspraxis, in: *Österreichisches Religionspädagogisches Forum* 24/2 (2016), 17–24.

Lischke-Eisinger, Lisa, *Sinn, Werte und Religion in der Elementarpädagogik. Religion, Interreligiosität und Religionsfreiheit im Kontext der Bildungs- und Orientierungspläne*, Wiesbaden 2012. https://doi.org/10.1007/978-3-531-19769-2

Mayring, Philipp, *Qualitative Inhaltsanalyse. Grundlagen und Techniken*, Weinheim/Basel ¹¹2010.

Mecheril, Paul, Jenseits von Affirmation und Transformation. Überlegungen zu einer Pädagogik der Anderen, in: Gogolin, Ingrid (Hg.), *Pluralismus unausweichlich? Blickwechsel zwischen Vergleichender und Interkultureller Pädagogik*, Münster 2005, 129–143.

Mecheril, Paul u. a. (Hg.), *Migrationspädagogik*, Weinheim/Basel 2010.

Nausner, Michael, Die langen Schatten der Nofretete. Postkoloniale Theorie und Theologie in Deutschland, in: *Concilium* 49 (2013), 200–209.

Nausner, Michael, Koloniales Erbe und Theologie. Postkoloniale Theorie als Ressource für deutschsprachige Theologie, in: Gruber, Judith (Hg.), *Theologie im Cultural Turn. Erkenntnistheologische Erkundungen in einem veränderten Paradigma* (Salzburger interdisziplinäre Diskurse 4), Frankfurt a. M. 2013, 131–149.

Nausner, Michael, Postkoloniale Theologien, in: *Verkündigung und Forschung* 57 (2012), 117–131. https://doi.org/10.14315/vf-2012-57-2-117

Nehring, Andreas, Religion und Kultur. Zur Beschreibung einer Differenz, in: Nehring, Andreas/Valentin, Joachim (Hg.), *Religious Turns – Turning Religions. Veränderte kulturelle Diskurse – Neue religiöse Wissensformen* (Religionskulturen 1), Stuttgart 2008, 11–31.

Nehring, Andreas/Tielesch, Simon, Theologie und Postkolonialismus. Zur Einführung, in: Nehring, Andreas/Tielesch, Simon (Hg.), *Postkoloniale Theologien. Bibelhermeneutische und kulturwissenschaftliche Beiträge* (ReligionsKulturen 11), Stuttgart 2013, 9–45.

Oswald, Hans, Was heißt qualitativ forschen? Warnungen, Fehlerquellen, Möglichkeiten, in: Friebertshäuser, Barbara (Hg.), *Handbuch Qualitative Forschungsmethoden in der Erziehungswissenschaft*, Weinheim ⁴2013, 183–203.

Prengel, Annedore, *Pädagogik der Vielfalt. Verschiedenheit und Gleichberechtigung in Interkultureller, Feministischer und Integrativer Pädagogik*, Wiesbaden ³2006.

Rabe-Kleberg, Ursula, Professionalität und Geschlechterverhältnis. Oder: Was ist »semi« an traditionellen Frauenberufen?, in: Combe, Arno/Helsper, Werner, *Pädagogische Professionalität. Untersuchungen zum Typus pädagogischen Handelns*, Frankfurt a. M. 1996, 276–302.

Rahner, Karl/Vorgrimler, Herbert, *Kleines Konzilskompendium*, Freiburg i. Br. ¹⁷1984.

Rettenbacher, Sigrid, Endlich endlich? Vom Überleben der Kirche im Anerkennen ihrer eigentlichen Endlichkeit, in: Hoff, Gregor Maria (Hg.), *Endlich! Leben und Überleben*, Innsbruck/Wien 2010, 160–192.

Rettenbacher, Sigrid, »Religion« und die (De)Konstruktion von Identitäten, in: Gmainer-Pranzl, Franz/Rettenbacher, Sigrid (Hg.), *Religion in postsäkularer Gesellschaft. Interdisziplinäre Perspektiven* (Salzburger interdisziplinäre Diskurse 3), Frankfurt a. M. 2013, 81–108.

Riegel, Christine, Folgenreiche Unterscheidungen. Repräsentationen des »Eigenen und Fremden« im interkulturellen Bildungskontext, in: Bartmann, Sylke/Immel, Oliver (Hg.), *Das Vertraute und das Fremde. Differenzerfahrung und Fremdverstehen im Interkulturalitätsdiskurs*, Bielefeld 2012, 203–217.

Riegel, Christine, *Bildung, Intersektionalität, Othering. Pädagogisches Handeln in widersprüchlichen Verhältnissen*, Bielefeld 2016. https://doi.org/10.3224/zqf.v18i2.12

Said, Edward W., *Orientalismus*, Frankfurt 2009.

Sander, Hans-Joachim, Das Außen des Glaubens – eine Autorität der Theologie. Das Differenzprinzip in den Loci Theologici des Melchior Cano, in: Keul, Hildegund/Sander, Hans-Joachim (Hg.), *Das Volk Gottes. Ein Ort der Befreiung. Festschrift für Elmar Klinger*, Würzburg 1998, 140–258.

Sander, Hans-Joachim, *Einführung in die Gotteslehre*, Darmstadt 2006.

Sander, Hans-Joachim, Zeichen der Zeit lokalisieren – Theologien und Glauben verschieben. Ein Kommentar zu Carlos Bocks Verschiebungen, in: Gmainer-Pranzl, Franz/Jacobsen, Eneida (Hg.), *Deslocamentos – Verschiebungen theologischer Erkenntnis. Ein ökumenisches und interkulturelles Projekt* (Salzburger Theologische Studien 54, interkulturell 16), Innsbruck 2016, 61–68.

Schmid, Christian, *Stadt, Raum und Gesellschaft. Henri Lefebvre und die Theorie der Produktion des Raumes*, München 2005.

Schmidt-Leukel, Perry, *Gott ohne Grenzen. Eine christliche und pluralistische Theologie der Religionen*, Gütersloh 2005.

Schmidt, Christiane, Analyse von Leitfadeninterviews, in: Flick, Uwe/Kardorff, Ernst v./Steinke, Ines (Hg.), *Qualitative Forschung. Ein Handbuch* (Rowohlts Enzyklopädie), Reinbek bei Hamburg ³2005, 13–29.

Schweitzer, Friedrich, *Interreligiöse Bildung. Religiöse Vielfalt als religionspädagogische Herausforderung und Chance*, München 2014.

Schweitzer, Friedrich, Religion in pluraler Gesellschaft – religionspädagogisch betrachtet, in: *Österreichisches Religionspädagogisches Forum* 22 (2014), 45–53.

Schweitzer, Friedrich/Edelbrock, Anke/Biesinger, Albert (Hg.), *Interreligiöse und Interkulturelle Bildung in der Kita. Eine Repräsentativbefragung von Erzieherinnen in*

Deutschland – interdisziplinäre, interreligiöse und internationale Perspektiven (Interreligiöse und Interkulturelle Bildung im Kindesalter 3), Münster 2011.

Spivak, Gayatri Chakravorty, *Can the Subaltern Speak? Postkolonialität und subalterne Artikulationen* (Es kommt darauf an 6), Wien 2008.

Stockinger, Helena, Elementare Bildungseinrichtungen als safe spaces für (religiöse) Differenz, in: *Österreichisches Religionspädagogisches Forum* 24/2 (2016), 79–87.

Stockinger, Helena, Religiöse Differenz in elementarpädagogischen Einrichtungen. Was der Religionspädagogik zu denken geben kann, in: *Österreichisches Religionspädagogisches Forum* 22 (2014), 85–91.

Straub, Jürgen, Identität, in: Jäger, Friedrich/Liebsch, Burkhard (Hg.), *Handbuch der Kulturwissenschaften. Grundlagen und Schlüsselbegriffe 1*, Stuttgart 2004, 279–303.

Straub, Jürgen, Kultur, in: Straub, Jürgen/Weidemann, Arne/Weidemann, Doris (Hg.), *Handbuch interkulturelle Kommunikation und Kompetenz. Grundbegriffe – Theorien – Anwendungsfelder*, Stuttgart 2007, 7–24. https://doi.org/10.1007/978-3-476-05019-9

Straub, Jürgen/Weidemann, Arne/Weidemann, Doris (Hg.), *Handbuch interkulturelle Kommunikation und Kompetenz. Grundbegriffe – Theorien – Anwendungsfelder*, Stuttgart 2007. https://doi.org/10.1007/978-3-476-05019-9

Strauss, Anselm/Corbin, Juliet, *Grounded Theory. Grundlagen Qualitativer Sozialforschung*, Weinheim 1996.

Sulzer, Annika, Inklusion als Werterahmen für Bildungsgerechtigkeit, in: Wagner, Petra (Hg.), *Handbuch Inklusion. Grundlagen vorurteilsbewusster Bildung und Erziehung*, Freiburg i. Br. 2013, 12–21.

Sundermeier, Theo, Interkulturelle Theologie im Kontext der Globalisierung, in: Friedli, Richard u. a. (Hg.), *Intercultural Perceptions and Prospects of World Christianity*, Frankfurt a. M. 2010, 59–69.

Thiersch, Hans, *Soziale Arbeit und Lebensweltorientierung: Konzepte und Kontexte*, (Gesammelte Aufsätze 1), Weinheim/Basel 2015.

Udeani, Chibueze C., Theologie Interkulturell. Lediglich eine Akzentverschiebung vom Adjektiv zum Adverb?, in : *SaThZ* 6 (2002), 94–96.

Wagner, Petra, »Anti-Bias-Arbeit ist eine lange Reise ...«. Grundlagen vorurteilsbewusster Praxis in Kindertageseinrichtungen, in: Preissing, Christa/Wagner, Petra, (Hg.), *Kleine Kinder, keine Vorurteile? Interkulturelle und vorurteilsbewusste Arbeit in Kindertageseinrichtungen*, Freiburg/Basel/Wien 2003, 34–62.

Wagner, Petra (Hg.), *Handbuch Kinderwelten. Vielfalt als Chance – Grundlagen einer vorurteilsbewussten Bildung und Erziehung*, Freiburg i. Br. 2008.

Wagner, Petra, *Handbuch Inklusion. Grundlagen vorurteilsbewusster Bildung und Erziehung*, Freiburg i. Br. 2013.

Wagner, Petra/Hahn, Stefani/Eßlin, Ute (Hg.), *Vorurteilsbewusste Bildung und Erziehung in Kindertageseinrichtungen. Handbuch für die Fortbildung*, Weimar/Berlin 2006.

Waldenfels, Bernhard, *Grundmotive einer Phänomenologie des Fremden*, Frankfurt a. M. ^{5}2016.

Waldenfels, Hans, *Kontextuelle Fundamentaltheologie*, Paderborn ^{3}2000.

Walgenbach, Katharina, *Heterogenität – Intersektionalität – Diversity in der Erziehungswissenschaft*, Opladen/Toronto 2014.

Wimmer, Franz Martin, Polylog – interkulturelle Philosophie, in: Schmied-Kowarzik, Wolfdietrich (Hg.), *Verstehen und Verständigung. Ethnologie – Xenologie, Interkulturelle Philosophie. Justin Stagl zum 60. Geburtstag*, Würzburg 2002, 303–324.

Wimmer, Franz Martin, *Interkulturelle Philosophie. Eine Einführung*, Wien 2004.

Winkler, Ulrich, Zentrum Theologie Interkulturell und Studium der Religionen an der Universität Salzburg – theologische Konzeption, in: *SaThZ* 11/1 (2007), 58–73.

Winkler, Ulrich, *Wege der Religionstheologie. Von der Erwählung zur komparativen Theologie* (Salzburger Theologische Studien 46, interkulturell 10), Innsbruck 2013.

Yildiz, Safiye, *Interkulturelle Erziehung und Pädagogik. Subjektivierung und Macht in den Ordnungen des nationalen Diskurses*, Wiesbaden 2009.

Yildiz, Safiye, Trivialisierung von Kritik und Ausblendung von Machtverhältnisse in der Debatte zu transkultureller Erziehung, in: Fegter, Susann u. a. (Hg.), *Erziehungswissenschaftliche Diskursforschung. Empirische Analysen zu Bildungs- und Erziehungsverhältnissen*, Wiesbaden 2015, 177–192. https://doi.org/10.1007/978-3-531-18738-9

Ziebritzki, Doris, *Wir wollen zusammen feiern. Feste der Weltreligionen im Kindergartenjahr*, Freiburg i. Br. 2012.

Internetquellen

http://www.statistik.at/web_de/statistiken/menschen_und_gesellschaft/bevoelkerung/bevoelkerungsstruktur/bevoelkerung_nach_migrationshintergrund/index.html (14.6.2017).

Forschungsplattform der Theologischen Fakultät der Universität Salzburg, in: http://www.uni-salzburg.at/index.php?id=62515&MP=44700-200607%2C200409-200745%2C44641-200721#c309319 (8.4.2017)